国家级职业教育规划教材
人力资源和社会保障部职业能力建设司推荐

■ 高等职业技术院校公路类专业教材 ■

公路工程识图

主　编　何宝林　梁　冰
副主编　唐晋娟
主　审　陈　忻

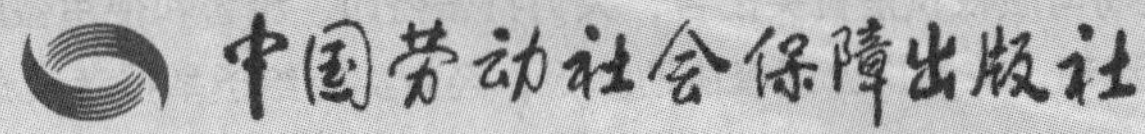

简介

本书主要内容包括了解识图的基本知识，识读基本体的三面投影，识读点、线、面的投影，识读立体的投影与尺寸标注，识读路线平面图，识读路线纵断面图，识读路基、路面结构图，识读桥梁工程图，识读涵洞与隧道工程图等内容。

本书由何宝林、梁冰主编，唐晋娟副主编，魏林、张静、李爱民、王继平参加编写，陈忻主审。编写分工如下：梁冰编写模块一、模块五，魏林编写模块二、模块六，张静编写模块三，李爱民编写模块四，唐晋娟编写模块七、模块九任务二，王继平编写模块八、模块九任务一。

图书在版编目(CIP)数据

公路工程识图/何宝林，梁冰主编. —北京：中国劳动社会保障出版社，2013
高等职业技术院校公路类专业教材
ISBN 978-7-5167-0728-9

Ⅰ.①公… Ⅱ.①何…②梁… Ⅲ.①道路工程-工程制图-识别-高等职业教育-教材 Ⅳ.①U412.5

中国版本图书馆 CIP 数据核字(2013)第 261102 号

中国劳动社会保障出版社出版发行
（北京市惠新东街 1 号 邮政编码：100029）
*
北京宏伟双华印刷有限公司印刷装订 新华书店经销

787 毫米×1092 毫米 16 开本 15 印张 337 千字
2013 年 11 月第 1 版 2024 年 5 月第 9 次印刷
定价：29.00 元

营销中心电话：400-606-6496
出版社网址：http://www.class.com.cn
http://jg.class.com.cn

版权专有 侵权必究
如有印装差错，请与本社联系调换：(010) 81211666
我社将与版权执法机关配合，大力打击盗印、销售和使用盗版图书活动，敬请广大读者协助举报，经查实将给予举报者奖励。
举报电话：(010) 64954652

前言

随着我国公路交通的高速发展，公路施工、养护、工程测量等岗位从业人员的数量日益增多，对其具备的知识和能力的要求也在不断提高。为了更好地满足各类职业院校对公路类专业高技能人才的培养需求，全面提升教学质量，人力资源和社会保障部教材办公室组织全国有关院校的教学专家、行业企业专家，在充分调研学校教学情况和企业生产实际的基础上，精心编写了高等职业技术院校公路类专业教材，包括公路类专业基础平台课教材《公路概论》《公路工程识图》《公路 CAD》《工程力学基础》《土质与筑路材料》，以及公路类专业课教材《路基路面施工技术》《桥涵工程施工技术》《公路养护技术》《公路工程测量》《公路勘测及简单设计》《公路工程现场测试技术》《公路工程施工组织与概预算》《公路施工养护机械》《公路施工安全》。

在教材的编写过程中，力求做到以下几点：

1. 采用模块化设计，合理构建专业教材体系

针对公路类专业培养目标和企业对岗位能力的不同需求，本套教材分为公路施工养护模块、公路工程测量模块、公路试验检验模块、公路施工组织与管理模块等。教师可以在专业基础平台上组合不同的能力模块实施教学，以达到公路（桥梁）施工、养护、工程测量等专业方向的能力培养要求。

2. 以国家职业标准为依据，以能力培养为目标组织教材内容

教材编写以筑路养护工、工程测量工、桥梁工、隧道工等职业的国家职业标准为依据，注重企业对公路施工、养护、工程测量等岗位从业人员的能力要求，坚持实用、够用的原则，合理组织教材内容，有效解决了公路类教材存在的理论性过强的问题。

3. 贯彻先进的教学理念，根据教学内容的不同精心选择编写模式

本次教材编写贯彻了职业教育的先进教学理念，对于理实一体化和工程实践操作性较强的课程，采用了任务驱动的编写模式；对于理论性较强的课程，采用了理论与工程实践相结合的编写模式。在教材的表现形式上，尽量采用以图代文、以表代文的表达方式，增强教材的可读性，激发学生的学习兴趣，引导学生自主学习。

为方便教学，与《公路概论》《公路工程识图》《工程力学基础》《土质与筑路材料》《公路工程测量》《公路工程施工组织与概预算》相配套，开发了习题册；与《公路概论》《公路工程识图》《公路 CAD》《工程力学基础》《土质与筑路材料》《路基路面施工技术》《桥涵工程施工技术》《公路工程测量》《公路工程现场测试技术》相配套，开发了多媒体教学课件，可进入中国人力资源和社会保障出版集团网站（http://www.class.com.cn）免费下载。

在本套教材的编写过程中，得到了有关省市教育部门、人力资源和社会保障部门以及一批高等职业技术院校的大力支持，教材的主编、主审等有关人员做了大量的工作，在此表示衷心的感谢！同时，恳切希望广大读者对教材提出宝贵的意见和建议，以便修订时加以完善。

人力资源和社会保障部教材办公室

2012 年 6 月

目录

模块一

了解识图的基本知识

课题一　公路工程图样与课程认知

◆ 了解公路工程图样的定义及主要内容。

◆ 了解本课程的学习目的及主要内容。

◆ 了解本课程的任务与学习方法。

一、公路工程构筑物与公路工程图样

1. 公路工程构筑物

公路工程中常用的构筑物有很多，如路基路面、桥梁、涵洞、排水设施等，如图1—1—1所示。每一种设施又由许多构件组成，如桥梁就分为桥台、桥墩、基础、桥面、拱圈、栏杆等多个构件。

修建这些构件除了要知道构件的尺寸外，还需要了解材料类型、工程数量、修建位置、注意事项等工程信息，这些信息需要通过工程图样来表达。

2. 公路工程图样

在现代工业中，无论是土木建筑工程还是机械工程，都必须依靠设计图样进行施工、建造或加工，因此工程图样成为工业生产中不可缺少的技术资料。根据投影原理及国家标准规定，表示工程对象的形状、大小以及技术要求的图，称为工程图样。用于公路工程施工的工程图样称为公路工程图样。

a) 路基路面

b) 桥梁

c) 涵洞

d) 排水边沟

图 1—1—1　公路工程构筑物

公路工程图样是工程与产品信息的载体，是工程界表达、交流的语言。图样阅读是工程施工人员必须掌握的一种技能。

公路工程图样是工程设计文件的重要组成部分，是指导工程施工的法律性文件。工程图样是合同文件的重要组成部分，是施工组织设计、工程质量监理、工程量计量和工程款支付的基本依据。

图 1—1—2 所示为路基防护工程图，由植草护坡图、工程量表、施工说明三部分组成，图中可以看出路基防护工程图应该表达的内容。

图样正下方有标题栏，标题栏内应填写设计单位名称、工程名、图名等。

护坡的结构形状主要用投影图表示，本图中护坡投影图的表达既有平面图（右上图）又有断面图（左上图），不同视图的表达方法能让读者更加清晰地识读图上结构物的形状、结构、尺寸等内容。尺寸标注用数字和尺寸线表示，这在制图标准中有明确的规定。

图中的工程量表表明了工程结构各部分的修筑材料及其用量。

图中右下角用注释的形式给出了施工说明，提供了施工要求及有关说明。

一般的公路工程图样基本上都包含这几部分内容，那么如何从一张公路工程图样中准确、清晰、快速地识读出更多的内容呢？这是本课程的主要内容。

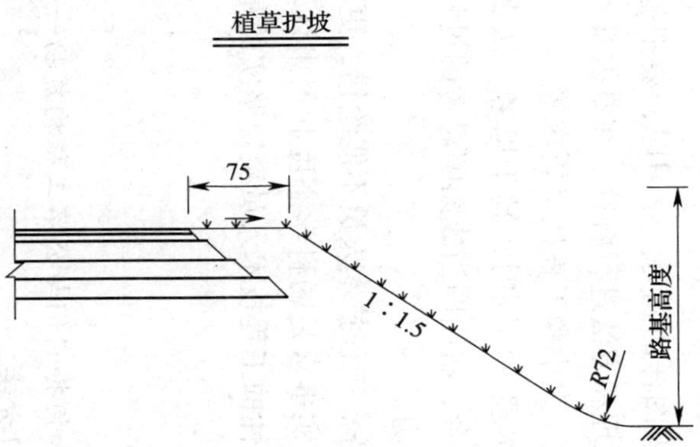

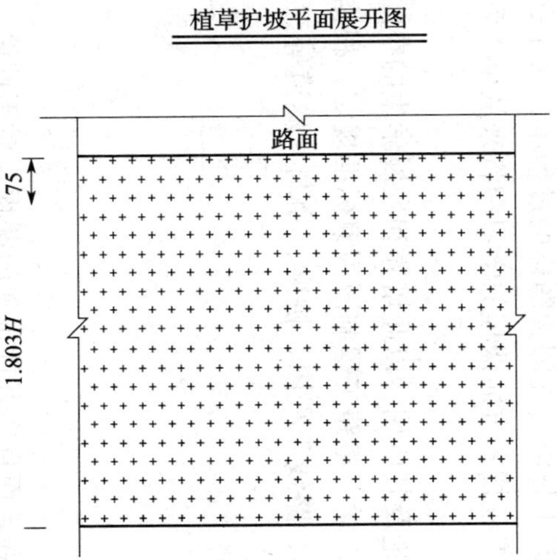

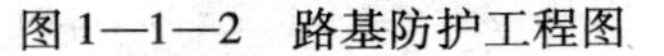

每延米工程数量表(单侧)	
工程项目	种草籽(m^2)
土路宽	0.75
边坡	1.803H

说明：
1. 本图尺寸单位均以厘米计。
2. 路基防护采用种植草籽的方式：草

图 1—1—2　路基防护工程图

二、本课程的学习目的及主要内容

本课程是一门理论严谨、实践性较强的课程。学习目的就是通过学习正投影图示理论与方法，掌握阅读和绘制公路工程图样的基本技能。在阅读图样的过程中，对于路桥专业知识梗概有所了解。本课程的学习将为后续工程技术方面课程的学习和将来从事工程技术方面的工作作好铺垫。

本课程主要学习正投影法的基本理论及其应用，以此培养和发展学生的空间想象力，提高学生空间分析问题与解决问题的能力；学习道路工程制图国家标准规定，根据规定准确阅读道路与桥梁工程图样；研究标高投影、路线工程图、桥梁、涵洞、隧道等工程图样的识读。

三、本课程的任务与学习方法

本课程是一门既有系统理论又有实践，而且实践性很强的课程。对于理论，必须掌握其基本概念和原理，并学会合乎逻辑地应用。识图是一种基本的工程技能，而基本技能的掌握只有通过大量的实践才能完成。

1. 本课程的主要任务是培养学生识读工程图样的能力。学习时，要把基本概念理解透彻，做到融会贯通，并灵活运用这些概念、原理和方法进行解读。在掌握基本投影原理的基础上，依据图样想象出物体的空间结构、形状、大小和工程技术要求等。

2. 理论联系实际，在掌握基本知识、基本理论的同时，勤于思考，认真、独立完成每一次作业与练习。将作业中的绘图与读图相结合，将绘图当成图解思考的过程，逐步掌握用绘图的方法处理空间几何问题从而提高读图能力。

3. 培养和发展想象力是本课程的核心任务。工程技术人员不能绘错，更不能读错图样，否则将造成惨重的损失，因此在学习中要养成实事求是的科学态度和严肃认真、耐心细致、一丝不苟的工作作风，这将为成为一名有创造性的工程技术人员奠定坚实的基础。

思考与练习

1. 公路工程图样中大体包含哪些因素？如何将它们与公路工程构筑物一一对应？
2. 简述本课程的目的、内容、任务和学习方法。

课题二　制图标准的一般规定

◆ 了解《道路工程制图标准》(GB 50162—1992) 的基本规定。
◆ 熟悉道路工程制图的相关元素及表示方法。
◆ 熟悉尺寸标注的相关规定和要求。

工程图是设计和施工的重要资料，也是进行技术交流的工程语言，因此必须有一个统一的标准。

为了统一中国道路工程的制图方法，保证图面质量，提高工作效率，便于技术交流，国家制定了《道路工程制图标准》(GB 50162—1992)(下面简称《标准》)，对图幅大小、图线的线型、图例、字体、尺寸标注等做了统一的规定，每个工程技术人员均应熟悉并严格遵守该国家标准。

一、图幅及图框

图幅是指图纸的幅面大小。为合理使用图纸和便于装订管理，在选用图幅时，应以一种规格为主，尽量避免大小幅面掺杂使用。图 1—2—1a 所示为《标准》规定的几种图幅尺寸，图 1—2—1b 中的 a、b、c、l 代表图幅的尺寸代号。

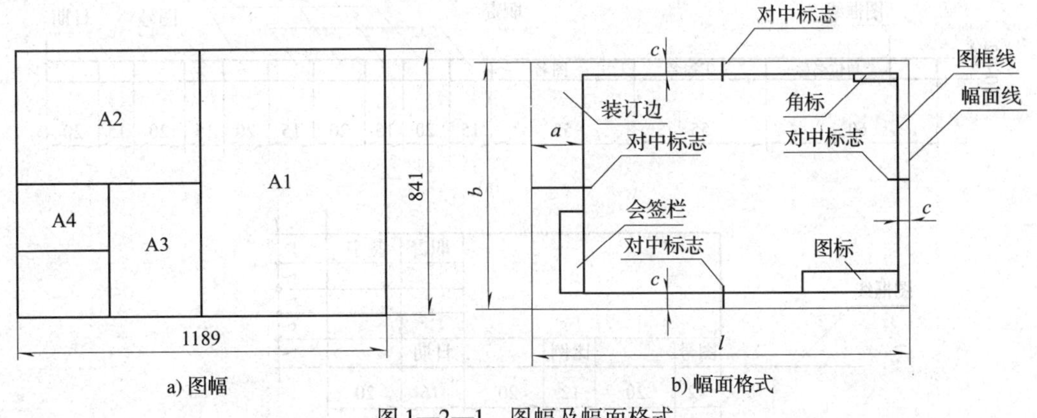

图 1—2—1　图幅及幅面格式

国家标准规定的图纸幅面代号及尺寸代号见表 1—2—1，一般 A0 ~ A3 图纸宜横式使用，必要时也可立式使用，A4 图纸只能立式使用。

表 1—2—1　　图幅及图框尺寸　　mm

图幅代号 / 尺寸代号	A0	A1	A2	A3	A4
$b \times l$	841 × 1 189	594 × 841	420 × 594	297 × 420	210 × 297
a	35	35	35	30	25
c	10	10	10	10	10

需要缩微后存档或复制的图纸，图框四边均应具有位于图幅长边、短边中点的对中标志，如图 1—2—1 所示。并应在下图框线的外侧，绘制一段长 100 mm 的标尺，其分格为 10 mm。对中标志的线宽宜采用大于等于 0. 5 mm、标尺线的线宽宜采用 0. 25 mm 的实线绘制，如图 1—2—2 所示。

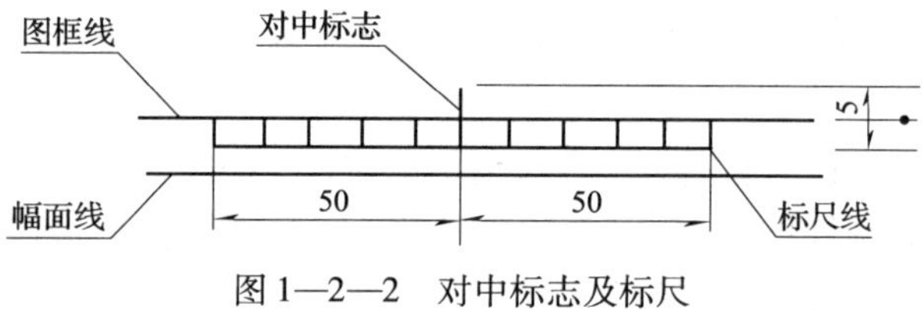

图 1—2—2　对中标志及标尺

二、图标及会签栏

1. 图标

图框内右下角应绘制图纸标题栏，简称图标。《标准》规定的图标格式有三种，如图 1—2—3 所示。

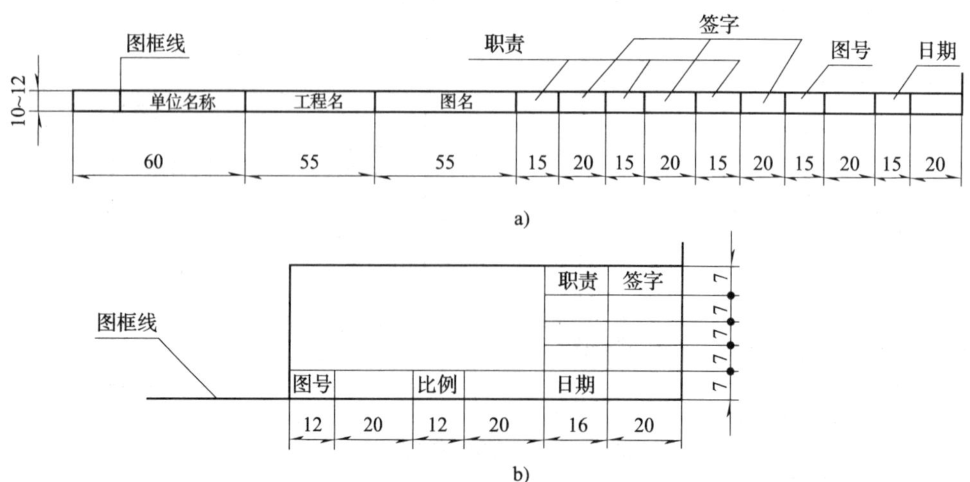

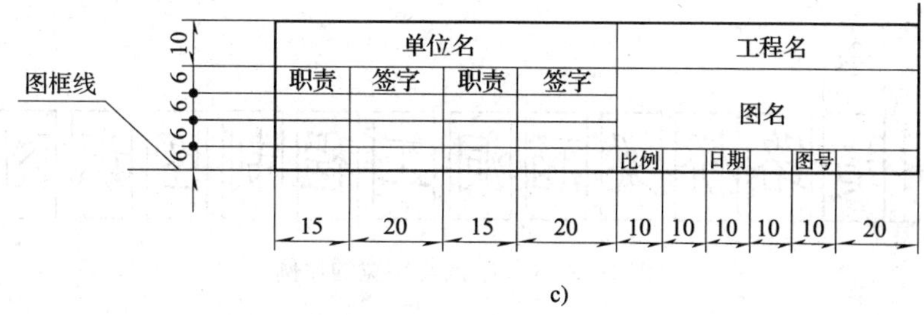

c)

图 1—2—3　图标格式（尺寸单位：mm）

2．会签栏

会签栏是设计相关专业人员的签字栏，一般绘制在图框线（见图 1—2—4）外左下角，如图 1—2—3 所示。会签栏外框线线宽宜为 0. 5 mm，内外格线线宽宜为 0. 25 mm。

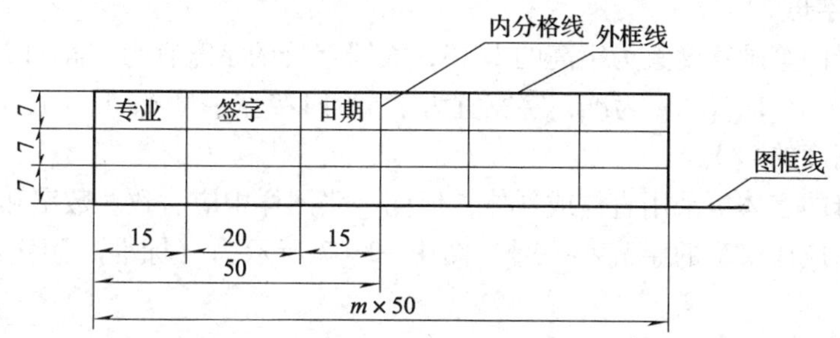

图 1—2—4　会签栏（尺寸单位：mm）

3．角标

当图纸要绘制角标时，应布置在图框内的右上角，如图 1—2—5 所示。角标线线宽宜为 0. 25 mm。

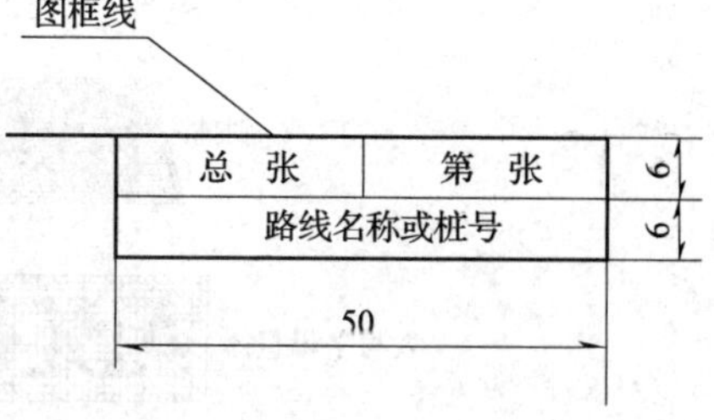

图 1—2—5　角标（尺寸单位：mm）

三、字体

图样上的文字、数字、字母、符号、代号都是工程图的重要组成部分。若字体潦草，会影响图面的整洁美观，导致辨认困难，或引起读图错误，造成工程事故和损失。因此要求字体端正、笔画清晰、排列整齐、标点符号清楚正确。

1．汉字

汉字应采用国家公布使用的简化汉字，从左向右，横向书写，并应采用挺秀端正、粗细均匀的长仿宋体。长仿宋体的字高和字宽之比为 3∶2，如图 1—2—6 所示。《标准》规定汉字的高度应不小于 3. 5mm，其字高系列及字高与字宽的关系见表 1—2—2。其中，字体的高度即为字号。文字的字高尺寸系列为 2. 5 mm、3. 5 mm、5 mm、7 mm、10 mm、14 mm、20 mm，当要采用更大的字体时，其字高应按比例递增。图册封面、大标题等的字体宜采用仿宋体等易于辨认的字体书写。

图 1—2—6　字高与字宽的比例

表 1—2—2　　长仿宋体汉字的字高、字宽尺寸　　mm

字高（字号）	20	14	10	7	5	3.5	2.5
字宽	14	10	7	5	3.5	2.5	1.8

2. 数字和字母

数字和字母的笔画宽度宜为字高的 1/10，大写字母的字宽宜为字高的 2/3，小写字母的高度应以字母 b、f、h、p、g 为准，字宽宜为字高的 1/2。字母 a、m、n、o、e 的字宽宜为上述小写字母高度的 2/3。

数字和字母的字体可采用直体或斜体，但同一张图样中应一致。数字和字母若与汉字同行书写，其字高应比汉字的字高小一号。图 1—2—7 所示为《标准》规定的数字和字母示例。

图 1—2—7　数字和字母示例

当图样中有需要说明的事项时，宜在每张图样的右下角图标上方处加以叙述。该部分文字应采用“注”字标明，字样“注”应写在叙述事项的右上角，每条注应标以句号“。”结尾。说明事项需要划分层次时，第一、第二、第三层次的编号应分别用阿拉伯数字、带括号的阿拉伯数字及带圆圈的阿拉伯数字标注。图样中文字说明不宜用符号代替名称。当表示数量时，应采用阿拉伯数字书写，如三千零五十毫米就写成“3 050 mm”，三十二小时应写成“32 h”。分数不得用数字与汉字混合表示，如五分之一应写成“1/5”不得写成“5 分之 1”。不够整数位的小数数字，小数点前应加 0 定位。

四、图线

1. 图线的线型、线宽及应用

工程图是由不同线型、不同粗细的线条所构成，这些图线可表达图样的不同内容，以及分清图中的主次。《标准》中对图线的线型及线宽作了规定，见表 1—2—3 和表 1—2—4。

表 1—2—3　　公路工程图中常见的几种线型

图线名称	图线线型	线宽	一般应用
粗实线		b	多用于可见轮廓线
细实线		0.25b	多用于尺寸线、尺寸界线、剖面线、引出线等
中虚线		0.5b	多用于不可见轮廓线
细点划线		0.25b	用于轴线、对称中心线
粗点划线		0.5b/b	用于特殊要求的线
双点划线		0.25b	假想轮廓线、规划道路中线、地下水位线
折断线		0.25b	断裂处的边界线
波浪线		0.25b	断裂处的边界线、视图与局部视图的分界线

工程图的图线线型有实线、虚线、点划线、折断线、波浪线等，随用途不同反映在图线的粗细关系上。

图线的宽度应根据图的复杂程度及比例大小，从下列规定的线宽列表中选取：0.18 mm、0.25 mm、0.35 mm、0.5 mm、0.7 mm、1.0 mm、1.4 mm、2.0 mm。工程图一般使用三种线宽，且互成一定比例，即粗线、中粗线、细线的比例规定为 b∶0.5b∶0.25b。因此先确定基本图线（粗实线）的宽度 b，中粗线及细线的宽度也就随之确定，成为一个线宽组，见表 1—2—4。

表 1—2—4　　线 宽 组 合　　mm

线宽类别	线宽系列				
b	1.4	1.0	0.7	0.5	0.35
0.5b	0.7	0.5	0.35	0.25	0.25
0.25b	0.35	0.25	0.18（0.2）	0.13（0.15）	0.13（0.15）

注：表中括号内的数字为代用的线宽。

绘制比较简单的图或比例较小的图时，可以用两种线宽，其线宽比规定为 b:0.25b，即不用中粗线。

2. 图线绘制应符合下列规定

（1）在同一张图样内，相同比例的各部分，应选用相同的线宽组。

（2）相互平行的图线，其间隙不宜小于它们之间的线宽，且不宜小于 0.7 mm。必要时可采用示意方法，局部扩大比例。

（3）虚线、点划线或双点划线的线段长度和间隔，宜各自互等。当在较小图形中绘制点划线或双点划线有困难时，可采用实线代替。

（4）当虚线和虚线或虚线与实线相交时，相交处不应留空隙，即交点应交于虚线短线处，如图 1—2—8a 所示。虚线为实线的延长线时，不得与实线连接，应该留有空隙，如图 1—2—8b 所示。

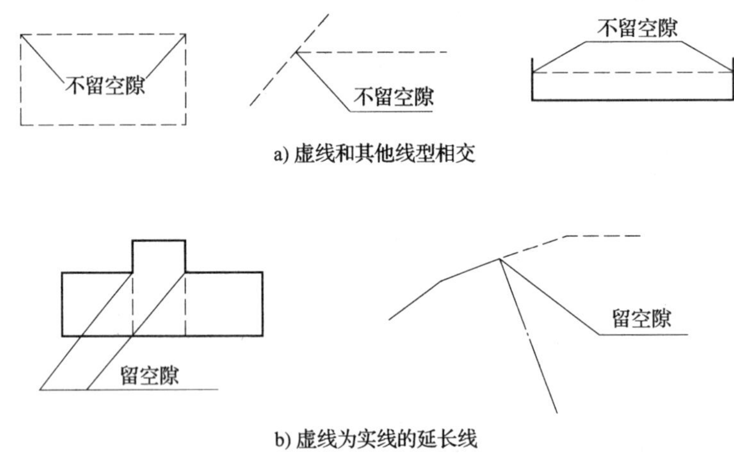

图 1—2—8　相交图线的绘制

（5）点划线或双点划线的两端不应是点，点划线与点划线或点划线与其他图线交接时，应是线段交接。

（6）图线不得与文字、数字或符号重叠、混淆，不可避免时，应首先保证文字等的清晰。

（7）图线间的净距不得小于 0.7 mm。

五、坐标

为了表示地区的方位和路线的走向，地形图上需要画出指北针或坐标网格。

指北针尖头指向为地理位置的北向，指北针的绘制如图 1—2—9a 所示，圆的直径为 24 mm，指北针尾部宽度为 3 mm，需用大直径绘制指北针时，指针尾部宽度为圆直径的 1/8。

用网格表示坐标，坐标网格应用细实线绘制，南北方向轴向代号为 *X* 轴，向北为坐标值增大方向；东西方向轴向代号为 *Y* 轴，向东为坐标值增大方向。坐标网格也可采用十字代替，如图 1—2—9b 所示。坐标值应靠近被标注点，书写方向应平行于对应的网格线，或在其延长线上。坐标值前应标注坐标轴代号，无坐标轴代号时，图样上应绘制指北针标志。

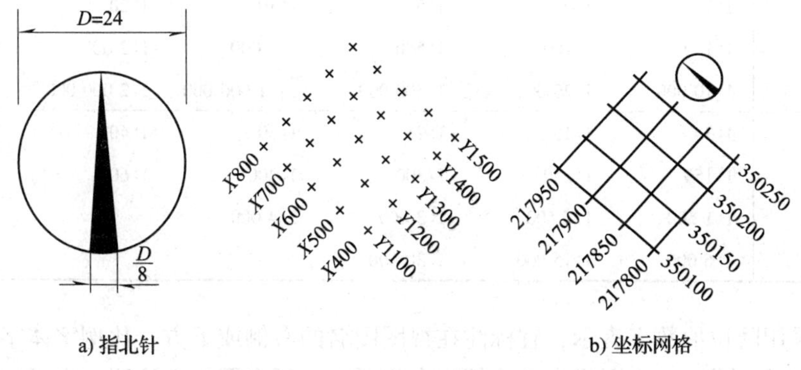

图 1—2—9　指北针及坐标网格的绘制

当需要标注的控制坐标点不多时，宜采用引出线的形式标注。水平线上、下分别标注 *X* 轴、*Y* 轴代号及数值，如图 1—2—10 所示。当需要标注的控制坐标点较多时，图样上可仅标注点的代号，坐标数值可在适当位置列表标出。

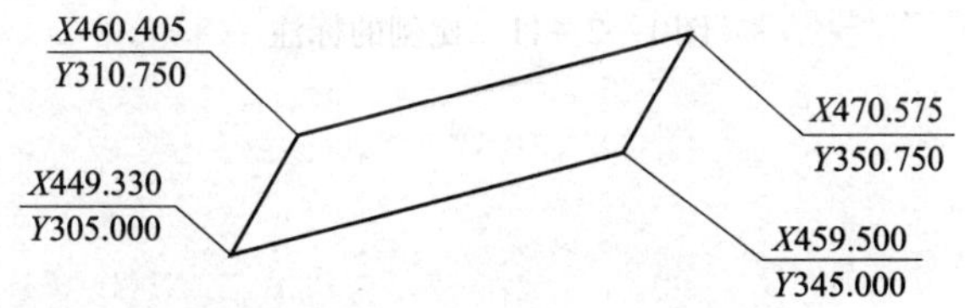

图 1—2—10　控制点坐标的标注

坐标数值的计算单位应采用 m，并精确到小数点后三位。当坐标数值较多时，可将前面的相同数字省略，但应在图样中说明，坐标数值也可采用间隔标注。

例如，*X*460. 405/*Y*310. 750 表示该点位于坐标原点向北 460. 405 m，向东 310. 750 m。

六、比例

比例是图形线性尺寸与相应实物实际尺寸之比。比例之间的大小即为其比值的大小，如1∶50 大于 1∶100。

例如，某个构筑物的长度是 80 mm，而在图样上它相应的长度只为 0.8 mm，那么它的比例计算公式为：

$$比例 = 图上的线段长度/实物对应线段的长度 = \frac{0.8}{80} = 1:100$$

绘图比例的选择，应符合图面布置合理、匀称、美观的原则，按图形大小及图面复杂程度确定，一般优选表 1—2—5 中的常用比例。

表 1—2—5　　绘图常用比例

常用比例	1∶1	1∶2	1∶5	1∶10	1∶20	1∶50
	1∶100	1∶200	1∶500	1∶1 000	1∶2 000	1∶5 000
	1∶10 000	1∶20 000	1∶500 000	1∶1 000 000	1∶2 000 000	
可用比例	1∶3	1∶15	1∶25	1∶30	1∶40	1∶60
	1∶150	1∶250	1∶300	1∶400	1∶600	
	1∶1 500	1∶2 500	1∶3 000	1∶4 000		
	1∶6 000	1∶15 000	1∶30 000			

比例应采用阿拉伯数字表示，宜标注在视图图名的右侧或下方，比例字体字高比图名字体小一号或二号。当同一张图样中的比例完全相同时，可在图标中注明，也可在图样的适当位置采用标尺标注。当竖直方向与水平方向的比例不同时，可用 V 表示竖直方向比例，用 H 表示水平方向比例，如图 1—2—11 所示。

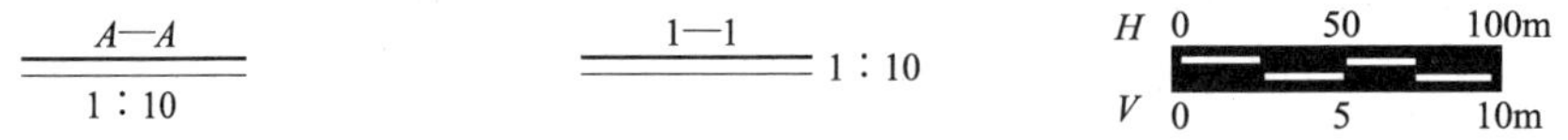

图 1—2—11　比例的标注

七、尺寸标注

工程图上除要画出构筑物的形状外，还必须准确、完整、清晰地标注出构筑物的实际尺寸，以作为施工的依据。因此，尺寸标注是图样的重要组成部分。

1．尺寸的组成

在图样上标注的尺寸，由尺寸界线、尺寸线、尺寸起止符号和尺寸数字四部分组成，如图 1—2—12 所示。

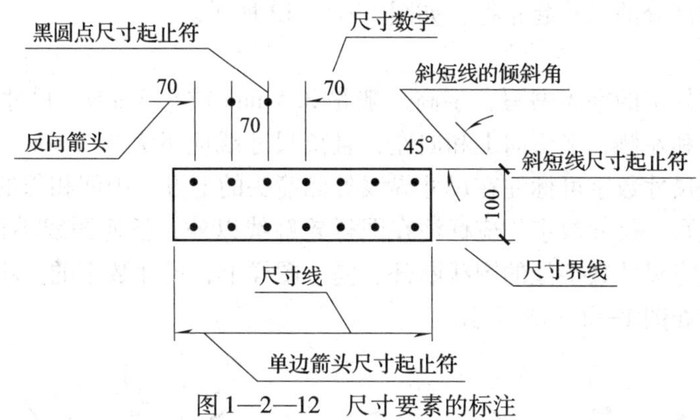

图 1—2—12 尺寸要素的标注

（1）尺寸界线

尺寸界线由一对垂直于被标注长度的平行线组成，用细实线绘制，其间距等于被标注的长度。尺寸界线一般应与被标注长度垂直，当标注有困难时，也可不垂直于被标注长度，但尺寸界线应互相平行。尺寸界线不应与轮廓线相连，其间距应在 2 mm 以上，尺寸界线的另一端要超出尺寸线 1 ~ 3 mm，如图 1—2—13 所示。必要时轮廓线、中心线可作尺寸界线。

（2）尺寸线

表示对象长度的直线称为尺寸线，尺寸线应用细实线绘制。尺寸线必须与被标注长度平行，不应超过尺寸界线，任何其他图线均不得用作尺寸线。当标注位置不足时，可采用反向箭头表示，如图 1—2—12 所示。尺寸线与被标注尺寸的轮廓线的间距以及互相平行的两尺寸线的间距一般在 5 ~ 15 mm；同一图样或同一图形上的这种间距大小应当保持一致。互相平行的尺寸线应从被标注的图形轮廓线由近向远排列，分尺寸线应离轮廓线近，总尺寸线应离轮廓线远，即大尺寸线包小尺寸线，如图 1—2—14 所示。

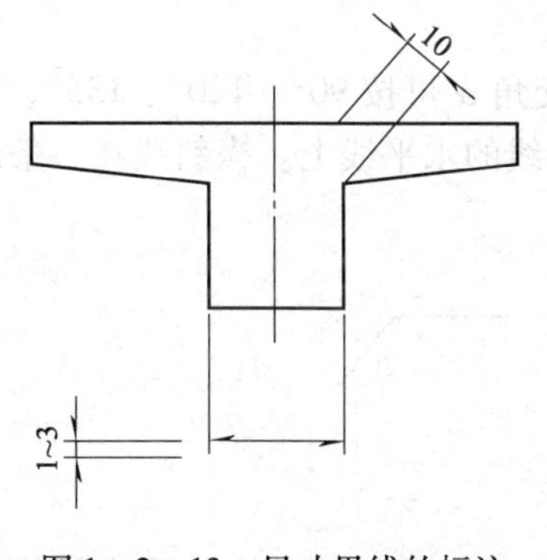

图 1—2—13 尺寸界线的标注

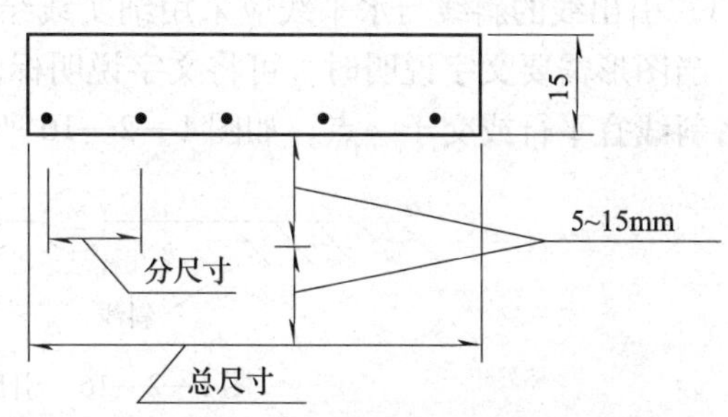

图 1—2—14 尺寸线的标注

（3）尺寸起止符

尺寸线与尺寸界线的相交点为尺寸的起止点，在起止点上应画尺寸起止符号。尺寸起止符宜采用单边箭头表示，箭头大小可按绘图比例取值。尺寸起止符也可采用斜短线表示。斜短线采用中粗线，长度为 2 ~ 3 mm，尺寸界线按顺时针转 45°，即为斜短线的倾斜方向。全图必须采用统一的尺寸起止符。在连续表示的小尺寸中，也可在尺寸界线同一水平的位置，用黑圈点表示中间部分的尺寸起止符，如图 1—2—12 所示。

（4）尺寸数字

尺寸数字应按规定的字体书写，字高一般是 3.5 mm 或 2.5 mm。尺寸数字一般标注在尺寸线中间的上方和左侧，字头向上和向左，且离尺寸线应不大于 1 mm。如没有足够的注写位置，最外边的尺寸数字可标注在尺寸界线外侧箭头的上方，中间相邻的尺寸数字可错开注写，也可引出注写。尺寸数字均应标注在图样轮廓线以外，任何图线不得穿过尺寸数字，当不可避免时，应将尺寸数字处的图线断开。同一图样上，尺寸数字的大小应相同。尺寸数字及文字书写方向如图 1—2—15 所示。

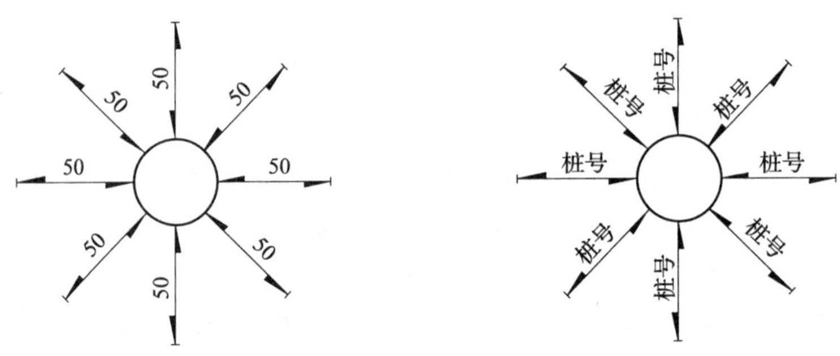

图 1—2—15　尺寸数字及文字的书写方向

2．尺寸标注的一般规则

（1）图样上所有尺寸数字都是物体的实际大小数值，与图样的比例无关。

（2）在道路工程图中，线路的里程桩号以 km 为单位；标高、坡长和曲线要素均以 m 为单位；一般砖、石、混凝土等工程结构物以 cm 为单位；钢筋和钢材长度以 cm 为单位；钢筋和钢材断面以 mm 为单位。图上尺寸数字之后不必注写单位，但必须在注解及技术要求中要注明尺寸单位。

（3）引出线的斜线与水平线应采用细实线绘制，其交角 α 可按 90°、120°、135°、150° 绘制。当图形需要文字说明时，可将文字说明标注在引出线的水平线上。当斜线在一条以上时，各斜线宜平行或交于一点，如图 1—2—16 所示。

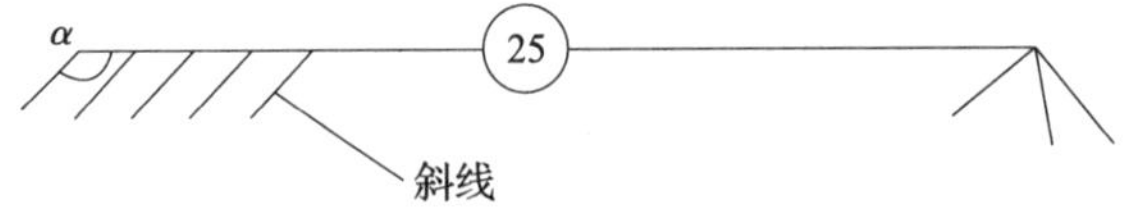

图 1—2—16　引出线的标注

（4）当用大样图表示较小且复杂的图形时，其放大范围应采用细实线的圆或其他图形将原图圈出，并用引出线标注名称，如图 1—2—17 所示。

3．半径与直径的标注

在标准圆的直径尺寸数字前面，加注直径符号“ϕ”或“d”“D”，在半径尺寸数字前面，加注符号“r”“R”，如图 1—2—18a 所示。当圆的直径较小时，直径和半径可如图 1—2—18b 所示标注；当圆的直径较大时，半径尺寸的起点可不从圆心开始，如图 1—2—18c 所示。

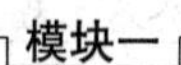

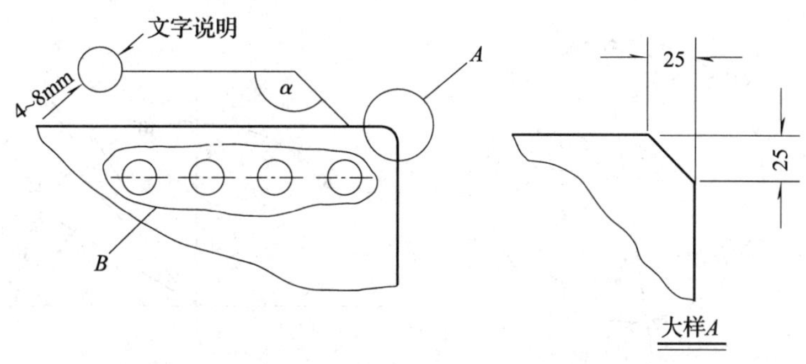

图 1—2—17　大样图范围的标注

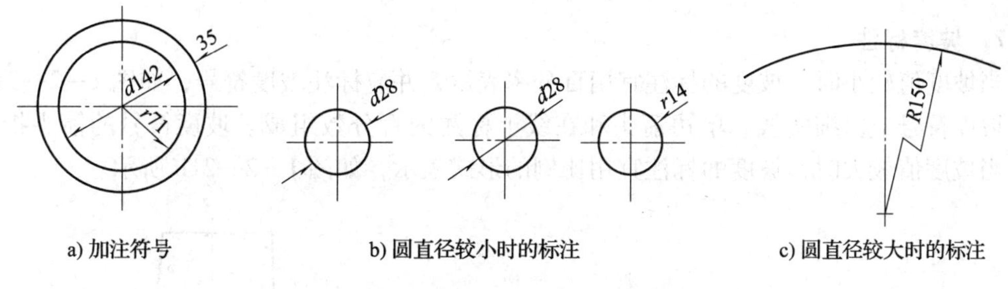

图 1—2—18　半径与直径的标注

4．弧长与弦长的标注

圆弧尺寸的标注如图 1—2—19a 所示，当弧度分为数段标注时，尺寸界线可沿径向引出，如图 1—2—19b 所示，弦长的尺寸界线应垂直该圆弧的弦，如图 1—2—19c 所示。

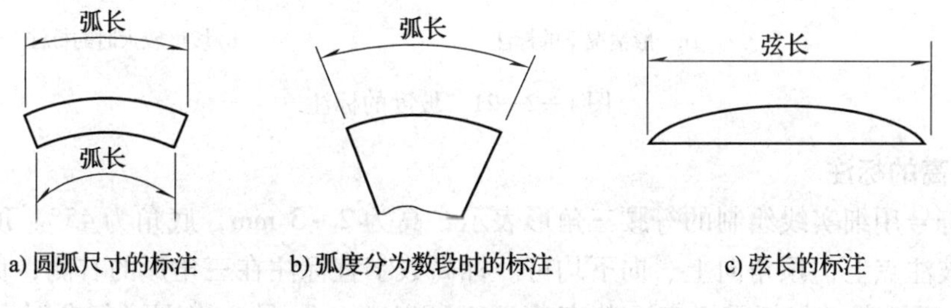

图 1—2—19　弧长与弦长的标注

5．球的标注

标注球体的尺寸时，应在直径和半径符号前加“*S*”，如“*SR*”“$S\phi$”。

6．角度的标注

角度的尺寸线应以角的顶点为圆心的圆弧来表示。角的两边为尺寸界线，角度的起止符应以箭头表示。制图标准规定角度的数值一律写在尺寸线中间的上方中部或中断处，如图 1—2—20a 所示。当角度太小时，可按尺寸线标注在角两边的外侧，角度数字的标注如图 1—2—20b 所示。

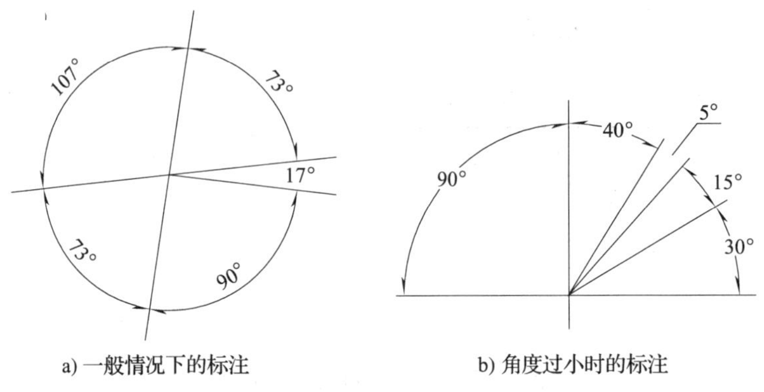

图 1—2—20　角度的标注

7．坡度标注

当坡度值较小时，坡度的标注宜用百分率表示，并应标注坡度符号，如图 1—2—21a 所示。坡度符号应由细实线、单边箭头和在线上标注的百分数组成。坡度符号的箭头指向下坡。当坡度值较大时，坡度的标注宜用比例的形式表示，如图 1—2—21b 所示。

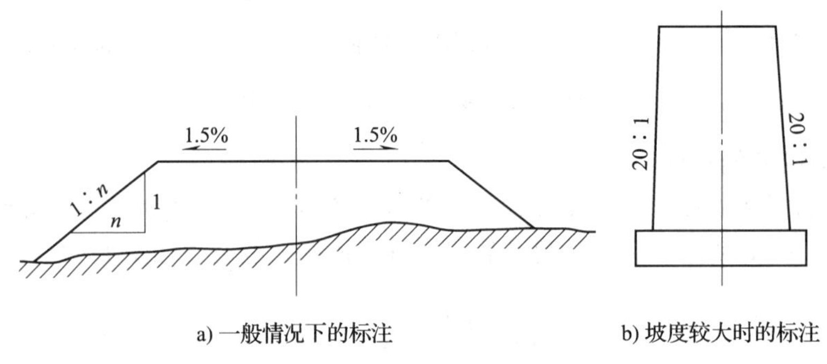

图 1—2—21　坡度的标注

8．标高的标注

标高符号用细实线绘制的等腰三角形表示，高为 2 ~ 3 mm，底角为 45°。顶角应指在需要标注的被注点上，顶角向上、向下均可。标高数字宜标注在三角形的右侧，负标高应冠以“ - ”号，正标高（包括零标高）数字前可不冠以“ + ”号。当图形复杂时，也可采用引出线形式标注，如图 1—2—22a 所示。水位标注如图 1—2—22b 所示。

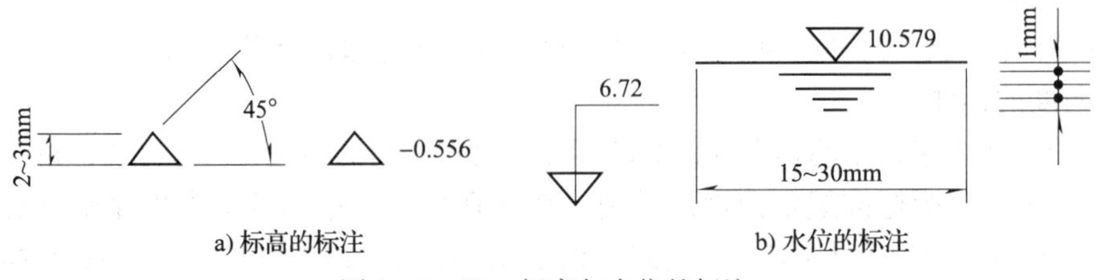

图 1—2—22　标高与水位的标注

9. 尺寸的简化标注

（1）连续排列的等长尺寸可采用“间距数乘以间距尺寸”的形式标注，如图 1—2—23 中的尺寸 4×30 表示该线段包含 4 段 30 mm 的长度尺寸。

（2）两个相似图形可以只绘制一个，未画出图形的尺寸数字可用括号表示，如图 1—2—23 中的尺寸 20（30）。

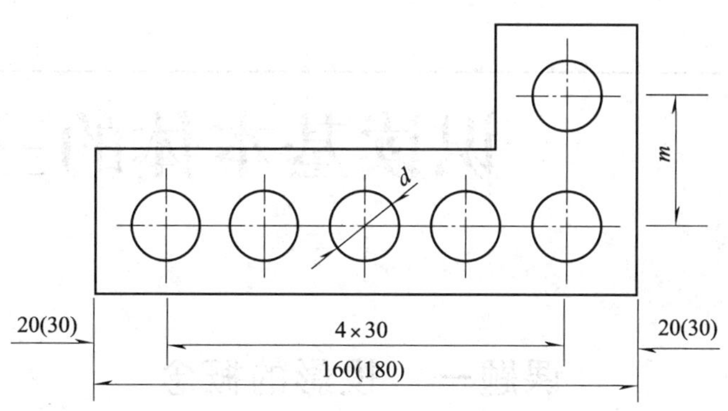

图 1—2—23　尺寸的简化标注

八、图样编排

工程图样按封面、扉页、目录、说明、材料总数量、工程位置平面图、主体工程、次要工程等顺序排列。

扉页绘制图框，各级负责人签署区应位于图幅上部或左部；参加项目的主要成员签署区、设计单位等级、设计单位证书号应位于图幅的下部或右部，排列应力求匀称。

图样目录也需绘制图框，目录本身不应编入图号与页号。

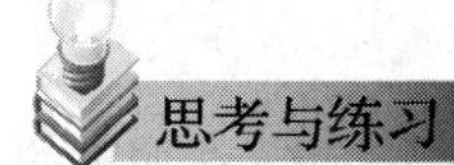

1.《道路工程制图标准》（GB 50162—1992）对图幅是怎样规定的？

2.《道路工程制图标准》（GB 50162—1992）对比例是怎样规定的？

3. 不同线型的适用范围是什么？

4. 为什么当坡度值较小时，坡度的标注中应有坡度符号？

模块二

识读基本体的三面投影

课题一　投影的概念

◆ 了解影子与投影的概念。

◆ 掌握投影法的分类。

◆ 了解正投影的基本性质，建立空间的概念。

一、影子与投影

光线照射物体时，可在地面或墙壁上产生影子，这一现象称为“投影”。当光线照射的角度或距离改变时，影子的位置、大小及形状也随之改变。由此看来，光线、物体和影子三者之间存在着一定的联系。

如图 2—1—1a 所示，桥台模型在正上方的灯光（点光源）照射下产生影子，随着光源、物体和投影面之间距离的变化，影子会发生相应的变化，这是光线从一点射出的情形。假设把光源移至无穷远处，即假设光线变为互相平行并垂直于地面投射时，影子的大小就与基础底板一样了，如图 2—1—1b 所示。

人们通过这种现象进行科学的抽象，按照投影的方法，把形体的所有内在轮廓和内外表面交线全部表示出来，且依投影方向凡可见的轮廓线画实线，不可见的轮廓线画虚线。这样，形体的影子就发展成为能满足生产需要的投影图了，如图 2—1—1c 所示。

利用这个原理在平面上绘制出物体的图像，满足了用二维平面表示三维形体的要求，这种方法称为投影法。把看不见的光线称为投影线，把地面、墙壁抽象为投影面。

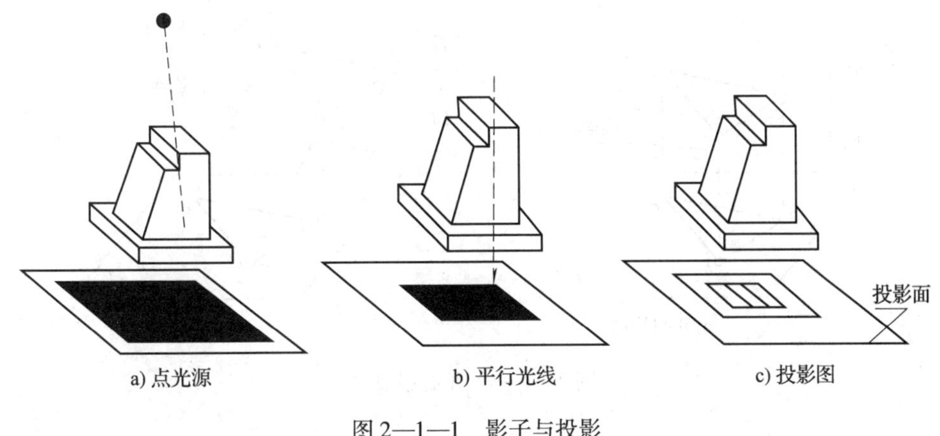

图 2—1—1　影子与投影

二、投影法的分类

按照投影线的不同，投影法可分为中心投影法和平行投影法。

1．中心投影法

如图 2—1—2 所示，在投影面 *P* 和点 *S* 之间设置一个几何图形，如△*ABC*，过 *S* 点引直线 *SA*、*SB*、*SC*，交 *P* 平面于 *a*、*b*、*c*，它们是△*ABC* 的顶点在 *P* 平面的投影，连接 *a*、*b*、*c* 得△*abc*，称其为空间△*ABC* 在 *P* 平面的投影。*SA*、*SB*、*SC* 为投射线，其交点 *S* 为投影中心，这种投影线都交于投影中心 *S* 的投影方法称为中心投影法。在日常生活中，照相、电影和人物观察物体时的影像都属于中心投影，这种投影的直观性好。

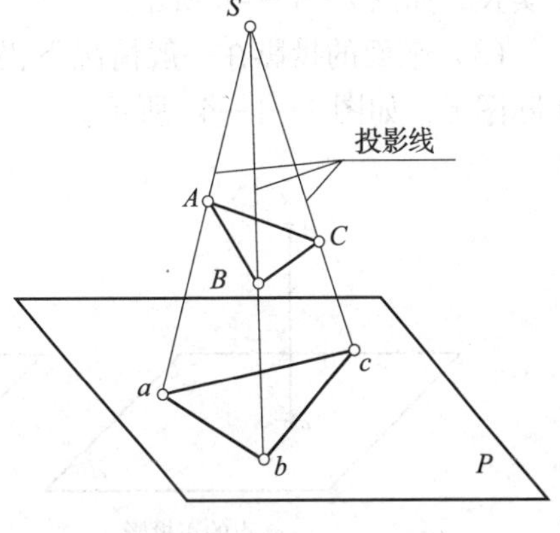

图 2—1—2　中心投影法

但是，当物体、投影中心和投影面的相对位置发生变化时，中心投影也随之变化，而且它一般不能反映物体的实际形状和大小，且由于其度量性较差，在工程中一般不采用此种方法。

2．平行投影法

若将投影中心 *S* 移到离投影面无穷远处，则所有的投影线都相互平行，这种投影线相互平行的投影方法称为平行投影法，所得投影称为平行投影。平行投影法中按投影线是否垂直于投影面可分为正投影法和斜投影法。若投影线垂直于投影面，称为正投影法，所得投影称为正投影，如图 2—1—3a 所示；若投影线倾斜于投影面，称为斜投影法，所得投影称为斜投影，如图 2—1—3b 所示。

正投影法主要用于绘制工程图样；斜投影法主要用于绘制有立体感的图形，如斜轴测图。正投影法是本书研究的主要对象，凡未作特别说明，本书所用投影都属于正投影。

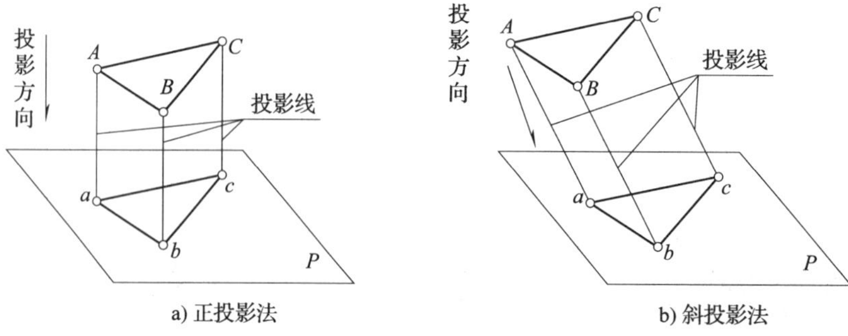

a) 正投影法　　b) 斜投影法

图 2—1—3　平行投影法

三、正投影的基本性质

正投影具有以下几个基本性质：

1. 类似性

（1）点的投影仍然是点，如图 2—1—4a 所示。

（2）直线的投影在一般情况下仍为直线，当直线段倾斜于投影面时，其正投影长度短于实长，如图 2—1—4b 所示。

（3）平面的投影在一般情况下仍为平面，当平面倾斜于投影面时，其正投影面积小于实际图形，如图 2—1—4c 所示。

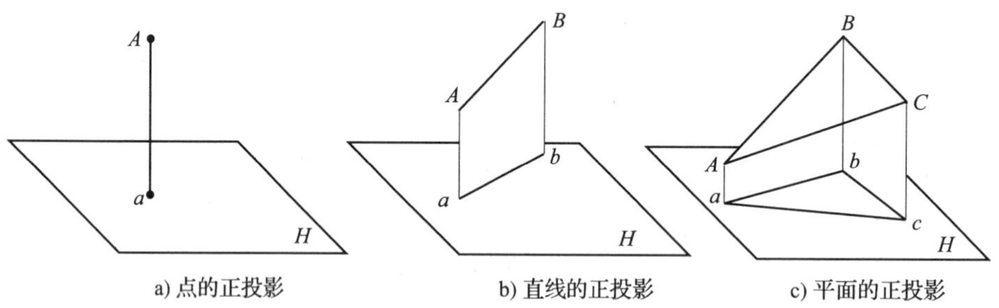

a) 点的正投影　　b) 直线的正投影　　c) 平面的正投影

图 2—1—4　点、直线、平面的正投影

2. 从属性

点在线上，其投影仍在该线的同面投影上。如图 2—1—5 所示，点 K 在直线 AB 上，则投射线 Kk 必与 Aa、Bb 在同一平面内，因此点 K 的投影 k 一定在直线 ab 上。

3. 积聚性

垂直于投影面的直线，其投影积聚为一点；垂直于投影面的平面，其投影积聚为一条直线。

如图 2—1—6a 所示，直线 AB 垂直于投影面 H，其投影积聚成一点 a（b）。如图 2—1—6b 所示，平面 $ABCD$ 垂直于投影面 H，其投影积聚成一条直线 ad（bc）。

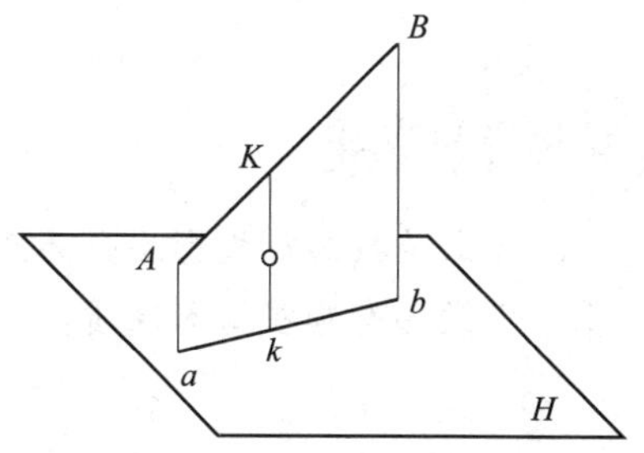

图 2—1—5　直线的从属性和定比性

4．实形性

平行于投影面的任何直线或平面，其投影反映线段的实长或平面的实形。如图 2—1—7a 所示，直线 AB 平行于投影面 H，其投影 $ab=AB$，即反映 AB 的真实长度。如图 2—1—7b 所示，平面 ABC 平行于投影面 H，其投影面 abc 反映其真实大小。

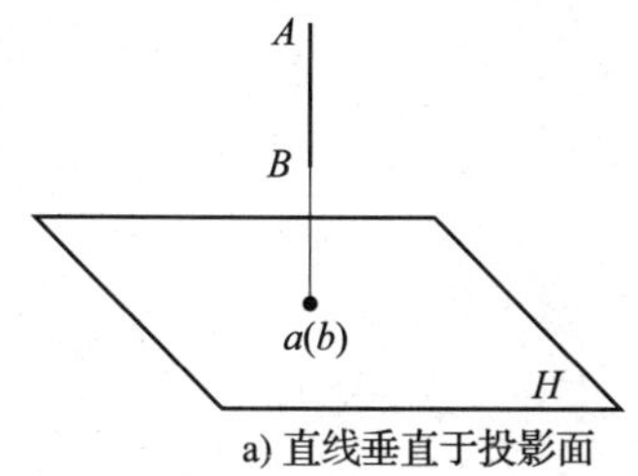

a) 直线垂直于投影面

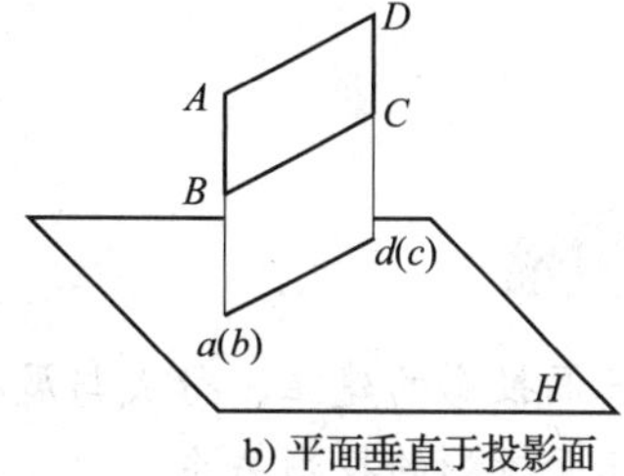

b) 平面垂直于投影面

图 2—1—6　投影的积聚性

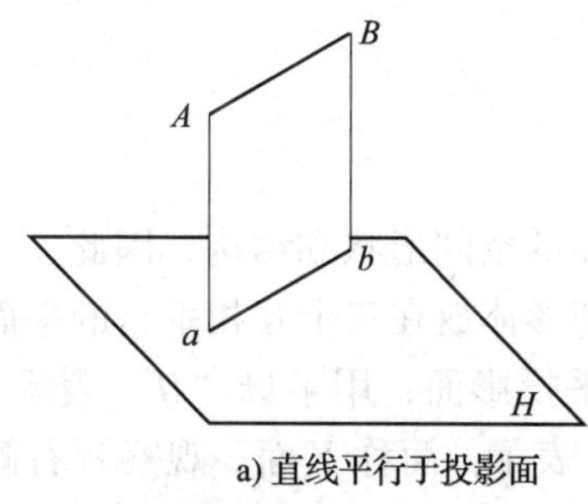

a) 直线平行于投影面

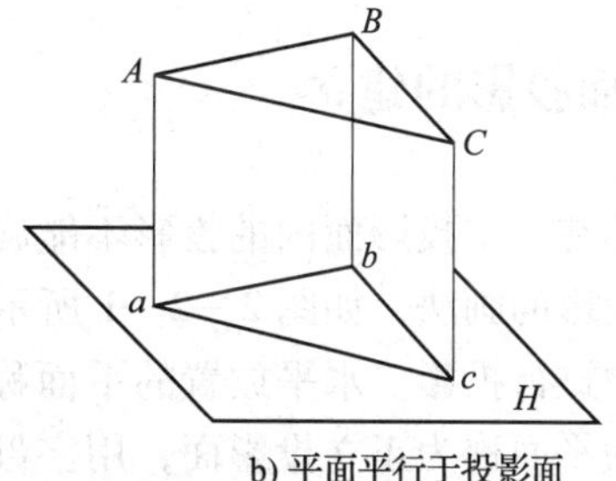

b) 平面平行于投影面

图 2—1—7　投影的实形性

5．定比性

若直线上的点分割线段成一定比例，则点的投影分割线段的投影成相同的比例。如图 2—1—5 所示，点 K 在线段 AB 上，K 分线段与其投影成比例，即 $AK:KB=ak:kb$。

6．平行性

当两直线平行时，它们的投影也平行，且两直线的投影之比等于其长度比。如图 2—1—8 所示，$AB/\!/CD$，则 $ab/\!/cd$，且 $AB:CD=ab:cd$。

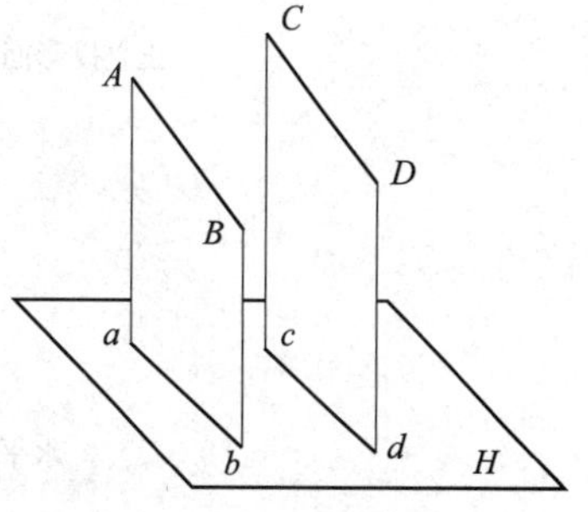

图 2—1—8　两平行直线的投影

1. 什么是投影？投影法分为几种？
2. 正投影有哪些基本性质？

课题二　三面投影图

◆ 了解三面投影的建立、行成与展开过程。
◆ 掌握三面投影的投影关系。
◆ 熟悉三面投影的三等关系。

一、三面投影的建立

通过物体在一个投影面内的投影不能确定物体的空间形状和结构，因此，工程图中一般采用三面正投影的画法，如图 2—2—1 所示，即把形体放在三个互相垂直的平面所组成的三面投影体系中进行投影。水平放置的平面称为水平投影面，用字母“*H*”表示，简称 *H* 面；正对观察者的平面称为正立投影面，用字母“*V*”表示，简称 *V* 面；观察者右侧的平面称为侧立投影面，用字母“*W*”表示，简称 *W* 面。三投影面两两相交构成三条投影轴 *OX*、*OY* 和 *OZ*，三轴的交点 *O* 称为原点。只有在这个体系中，才能比较充分地表示出形体的空间形状。

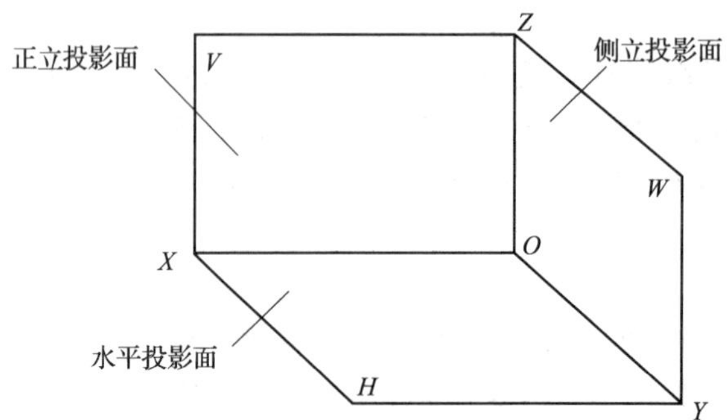

图 2—2—1　三投影面体系

二、三面投影的形成

现将被投影的形体置于三投影面体系中，且形体在观察者和投影面之间，如图 2—2—2 所示。形体靠近观察者的一面称为前面，反之称为后面。同理定出形体其余的左、右、上、下四个面。用三组分别垂直于三个投影面的投影线对形体进行投影，可得到该形体在三个投影面上的投影。

（1）由上向下投影，在 *H* 面上所得的投影称为水平投影，简称 *H* 面投影。

（2）由前向后投影，在 *V* 面上所得的投影称为正立面投影，简称 *V* 面投影。

（3）由左向右投影，在 *W* 面上所得的投影称为（左）侧立面投影，简称 *W* 面投影。

上述所得的 *H*、*V*、*W* 三个投影就是形体最基本的三面投影图。根据形体的三面投影图，就可以确定该形体的空间位置和形状了。

三、三面投影的展开

为了把相互垂直的三个投影面上的投影画在二维的图纸上，就必须把三个投影面展开，使之摊平在同一个平面上。其方法如图 2—2—3 所示，*V* 面不动，*H* 面绕 *OX* 轴向下旋转 90°，*W* 面绕 *OZ* 轴向右旋转 90°，使它们与 *V* 面同在一个平面上，展开后的三个投影面也就在同一个平面上了。

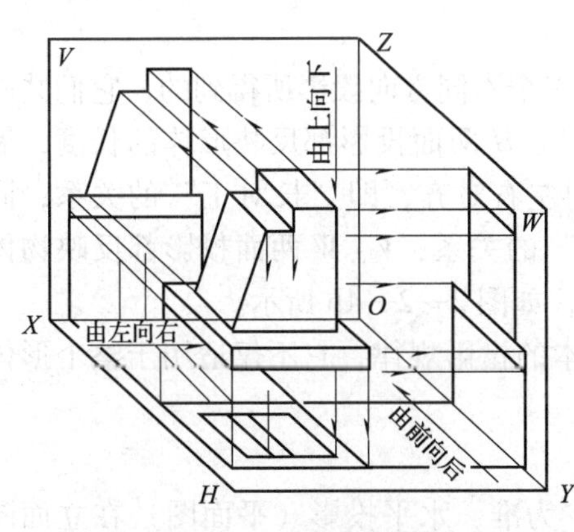

图 2—2—2　三面投影的形成

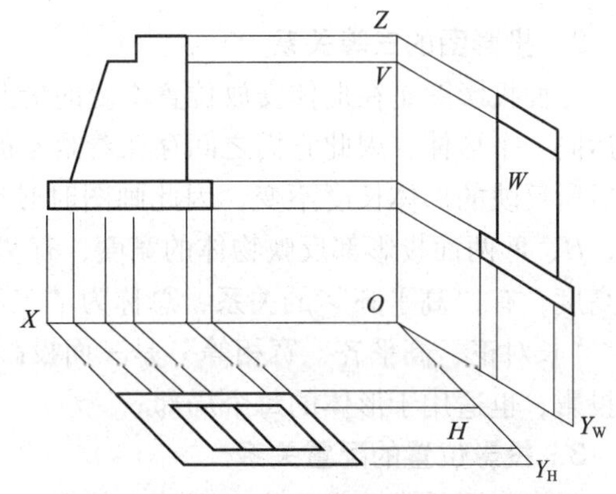

图 2—2—3　三面投影的展开

投影面展开后 *Y* 轴分为两处，在 *H* 面上的用 Y_H 表示，在 *W* 面上的用 Y_W 表示。为简化作图，在三面投影图中不画投影面的边框线，投影图之间的距离可根据需要而定，三条轴线也可以省去。

四、三面投影的投影关系

1．投影中的长、宽、高和方位关系

每个形体都有长度、宽度、高度或左右、前后、上下三个方向的形状和大小变化。形体

左右之间沿 OX 轴方向的距离称为长度；上下之间沿 OZ 轴方向的距离称为高度；前后之间沿 OY 轴方向的距离称为宽度。

每个投影图能反映其中两个方向的尺寸和位置：H 面投影反映形体的长度和宽度，同时也反映左右（X 轴）、前后位置（Y 轴）；V 面投影反映形体的长度和高度，同时也反映左右（X 轴）、上下位置（Z 轴）；W 面投影反映形体的高度和宽度，同时也反映上下（Z 轴）、前后位置（Y 轴），如图 2—2—4 所示。

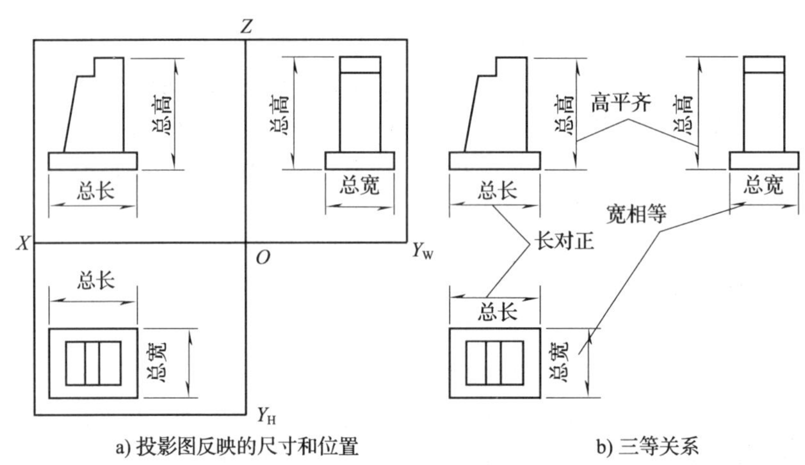

a) 投影图反映的尺寸和位置　　b) 三等关系

图 2—2—4　三面投影体系

2. 投影图的三等关系

三面投影图是在形体安放位置不变的情况下，从三个不同方向投影所得到的，它们共同表达同一个形体，因此它们之间存在着紧密的关系：V、H 两面投影都反映形体的长度，展开后所反映的形体长度不变，因此画图时必须使它们左右对齐，即“长对正”的关系；同理，H、W 两面投影都反映物体的宽度，有“宽相等”的关系；V、W 两面投影都反映物体的高度，有“高平齐”的关系，总称为“三等关系”，如图 2—2—4b 所示。

“长对正、高平齐、宽相等”是三面投影图最基本的投影规律，它不仅适用于整个形体的投影，也适用于形体的每个局部。

3. 投影位置的配置关系

投影位置的配置关系为：以正立投影（立面图）为准，水平投影（平面图）在立面图的正下方，侧面投影（左侧面图）在立面图的正右方，如图 2—2—4 所示。这种配置关系不能随意改变。

思考与练习

1. 三面投影体系中各投影面的名称是什么？
2. 什么是“三等关系”？
3. 形体的三面投影图是怎样形成的？

课题三　轴　测　图

学习目标

◆ 了解轴测投影的形成过程。

◆ 掌握轴测投影的名词术语、正等测投影、斜二测投影。

◆ 熟悉轴测投影的特性。

◆ 能绘制圆的正等轴测图。

在公路、桥涵工程中，单面或多面正投影图（见图2—3—1a）可以表达构筑物的形状和大小，它的特点是能完整、正确、清晰地表达形状和大小，且作图简单，但缺乏立体感。轴测图（见图2—3—1b、c）即常说的立体图，它形状、立体感强，通常作为三视图的辅助图样来帮助想象构筑物的空间形状。

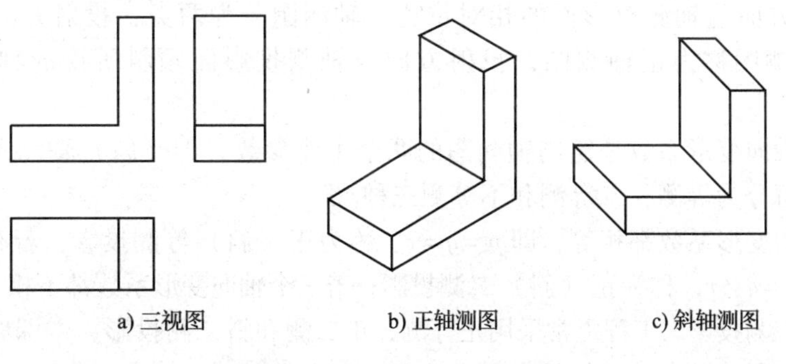

图2—3—1　三视图和轴测图

一、轴测图基本知识

1. 轴测图的形成及概念

轴测图是将物体联通其直角坐标系，沿不平行于任一坐标面的方向，用平行投影法投射在单一投影面上所得到的具有立体感的图形。轴测图又称轴测投影，如图2—3—2所示。该单一投影面称为轴测投影面，如图2—3—2所示的平面P。直角坐标轴OX、OY、OZ在轴测投影面上的投影O_1X_1、O_1Y_1、O_1Z_1，称为轴测投影轴。轴测投影轴之间的夹角$\angle X_1O_1Y_1$、

$\angle Y_1O_1Z_1$、$\angle Z_1O_1X_1$称为轴间角，三根轴测投影轴的交点称为原点。轴测投影轴的单位长度与相应直角坐标轴的单位长度的比值称为轴向变形系数，X_1向、Y_1向、Z_1向的轴向变形系数分别用p_1、q_1、r_1表示，即$p_1=ex/e$、$q_1=ey/e$、$r_1=ez/e$（e为直角坐标轴上的单位长度，ex为单位长度在轴测投影轴O_1X_1上的轴测投影长度，以此类推），简化轴向变形系数分别用p、q、r表示。

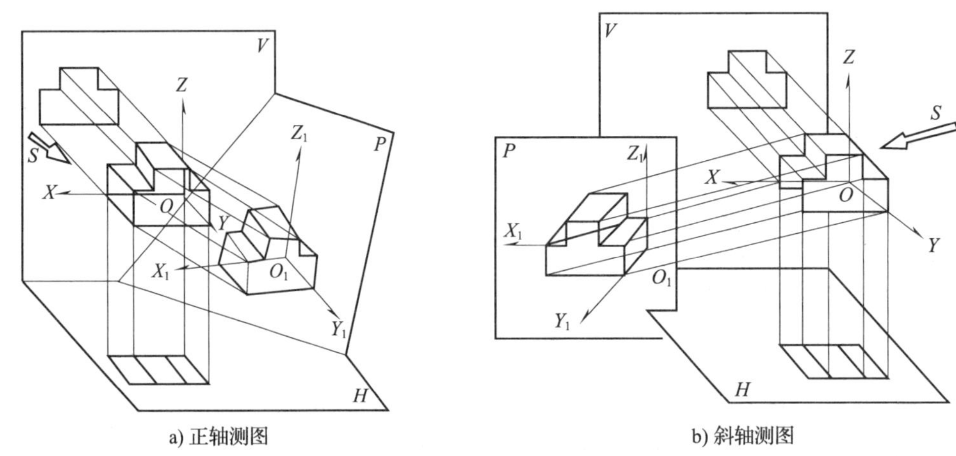

图2—3—2　轴测图的形成

2. 轴测图的分类

根据投射方向与轴测投影面的相对位置，轴测图分为两类：投射方向与轴测投影面垂直所得的轴测图称为正轴测图；投射方向与轴测投影面倾斜所得的轴测图称为斜轴测图。

轴间角和轴向变形系数是绘制轴测图的两个主要参数。正（斜）轴测图按轴向变形系数是否相等又可分为等测、二等测和不等测三种。

若三个轴向变形系数都相等，即$p=q=r$，称为正（斜）等测投影；若有两个轴向变形系数都相等，$p=q\neq r$，称为正（斜）二测投影；若三个轴向变形系数都不相等，即$p\neq q\neq r$，称为正（斜）三测投影。工程上常采用正等测、正二测和斜二测投影，本课题只介绍正等测投影和斜二测投影，两者的比较见表2—3—1。

表2—3—1　　正等测投影和斜二测投影的比较

	正轴测投影	斜轴测投影
特性	投影线与轴测投影面垂直	投影线与轴测投影面倾斜
轴测投影类型	等测投影	二测投影
简称	正等测	斜二测
轴向变形系数	$p_1=q_1=r_1=0.82$	$p=r=1$、$q=0.5$
简化轴向变形系数	$p=q=r=1$	无

续表

	正轴测投影	斜轴测投影
轴间角	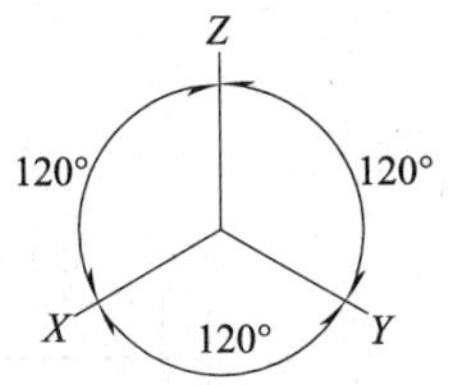 Z 120° 120° X 120° Y	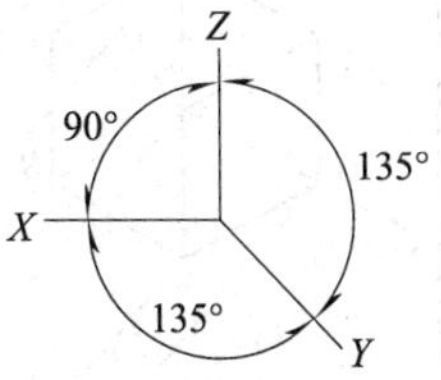 Z 90° 135° X 135° Y
图例	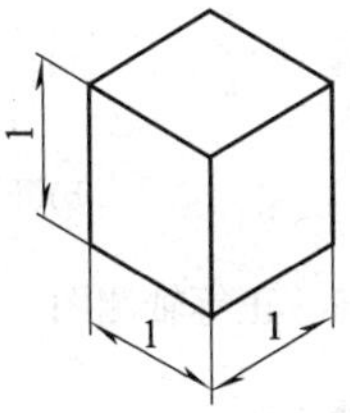 1 1 1	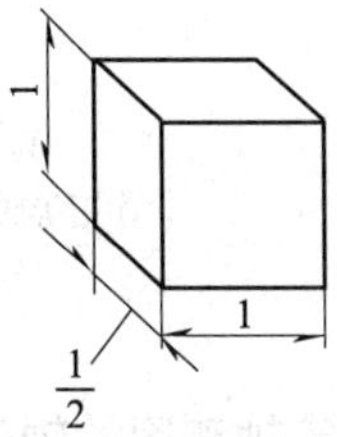 1 1 $\frac{1}{2}$

3．轴测投影的基本性质

（1）平行性

由于轴测投影是平行投影，因而它们具有平行投影的基本特性。空间直角坐标轴投影成为轴测图以后，直角在轴测图中一般不再是直角，但沿轴测轴确定长、宽、高三个坐标方向的性质不变，即仍可沿轴确定长、宽、高方向。在轴测图中，形体上原来平行于坐标轴的线段仍然平行于相应的轴测轴，形体上相互平行的直线与轴测投影仍彼此相互平行，且同一轴向所有线段的轴向变形系数相同。

（2）度量性

凡物体上与轴测轴平行的线段的尺寸可沿轴向直接量取，长度为原来尺寸乘以变形系数，所谓“轴测”就是沿轴向才能进行测量的意思。注意，形体上不平行于坐标轴的线段（非轴向线段），它们的投影的变形系数与平行于坐标轴的线段的变形系数不同，因此，不能将非轴向线段的长度直接移到轴测图上。画非轴向线段的轴测投影时，需要用坐标法定出其两端点在轴测坐标系中的位置，然后再连成线段的轴测投影。物体上不平行于轴测投影面的平面图形，在轴测图上变成原形的类似形，如正方形的轴测投影为菱形，圆的轴测投影为椭圆等。

二、正等轴测图

1．正等轴测图的形成

将形体放置成使它的三个坐标轴与轴测投影面具有相同的夹角，然后用正投影方法向轴测投影面投影，就可得到该形体的正等轴测图，如图 2—3—3a 所示。

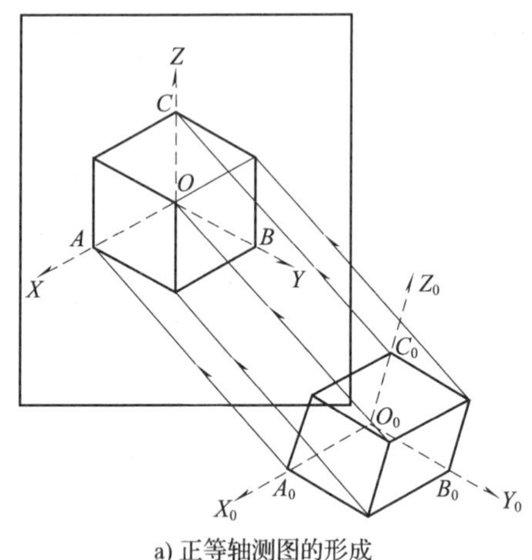

a) 正等轴测图的形成

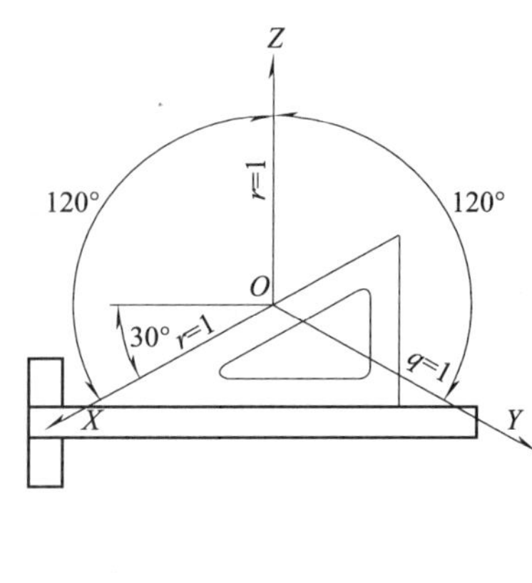

b) 正等轴测图轴间角及轴向变形系数

图 2—3—3　正等轴测图

2. 正等轴测图的轴间角及轴向变形系数

正等轴测图的三个轴间角相等，都是 120°，*OZ* 轴为铅垂方向，*OX* 轴、*OY* 轴和水平方向都成 30°，如图 2—3—3b 所示。

正等轴测图各轴向变形系数均相等，即 $p_1 = q_1 = r_1 = 0.82$（证明略）。画图时，物体的长、宽、高三个方向的尺寸均要缩小为原大的 82%，为了作图方便，通常采用简化的轴向变形系数，即 $p = q = r = 1$。作图时，凡平行于轴测轴的线段，可直接按物体上相应线段的实际长度量取，不需换算。这样画出的正等轴测图，沿各轴向长度是原长的 1/0.82≈1.22 倍，但形状没有改变。

3. 正等轴测图示例

常用的轴测图画法是坐标法和切割法。作图时，先定出直角坐标轴和坐标原点，画出轴测轴，再按立体表面上各顶点或线段端点的坐标，画出其轴测投影，然后连接有关各点，完成轴测图。下面介绍正等轴测图的示例。

（1）圆的正等轴测图

图 2—2—4 所示为三个平行于各坐标平面的圆的正等轴测图。在正等轴测投影中，三个坐标面均倾斜于轴测投影面，因此正平圆、水平圆、侧平圆的正等测投影形状均是椭圆，且三个轴测椭圆大小相等。

图 2—3—5a 所示为平行于水平投影面的圆，其正等轴测图的画法如下：

1）在轴测轴上找到 *A*、*B*、*C*、*D* 四点，并过这四点绘制菱形，如图 2—3—5b 所示。

2）连接 2*A* 和 2*B*（或 1*C* 和 1*D*），则 1 和 2 为大圆弧的圆心，3 和 4 为小圆弧的圆心，如图 2—3—5c 所示。

3）分别以 1 和 2 为圆心，1*C*（或 2*B*）为半径画大圆弧 *AB* 和 *CD*；以 3 和 4 为圆心，3*C*（或 4*A*）为半径画小圆弧 *BC* 和 *AD*，即完成了圆的轴测投影，如图 2—3—5d 所示。所得到的近似椭圆又称为四心椭圆。

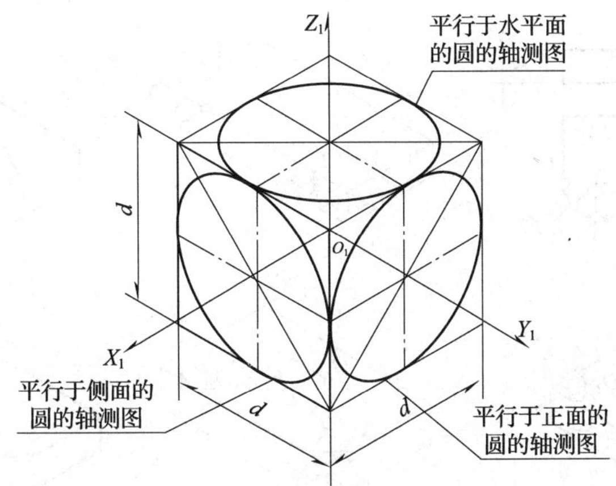

图 2—3—4　平行于各坐标平面的圆的正等轴测图

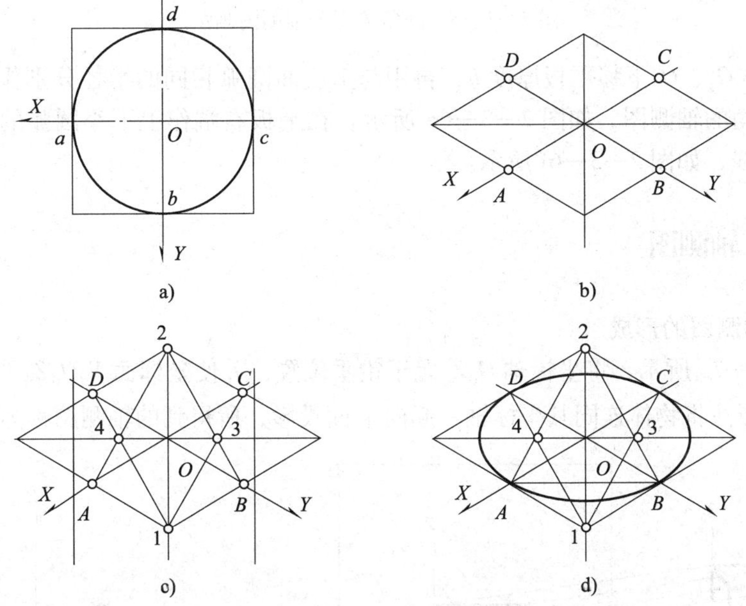

图 2—3—5　圆的正等轴测图画法

（2）圆角的正等轴测图

平行于坐标面的圆角是圆的一部分，图 2—3—6a 所示为常见的 1/4 圆周的圆角，其正等轴测图恰好是近似椭圆四段圆弧中的一段。圆角正等轴测图的画法如下：

1）作出平板的轴测图，并根据圆角半径 R，在平板上底面相应的棱线上作出切点 1、2、3、4，如图 2—3—6b 所示。

2）过切点 1、2 分别作相应棱线的垂线，得交点 O_1，过切点 3、4 作相应棱线的垂线，得交点 O_2。以 O_1为圆心、$O_1$1 为半径作圆弧$\overset{\frown}{12}$，以 O_2为圆心、$O_2$3 为半径作圆弧$\overset{\frown}{34}$，得平板上底面两圆角的轴测图，如图 2—3—6c、d 所示。

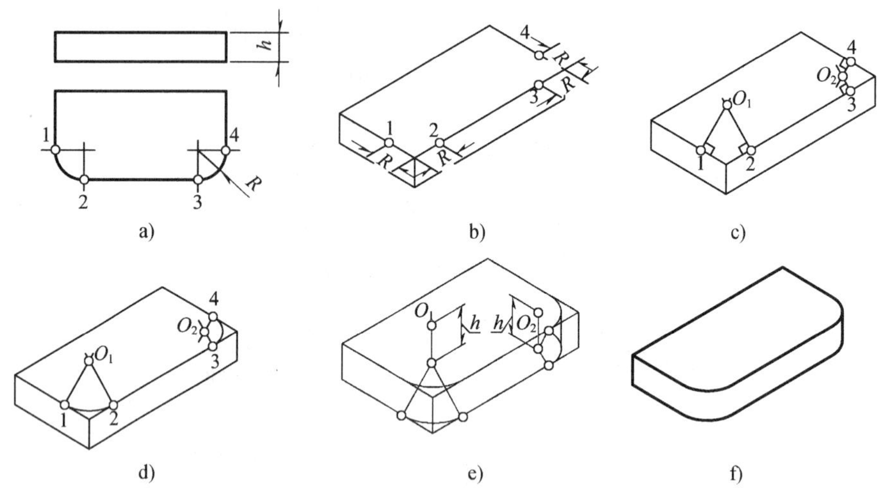

图 2—3—6　圆角的正等轴测图画法

3）将圆心 O_1、O_2 下移平板厚度 h，再用与上底面圆弧相同的半径分别作两圆弧，得到平板下底面圆角的轴测图，如图 2—3—6e 所示。在平板右端作上下小圆弧的公切线，描深可见部分轮廓线，如图 2—3—6f 所示。

三、斜二轴测图

1. 斜二轴测图的形成

如图 2—3—7a 所示，将坐标轴 O_0Z_0 置于铅垂位置，并使坐标面 $X_0O_0Z_0$ 平行于轴测投影面 V，用斜投影法将物体连同其坐标轴一起向 V 面投影，所得到的轴测图称为斜二轴测图。

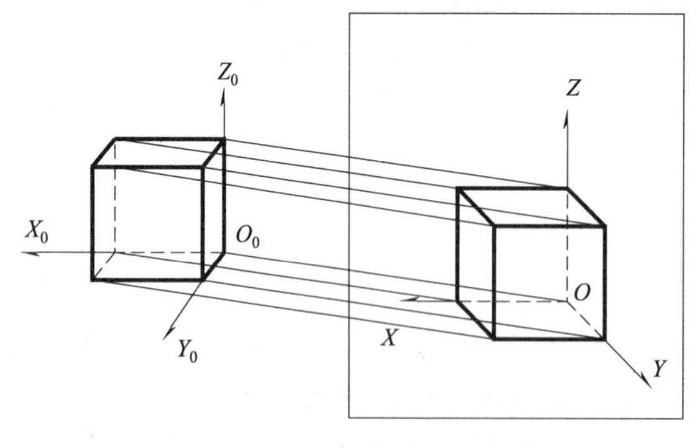

a) 斜二轴测图的形成

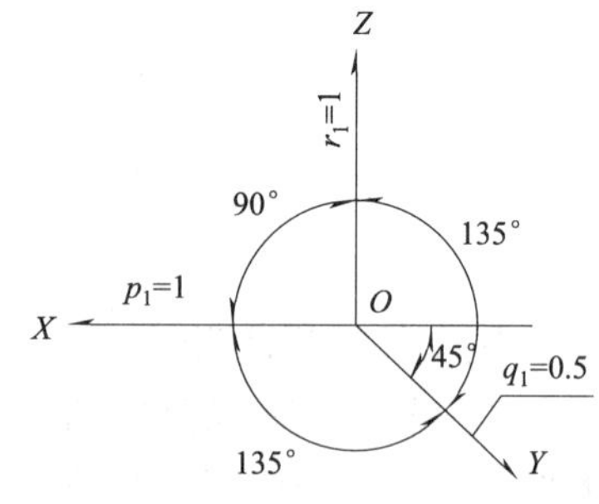

b) 斜二轴测图轴间角及轴向变形系数

图 2—3—7　斜二轴测图

2. 斜二轴测图的轴间角及轴向变形系数

由于 $X_0O_0Z_0$ 坐标面平行于轴测投影面 V，所以轴测轴 OX、OZ 仍分别为水平方向和铅垂方向，其轴向变形系数 $p_1 = r_1 = 1$，轴间角 $\angle XOZ = 90°$。轴测轴 OY 的方向和轴向变形系数 q，可随着投射方向的变化而变化。为了绘图简便，选取轴间角 $\angle XOY = \angle YOZ = 135°$，$q_1 = 0.5$，如图 2—3—7b 所示。

在斜二轴测图中，其正面形状能反映形体正面的真实形状，所以当物体上有较多的圆或圆弧平行于 $X_0O_0Z_0$ 坐标面时，采用斜二测作图比较方便，这是它的最大优点。

3．斜轴测投影示例（圆的斜二测投影）

斜二测的轴测投影面是与正立面（XOZ）平行的，所以正平圆的轴测投影仍然是圆。水平圆和侧平圆的轴测投影则是椭圆。作椭圆时，可借助于圆的外接正方形的轴测投影，定出属于椭圆上的八个点，这种方法称为八点法。

如图 2—3—8 所示，$abcd$ 是水平圆的外接正方形，平行四变形 $a_1b_1c_1d_1$ 是正方形的轴测投影。正方形各边的中点是圆上的点，则平行四边形 $a_1b_1c_1d_1$ 各边的中点 1_1、2_1、3_1、4_1 应当是椭圆上的点。正方形对角线与圆相交的四个点 5、6、7、8 的轴测投影应在平行四边形的对角线上。5 点和 6 点是直线 ef 与正方形对角线的交点。e 点将线段 $1b$ 分成两段，$1e = 1b\sin45°$，根据平行投影的性质则 $1_1e_1 = 1_1b_1\sin45°$。这样可用作图的方法求得点 e_1。过 1_1 和 b_1 各作一直线与 a_1b_1 成 45°，两线交于 e_0'，以 1_1 为圆心，$1_1e_0'$ 为半径画弧与 a_1b_1 交于 e_1、g_1。过 e_1、g_1 分别作 a_1d_1 或 b_1c_1 的平行线，与平行四边形对角线相交，即得 5_1、6_1、7_1、8_1 各点，把前后所得的八个点用平滑的曲线连接起来，就得到所求的椭圆。

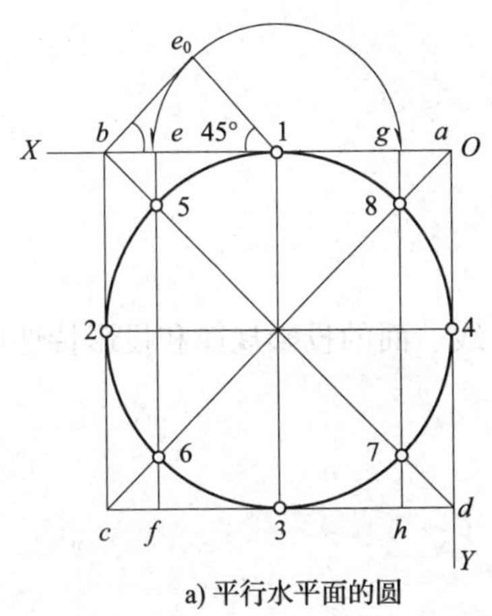

a) 平行水平面的圆

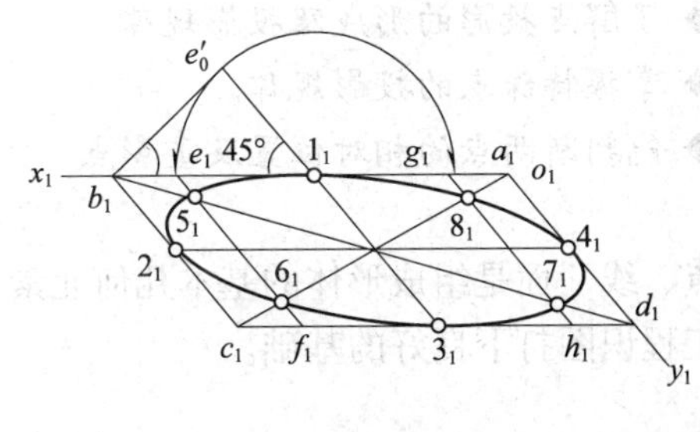

b) 轴测图

图 2—3—8　用八点法画圆的斜二测图

思考与练习

1．轴测投影是怎样形成的，有什么特性，分为哪几类？

2．平行于坐标面的圆的正等轴测投影是椭圆，它们的长轴和短轴的方向如何确定？

3．怎样绘制基本形体的正等测和斜二测轴测图？

模块三

识读点、线、面的投影

课题一　点 的 投 影

- ◆ 了解点投影的形成及投影规律。
- ◆ 掌握特殊点的投影规律。
- ◆ 能判断两点的相对位置及重影点。

点、线、面是组成形体的基本几何元素，学习点、线、面的投影规律和投影特性可以为公路工程识图打下良好的基础。

一、点的投影与坐标

1．两投影面体系中点的投影

图 3—1—1a 所示为两投影面体系中点的投影。两投影面体系中包含两个投影面，分别为水平投影面 H 和正投影面 V，投影轴为 OX。

从 A 点分别向两个投影面投影，得到 A 点的水平投影 a 和正面投影 a'。通常规定，空间点用大写字母表示，对应的投影用小写字母表示。在两投影面体系中，点的这两个投影能唯一确定该点的空间位置。

投影面展开后，得到如图 3—1—1b 所示的投影图。由投影图可以看出，两投影面体系中点的投影符合以下规律：

（1）点 A 的 V 面投影与 H 面投影之间的连线 $a'a$ 垂直于投影轴 OX，即 $a'a \perp OX$。

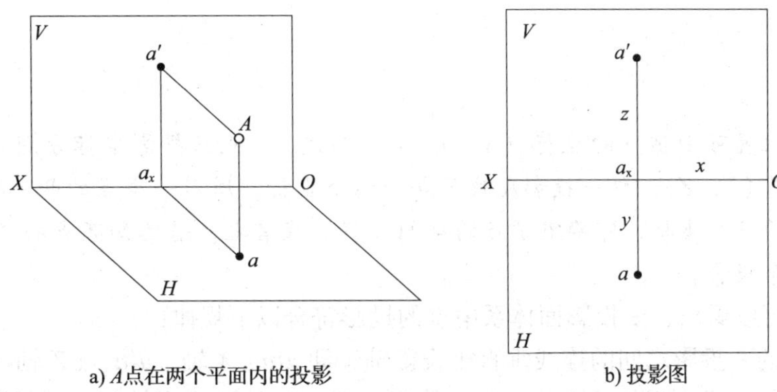

a) A点在两个平面内的投影　　b) 投影图

图 3—1—1　两投影面体系中点的投影

（2）点的一个投影到 OX 投影轴的距离等于空间点到与该投影轴相邻的投影面的距离，即 $a'a_x = Aa$，$aa_x = Aa'$。

由此可见，点的投影仍符合“长对正、高平齐、宽相等”的投影规律。

2．三投影面体系中点的投影

图 3—1—2a 所示为三投影面体系中点的投影。三投影面体系由正投影面 V、水平投影面 H、侧投影面 W 构成，包括三个投影轴 OX、OY、OZ。H、V、W 面将空间分成八个角，处在前、上、左侧的那个分角称为第一分角。通常把物体放在第一分角中研究。

从 A 点分别向三个投影面投影，得到 A 点的水平投影 a、正面投影 a′ 和侧面投影 a″。

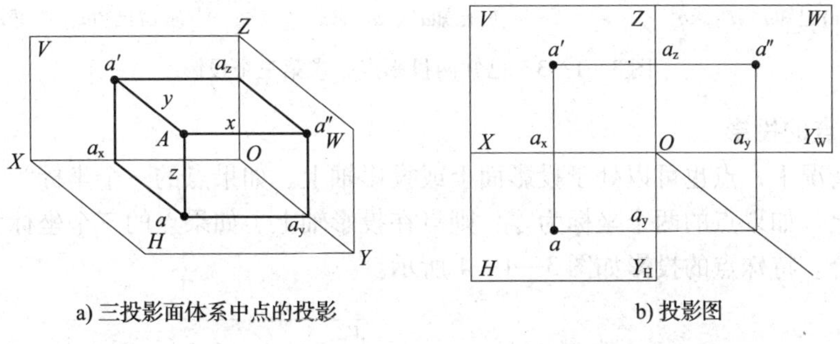

a) 三投影面体系中点的投影　　b) 投影图

图 3—1—2　三投影面体系中点的投影

投影面展开后，得到如图 3—1—2b 所示的投影图。在三投影面体系中，点的位置可由点到三个投影面的距离来确定。如果将三个投影面作为三个坐标面，投影轴作为坐标轴，则点的空间位置可用（X，Y，Z）三个坐标来确定，点的投影反映了点的坐标值，其投影与坐标值之间存在着如下对应关系：

（1）A 点到 W 面的距离为 X_A：$a'a_z = aa_y = Aa'' = X_A$。

（2）A 点到 V 面的距离为 Y_A：$aa_x = a''a_z = Aa' = Y_A$。

（3）A 点到 H 面的距离为 Z_A：$a'a_x = a''a_y = Aa = Z_A$

空间点的位置可由该点的坐标（X，Y，Z）确定，A 点三投影坐标分别为 a（X，Y）、a'（X，Z）、a''（Y，Z）。任一投影反映了点的两个坐标，所以一个点的两个投影就包含了该点空间位置的三个坐标，即确定了点的空间位置。换言之，若已知某点的任意两个投影，则可求出第三个投影。

由投影图可以看出，三投影面体系中点的投影符合以下规律：

（1）一点的两投影之间的连线垂直于投影轴，即 $a'a \perp X$ 轴，$a'a'' \perp Z$ 轴。

（2）点的一个投影到某投影轴的距离等于空间点到与该投影轴相应的投影面之间的距离，即上述投影与坐标值之间的对应关系。

【例 3—1—1】 已知点 A 的两面投影，求作点 A 的第三个投影。

作图方法如图 3—1—3 所示，过已知两面投影分别作相应轴的垂线，两垂线的交点即为所求。

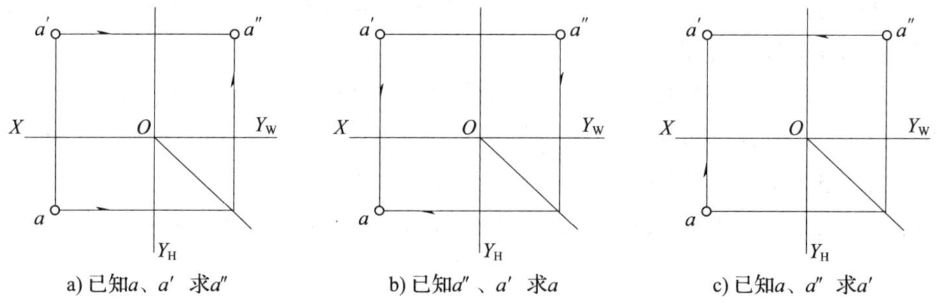

图 3—1—3 已知两投影点，求第三个投影

3. 特殊点的投影

在特殊情况下，点也可以处于投影面上或投影轴上。如果点的一个坐标为零，则点在相应的投影面上。如果点的两个坐标为零，则点在投影轴上。如果点的三个坐标为零，则点与坐标原点重合。特殊点的投影如图 3—1—4 所示。

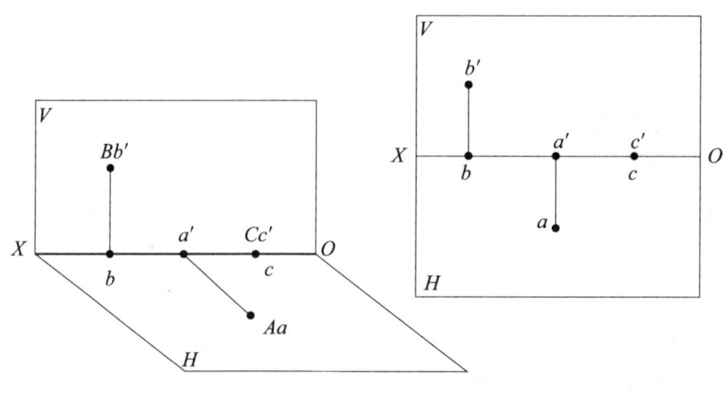

图 3—1—4 特殊点的投影

各种空间位置点的投影特征见表 3—1—1。

表 3—1—1　　各种空间位置点的投影特征

<table>
<tr><th colspan="2">点的位置</th><th>直观图</th><th>投影图</th><th>投影特性</th></tr>
<tr><td colspan="2">在空间（x，y，z）</td><td>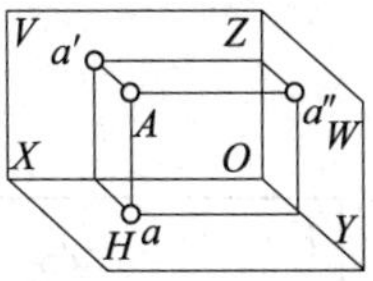</td><td>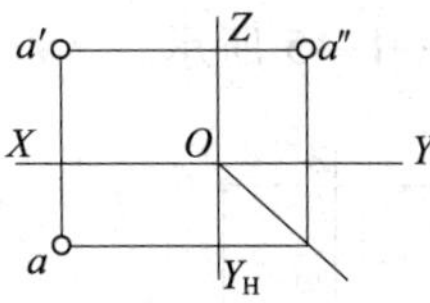</td><td>由于对三个投影面的投影都有一定的距离，所以点的三个投影都不在轴上</td></tr>
<tr><td rowspan="3">在投影面上</td><td>在 H 面上（x，y，0）</td><td>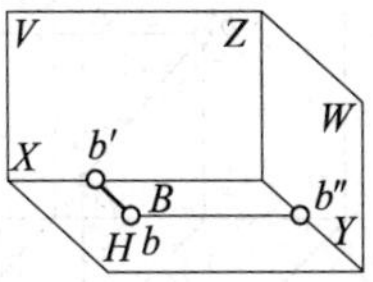</td><td>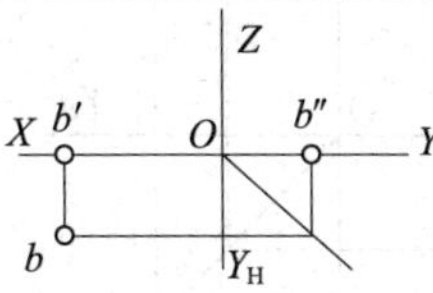</td><td rowspan="3">由于点在投影面上，点对该投影面的距离为零。所以，点对该投影面上的投影与空间点重合，另两个投影在该投影面的两根轴上</td></tr>
<tr><td>在 V 面上（x，0，z）</td><td>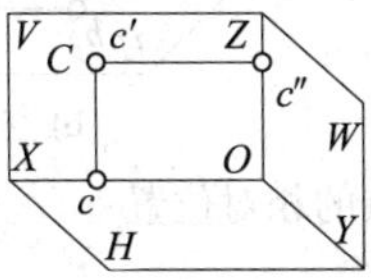</td><td>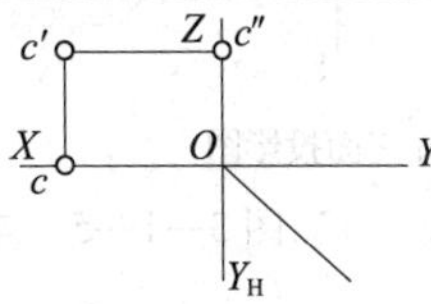</td></tr>
<tr><td>在 W 面上（0，y，z）</td><td>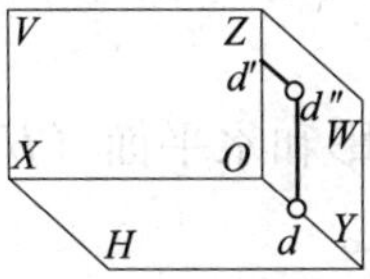</td><td>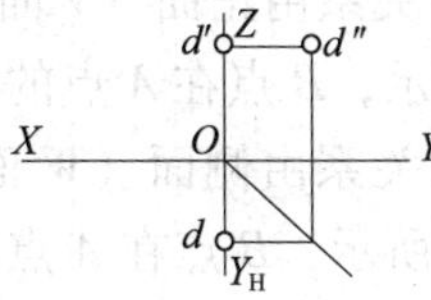</td></tr>
<tr><td rowspan="3">在投影轴上</td><td>在 OX 轴上（x，0，0）</td><td>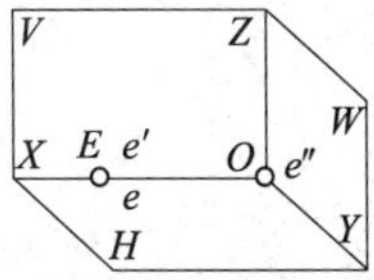</td><td>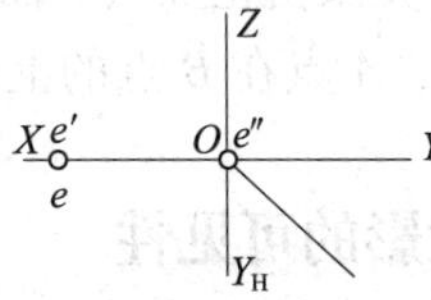</td><td rowspan="3">由于点在投影轴上，点对两投影面的距离为零。所以，点对该两投影面的投影与空间点重合在该两投影面相交的投影轴上，另一个投影与原点重合</td></tr>
<tr><td>在 OY 轴上（0，y，0）</td><td>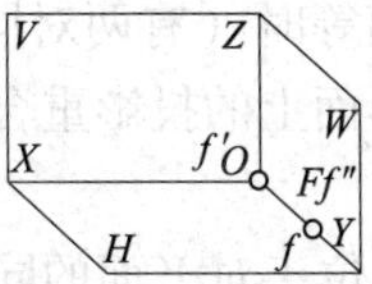</td><td>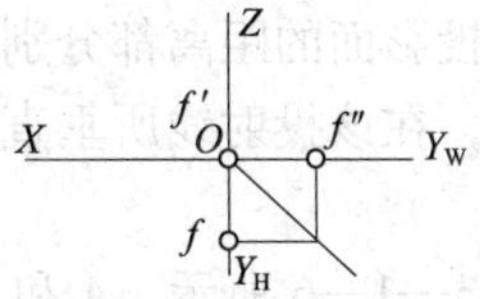</td></tr>
<tr><td>在 OZ 轴上（0，0，z）</td><td>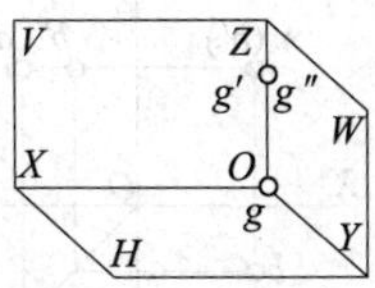</td><td>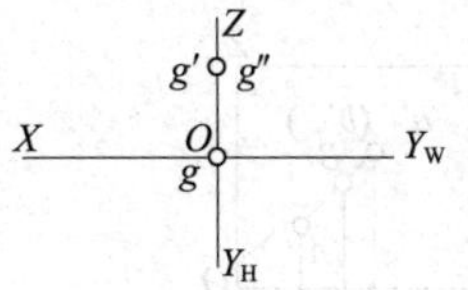</td></tr>
<tr><td colspan="2">在原点上（0，0，0）</td><td>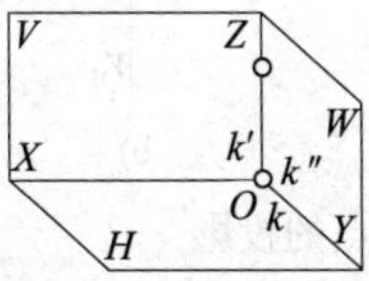</td><td>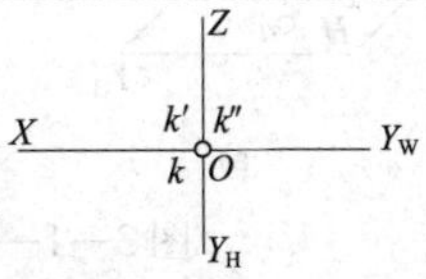</td><td>点的三个投影与空间点都重合在原点上</td></tr>
</table>

二、两点的相对位置

判断两点间的相对位置时，可以通过比较它们的坐标或到投影面的距离来确定。判别两点的相对位置关系如图 3—1—5 所示。

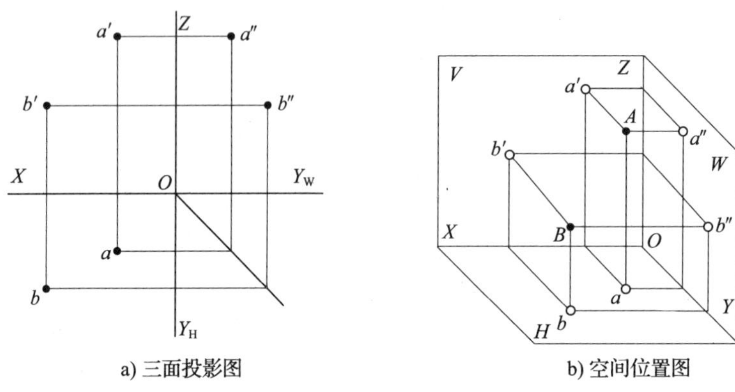

a) 三面投影图　　b) 空间位置图

图 3—1—5　空间两点的相对位置

（1）空间两点的左右关系由正面（*V* 面）投影和水平面（*H* 面）投影来判断，*x* 值大者在左边，如图 3—1—5 所示，*B* 点在 *A* 点的左边。

（2）空间两点的前后关系由侧面（*W* 面）投影和水平面（*H* 面）投影来判断，*y* 值大者在前边，如图 3—1—5 所示，*B* 点在 *A* 点的前边。

（3）空间两点的上下关系由正面（*V* 面）投影和侧面（*W* 面）投影来判断，*z* 值大者在上边，如图 3—1—5 所示，*A* 点在 *B* 点的上边。

三、重影点及其投影的可见性

当空间两点到两个投影面的距离都分别对应相等时（有两对同名坐标值对应相等），该两点处于同一投射线上，在该投射线所垂直的投影面上的投影重合在一起，这两点称为该投影面的重影点 。

重影点的投影如图 3—1—6 所示，*A* 和 *B* 两点位于对 *V* 面的同一条投射线上，它们对 *V*

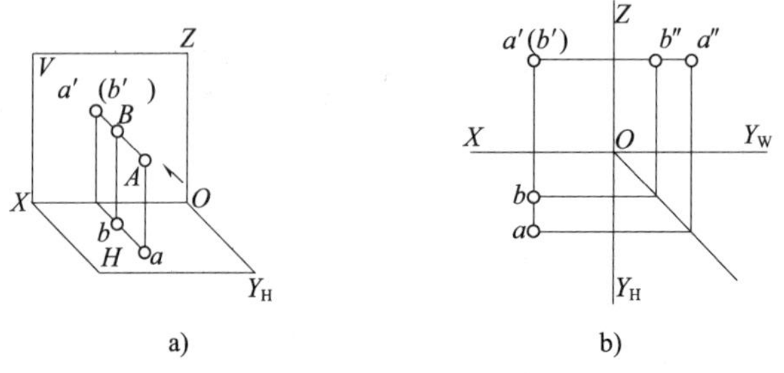

a)　　b)

图 3—1—6　重影点的投影

面的投影 a' 和 b' 重合，故 A 和 B 两点是 V 面的重影点。由于 $y_A > y_B$，自前向后观察时，点 A 在前，点 B 在后，故投影 a' 可见，投影 b' 不可见。

不可见点的投影的字母通常加括号表示，如图 3—1—6 中的“(b')”。

综上所述，当空间两点有两个坐标值分别相等时，则该两点必有重合投影，其可见性由重影点的一个不等的坐标值来确定，坐标值大者为可见，小者为不可见。

1. 三投影面体系中点的投影规律是什么？
2. 特殊点的投影有哪几类，其特性是什么？
3. 重影点的定义是什么？

课题二　线（直线、曲线）的投影

- ◆ 能掌握直线的投影及投影特性。
- ◆ 能判别两直线的相对位置。
- ◆ 能了解曲线的形成、分类及其投影。

一、直线的投影图

直线的投影一般为直线，特殊情况下为点。由于两点决定一条直线，因此，求直线的投影就是分别求两端点的投影。如图 3—2—1 所示，首先分别求出 A 和 B 两点的投影，如图 3—2—1b 所示；然后把同一投影面上两点的投影用直线连接，即得到直线的投影，如图 3—2—1c 所示。

二、直线的投影分析

空间直线与投影面的相对位置有三种：投影面平行线、投影面垂直线和一般位置直线。

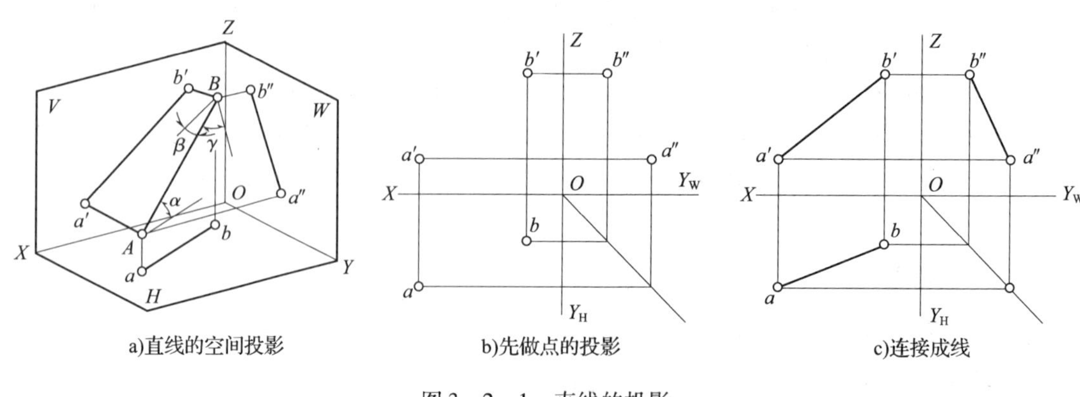

a)直线的空间投影　　b)先做点的投影　　c)连接成线

图 3—2—1　直线的投影

1. 投影面平行线

只平行于一个投影面，而与另外两个投影面倾斜的直线，称为投影面平行线 。平行于水平面的直线称为水平线，平行于正面的直线称为正平线，平行于侧面的直线称为侧平线。投影面平行线的投影特性见表 3—2—1。

表 3—2—1　　投影面平行线的投影特性

	水平线	正平线	侧平线
直观图			
投影图			
投影特性	（1）*H* 面投影反映实长 （2）*V*、*W* 面投影分别平行于 *OX* 轴和 *OY* 轴方向 （3）*H* 面投影与 *OX* 和 *OY* 轴的夹角分别反映 β、γ 角	（1）*V* 面投影反映实长 （2）*H*、*W* 面投影分别平行于 *OX* 轴和 *OZ* 轴方向 （3）*V* 面投影与 *OX* 和 *OZ* 轴的夹角分别反映 α、γ 角	（1）*W* 面投影反映实长 （2）*V*、*H* 面投影分别平行于 *OZ* 轴和 OY_H 轴方向 （3）*W* 面投影与 OY_W 和 *OZ* 轴的夹角分别反映 α、β 角

从表3—2—1中可以看出，投影面平行线的投影特性如下：

（1）投影面平行线的三个投影都是直线，其中直线在与平行的投影面上的投影反映线段实长；当该直线与投影轴倾斜时，其与投影轴的夹角等于直线对另外两个投影面的实际倾角。

（2）另外两个投影都短于线段实长，且分别平行于相应的投影轴，其到投影轴的距离反映空间线段到线段实长投影所在投影面的真实距离。

直线与投影面所夹的角，即直线对投影面的倾角。α、β、γ 分别表示直线对 H、V、W 面的倾角。

2. 投影面垂直线

垂直于一个投影面，与另外两个投影面平行的直线称为投影面垂直线。垂直于水平面的直线称为铅垂线，垂直于正面的直线称为正垂线，垂直于侧面的直线称为侧垂线。投影面垂直线的投影特性见表3—2—2。

表3—2—2　投影面垂直线的投影特性

	正垂线	铅垂线	侧垂线
直观图	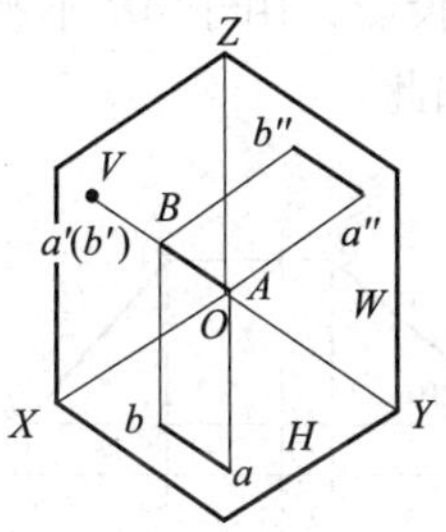 Z, V, b″, B, a′(b′), a″, A, O, W, X, b, H, Y, a	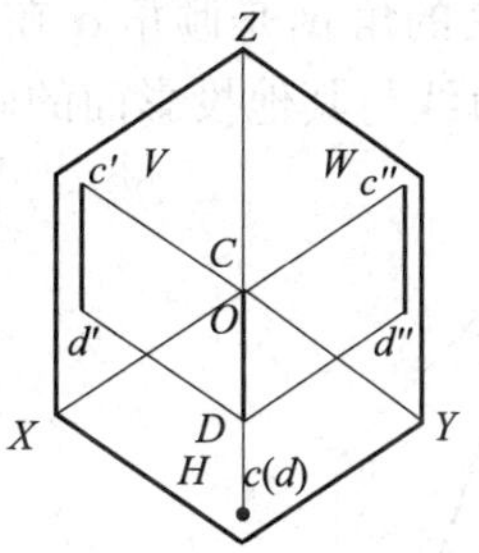 Z, c′, V, W, c″, C, O, d′, d″, D, X, H, c(d), Y	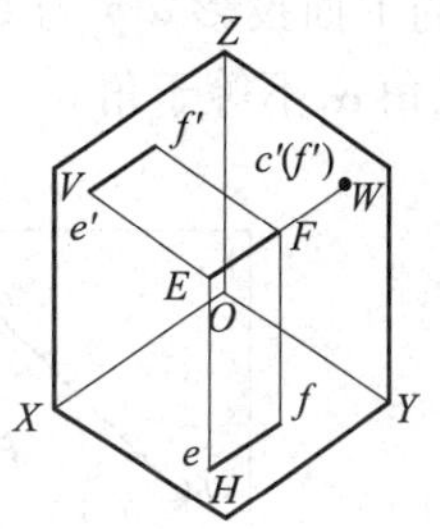 Z, f′, c′(f′), V, W, e′, F, E, O, X, f, Y, e, H
投影图	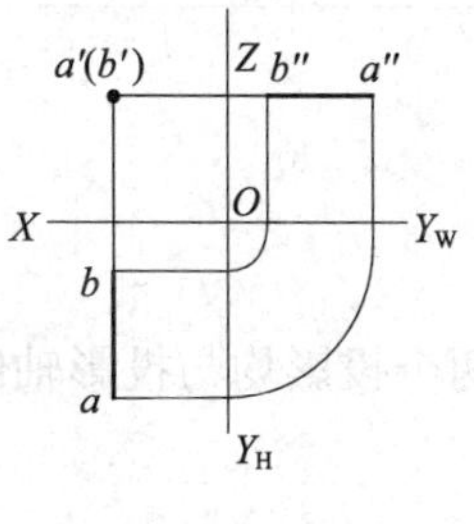 a′(b′), Z, b″, a″, O, X, Y_W, b, a, Y_H	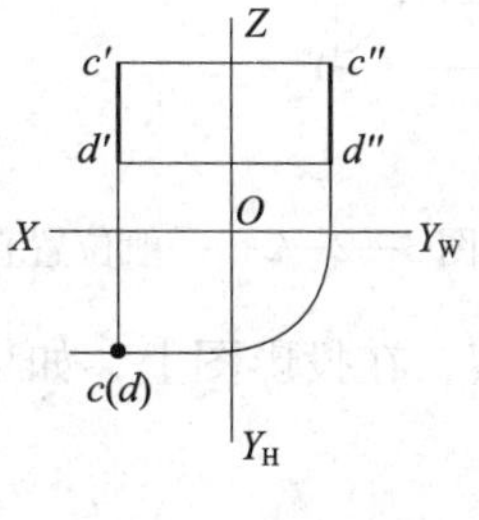 Z, c′, c″, d′, d″, O, X, Y_W, c(d), Y_H	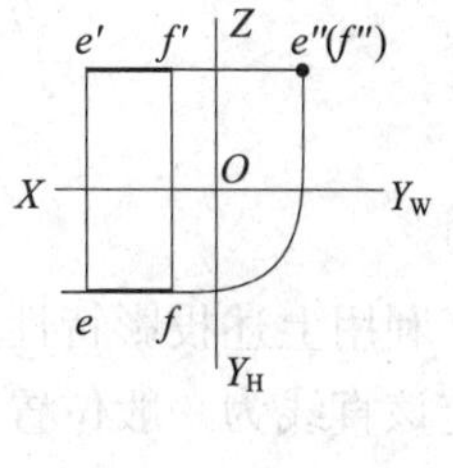 e′, f′, Z, e″(f″), O, X, Y_W, e, f, Y_H
投影特性	（1）V 面投影积聚为一点 （2）H、W 面投影分别垂直于 OX 轴和 OZ 轴方向 （3）H、W 面投影反映实长	（1）H 面投影积聚为一点 （2）V、W 面投影分别垂直于 OX 轴和 OY_W 轴方向 （3）V、W 面投影反映实长	（1）W 面投影积聚为一点 （2）V、H 面投影分别垂直于 OZ 轴和 OY_H 轴方向 （3）V、H 面投影反映实长

从表 3—2—2 中可以看出，投影面垂直线的投影特性如下：

第一，投影面垂直线在所垂直的投影面上的投影必积聚成为一个点。

第二，另外两个投影都反映线段实长，且垂直于相应的投影轴。

人们把投影面的平行线和垂直线统称为特殊位置直线 。

对于特殊位置直线可从以下两点判断：

第一，若直线的某一面投影积聚成一个点，则此直线为该投影面的垂直线。

第二，只要有投影平行于投影轴（三面投影无积聚点），则该直线为投影面平行线，且平行于与投影成倾斜的那个投影面，该倾斜的投影反映实长。

3. 一般位置直线

既不平行也不垂直于任何一个投影面，即与三个投影面都成倾斜状态的直线，称为一般位置直线 。

一般位置直线的投影特性如下：

（1）三个投影都是直线，均不反映实长。

（2）三个投影均与投影轴倾斜，且直线的投影与投影轴的夹角不反映空间直线对投影面的倾角。其与投影轴的夹角不反映该线对投影面倾角的真实大小。如图 3—2—2 所示，AB 的 V 面投影 $a'b'$ 与 OX 轴所夹的角 α_1 是倾角 α 在 V 面上的投影，由于 AB 不平行于 V 面，所以角 α_1 不等于角 α。同理，直线与其他投影面的倾角也是如此。

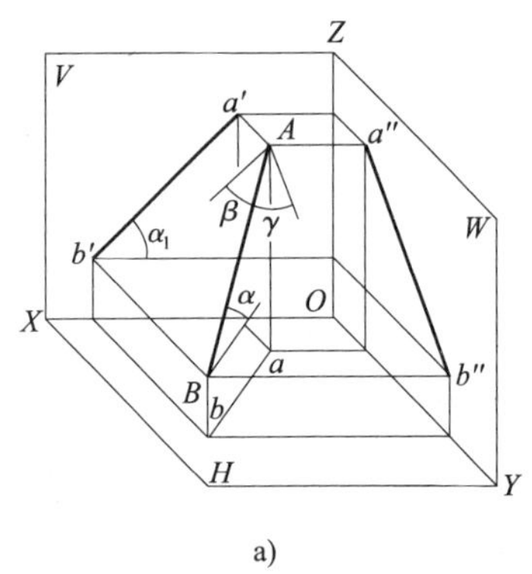

a)

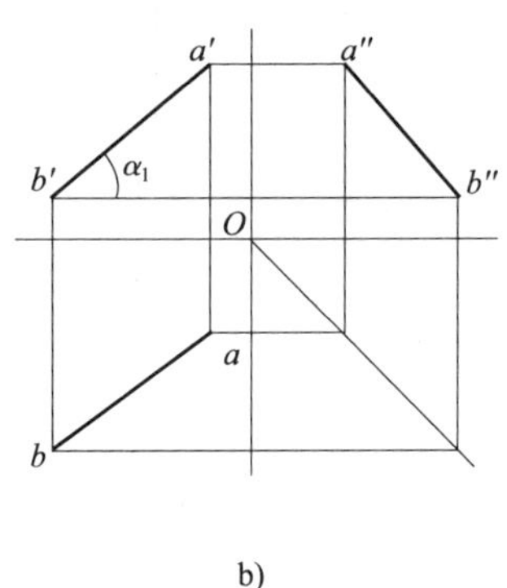

b)

图 3—2—2　一般位置直线的投影

利用上述投影特性进行观察，在投影图上，如果直线的两个投影均与投影轴倾斜，则可判定该直线为一般位置直线。

三、直线与点的相对位置

点与直线的相对位置有两种情况：点在直线上和点不在直线上。

1. 点在直线上

点在直线上，则点的各面投影必在该直线的同面投影上，并将直线的各面投影和空间直线分成相同的比例，这一投影特性，称为定比性 。

如图 3—2—3 所示，M 点在 AB 直线上，则 m' 在 $a'b'$ 上，m 在 ab 上，而且 $\frac{AM}{MB}=\frac{a'm'}{m'b'}=\frac{am}{mb}$。

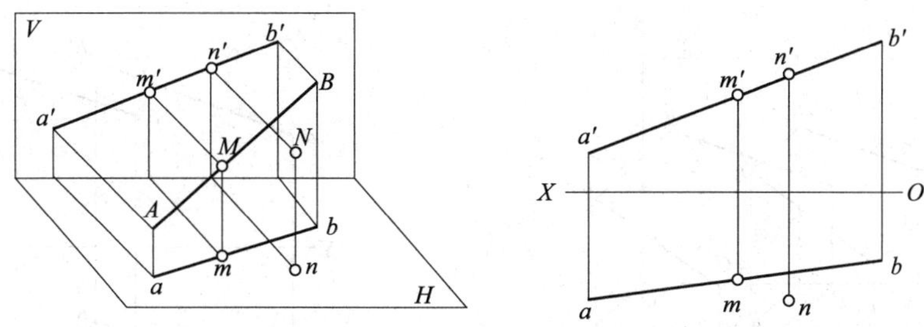

图 3—2—3　点在直线上

2．点不在直线上

点不在直线上，则点的投影至少有一个不在该直线的同面投影上。

如图 3—2—3 所示，N 点不在直线 AB 上，而是在 AB 的前方。

【例 3—2—1】　如图 3—2—4 所示，已知直线 AB 和点 K 的两面投影，试判断点 K 是否在直线 AB 上。

分析：虽然 k 在 ab 上，k' 也在 $a'b'$ 上，且 $kk' \perp OX$ 轴，但因 $ak:kb \neq a'k':k'b'$，不符合定比性，故可直接判断点 K 不在直线 AB 上。也可作出 AB 和 K 的 W 面投影进行判断，结论是一致的。

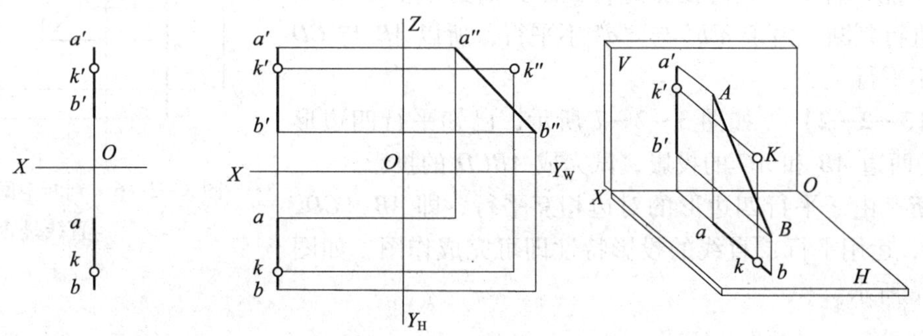

图 3—2—4　判断点是否在直线上

四、两直线的相对位置

空间两直线的相对位置有三种情况：两直线平行、两直线相交和两直线交叉。前两种相对位置属于共面两直线，后一种为异面两直线。

1．两直线平行

由投影的基本特性可知，若空间两直线平行，则其同面投影必定平行；反之，若空间两直线的三个同面的投影都互相平行，则此空间两直线也必定平行，如图 3—2—5 所示。

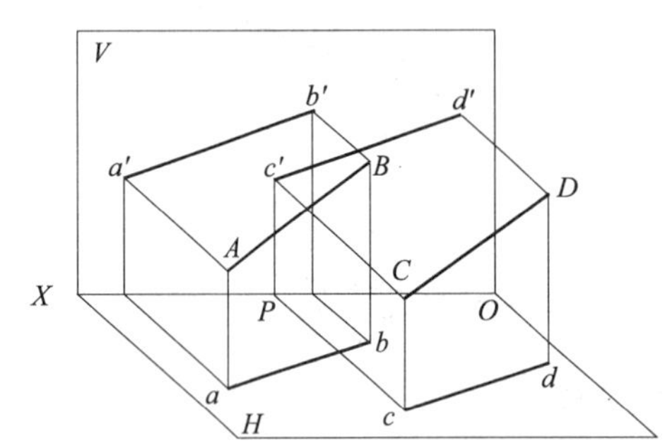

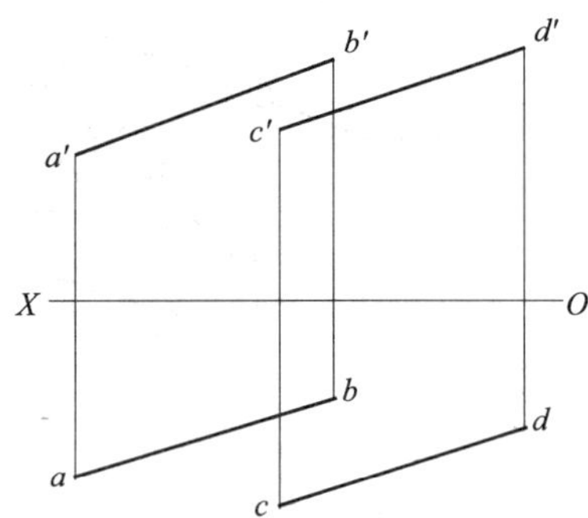

图 3—2—5　两直线平行

在投影图上判断两直线是否平行的方法如下：

（1）如果两直线均为一般位置直线，其两组同面投影平行，则可判定这两条直线平行。

（2）如果两直线是同一投影面的平行线，只有当它们在三个投影面上的投影都平行时，才可以判定其空间直线平行。

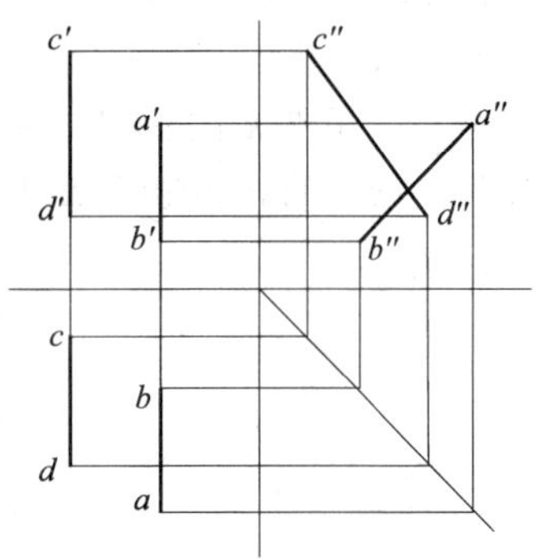

图 3—2—6　判断空间两直线是否平行

如图 3—2—6 所示，由于 *AB* 和 *CD* 两直线同时平行于 *W* 面，不能只看 *H*、*V* 两投影进行判断，而必须根据 *W* 面的投影进行判断。由于 *a″b″* 与 *c″d″* 不平行，所以 *AB* 与 *CD* 两直线不平行。

【例 3—2—2】　如图 3—2—7 所示，已知平行四边形 *ABCD* 的两边 *AB* 和 *AC* 的投影，试完成 *ABCD* 的投影。

分析：由于平行四边形的对边相互平行，即 *AB*∥*CD*，*AC*∥*BD*，运用平行二直线的投影特性即可完成作图，如图 3—2—7c 所示。

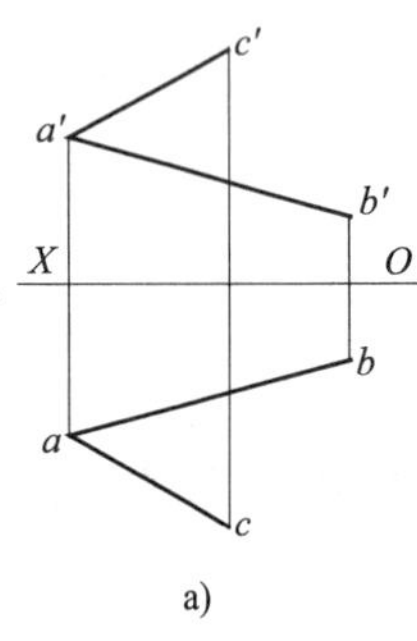

a)

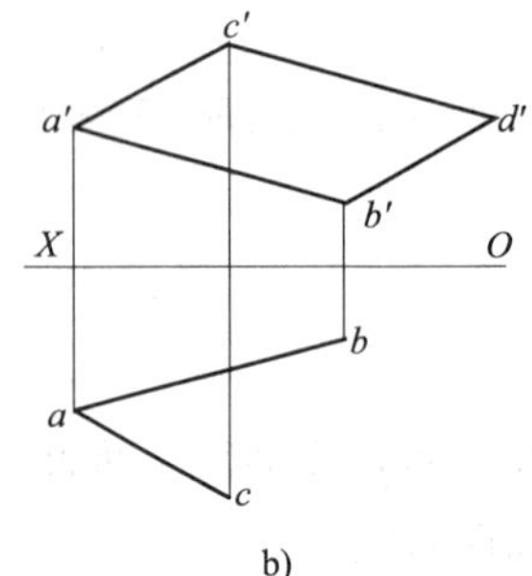

b)

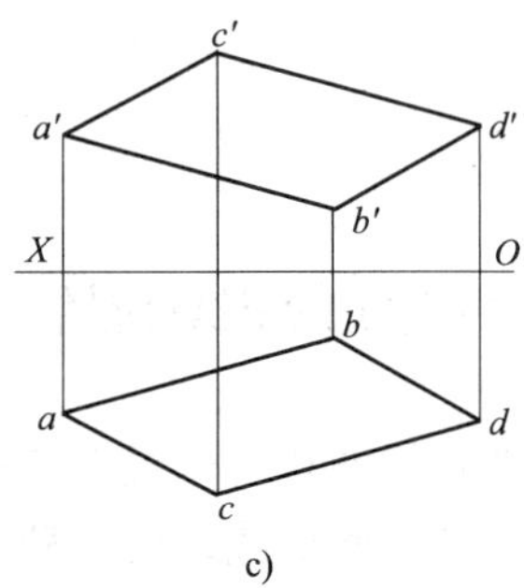

c)

图 3—2—7　作出平行四边形的投影

2. 两直线相交

根据直线上点的投影特性可知：

若空间两直线相交，则其三面投影必定相交，且各投影的交点必定符合点的投影规律；反之，如果两直线的三面投影图上的投影都相交，且投影的交点符合点的投影规律，则两直线在空间必定相交。

两直线相交的投影特性如下：

第一，两直线相交，只能交于一点，该点为两直线所共有。

第二，当两直线相交时，其同面投影一定相交，交点的投影连线垂直于投影轴。

如图 3—2—8 所示，直线 *AB* 与 *CD* 相交于 *K* 点，则在投影图中，*a′b′*与 *c′d′*、*ab* 与 *cd* 也一定相交，而且它们的交点 *k′*与 *k* 的连线必垂直 *OX* 轴。

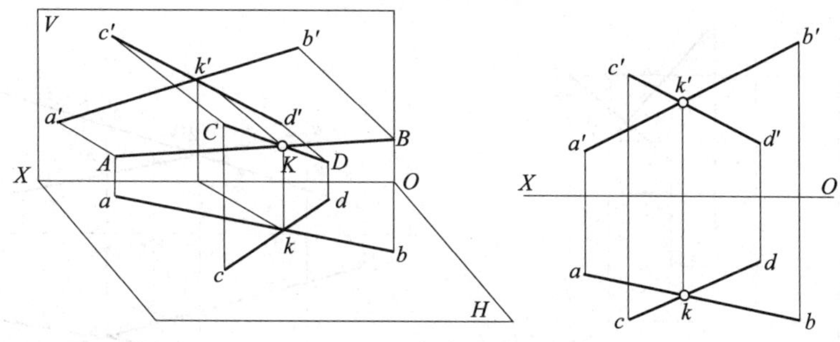

图 3—2—8　两直线相交

在投影图上判断两直线是否相交的方法如下：

（1）当两直线中有一直线平行于某投影面时，若要判断它们是否相交，则要对直线所平行的投影面加以检查，才能作出正确的判断。

如图 3—2—9 所示，由于直线 *AB* 是侧平线，故不能只看 *H*、*V* 面的投影，必须作出 *AB*

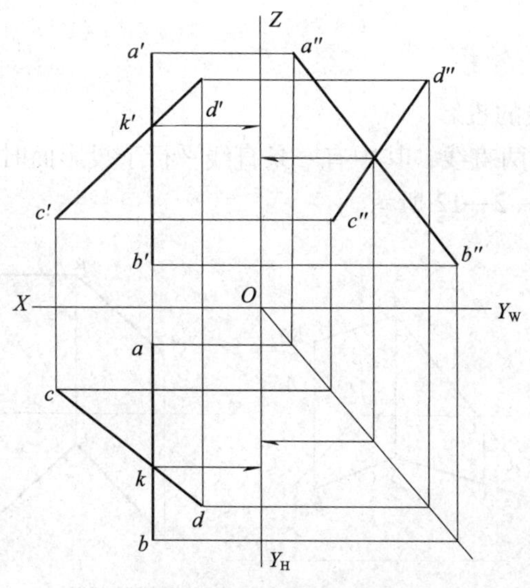

图 3—2—9　判断两直线是否相交

和 CD 直线在 W 面上的投影进行检查。虽然它们的 W 面投影也相交，但其交点的连线与投影轴不垂直，故 AB 与 CD 两直线不相交。

（2）如果运用点在直线上的定比性来进行判断，则可不作出直线在 W 面的投影：

由于 $a'k':k'b' \neq ak:kb$，故 K 点不是 AB 直线上的点，所以直线 AB 与直线 CD 不相交。

3. 两直线交叉

两直线既不平行又不相交，称为两直线交叉。

如图 3—2—10 所示，交叉两直线的同面投影，有时可能平行，但决不会各面投影都平行。

交叉两直线的同面投影，有时可能相交，但各投影面的交点，决不会符合同一点的投影规律，即各组同面投影交点的连线不垂直于相应的投影轴，如图 3—2—11 所示。

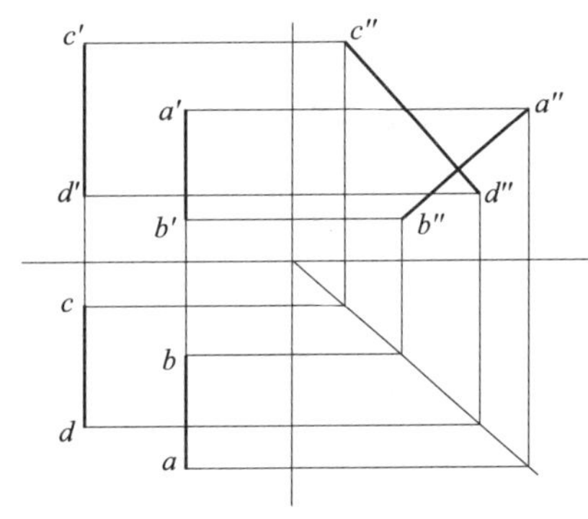

图 3—2—10　两直线交叉

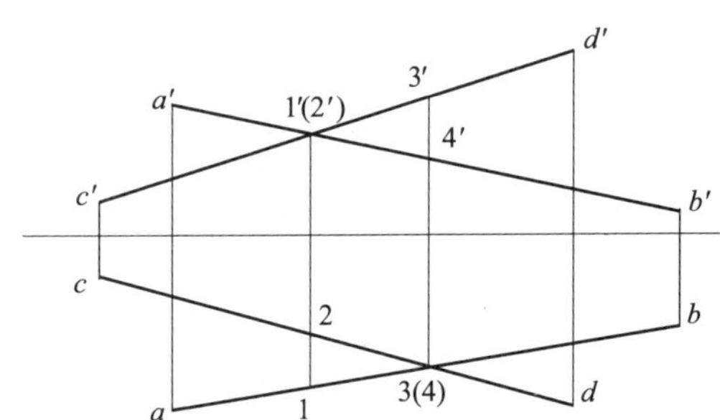

图 3—2—11　交叉两直线的投影

在投影图上判断两直线是否交叉的方法如下：

当某两条空间直线的投影既不符合两平行直线的投影特性，也不符合两相交直线的投影特性时，就可判断其为两交叉直线。只要判定两直线既不平行，又不相交，则这两条直线为交叉直线。

4. 直角投影定理

（1）垂直相交两直线的投影

定理一：垂直相交的两直线，其中有一条直线平行于投影面时，则两直线在该投影面上的投影仍为直角，如图 3—2—12 所示。

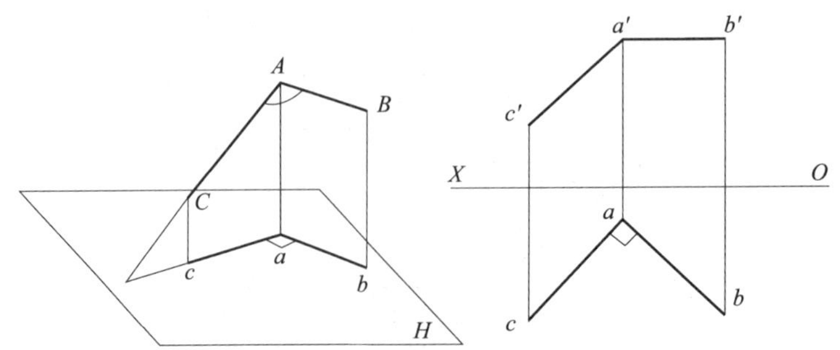

图 3—2—12　垂直相交两直线的投影

定理二：相交两直线在同一投影面上的投影为直角，且有一条直线平行于该投影面，则空间两直线的夹角必是直角，如图 3—2—12 所示。

（2）交叉垂直两直线的投影

定理三：交叉垂直的两直线，其中有一条直线平行于投影面时，则两直线在该投影面上的投影仍为直角，如图 3—2—13 所示。

定理四：交叉两直线在同一投影面上的投影反映为直角，且有一条直线平行于该投影面，则空间两交叉直线的夹角必是直角，如图 3—2—13 所示。

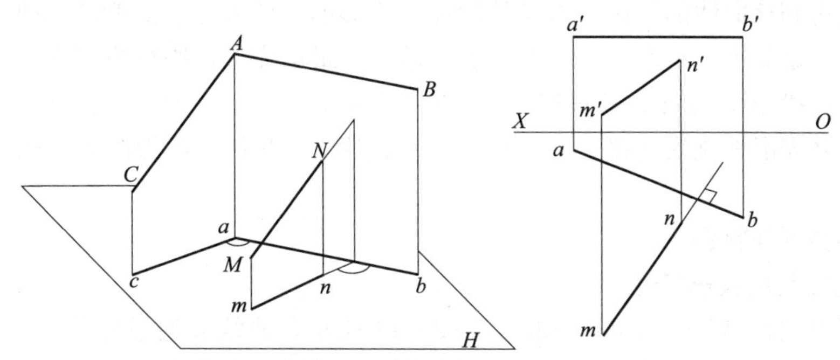

图 3—2—13　交叉垂直两直线的投影

五、曲线的形成和分类

1．曲线的形成

（1）曲线可看成一个点在运动过程中连续改变其运动方向所形成的轨迹，如图 3—2—14 所示。

（2）曲线也可看成两曲面相交或平面与曲面相交所形成的交线，如图 3—2—15 所示。

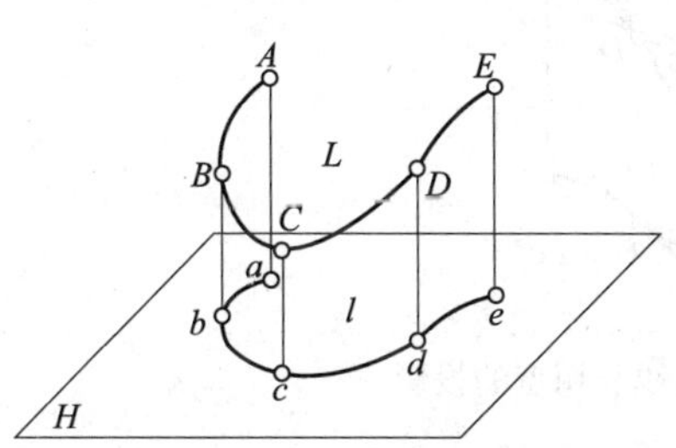

图 3—2—14　曲线的形成

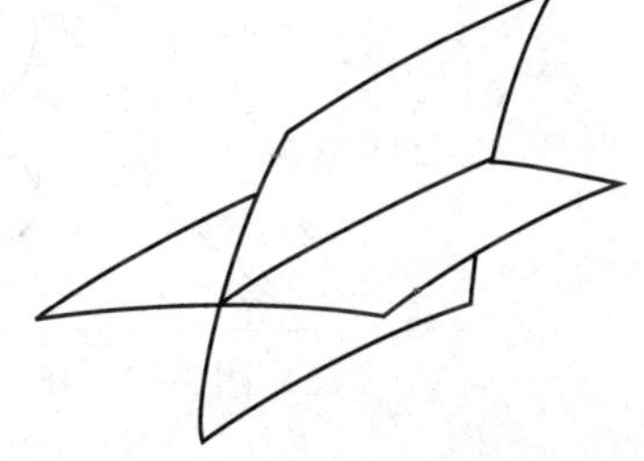

图 3—2—15　两曲面的交线也是曲线

2．曲线的分类

按点的运动有无规律，曲线可分为规则曲线和不规则曲线，通常研究的是规则曲线。

按曲线上各点的相对位置，曲线可分为：

（1）平面曲线

曲线上所有的点都在同一平面上，如圆锥曲线等。

（2）空间曲线

曲线上任意连续四个点不在同一平面上，如螺旋线等。

六、曲线的投影及投影特性

1. 曲线的投影

因为曲线是点的集合，所以画出曲线上一系列点的投影，并将各点的同面投影光滑地顺次连接，就能得到该曲线的投影，这是绘制曲线投影的一般方法。如能画出曲线上一些特殊点，如最高点、最低点、最左点、最右点、最前点、最后点等，则可更确切地表示曲线。如欲绘制曲线 L 的投影（见图 3—2—14），可在其上取 A、B、C、D、E 五个点，作它们在 H 面上的投影，并光滑地顺次连接，即可得到水平投影 l。图中点 B 为曲线上的最左点，点 C 为最前点。

2. 曲线的投影特性

（1）空间曲线的投影特性

1）曲线的投影一般仍为曲线。如图 3—2—14 所示，曲线 L 通过曲线上各点的投影线，将形成一个垂直于投影面的曲面，该曲面与投影面的交线仍为曲线。

2）曲线上点的投影必定在曲线的同面投影上。如图 3—2—14 所示，点 D 属于曲线 L，则它的投影 d 必属于曲线的投影 l。

3）曲线切线的投影仍与曲线的投影相切，而且切点的投影仍为投影的切点。如图 3—2—16 所示，曲线上点 D 的切线 DT，可看成割线 DC 与曲线的两个交点 D 和 C 无限接近的极限位置。这时割线 DC 变为切线 DT，切曲线于点 D。与此同时，它们的投影即曲线的投影及其上的割线 dc，也由于点 c 无限接近点 d，而变为切于点 d 的切线 dt。

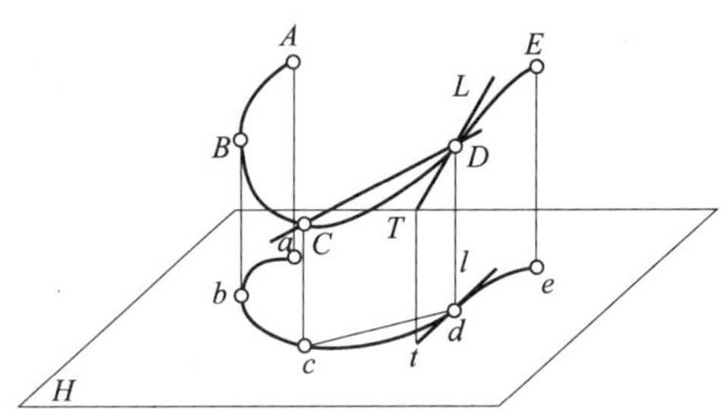

图 3—2—16　曲线的切线和切点的投影

（2）平面曲线的投影特性

平面曲线除具有上述的投影特性外，还具有下列投影特性：

1）当平面曲线所在的平面平行于某投影面时，它在该投影面上的投影反映实形，如图 3—2—17 所示。

2）当平面曲线所在的平面垂直于某投影面时，它在该投影面上的投影积聚为一直线段，如图 3—2—18 所示。

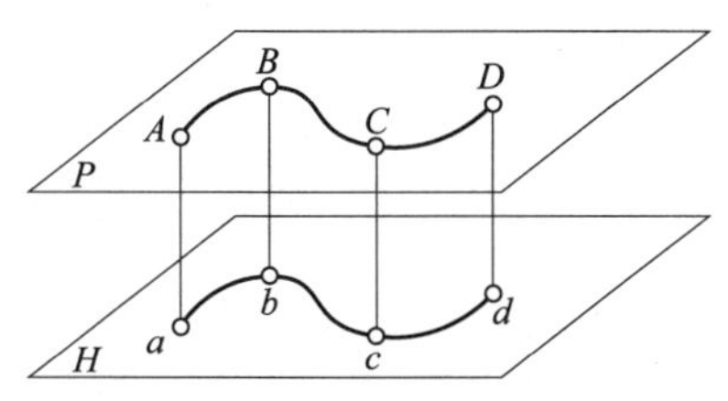

图 3—2—17　投影反映实形

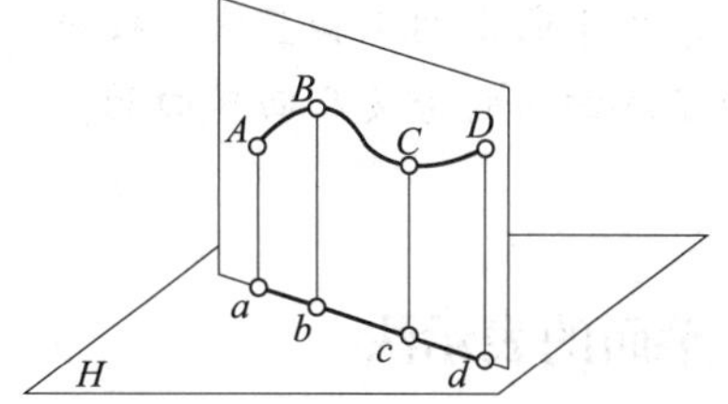

图 3—2—18　投影为直线

3）平面曲线上某些奇异点投影后仍保持原有性质，即拐点、尖点及两重点投影后仍为拐点、尖点及两重点。

如上所述，曲线与直线相切，投影后仍相切，且切点不变，故具有切点性质的拐点、尖点及两重点投影后仍为拐点、尖点及两重点。图 3—2—19a 所示为拐点 A，平面曲线与直线切于该点，并从直线的一侧转向另一侧。图 3—2—19b 所示为尖点 B，平面曲线在点 B 处有两条，它们在点 B 处有公共的切线，而且处于公共切线的同侧或两侧。图 3—2—19c 所示为两重点 C，平面曲线自身相交于该点，并在该点可作出两条切线。

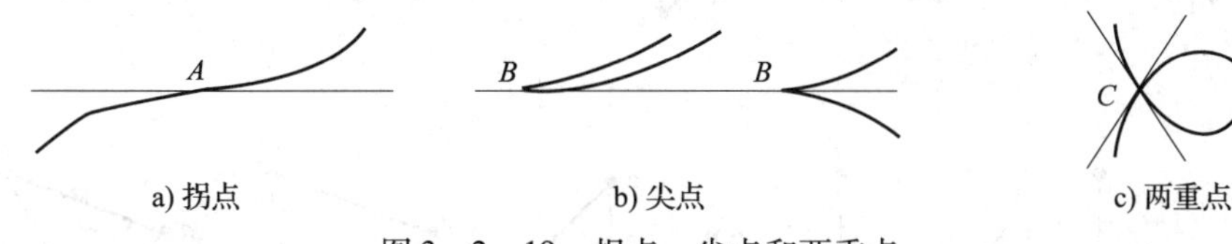

a) 拐点　　b) 尖点　　c) 两重点

图 3—2—19　拐点、尖点和两重点

思考与练习

1. 投影面平行线和垂直线各有几种情况？
2. 定比性的含义是什么？
3. 两直线的相对位置有几种？
4. 曲线的投影特性有哪些？

课题三　面（平面、曲面）的投影

学习目标

◆ 能掌握平面的表示法和平面的投影特性。

◆ 能掌握平面上的点和直线的投影。

◆ 能了解曲面的含义及回转曲面。

一、平面的表示法

在投影图中，有两种方法表示平面：用几何元素表示平面及用迹线表示平面。

1. 用几何元素表示平面

在投影图上可以用下列任何一组几何元素的投影表示平面，如图 3—3—1 所示。

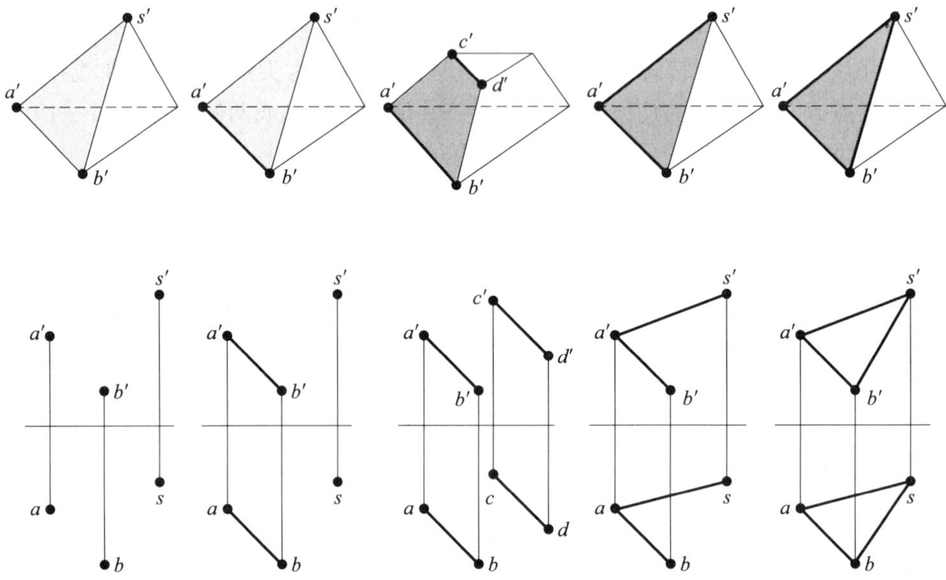

图 3—3—1　用几何元素表示平面

2. 用迹线表示平面

在三投影面体系中，空间平面与投影面的交线，称为平面的迹线，如图 3—3—2 所示。

平面 P 与 V 面的交线称为平面 P 的正面迹线，用 P_V 表示；

平面 P 与 H 面的交线称为平面 P 的水平迹线，用 P_H 表示；

平面 P 与 W 面的交线称为平面 P 的侧面迹线，用 P_W 表示。

平面与各投影轴的交点（即相邻两迹线的交点），称为迹线集合点 ，分别用 P_X、P_Y、P_Z 表示。

在投影图上，通常只标记迹线本身，而不标出与投影轴重合的另两个投影面的投影，如图 3—3—2 所示。

判别方法：在投影图中，如果平面的三面投影都是封闭线框或三条迹线均与投影轴倾斜，则该平面是一般位置平面。

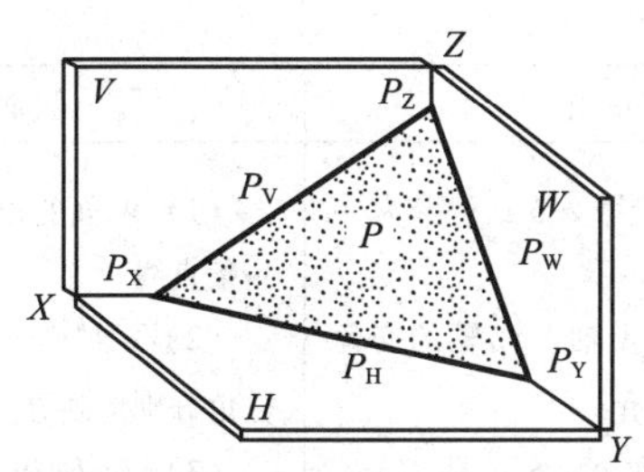

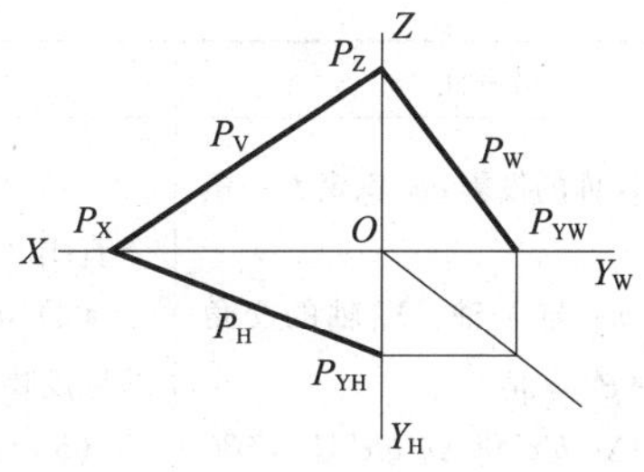

图 3—3—2　用迹线表示平面

二、平面的投影分析

1. 投影面垂直面

三投影面体系中，垂直于一个投影面，而与另外两个投影面倾斜的平面，称为投影面垂直面。

垂直于 *H* 面而与 *V*、*W* 面倾斜的平面，称为铅垂面。

垂直于 *V* 面而与 *H*、*W* 面倾斜的平面，称为正垂面。

垂直于 *W* 面而与 *H*、*V* 面倾斜的平面，称为侧垂面。

投影面垂直面的投影特性见表 3—3—3。

表 3—3—1　　　　投影面垂直面的投影特性

	铅垂面	正垂面	侧垂面
直观图			
投影图			

续表

	铅垂面	正垂面	侧垂面
投影特性	（1）*H* 面的投影 *abc* 积聚为一条直线 （2）*abc* 与 *X* 轴、Y_H 轴的交角分别反映 β、γ 角 （3）$\triangle a'b'c'$ 和 $\triangle a''b''c''$ 是 $\triangle ABC$ 的类似形	（1）*V* 面的投影 $a'b'c'$ 积聚为一条直线 （2）$a'b'c'$ 与 *X* 轴、Y_H 轴的交角分别反映 α 和 γ 角 （3）$\triangle abc$ 和 $\triangle a''b''c''$ 是 $\triangle ABC$ 的类似形	（1）*W* 面的投影 $a''b''c''$ 积聚为一条直线 （2）$a''b''c''$ 与 *Z* 轴、Y_W 轴的交角分别反映 β、γ 角 （3）$\triangle abc$ 和 $\triangle a'b'c$ 是 $\triangle ABC$ 的类似形

投影面垂直面的投影特征：在它所垂直的投影面上的投影，积聚为一条与投影轴倾斜的直线，该直线与投影轴的夹角分别反映了平面与另外两投影面倾角的真实大小；其余两面的投影具有类似性。

判别方法：在投影图中，只要有一面投影积聚成一条与投影轴倾斜的直线，则该平面一定为该投影面的垂直面。

表 3—3—2 为立体上的投影面、垂直面，并绘制出了它们在立体三视图中的投影位置。

表 3—3—2　　平行平面投影的立体表示法

	铅垂面	正垂面	侧垂面
直观图	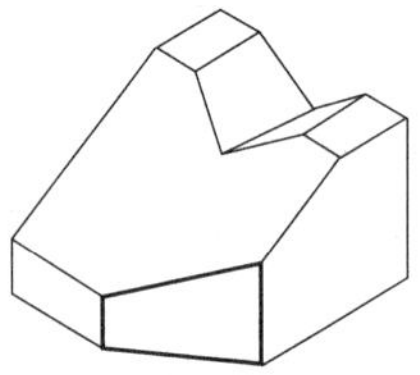	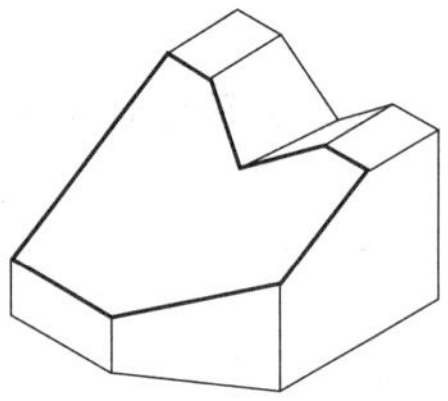	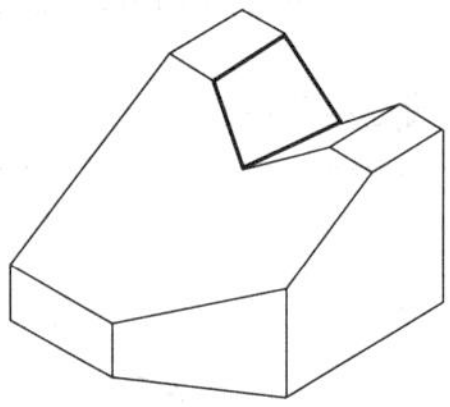
投影图	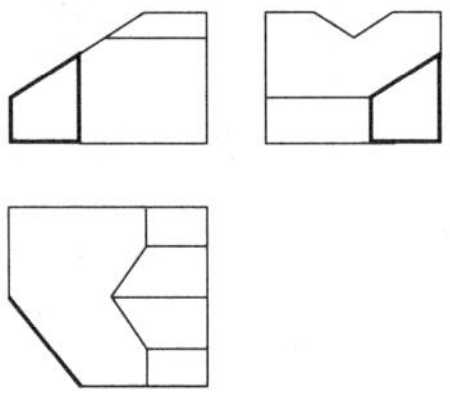	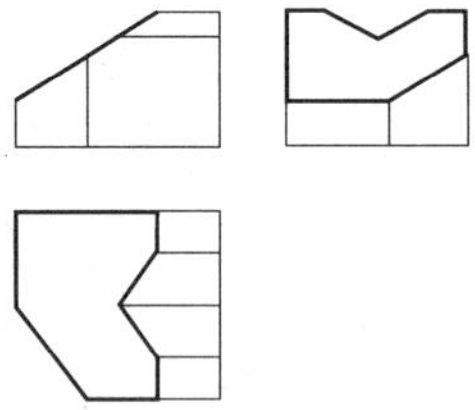	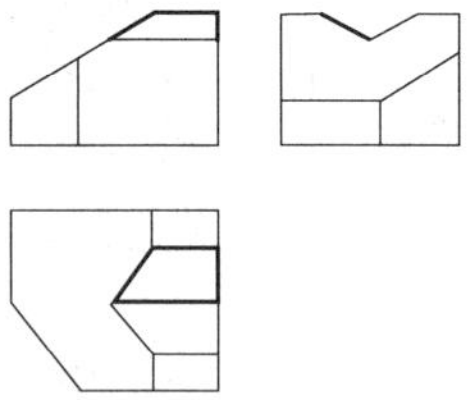

2. 投影面平行面

在三投影面体系中，平行于一个投影面（必垂直于另外两个投影面）的平面，称为投影面平行面。

平行于 *H* 面的平面，称为水平面。

平行于 *V* 面的平面，称为正平面。

平行于 *W* 面的平面，称为侧平面。

投影面平行面的投影特征：在它所平行的投影面上的投影反映实形；另外两面投影积聚

为与相应投影轴平行的直线。

投影面平行面的投影特性见表 3—3—3。

表 3—3—3　**投影面平行面的投影特性**

	正平面	水平面	侧平面
直观图	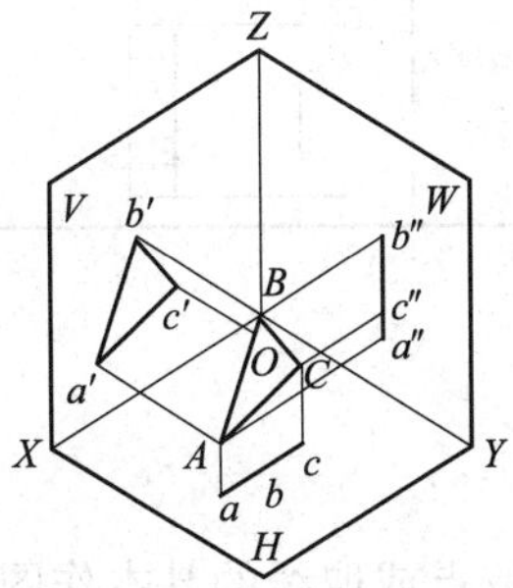	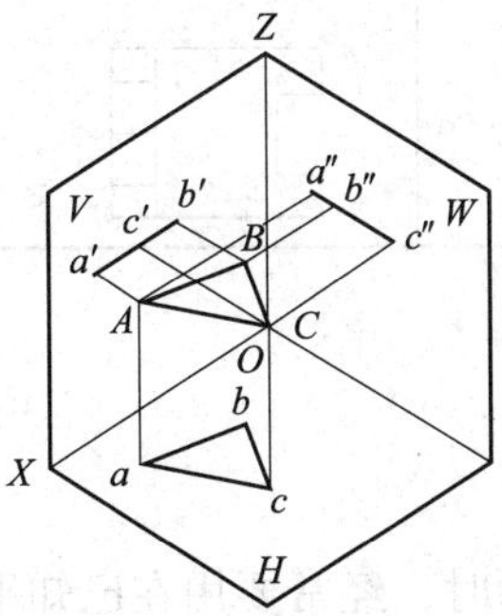	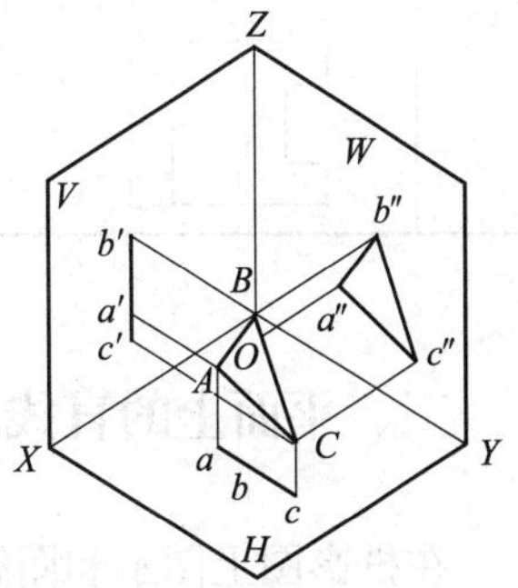
投影图	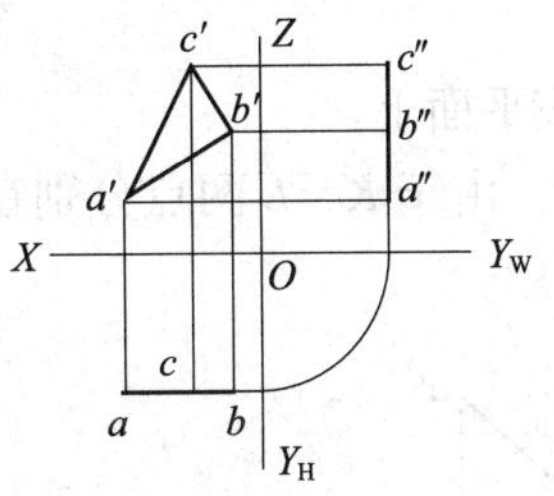	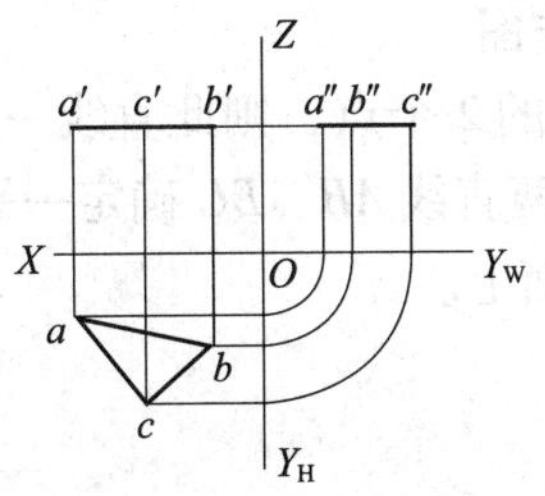	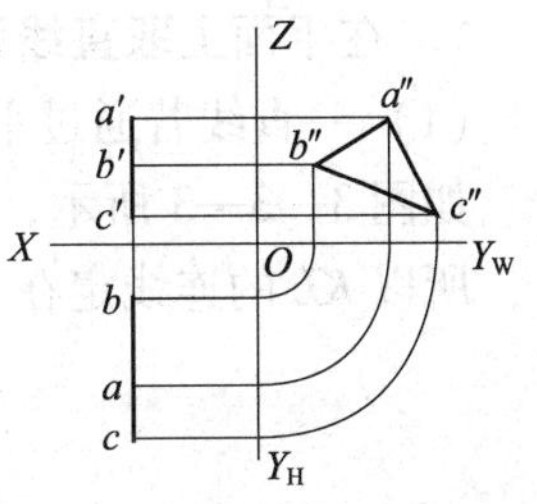
投影特性	（1）V 面投影 $\triangle a'b'c'$ 反映 $\triangle ABC$ 的实形 （2）H 面 W 面投影具有积聚性且 $abc//X$ 轴，$a''b''c''//Z$ 轴	（1）H 面投影 $\triangle abc$ 反映 $\triangle ABC$ 的实形 （2）V 面、W 面投影具有积聚性且 $a'b'c'//X$ 轴、$a''b''c''//Y_W$ 轴	（1）W 面投影 $\triangle a''b''c''$ 反映 $\triangle ABC$ 的实形 （2）V 面、H 面投影具有积聚性且 $a'b'c'//Z$ 轴、$abc//Y_H$ 轴

判别方法：

在投影图中，只要有一面投影积聚成一条平行于投影轴的直线，则此平面为投影面平行面，它所平行的投影面上的投影为反映该平面实形的几何图形。

表 3—3—4 为立体上的投影面平行面，并绘制出了它们在立体三视图中的投影位置。

表 3—3—4　**垂直平面投影的立体表示法**

	水平面	正平面	侧平面
直观图	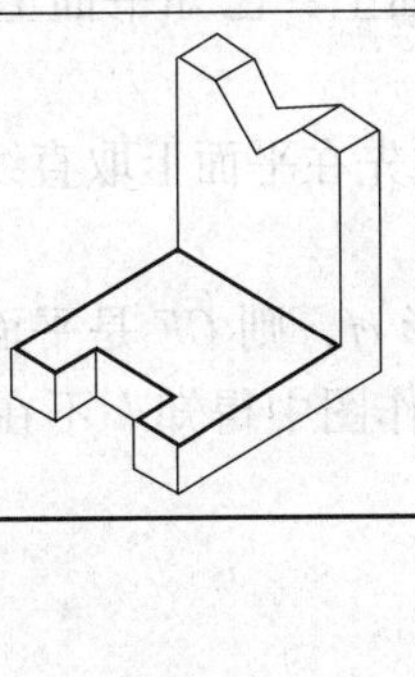	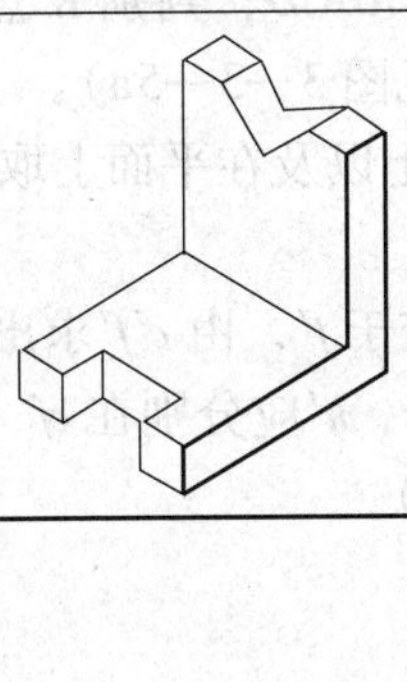	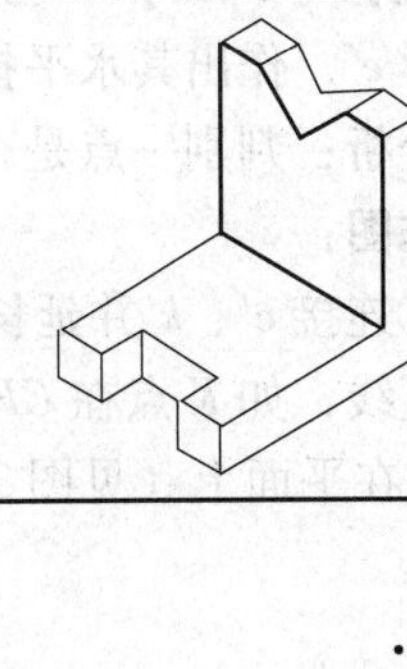

续表

	水平面	正平面	侧平面
投影图	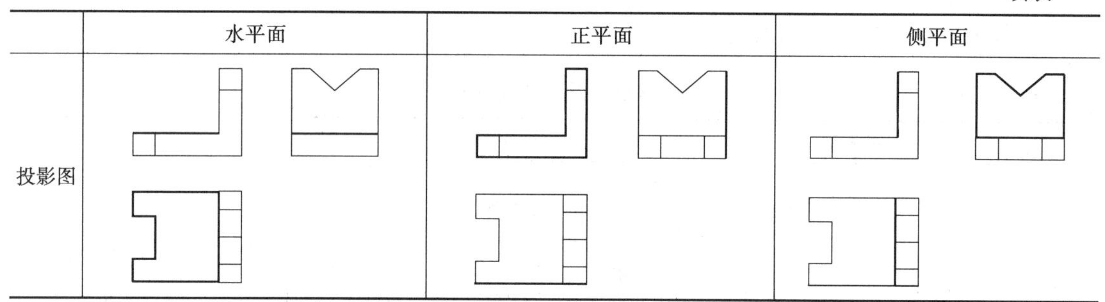		

三、平面上的直线和点

在投影图上图示和图解问题时，经常要用在已知平面上取点或取线的基本作图方法。

1. 在平面上取直线和点作图

（1）一直线若通过平面上的2个点，则此直线一定在该平面上。

如图3—3—3所示，相交两直线*AB*、*BC*确定一平面*P*，由于*K*、*L*两点分别在*AB*、*BC*上，所以*KL*的连线定在*P*平面上。

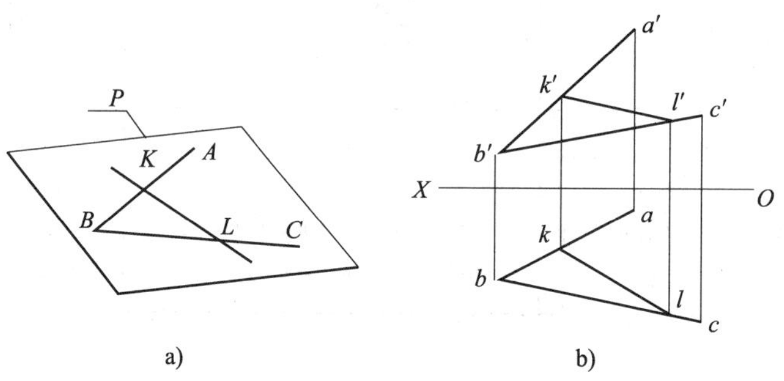

图3—3—3　在平面上取直线和点作图（一）

（2）一直线若通过平面上一个点且平行于平面上的另一条直线，则此直线一定在该平面上。

如图3—3—4所示，相交两直线*AB*、*BC*确定一平面*Q*。*G*是*AB*上的一个点，如过*G*作线*GH*//*BC*，则*GH*一定在*Q*平面上。

【例3—3—1】　已知一平面*ABCD*，判别*K*点是否在平面上；已知平面上一点*E*的正面投影*e*′，作出其水平投影*e*（见图3—3—5a）。

分析：判别一点是否在平面上以及在平面上取点，都必须先在平面上取直线。

作图：

①连接*c*′、*k*′并延长与*a*′*b*′交于*f*′，由*c*′*f*′求出其水平投影*cf*，则*CF*是平面*ABCD*上的一条直线，如*K*点在*CF*上，则*k*、*k*′应分别在*cf*、*c*′*f*′上。从作图中得知*k*不在*cf*上，所以*K*点不在平面上（见图3—3—5b）。

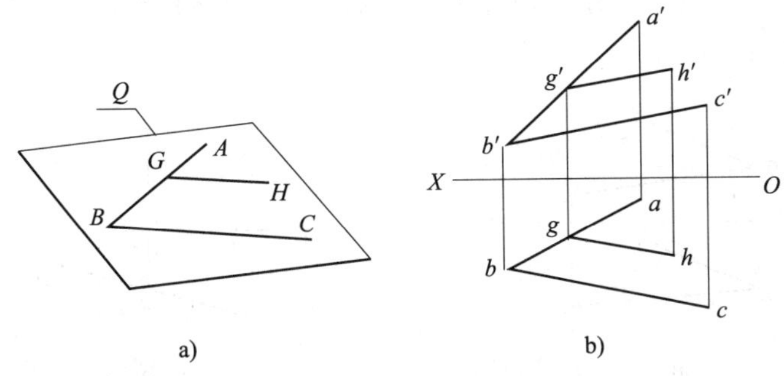

a)　　　　b)

图 3—3—4　在平面上取直线和点作图（二）

②连接 a'、e' 与 $c'd'$ 交于 g'，由 $a'g'$ 求出水平投影 ag，则 AG 是平面上的一条直线，如 E 点在平面上，则 E 应在 AG 上，所以 e 应在 ag 上，于是过 e' 作投影连线与 ag 延长线的交点 e 即为所求 E 点的水平投影。

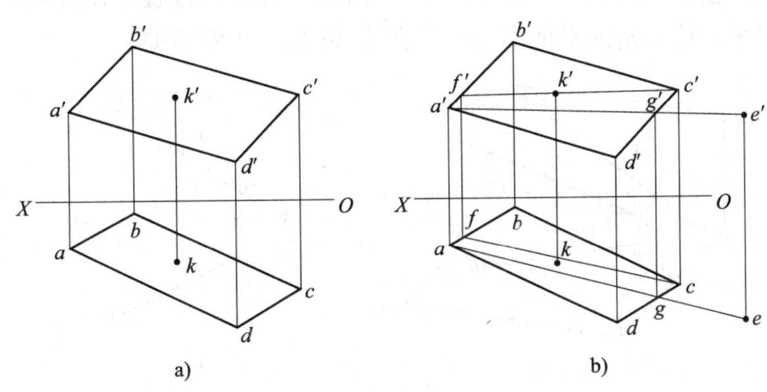

a)　　　　b)

图 3—3—5　例 3—3—1 图

2. 平面上的投影面平行线

如图 3—3—6 所示，在△ABC 平面上作水平线 AE 和正平线 CF。过 a' 作 $a'e'$ // X 轴，再求出其水平投影 ae。$a'e'$ 和 ae 即为水平线 AE 的两面投影；过 c 作 cf // X 轴，再求出其正面投影 $c'f'$。$c'f'$ 和 cf 即为正平线 CF 的两面投影。

3. 包含已知点或直线作平面

包含已知点或直线作平面是在解题过程中经常遇到的一种基本作图方法，特别是包含已知点或直线作投影面的垂直面，更是常用的方法。

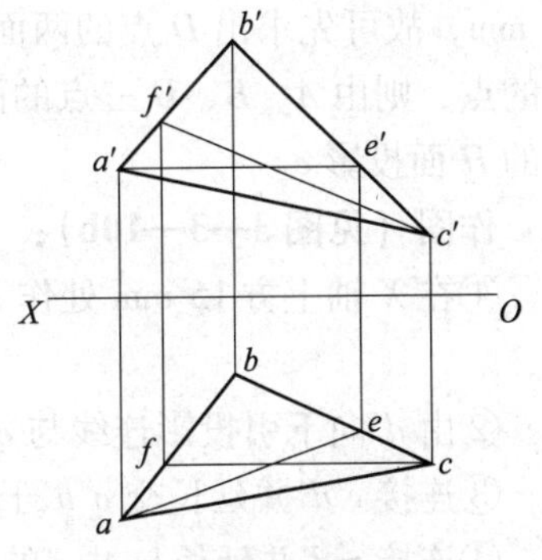

图 3—3—6　平面上的投影面平行线

（1）包含已知点作平面

包含一个点可作各种位置的平面。

1）作倾斜面。包含一点可作无数个倾斜面，如图 3—3—7a 所示，是过点 A 任作两相交直线 AB 和 AC 表示的一个倾斜面。

2）作垂直面。包含一点也可以作无数个投影面垂直面。图 3—3—7b 所示为过 A 点作铅垂直面 P，因其水平投影有积聚性，所以只要过 H 面投影 a 任画迹线 P_H 即可。

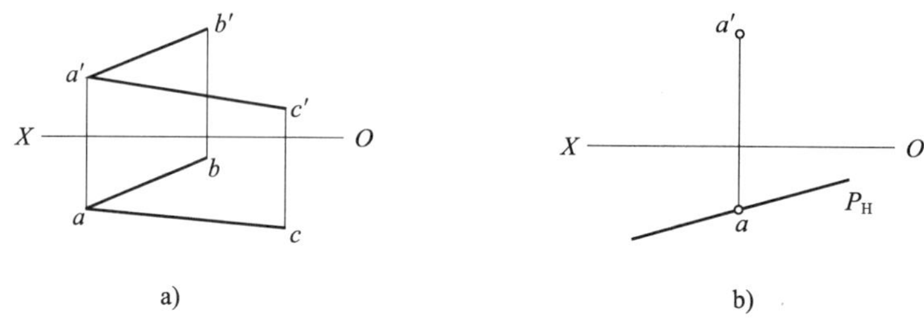

图 3—3—7　包含已知点或直线作平面

（2）包含已知直线作平面

包含倾斜线对各投影面都可作一个垂直面，图 3—3—8 所示为包含直线 AB 作正垂面 P。包含倾斜线可以作无数个倾斜面，如图 3—3—9 所示，在任意位置上作直线 EF 平行已知直线 AB，则此一对平行线确定的平面即为包含直线 AB 的一个倾斜面。

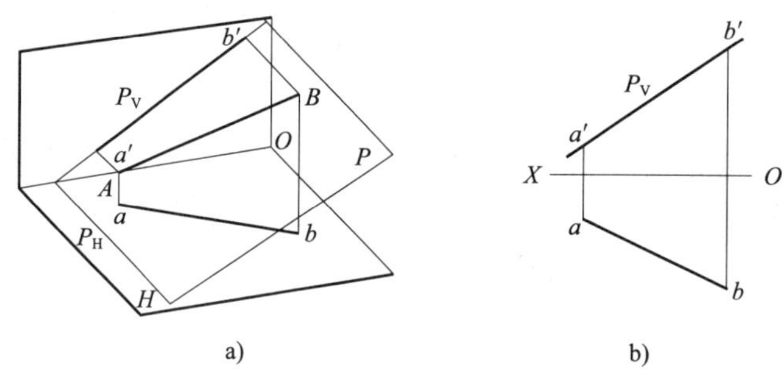

图 3—3—8　包含倾斜线作正垂面

【例 3—3—2】　设 D 点离 H 面 15 mm，且在△ABC 和直线 EF 上（见图 5—3—10a），求作 D 点投影并补全△ABC 所缺投影。

分析：由已知条件可知 d' 必在 $e'f'$ 上且离 X 轴为 15 mm，故可先求出 D 点的两面投影。因 D 点也是△ABC 上的点，则由 A、B、D 三点的两个投影及 c'，即可作出 c 点的 H 面投影 c。

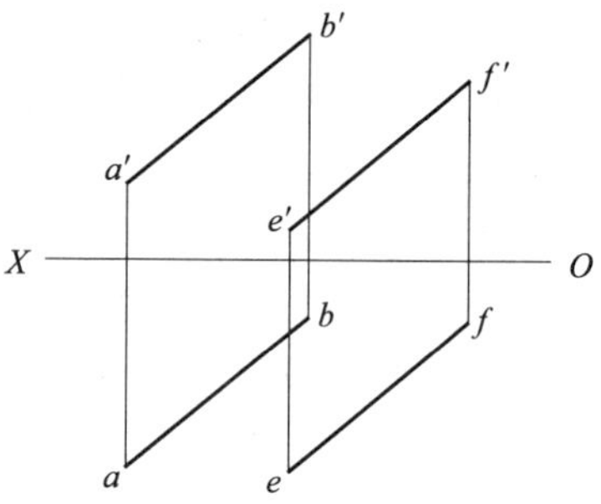

图 3—3—9　包含倾斜线作倾斜面

作图（见图 3—3—10b）：

①在 X 轴上方 15 mm 处作 X 轴的平行线与 $e'f'$ 相交得 d'。

②由 d' 向下引投影连线与 ef 相交得 d。

③连接 $c'd'$ 并延长交 $a'b'$ 于 m'，再由 m' 向下引线求出 m。

④连接 md 并延长与过 c' 的投影连线交于 c。

⑤连接 ac、bc 即补全△ABC 的 H 面投影。

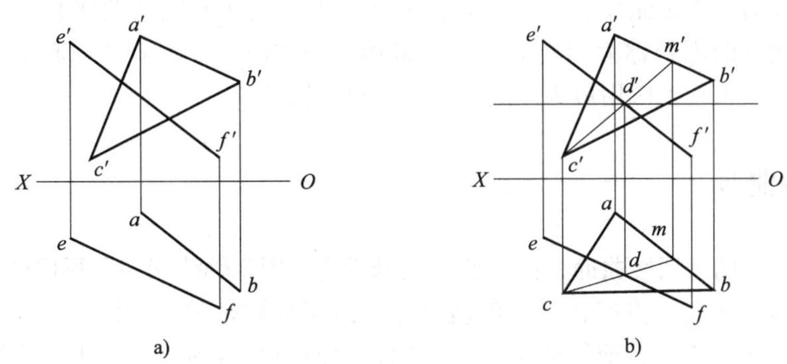

图 3—3—10　例 3—3—2 图

四、曲面的形成和分类

1. 曲面的形成

曲面可看成是一动线在空间连续运动所形成的轨迹。该动线称为母线，母线处于曲面上任一位置时称为素线。母线作不规则运动形成不规则曲面；作规则运动形成规则曲面。在图 3—3—11 中，母线 AA_1 沿曲线 $ABCD$ 运动且始终平行于定直线 MN，故母线 AA_1 运动时形成的曲面为规则曲面。

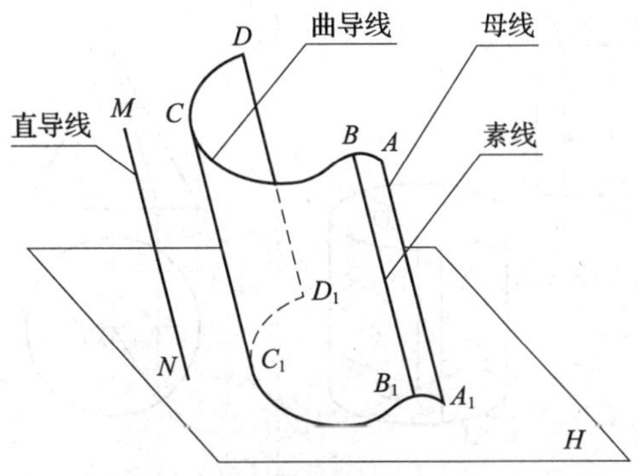

图 3—3—11　曲面的形成

在形成规则曲面的过程中，控制母线运动而本身不动的几何元素——线、面或点（见图 3—3—8 所示的 MN 和 $ABCD$），被称为导元素，即导线、导面、导点。

2. 曲面的分类

根据母线的形状，可将规则曲面分为直纹曲面和曲纹曲面。

（1）直纹曲面

凡可以由直母线运动而形成的曲面称为直纹曲面，它又可分为单曲面和扭曲面。

（2）曲纹曲面

只能由曲母线运动而形成的曲面称为曲纹曲面，它又可分为定线曲面和变线曲面。

不论是直纹曲面还是曲纹曲面，它们当中凡属于母线（直线或曲线）绕其直导线为轴回转一周而形成的曲面统称为回转面，如圆锥面、圆柱面、单叶双曲回转面、球面、环面等。由于回转面在工程上应用最为广泛，所以将单独讨论。

五、回转曲面

曲面中最常见的为回转曲面，回转曲面是母线绕一固定轴线回转所形成的曲面。由于母线（直线或曲线）上每一点回转运动的轨迹是垂直于回转轴的一个圆——纬圆，所以回转曲面的正截面（垂直于回转轴的截平面）与回转曲面相交得到的交线为一个圆。这一基本性质是在回转面上取点作图的重要依据。

1. 常见回转曲面的投影特性

常见的回转曲面包括圆柱面、圆锥面、球面、环面等，其投影特性见表3—3—5。

表3—3—5　　回转曲面的投影特性

名称	圆柱面	圆锥面
形成	以一条直线 *AA* 为母线，绕平行直线 *OO* 为轴线旋转	以直线 *SA* 为母线，绕 *SO* 轴线（与母线相交于 *S*，夹角为一个固定值）旋转
投影	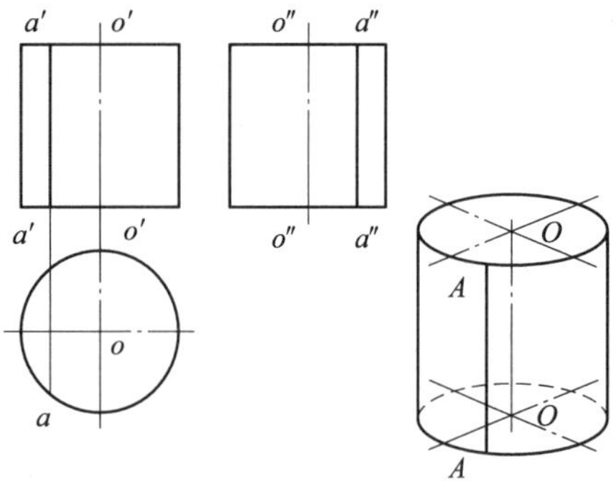 a′ o′ o″ a″ a′ o′ o″ a″ o a O A O A	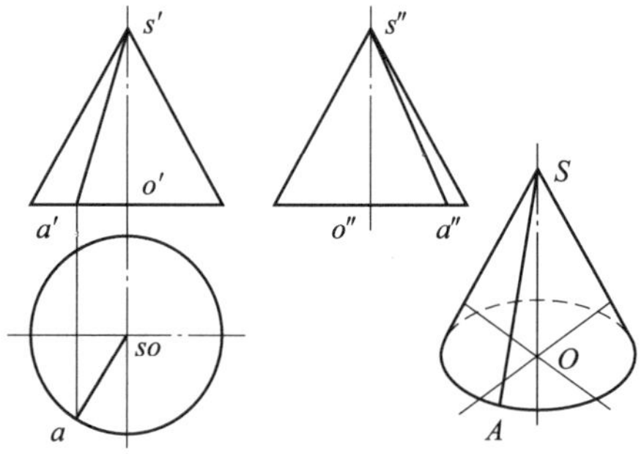 s′ s″ o′ a′ o″ a″ S so a O A
投影特性	①回转轴线用点划线表示 ②水平投影积聚为一个圆，圆心用水平和垂直的点划线表示 ③正平面投影和侧面投影各为两条平行的转向轮廓素线	①回转轴线用点划线表示 ②水平投影为一圆，即底面的轮廓线，无积聚性 ③正面投影和侧面投影各为两条相交的转向轮廓素线

名称	球面	环面
形成	以半圆为母线，绕圆的直径为轴线旋转	以圆为母线，绕与其共面但不过圆心的直线为轴线旋转

续表

名称	球面	环面
投影		
投影特性	①正面投影为圆 ②水平投影为圆 ③侧面投影为圆	①水平投影的点划线圆为母线圆心旋转过程中的运动轨迹，大圆和小圆为上半环和下半环侧面投影的圆为转向轮廓素线投影 ②正面和侧面投影的圆分别为母线旋转到反映实形位置的轮廓素线，两圆相切线为环面轮廓 ③内环面为不可见，画成虚线

2. 回转曲面表面的点

【例3—3—3】 如图3—3—12所示，已知圆柱面表面上点M的侧面投影m''，试求点M的水平投影和正面投影。

分析和作图：圆柱面的投影如图3—3—12b所示。首先确定M点在圆柱面上的部位，

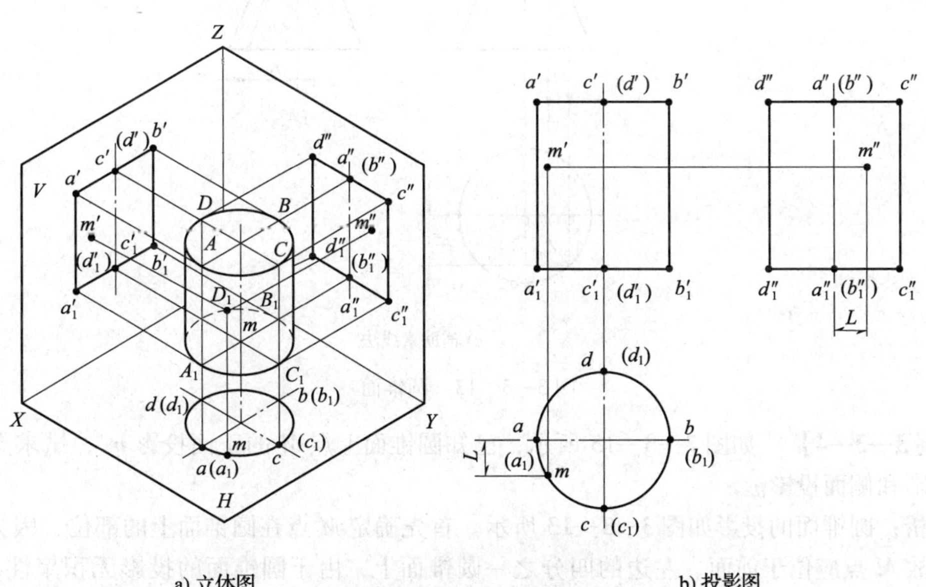

a) 立体图　　b) 投影图

图3—3—12　圆柱面

因 m''可见，故 M 点应在左边、前面的四分之一圆柱面上。然后根据圆柱面的投影特性，即水平投影的圆具有积聚性，由 m''作得 M 点的水平投影 m。最后作出 M 点的正面投影 m'，因它所在的前半个圆柱面为可见，故 m'可见。

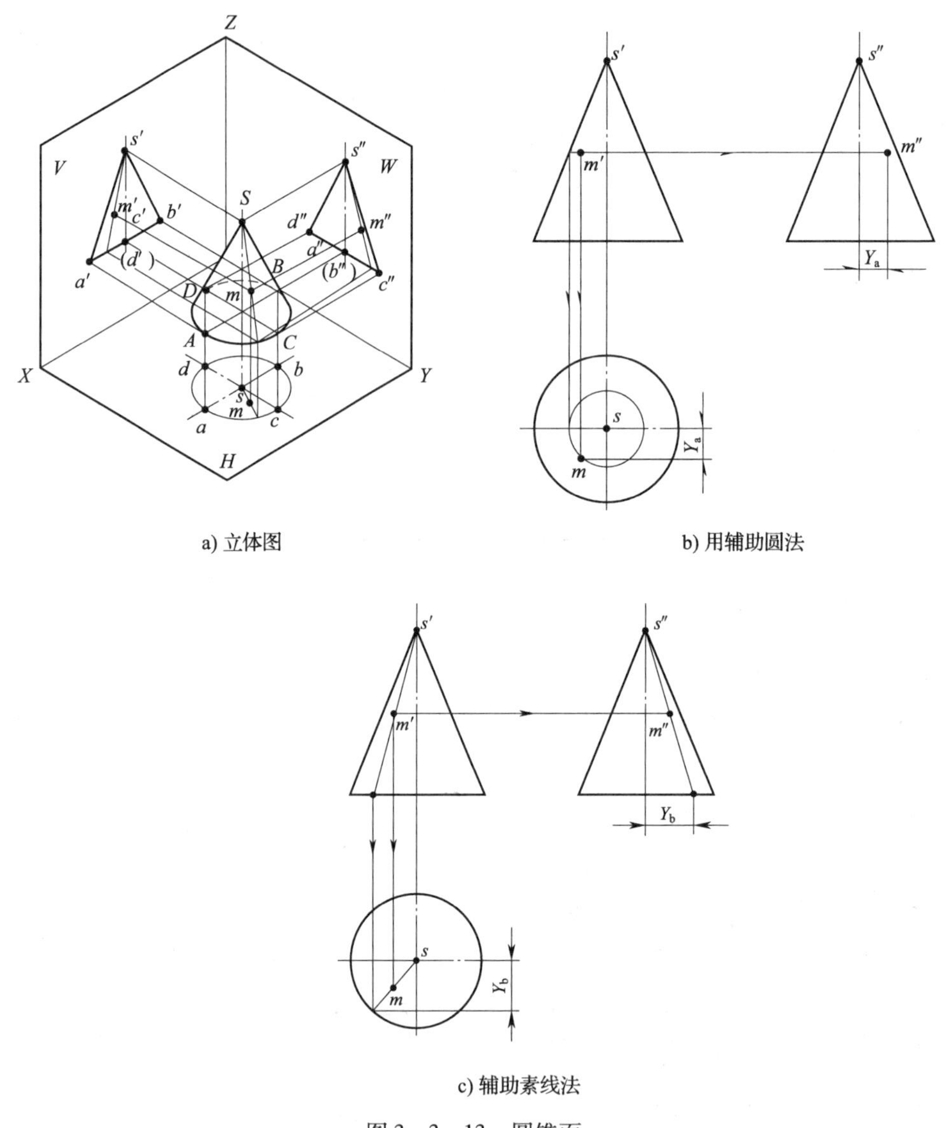

a) 立体图

b) 用辅助圆法

c) 辅助素线法

图 3—3—13　圆锥面

【例 3—3—4】　如图 3—3—13 所示，已知圆锥面上点 M 的正面投影 m'，试求点 M 的水平投影和侧面投影。

分析： 圆锥面的投影如图 3—3—13 所示。首先确定 M 点在圆锥面上的部位，因为 m'为可见，故 M 点应位于前面、左边的四分之一圆锥面上；由于圆锥面的投影无积聚性，故必须过 M 点在圆锥面上作一辅助线，为了作图方便，可取过锥顶 S 的素线或垂直于回转轴的截线圆。再按点在线上的投影特性求得 M 点的水平投影和侧面投影。

作图：

①用辅助圆法求 m 和 m''，如图 3—3—13b 所示。过点 m'作一水平线，使与圆锥正面转向轮廓素线相交，这条线段即为过点 M 的辅助圆的正面投影（积聚成直线），其长度即为辅助圆的直径。由此作出辅助圆的水平投影圆。过点 m'作 OX 轴垂直线与辅助圆的水平投影相交，其交点 m 即为点 M 的水平投影。由点 M 的正面投影 m'和水平投影 m 按投影规律即可求得点 M 的侧面投影 m''，m 和 m''均为可见。

②用辅助素线法求 m 和 m''，如图 3—3—13c 所示。连接 $s'm'$并延长使与底圆相交于 a'，$s'a'$即为过点 M 的圆锥面素线 SA 的正面投影。按投影规律求出这条素线 SA 的水平投影 sa 和侧面投影 $s''a''$。点 M 位于辅助线 SA 上，因此点 M 的水平投影 m 必是位于辅助线 SA 上的水平投影 sa 上，点 M 的侧面投影 m''必是位于辅助线 SA 的侧面投影 $s''a''$上。由此求得 m 和 m''。

【例 3—3—5】 如图 3—3—14 所示，已知球面上点 M 的正面投影 m'，试求点 M 的水平投影和侧面投影。

分析：球的投影如图图 3—3—14 b 所示。因 m'为可见，故 M 点位于前面左上方球面上。在球面上选定过 M 点的辅助线，根据球面形成的性质，可作平行于投影面的各种截圆。以这些截圆作为辅助线，再按点在线上的投影特性，求得 M 点的水平和侧面投影。

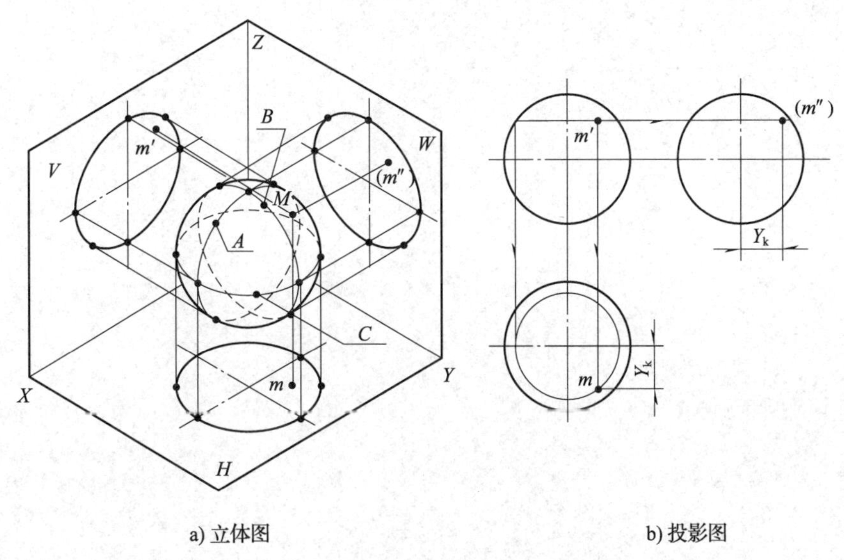

a) 立体图　　b) 投影图

图 3—3—14　球面

作图：

过 M 点作平行于 H 面的辅助圆，如图 3—3—14 所示，过 m'作水平圆正面投影，与球的正面转向轮廓素线相交于两点，这两点间的线段长即为平行于 H 面的辅助圆直径，由此作出辅助圆的水平投影（圆）。点 M 在该辅助圆上，所以点 M 的水平投影必在辅助圆的水平投影上。从 m'作 OX 轴垂直线交辅助圆于点 m，再按投影规律即可求得侧面投影 m''。

思考与练习

1. 投影面垂直面的投影特性是什么？
2. 什么是投影面平行面？
3. 曲面的分类有哪两种？

模块四

识读立体的投影与尺寸标注

课题一　平面立体的投影

◆ 了解各种平面立体的投影特性。

◆ 掌握在平面立体表面上作点、直线的方法。

◆ 了解截交线、截平面、截断面的概念。

◆ 掌握求解平面与平面立体相交时截交线的作法。

一、棱柱体

1. 棱柱体的投影

图 4—1—1 所示为一个正五棱柱的立面图和投影图。

从图 4—1—1 中可以看出五棱柱的顶面和底面都是水平面；它的五条边都是水平线，其中一条还是侧垂线；五个棱面有四个是铅垂线，一个是正平面；五条棱线均为铅垂线。

五棱柱的 H 面的投影是正五边形，它是上、下底面的投影（而且反映实形），也是垂直于底面的五个棱面的投影。在 V 面投影中，因为五棱柱的上下底面平行于 H 面，所以其投影积聚成上、下两段平行于 OX 轴的线段；最后面的棱面平行于 V 面，投影成虚线围成的矩形（投影反映实形）；其他四个棱面都倾斜于 V 面，投影成四个矩形（投影反映类似形）。在 W 面投影中，五棱柱上、下两底面投影成两段平行于 OY 的线段；最后棱面因垂直于 W 面，它的投影积聚成一条竖直线；左右四个棱面投影成两个矩形（投影反映类似形）。

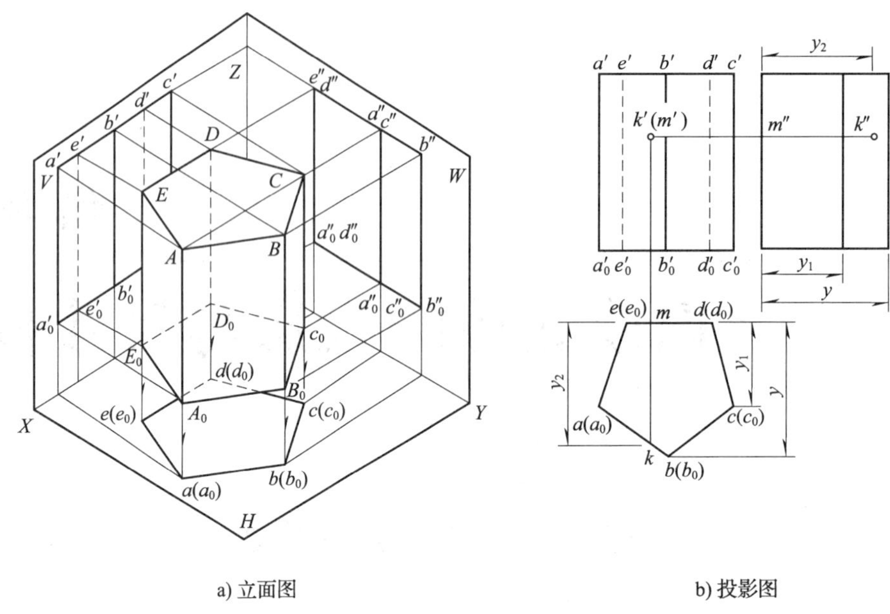

a) 立面图　　b) 投影图

图 4—1—1　正五棱柱的投影

需要注意的是，三面投影遵循着对应的三等关系及各投影之间的方位关系。

2. 棱柱体表面上取点

在平面立体表面上取点，也就是在它的各表面上取点，所以棱柱表面上取点的方法应为：首先根据点的一个投影判断点在棱柱体表面上的位置，再利用平面上找点的方法完成棱柱体表面上取点的操作。

如图 4—1—1b 所示，已知在五棱柱的表面上 K 和 M 的正投影 k'和 m'，求作它们的水平投影和侧面投影，作图方法如下：

（1）根据 k'和 m'可判断出 K 和 M 分别位于五棱柱的 BB_0A_0A 和 DD_0E_0E 两棱面上。

（2）由于 K、M 所在的两个棱面的水平投影均具有积聚性，因此由 k'、m'分别在水平投影上作出 k、m。

（3）M 所在棱面是一正平面，侧面投影为一条直线 $e''e_0''$（$d''d_0''$）。所以在 m'高平齐位置的直线上可求出 m''。

（4）由 k'和 k 可求出 k''。

平面体是由若干平面围成的，这些平面在各投影中可能是可见的，也可能是不可见的。凡是位于可见面上的点都是可见的，位于不可见面上的点都是不可见的。

二、棱锥体

一个平面体，如果有一个面是多边形，其余各面是有一个公共顶点的三角形，就称为棱锥体，这个多边形称为棱锥底面，各个三角形就是棱锥的棱面，如果底面为正多边形，棱锥体的高通过底面多边形的中心，则称为正棱锥。

1．棱锥体的投影

图4—1—2所示是一个三棱锥的三面投影图。从图中可知，底面△*ABC*平行于*H*面，它的水平投影△*abc*反映实形，正面投影和侧面投影积聚成为水平直线段。棱面*SAC*是侧垂面，它的*W*面投影*s″a″c″*积聚成一条直线，*V*面、*H*面投影都成为小于实形的三角形。其余两个棱面均是一般位置平面，所以它们的三个投影均为小于实形的三角形，其中在*W*面投影中*s″a″b″*与*s″b″c″*重合。

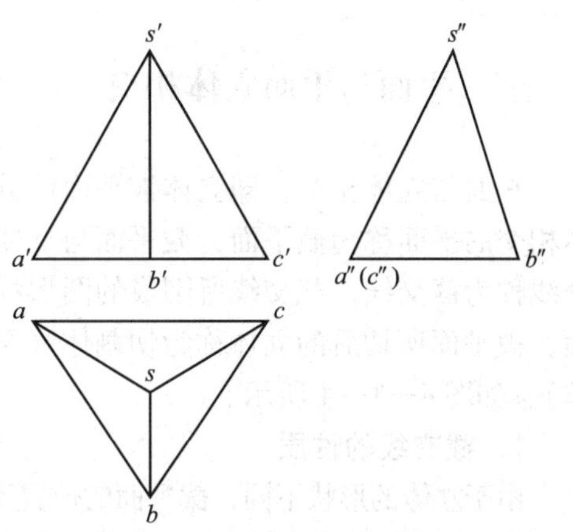

图4—1—2　三棱锥的投影图

2．棱锥体表面上取点

已知三棱锥表面上点*D*的*V*面投影和点*E*的*V*面投影，求作其余两面投影，如图4—1—3所示。

因为*D*点在三棱锥的*SAB*棱面上，*E*点在三棱锥的*SAC*棱面上，所以求作点*D*和点*E*的其余两面投影属于面上定点的问题。所谓面上定点，首先要在面上定线，再在线上定点，此即点、线、面的从属关系。因此，在*SAB*棱面上可过*D*点任作一条辅助直线来求它的其余两面投影。如连*s′d′*交底边*a′b′*得一条辅助线*S*3′，也可在*SAB*棱面上过*D*点做一直线12∥*AB*通过辅助线*s*3或12便可求出*D*点的其余两面投影。而*E*点所在的*SAC*棱面是侧垂面，所以*E*点在*W*面投影可根据*SAC*棱面在*W*面上的积聚投影直接求得，其*H*面投影可根据*e′*和*e″*求得。

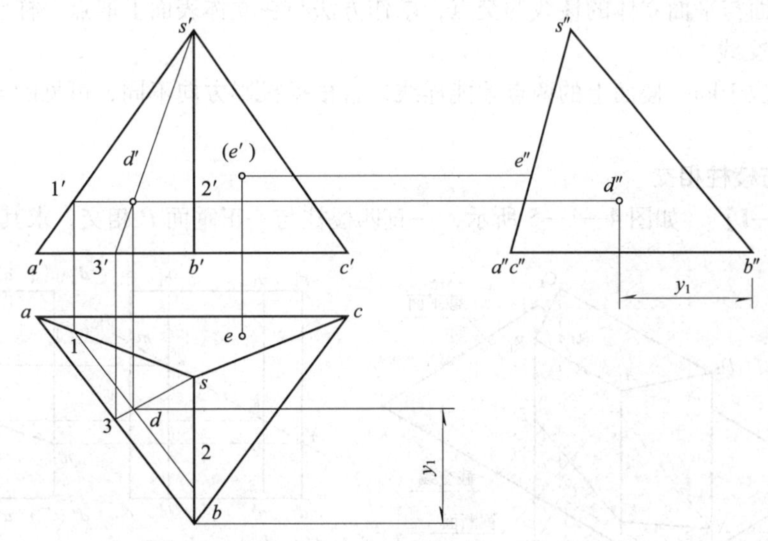

图4—1—3　三棱锥表面上取点

综上所述，在棱锥表面上取点，应按照点、线、面的从属关系进行，一般是先在棱面上作辅助线（作辅助线一般有两种方法：一种是通过锥顶，另一种是作底边平行线），然后再根据点线的从属关系完成棱锥表面上取点的操作。

三、平面与平面立体相交

平面与立体相交，即立体被平面所截。与立体相交的平面称为截平面，截平面与立体表面的交线称为截交线，截交线所围成的图形称为截断面，被平面所切后的立体称为切割体（又称截切体），如图 4—1—4 所示。

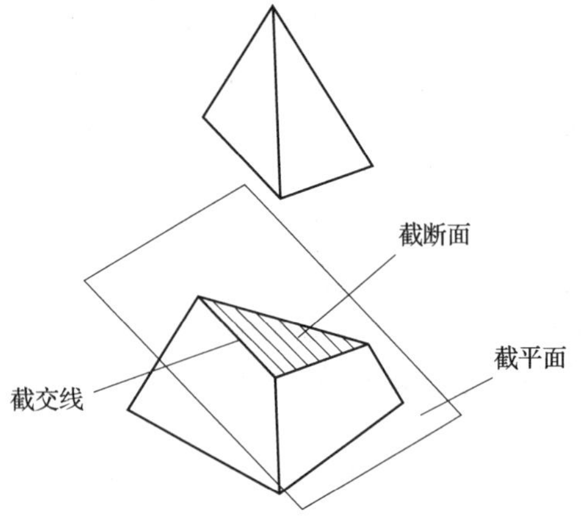

图 4—1—4　平面与三棱锥相交

1. 截交线的性质

由于立体的形状不同，截平面的位置不同，因此，截交线的形状也不同，但它们都有下列性质：

（1）截交线是截平面与立体表面的共有线。

（2）截交线是封闭的平面图形。

求截交线的实质，可归结为求立体表面与截平面的交线问题。一般情况下，平面与平面立体相交的截交线是闭合的平面（平面与曲面立体相交的情况在模块四课题三中进行介绍）。

2. 截交线的绘制步骤

平面与平面立体相交，截交线的求作方法与步骤如下：

（1）找截交点

即找截平面与平面立体的棱线的交点，求作方法与在立体表面上取点一样。

（2）连截交线

连线时，位于同一棱面上的两点才能连线，且根据投影方向不同，可见的连实线，不可见的连虚线。

3. 平面与棱柱相交

【例 4—1—1】　如图 4—1—5 所示，一直四棱柱与一正垂面 P 相交，求其截交线。

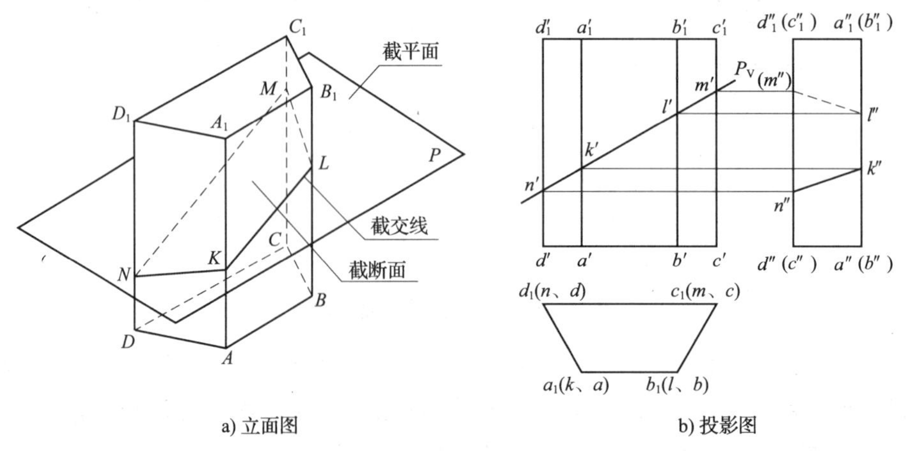

a) 立面图　　b) 投影图

图 4—1—5　平面与直四棱柱相交

分析：

该立面体为直四棱柱，因此截平面为一封闭的平面四边形 *KLMN*，*K*、*L*、*M*、*N* 四个点为 *P* 平面与四条棱线的交点。

因为 *KLMN* 在正垂面 *P* 上，其 *V* 面投影有积聚性，与 *P* 重合，它的 *H* 面投影与四棱柱的 *H* 面投影重合，*W* 面投影可根据立体表面上求点的方法求得。

作图：

作图结果如图 4—1—5b 所示。

4．平面与棱锥相交

【例 4—1—2】 如图 4—1—6 所示，三棱锥与正垂面 *P* 相交，求作其截交线。

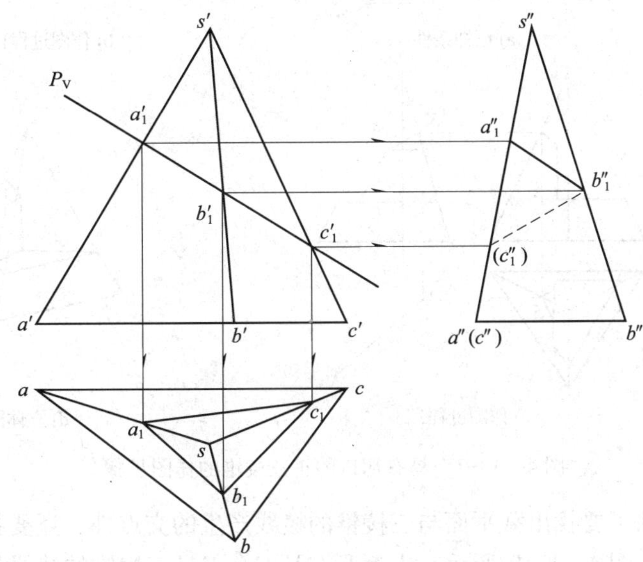

图 4—1—6　平面与三棱锥相交

分析：

三棱锥被正垂面 *P* 所截，其截面为三角形，三角形上的三个点是截平面与棱锥的三条棱线的交点。

因为截断面 $A_1B_1C_1$ 在 *P* 平面上，其 *V* 面投影与 *P* 面的 *V* 面投影重合，$A_1B_1C_1$ 的 *H*、*W* 面投影可根据棱锥表面上取点的方法分别求出，然后连接各点即可。

可见性的判别：因为棱面 *SBC* 的 *W* 面投影为不可见，$b''_1c''_1$ 不可见，应用虚线表示。

作图：

作图结果如图 4—1—6 所示。

【例 4—1—3】 图 4—1—7 所示为一个有切口的正三棱锥，求其 *H*、*W* 面的投影。

分析：

切割体可以看成由一个完整的集合体被几个截平面截切后留下来的形状，该体可以看成一个完整的正三棱锥，被水平面 *P*、侧平面 *Q*、正垂面 *R* 所截，其截交线分别为三个封闭的集合图形。

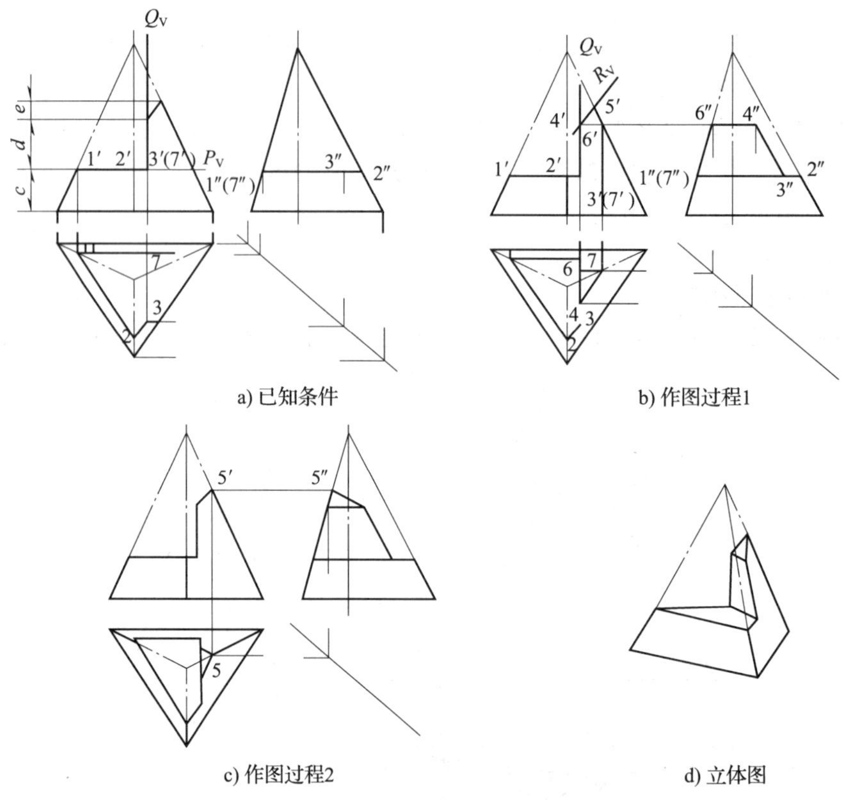

a) 已知条件　　b) 作图过程1

c) 作图过程2　　d) 立体图

图 4—1—7　具有切口的正三棱锥的作图步骤

找截交点时，除了要找出截平面与三棱锥的棱线产生的交点外，还要找出截平面与截平面间交线的端点，如图 4—1—7 所示，Ⅰ、Ⅱ、Ⅴ三个点是三棱锥的棱线与三个截平面的交点，而Ⅲ、Ⅶ、Ⅳ、Ⅵ四个点则是三个截平面间交线的端点。

P 截面而是水平面，其截断面在 *H* 面上反映实形；*Q* 截面是侧平面，其截断面在 *W* 面上反映实形；*R* 截面是正垂面，其截断面在 *H*、*W* 面上反映类似的几何图形。

作图：

找点：先在反映切口的 *V* 面投影中找出截交点（1′、2′、3′、4′、5′、6′、7′），然后利用三棱锥表面上取点的方法求截交点的 *H*、*W* 面投影。

连线：一次连接同一棱面上的点，然后连接截平面间的交线。连线时应注意可见的连成实线，不可见的连成虚线。

整理：平面立体切去的部分擦掉（或画成点划线）。

思考与练习

1. 怎样画平面立体的三面投影图？怎样在平面立体表面上取点？
2. 怎样求作平面与平面立体相交产生的截交线？

课题二 平面与曲面立体相交

- 了解平面与圆柱、圆锥相交的几种情况。
- 掌握求解平面与曲面立体相交截交线的方法。

在工程上的一些构件中，常遇到平面与回转体表面相交的情况，图 4—2—1 所示为涵洞洞口端墙与拱圆的交线，就属于平面与圆柱的交线。

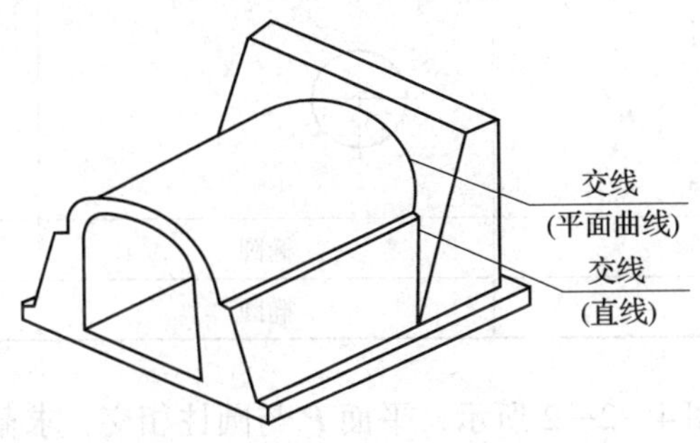

图 4—2—1 涵洞洞口交线

平面与曲面立体相交时，截交线是封闭的平面曲线，或曲线和直线组成的平面图形，或直线段多边形。其形状取决于曲面体表面的性质及其与截平面的相对位置。求平面与曲面体交线的实质是如何定出属于曲面的截交线上点的问题。求截交线时，应首先求出特殊的点，如截交线上的最高、最低、最前、最后、最左、最右以及可见性的分界点等，以便控制曲线的形状。

一、平面与圆柱相交

平面与圆柱体相交有三种情况，分别是平面垂直于圆柱的轴线、倾斜于圆柱的轴线和平行于圆柱的轴线，见表 4—2—1。

表 4—2—1　　平面与圆柱体相交的情况

截平面位置	垂直于圆柱的轴线	倾斜于圆柱的轴线	平行于圆柱的轴线
示意图	P	P	P
投影图	P_V　P_W	P_V	P_W　P_H
截交线	圆	椭圆	两条直线
断面	圆	椭圆	矩形

【例 4—2—1】　如图 4—2—2 所示，平面 *P* 与圆柱相交，求截交线。

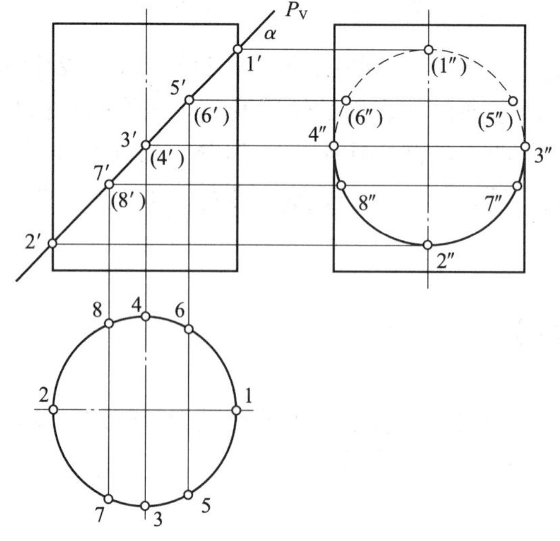

图 4—2—2　平面与圆柱相交

在作图之前，首先根据给定的条件，进行空间分析和投影分析。因为平面和圆柱轴线斜交，截交线为一个椭圆。因圆柱面的 H 面投影有积聚性，因此截交线的 H 面投影就在此圆周上。又因为截平面 P 是正垂面，所以截交线的 V 面投影与 P 平面的 V 面积聚投影重合。这样就可以利用截交线的已知两面投影求截交线的 W 面投影。其作图方法如下：

①求特殊点。先在已知的 V、H 面投影中判定出截交线上的最高点Ⅰ（也是最右点）、最低点Ⅱ（也是最左点）、最前点Ⅲ、最后点Ⅳ的点（1、1′）（2、2′）（3、3′）（4、4′），然后根据圆柱体表面取点的方法，求出对应的点1″、2″、3″、4″。

②求一般位置点。Ⅴ、Ⅵ、Ⅶ、Ⅷ各点为一般位置点。先在 V、H 面投影中定出这些点的 V 面投影（5′、6′、7′、8′）和 H 面投影（5、6、7、8），再根据圆柱体表面上取点的方法求出它们的 W 面投影（5″、6″、7″、8″）。

③连点成截交线及可见性的判别。Ⅲ、Ⅳ两点把圆柱分为左、右两部分，因为Ⅲ、Ⅶ、Ⅱ、Ⅳ在圆柱的左半部分，因此3″、7″、2″、8″、4″连线时连成实线，而Ⅲ、Ⅴ、Ⅰ、Ⅵ、Ⅳ在圆柱的右半部分，故3″、5″、1″、6″、4″连线时连成虚线。

【例4—2—2】 如图4—2—3所示，一轴线为侧垂线的开槽圆柱，已知它的 V 面投影的矩形轮廓、W 面投影的圆形轮廓，补全这个开槽圆柱的 H 面和 W 面投影。

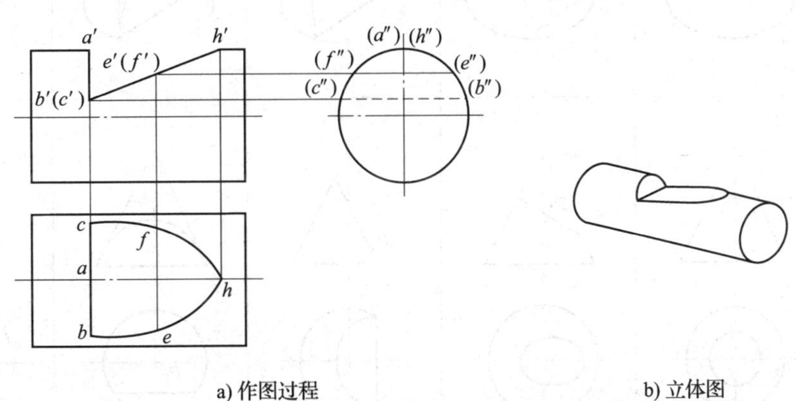

a) 作图过程　　b) 立体图

图4—2—3　开槽圆柱的截交线

这个开槽圆柱是由一个侧平面和一个正垂面截割而成的。在 V 面投影中两个截平面都有积聚，所以截交线在 V 面投影中与两截平面的积聚投影重合，又因开槽圆柱在 W 面上有积聚，所以截交线在 W 面上的投影与开槽圆柱的部分积聚投影重合，故圆柱被两个截平面所截的截交线只需求作其 H 面投影。在 H 面投影中，一个截平面与圆柱的轴线垂直，且与 H 面也垂直，它与圆柱产生的截交线就由空间的一段圆弧积聚成了一段直线，而另一个截平面与圆柱的轴线倾斜，它与圆柱产生的截交线就是一段椭圆线。另外，还应注意两个截平面之间的交线在 W 面和 H 面上的投影。作图过程如下：

①求特殊点。先在已知的 V、W 面投影图中判定出截交线上的最高点 A 和 H、最低点 B 和 C，B 和 C 也是截交线上的最前点和最后点，以及两截平面交线上的两个端点。然后根据 a'、h'、b'、c'和 a''、h''、b''、c''并利用圆柱体表面上取点的方法求出 a、h、b、c。

②求一般位置点。如图 4—2—3a 中的 E、F 点。

③连点为截交线。如图 4—2—3a 所示。

二、平面与圆锥相交

当平面与圆锥相交时，由于截平面与圆锥的相对位置不同，截交线的形状也不同，表 4—2—2 为平面与圆锥相交的五种情况。

表 4—2—2　　圆锥面上的截交线和圆锥的断面

截平面位置	垂直于圆锥的轴线	倾斜于圆柱的轴线，与轴线都相交	平行于一条素线	平行于两条素线	通过锥顶
示意图	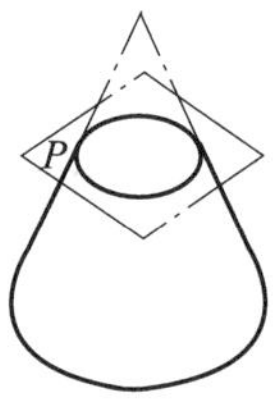	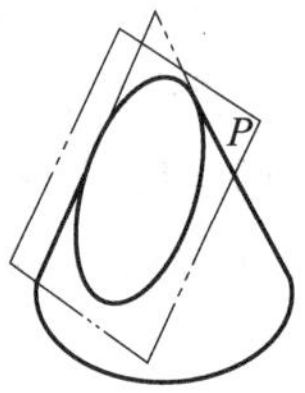	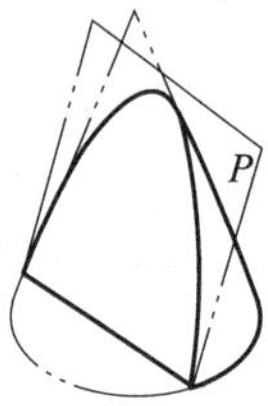	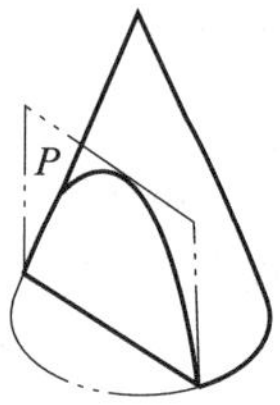	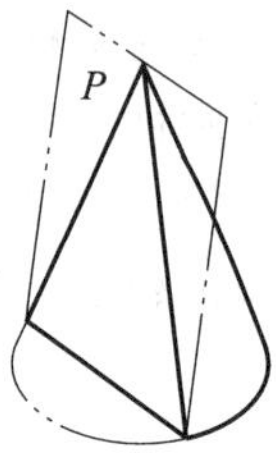
投影图	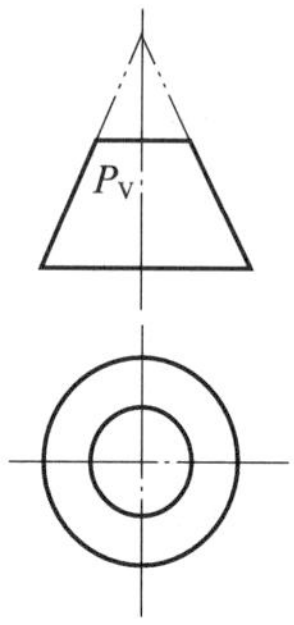	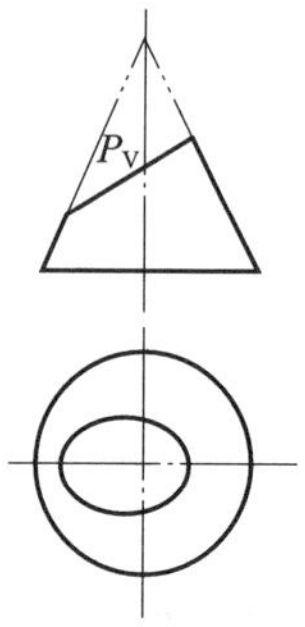	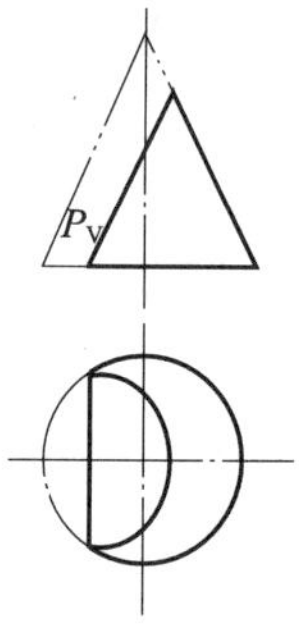	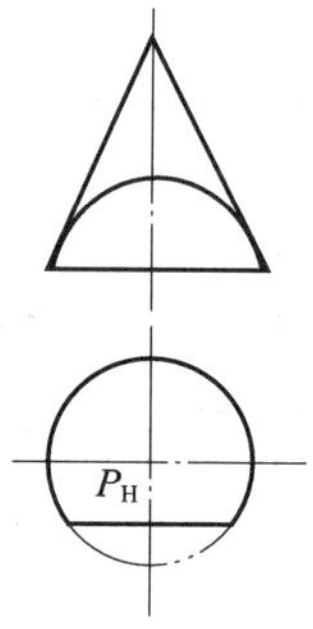	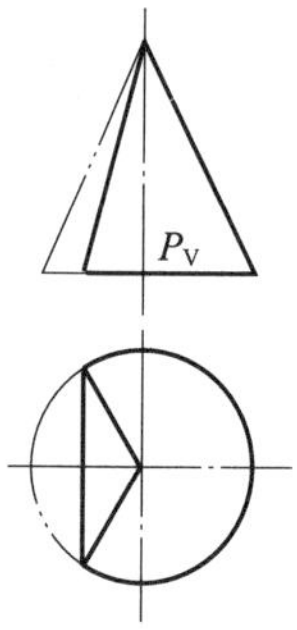
截交线	圆	椭圆	抛物线	双曲线	两条直线
断面	圆	椭圆	抛物线和直线组成的封闭的平面图形	双曲线和直线组成的封闭的平面图形	三角形

【例 4—2—3】　如图 4—2—4 所示，正垂面 P 与直立的圆锥相交，求其截交线。

截平面 P 与圆锥相交的情况属于表 4—2—2 的第二种情况，所以产生的截交线在空间应为椭圆。由于截平面 P 是正垂面，所以椭圆截交线在 V 面上与截平面的积聚投影重合成一段直线，面截交线在 H 面和 W 面上的投影为椭圆。作图过程如下：

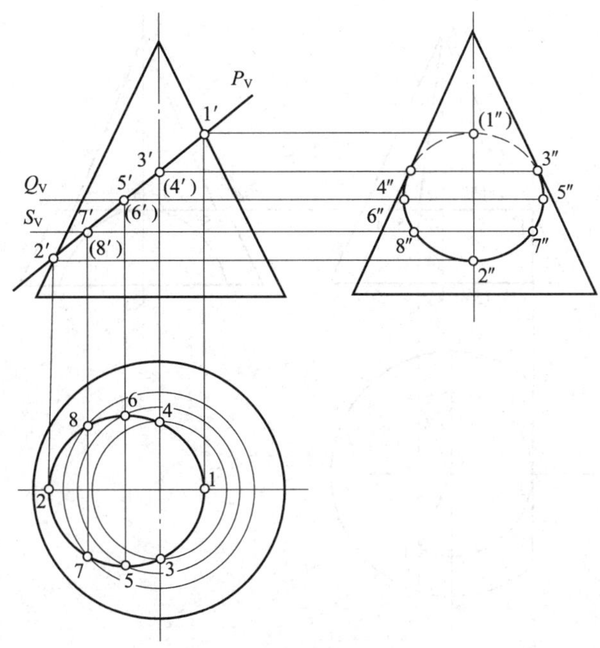

图4—2—4　正垂面与圆锥相交

①求特殊点。根据圆锥体表面上取点的方法（纬圆法），求截交线上的最高点（也是最后点）Ⅰ（1、1′、1″），最低点（也是最左点）Ⅱ（2、2′、2″），最前点Ⅴ（5、5′、5″），最后点Ⅵ（6、6′、6″），*W*面上可见及不可见的分界点Ⅲ（3、3′、3″）和Ⅳ（4、4′、4″）

②求一般位置点。Ⅶ（7、7′、7″）和Ⅷ（8、8′、8″）。

③连点成截交线。*H*面上椭圆截交线均为可见，连成实线；在*W*面上4″、1″、3″不可见，连为虚线，其余连成实线。连线时要光滑，可用曲线板连接。

【例4—2—4】　如图4—2—5所示，圆锥被三个平面所截，形成带切口的圆锥体。这三个截平面（由下至上）与圆锥的位置分别属于表4—2—2中的第四种、第一种、第五种情况。所以带切口圆锥表面的截交线由双曲线、部分圆曲线、三角形围成。由于三个截平面在*V*面投影中都有积聚性，所以截交线在*V*面投影中全部与三个截平面的积聚投影重合，因此求带切口圆锥的截交线就只需求作*H*面和*W*面投影。作图过程如下：

①求特殊点。由最下截平面截得的双曲线上的最高点Ⅰ（1、1′、1″），最低点Ⅱ（2、2′、2″）和Ⅲ（3、3′、3″）；最上截平面截得的三角形上的最高点*S*（*s*、*s*′、*s*″），最低两点Ⅳ（4、4′、4″）和Ⅴ（5、5′、5″），Ⅳ和Ⅴ两点也是两截平面间的交线。

②求一般位置点。只需求双曲线上的两个一般点（本题略）。

③连点成截交线。由于最下截平面是侧平面，所以由Ⅰ、Ⅱ、Ⅲ点所组成的双曲线在*H*面上的投影积聚为一段直线，*W*面上的投影反应实形；中间截平面是水平面，由Ⅰ、Ⅳ和Ⅰ、Ⅴ组成的两段圆曲线在*W*面投影中积聚成一段直线，在*H*面投影中反映实形；最上截平面是正垂面，所以由*S*、Ⅳ、Ⅴ组成的三角形在*H*面和*W*面投影中均为类似三角形。

④可见性判别。除在*H*面投影中4、5两点的连线为虚线外，其余截交线均为实线。

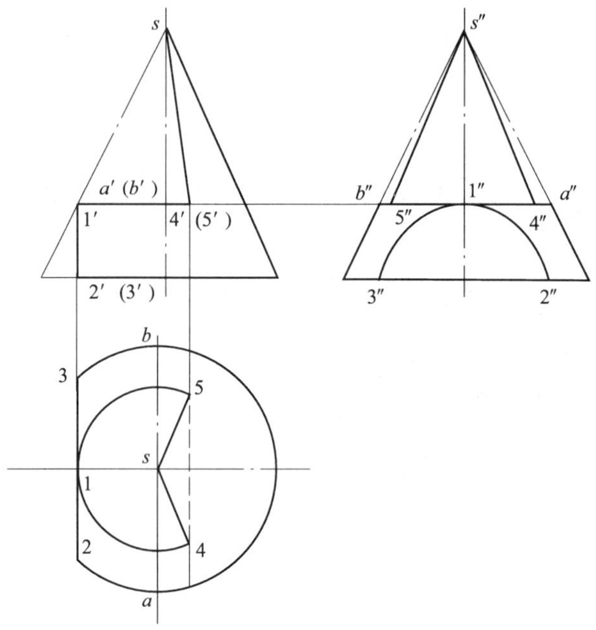

图 4—2—5　圆锥被多平面所截

⑤去掉被截割部分，如图 4—2—5 所示。

思考与练习

1. 平面与圆柱曲面相交时，会产生哪几种截交线？
2. 平面与圆锥曲面相交时，会产生哪几种截交线？

课题三　组合体的投影

- 了解组合体的组合形式及连接方法。
- 掌握组合体投影图的阅读方法与步骤。

工程构筑物的形状虽然复杂，但一般是由一些基本体经过叠加、切割或相交等形式组合而成的，称为组合体。

要阐述和运用组合体投影图的画法和读法，首先应先阐述和运用基本几何体的投影和尺寸标注。

长方体、棱柱、棱锥、圆柱、圆锥、球等都是常见的基本体。图4—3—1表示了这些基本体的尺寸标注方法。在标注基本体的尺寸时，要注意定出长、宽、高三个方向的尺寸。例如，长方体必须标注长、宽、高三个尺寸；正六棱柱应该注高度及正六边形对边距离（或对角距离）；四棱台应标注上、下底面的长、宽及高度尺寸；圆柱体应标注直径及轴向长度；圆锥台应该标注两底圆直径及轴向长度；球只需标注一个直径。圆柱、圆锥、球等回转体完成尺寸标注后，还可以减少视图的数量。

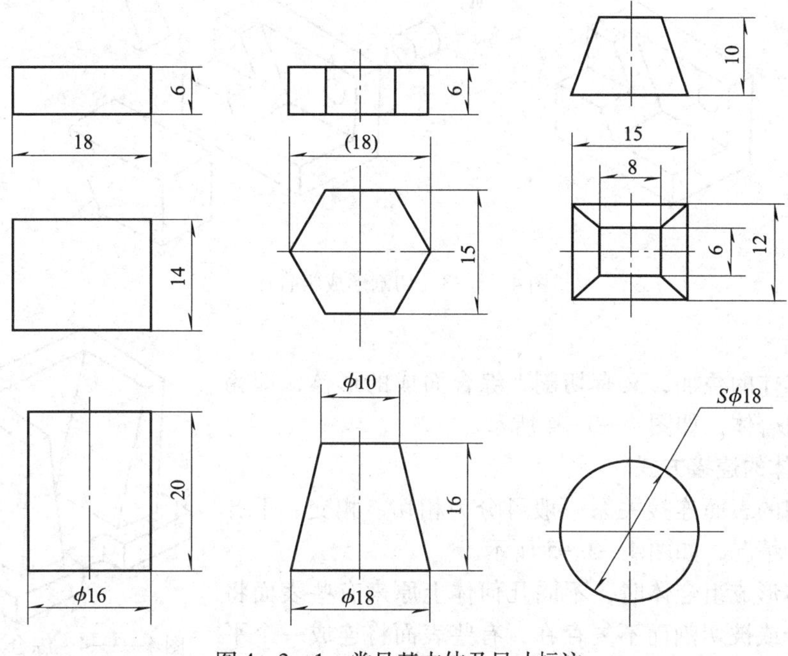

图4—3—1　常见基本体及尺寸标注

一、组合体的组合形式和形体分析法

1. 组合体的组合形式

组合体的组合形式可分为叠加、切割、综合等几种方式。

（1）叠加

由两个或两个以上简单基本体经叠加而形成的形体，如图4—3—2所示。

（2）切割

由简单基本体经切割而成的形体。如图4—3—3所示，组合体由长方体切去Ⅰ、Ⅱ、Ⅲ三部分而成。

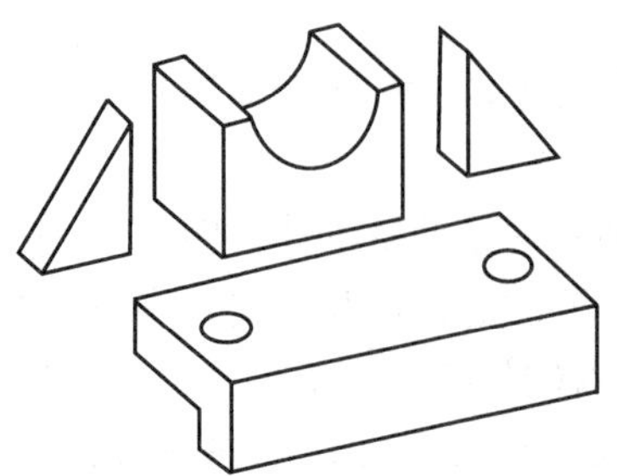
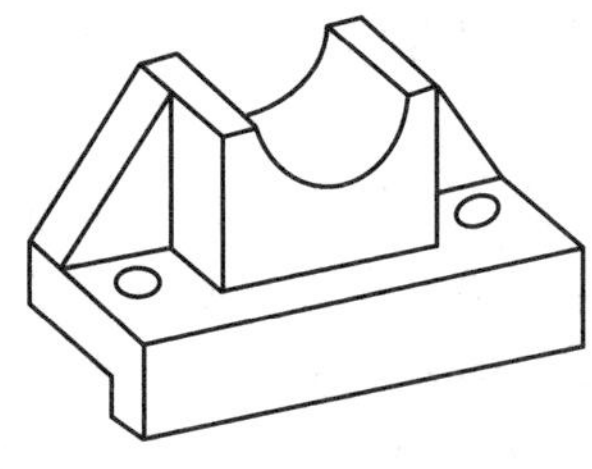

图 4—3—2 叠加形成组合体

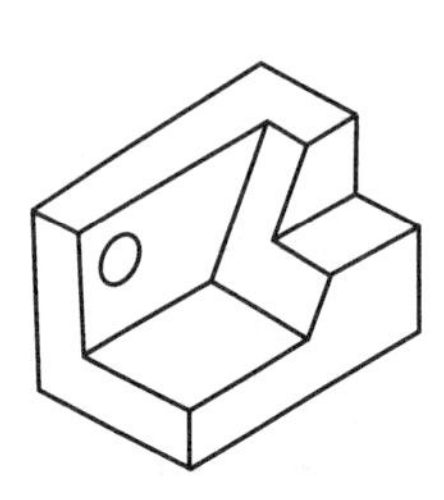
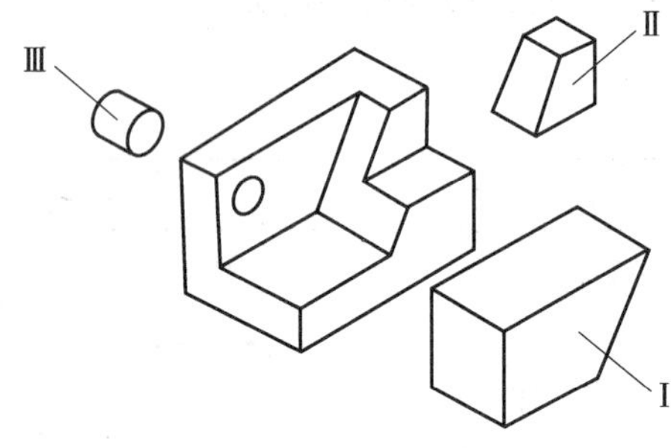

图 4—3—3 切割形成组合体

（3）综合

既有基本体的叠加，又有切割、综合而成的形体，即为综合而成的组合体，如图 4—3—4 所示。

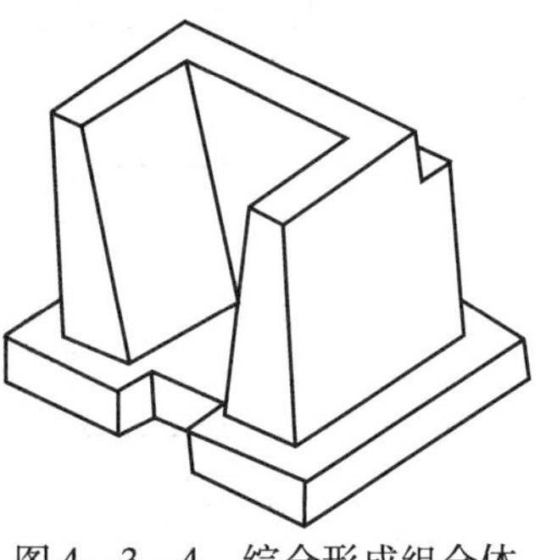

图 4—3—4 综合形成组合体

2．组合体的连接方式

形体之间的表面连接关系一般可分为相切、相交、平齐和不平齐四种情况，如图 4—3—5 所示。

由基本体形成组合体时，不同几何体上原来有些表面将由于互相结合或被切割而不复存在，有些表面将连成一个平面，有些表面会发生相切或相交等情况。在画组合体视图时，必须注意这些表面关系，才能不多画线，不漏画线。在读图时，必须看懂基本体之间的表面连接关系，才能正确理解物体的形状。

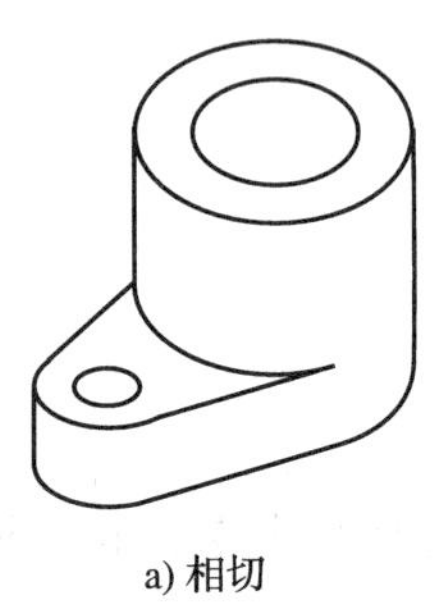

a) 相切

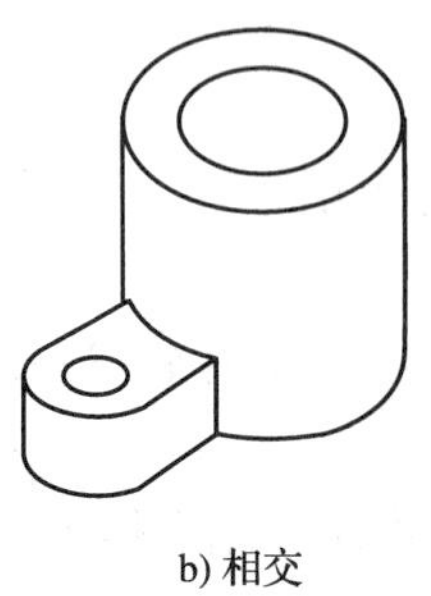

b) 相交

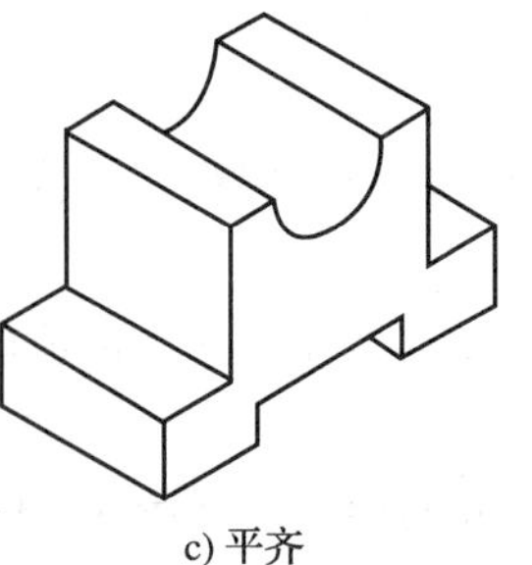

c) 平齐

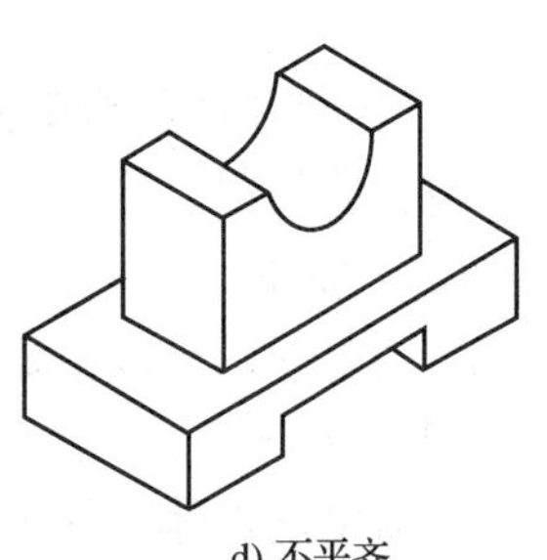

d) 不平齐

图 4—3—5 形体之间的表面连接关系

(1) 相切

相切是指两个基本体的表面（平面与曲面或曲面与曲面）光滑过渡，不存在分界线。在视图中相切处不画线，如图 4—3—6 所示。画图时可先画出相切面（有积聚性的那个视图，即图 4—3—6 中的俯视图），从而定出直线和圆弧的切点，再根据切点的投影作出其他投影。

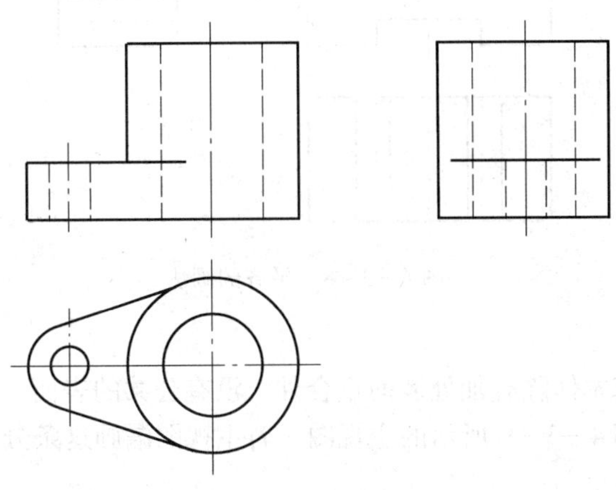

图 4—3—6　相切的画法

(2) 相交

相交是指两个基本体彼此相交时表面产生交线（截交线或相贯线），表面交线是它们的分界线。在视图中相交处应该画出分界线，如图 4—3—7 所示。

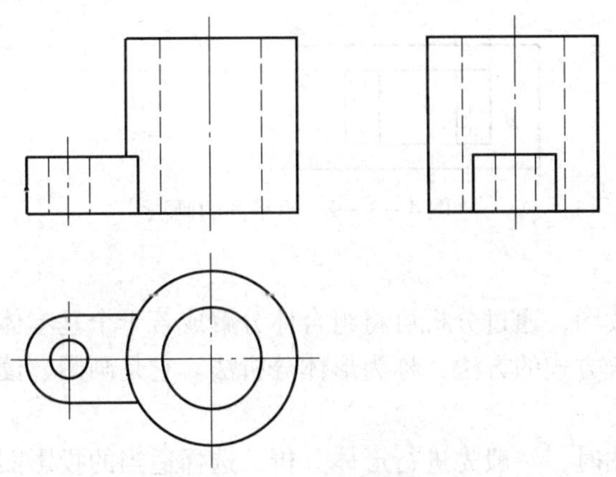

图 4—3—7　相交的画法

(3) 平齐

平齐是指两个基本体在某方向的两个表面处于同一平面内，不存在分界线。在视图中平齐处不画线。如图 4—3—8 所示，两叠加形体的前表面和后表面都分别处于同一平面内。

必须指出的是，分析组合体的组合方式及基本形体之间的表面连接关系，是为了便于画图和读图的一种思考方法，整个组合体仍是一个不可分割的整体。因此，如图 4—3—8 所示的形体前后表面分别平齐，不可能有分界线。若主视图多画出这条分界线，就成为两个平面了。

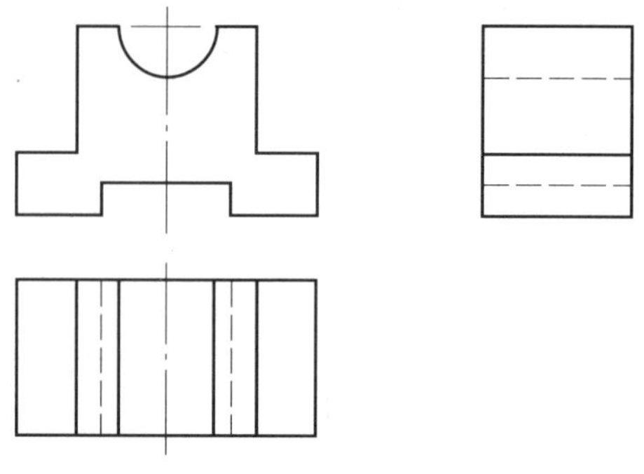

图 4—3—8　平齐的画法

（4）不平齐

不平齐是指两个基本体除叠加处表面重合外，没有公共的表面。在视图中两个基本体之间应画出分界线，如图 4—3—9 所示的主视图。若主视图漏画这条分界线，就成为一个连续的平面了。

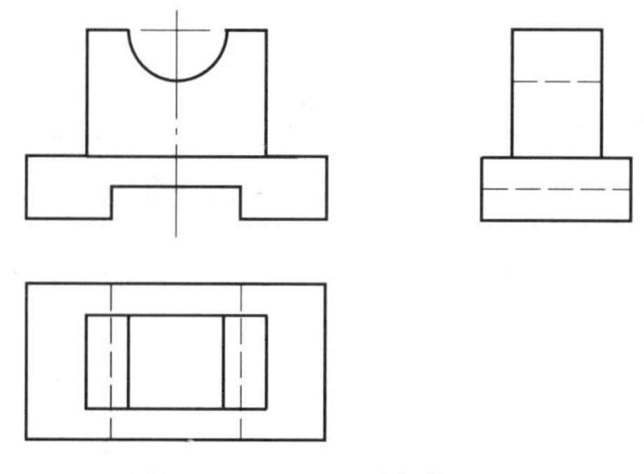

图 4—3—9　不平齐的画法

3．形体分析法

为了便于画图和读图，通过分析可将组合体分解成若干个基本体，并分析它们的形状结构、相对位置以及组合方式的方法，称为形体分析法。它是画图、读图和标注尺寸的基本方法。

画组合体的投影图时，一般先进行形体分析，选择适当的投影图，然后画图。

图 4—3—10a 所示是一扶壁式挡土墙，可以把它看成是由底板、直墙和支撑板三部分叠加而成的，直墙为四棱柱，底板和支撑板分别为六棱柱和三角形肋板，如图 4—3—10b 所示。

图 4—3—11a 所示为一肋式杯形基础，可以把它看成由底板、中间挖去一楔形块的四棱柱和六块梯形肋板组成。其中，各基本立体之间组合成叠加、切割、相交的混合形状，四棱柱在底板中央，前后肋板左、右侧面分别与中间四棱柱左、右侧面平齐，左、右两块肋板分别在四棱柱左、右侧面的中央，如图 4—3—11b 所示。

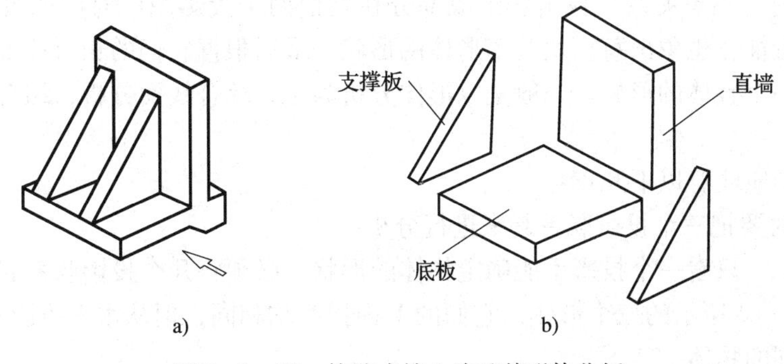

图 4—3—10　扶壁式挡土墙及其形体分析

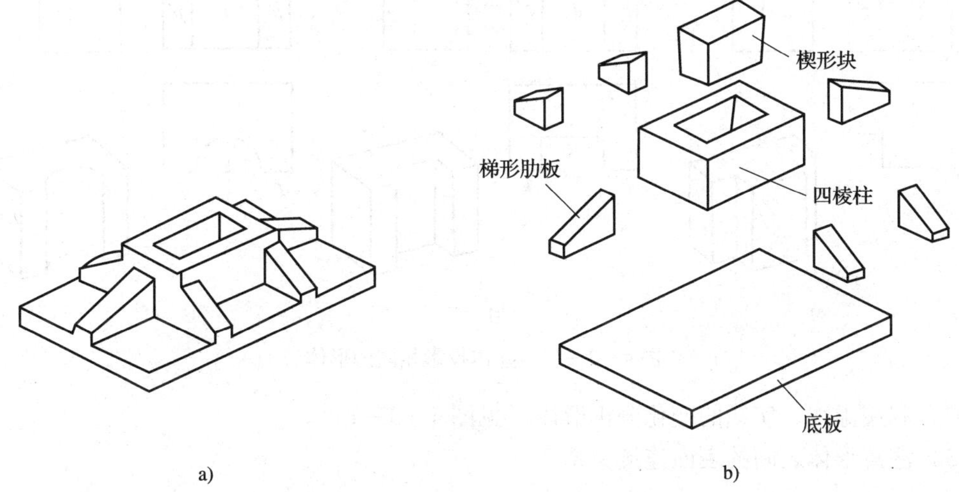

图 4—3—11　肋式杯形基础及其形体分析

二、组合体投影图的阅读

1. 阅读的方法

阅读图样又称看图、识图等，就是根据物体的投影图想象出物体的空间形状。画图是由物到图，而读图则是由图到物，除了应熟练地运用投影规律进行分析外，还应掌握读图的基本方法。阅读图样的基本方法是形体分析法，即一部分一部分地读，有时还要辅以线面分析，逐面逐线地读，把细节揣摩透，综合起来领会全貌。阅读图样能力的提高要通过大量的练习才可实现。下面结合实例解析组合体投影的读图方法和步骤。

第一，分析投影图抓住主要特征。根据给出的投影，先“粗读”一遍，做一个大概的分析，然后，采用线面分析法“精读”。对比较复杂的组合体，可同时采用两种方法互相补充。

第二，综合起来想象整体。在投影图上，根据对线框的分析，假想把组合体分解成几个组成部分，利用“三等关系”找出各组成部分在其他两个投影图中对应的投影，再根据基本形体的投影特征，想象出每一块基本形体的形状，最后根据它们的相对位置和表面连接情况，逐渐形成一个整体的形象。一般是以形体分析为主，综合线面分析，结合想象得出组合体的全貌。

第三，读图应注意以下几点：

（1）读图时要把三个投影联系起来进行分析。

一般情况下，只看一个投影不能确定物体的形状，必须将几个投影联系起来分析才能弄清。如图4—3—12所示的三个形体，它们的 V 面投影均相同，但从水平投影和侧面投影看，它们是完全不同的物体。

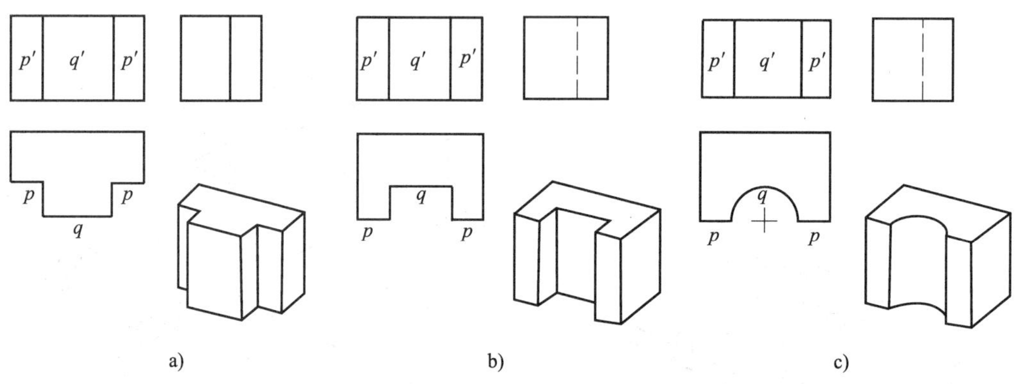

图4—3—12　立体投影相同的形体

（2）利用虚线、实线的变化分析形体（见图4—3—13）。

（3）注意形体之间的表面连接关系。

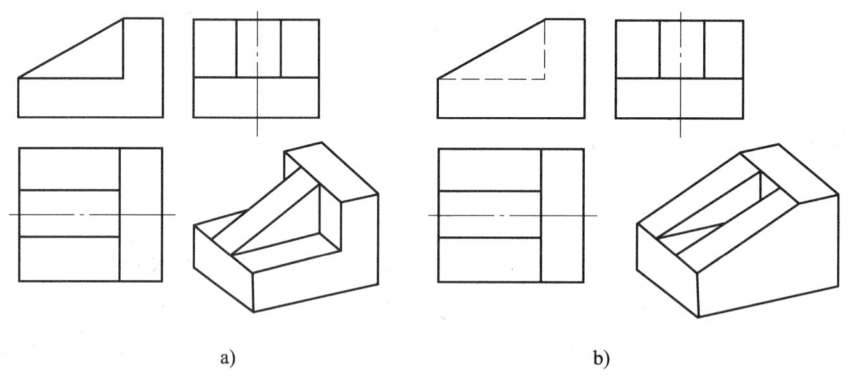

图4—3—13　投影图中的虚线与实线

2. 读图举例

【例4—3—1】　如图4—3—14a所示，想象立体的形状，并画出其侧面投影图。

①看视图，分线框

大致看一下视图，在立平面图中分四个线框，如图4—3—14a所示。

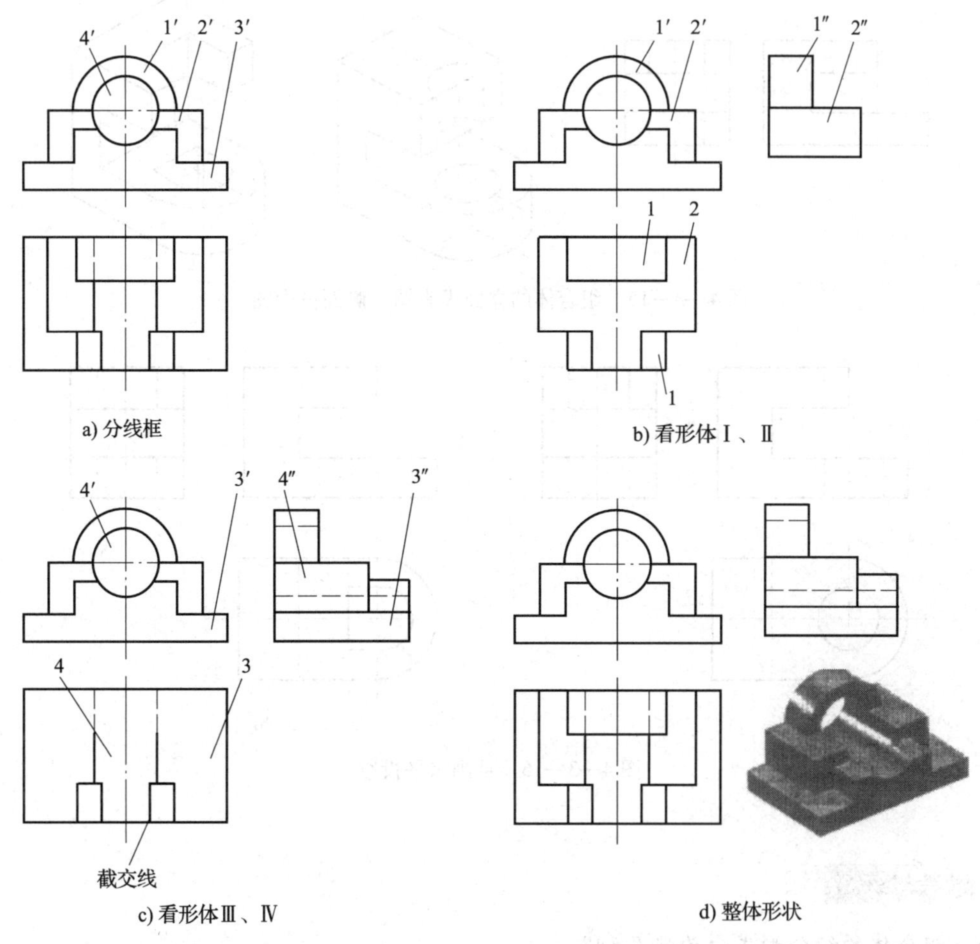

图 4—3—14 看图实例

②对投影，定形体

线框 2′的水平投影比较肯定，线框 1′在水平投影上有两个长对正关系的线框，但位于前面线框内部的两条轮廓线不是线框 1′的投影，因此可以确定后面的是线框Ⅰ。Ⅰ的形体是半圆筒，线框Ⅱ的形体是长方形，侧面投影图如图 4—3—3b 所示。线框Ⅲ是前面平齐一凸台的长方形，线框Ⅳ是圆孔，因水平投影上有圆孔与水平面的截交线及虚线，故可以确定孔是从立体的最前面向后打通的。线框 3′、4′的投影，如图 4—3—14c 所示。

③综合起来想整体

将四个线框对应的简单立体按相对未知组合起来，想象出立体形状，画出侧面投影图，如图 4—3—14d 所示。

【例 4—3—2】 已知组合体的立面投影、侧面投影图（见图 4—3—15），补画水平投影（要求有两解）。

根据已知的立面投影图、侧面投影图，可以想象出两种组合体，并分别补画出水平投影图。如图 4—3—16a、b 所示。

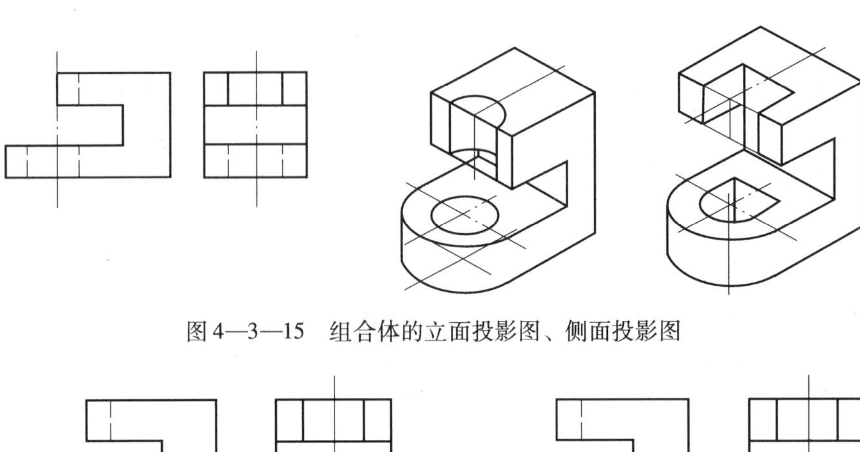

图 4—3—15　组合体的立面投影图、侧面投影图

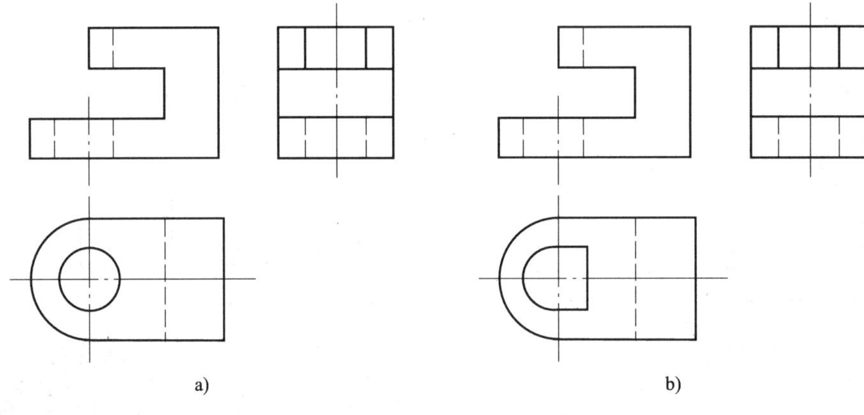

a)　　b)

图 4—3—16　补画水平投影

1. 组合体的组合形式分为哪几种?
2. 读组合体投影图的方法与步骤是什么?

课题四　组合体的尺寸标注

◆ 了解尺寸标注的方式。
◆ 掌握尺寸标注的注意点。
◆ 掌握尺寸标注的标注方法。

组合体的视图只能确定其形状，要确定组合体的大小及各部位的相对位置，还必须标注足够的尺寸。标注尺寸应满足以下要求：

正确，要符合《道路工程制图标准》（GB 50162—1992）。

完整，所标注的尺寸必须能够完整、准确、唯一地表示物体的形状和大小。

清晰，尺寸布置要整齐、清晰，便于阅读。

合理，标注的尺寸应满足设计要求，并满足施工、测量和检验的要求。

一、尺寸的标注方式

标注组合体的尺寸时，应在对物体进行形体分析的基础上顺序标注出定形尺寸、定位尺寸和总体尺寸。

定形尺寸是确定物体各组成部分的形状、大小的尺寸。如图 4—4—1 所示，基础部分：长 650、宽 330、高 180（90 +90）。挡土墙部分：长、宽与基础相同，高为 180 +620，挡板高为 120 等。这些都属于定形尺寸。

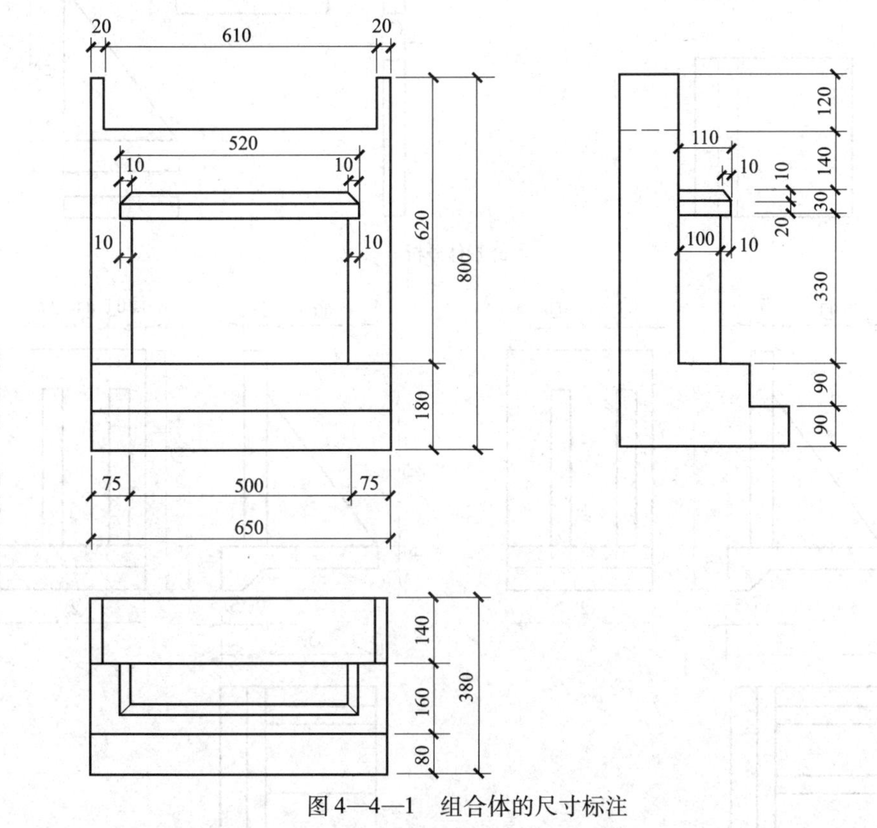

图 4—4—1　组合体的尺寸标注

定位尺寸是确定物体各组成部分之间的相对位置的尺寸。在图 4—4—1 的立面图中，如台身与基础的定位尺寸是 75、75，台帽与台身的定位尺寸为 10、10，侧面与台身的尺寸 10 都是定位尺寸。

总体尺寸是确定物体的总长、总宽和总高的尺寸。如图 4—4—1 中总长 650、总宽 380、总高 800。

二、组合体尺寸标注实例

【例 4—4—1】 在如图 4—4—2 所示挡土墙的投影图上标注尺寸。

1．进行形体分析

挡土墙由底板、直墙和支撑板三部分组成，考虑每个组成部分的定形尺寸，如图 4—4—2a 所示。

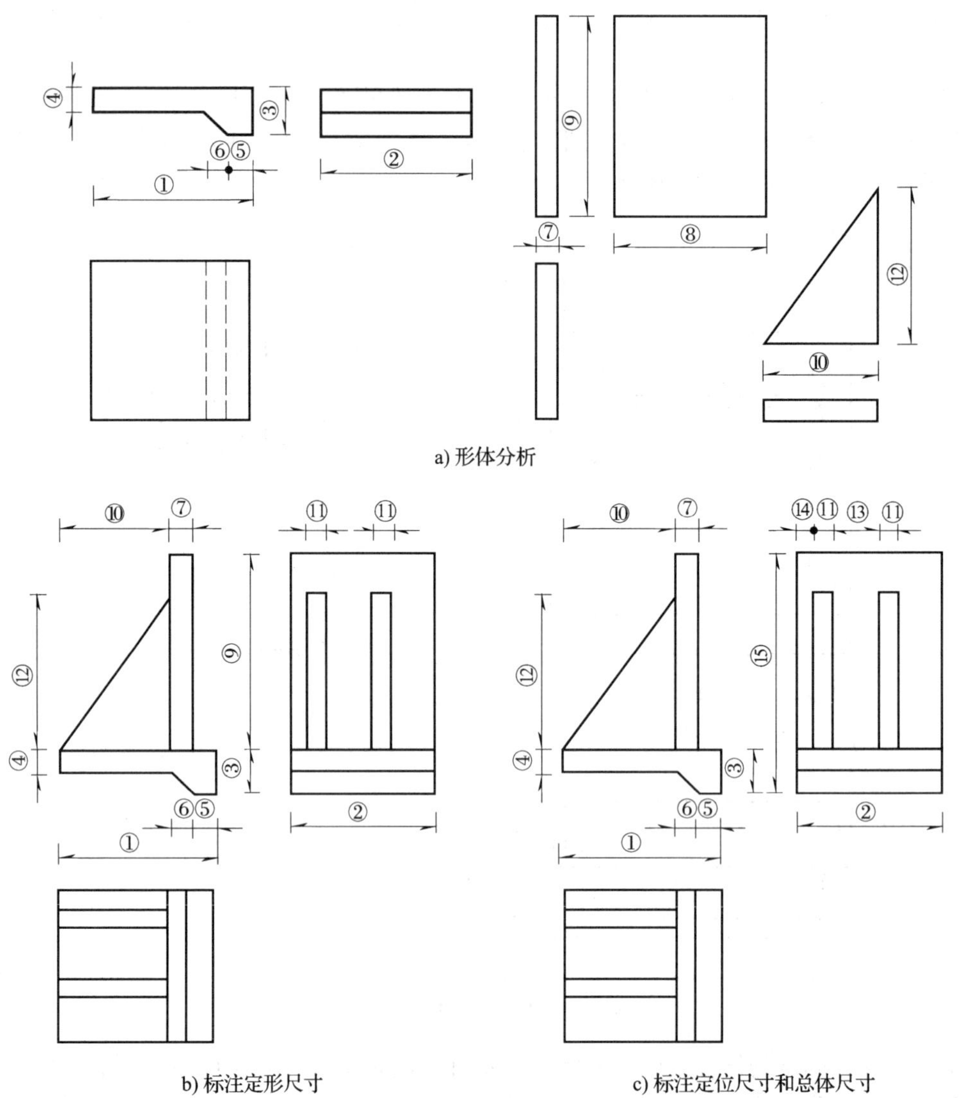

a) 形体分析

b) 标注定形尺寸

c) 标注定位尺寸和总体尺寸

图 4—4—2 挡土墙的尺寸标注

2. 标注定形尺寸

将各组成部分的定形尺寸标注在挡土墙的投影图上，如图 4—4—2b 所示。与图 4—4—2a 比较，因直墙宽度尺寸⑧与底板宽度尺寸②相同，故省去尺寸⑧。

3. 标注定位尺寸

如图 4—4—2a 所示，直墙与底板前后对齐不需定位；有了支撑板的长度尺寸⑩，直墙的左右位置即可确定；两支撑板前后的定位尺寸为⑬和⑭；有了底板的高度尺寸③，直墙和支撑高度方向的位置随之确定。

在标注定位尺寸时，先要选择一个或几个标注尺寸的起点，即尺寸基准。长度方向一般可选择左侧面或右侧面为基准，高度方向一般以底面或顶面为基准。若物体是对称的。还可选择对称线或轴线作为基准。

4. 标注总体尺寸

如图 4—4—2c 所示，总长、总宽尺寸与底板的长、宽尺寸相同，不必再标注。总高尺寸为⑮，标出总高尺寸以后，直墙的高度尺寸⑨可由尺寸③算出，故可去掉不注。

三、尺寸标注应注意的问题

投影图上的尺寸不但要标注齐全，而且要标注整齐、清晰，以便于阅读。此外，标注尺寸应注意以下几点：

（1）尺寸一般应标注在反映形体特征的投影图上，布置在图形轮廓线之外，但又应靠近轮廓线，表示同一结构或形体的尺寸应尽量布置在同一投影图上。

（2）尺寸线尽可能排列整齐，与两投影图有关的尺寸应标注在两投影图之间。可把长、宽、高三个方向的定形尺寸、定位尺寸组合起来排成几道，小尺寸在内，大尺寸在外。

（3）某些局部尺寸允许注在轮廓线内，但任何图线不得穿越尺寸数字。

（4）避免在虚线上标注尺寸。

1. 组合体尺寸标注的基本要求是什么？
2. 什么是定形尺寸、定位尺寸、总体尺寸？

模块五

识读路线平面图

课题一　点、直线的标高投影

- 了解标高投影的概念。
- 掌握点、直线的标高投影表示法。
- 能绘制直线实长与整数标高点。

一、标高投影法

工程建筑物是在地面上修建的。在设计和施工中，常常需要绘制表示地面起伏状况的地形图，以便在图样上解决有关的工程问题。由于地面的形状往往比较复杂，长度方向尺寸和高度方向尺寸相差很大，若用多面正投影表示，作图困难，且不易表达清楚，因此，在生产实践中常采用标高投影法来表示地形图。

只在物体的水平投影上加注某些特征面、线及控制点的高程数值和比例来表示空间物体的方法称为标高投影法。

在标高投影中，水平投影面 H 称为基准面。

标高就是空间点到基准面 H 的距离。一般规定：H 面的标高为零，H 面上方的点标高为正值，下方的点标高为负值，标高的单位以米计。

标高投影图是一种单面正投影图，它必须标明比例或画出比例尺，否则就无法根据单面正投影图来确定物体的空间形状和位置。其长度单位，若图中没有注明，则以米计。一些复杂曲面也常用标高投影法来表示。

二、点的标高投影

标高投影中，在空间点的水平投影的右下角标出该点距离水平投影面的高程数字，便可得到该点的标高投影。

如图 5—1—1a 所示，选水平面 H 面为基准面，设其高度为零，点 A 在 H 面上方 4 m，点 B 在 H 面下方 3 m，若在 A、B 两点的水平投影 a、b 的右下角标明其高度值 4、-3，就可得到 A、B 两点的标高投影图，如图 5—1—1b 所示。高度数值 4、-3 称为高程或标高，其单位以 m 计，在图上一般不需要注明。

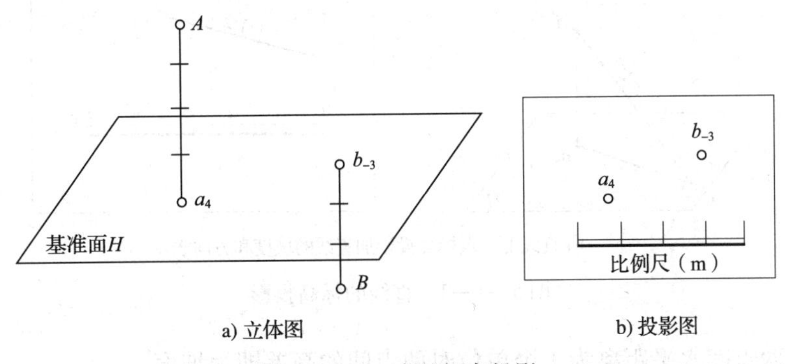

图 5—1—1　点的标高投影

根据一点的标高投影，可确定该点在空间的位置，如图 5—1—1b 所示，由 b_{-3} 点作垂直于 H 面的投射线，向下量 3 m，即得 B 点。

三、直线的标高投影

1. 直线的表示法

在标高投影中，直线的位置是由直线上的两个点或直线上一点以及该直线的方向确定的。因此，直线的表示法有以下两种：

（1）直线的水平投影并加注直线上两点的高程，如图 5—1—2a 所示。

（2）直线上一点的标高投影并加注直线的坡度和方向，如图 5—1—2b 所示。图中直线的方向用箭头表示，箭头指向下坡，1∶2 表示该直线的坡度。

2. 直线的坡度和平距

（1）坡度

直线上任意两点的高差与其水平距离（水平投影长度）之比称为该直线的坡度，用符号 i 表示，即

$$坡度(i) = \frac{高差(H)}{水平距离(L)} = \tan\alpha$$

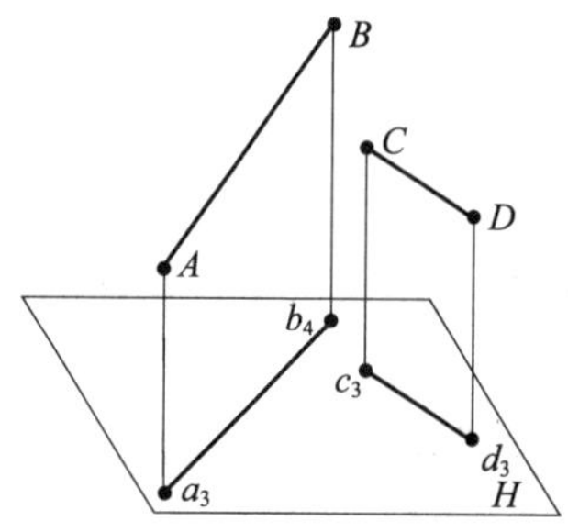

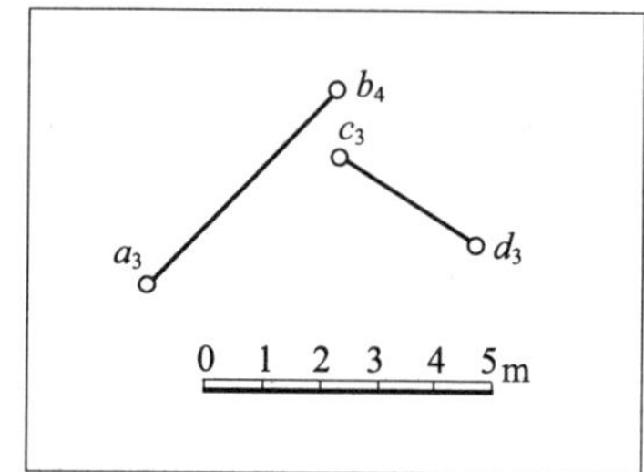

a) 直线水平投影加两点高程表示

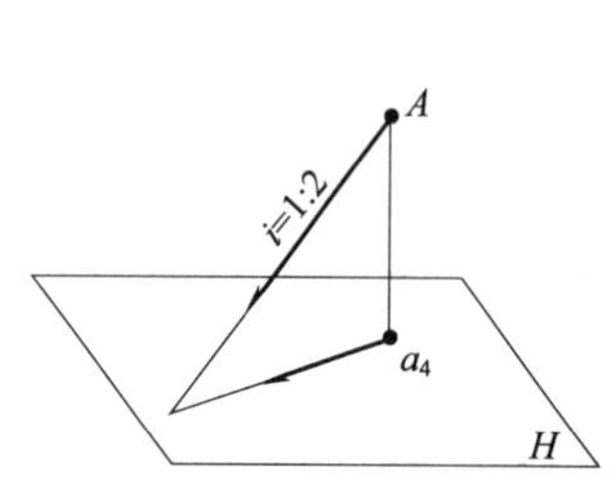

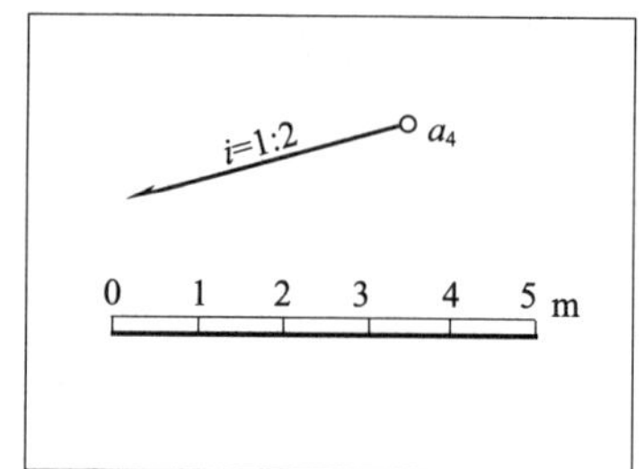

b) 直线上一点标高投影加直线的坡度和方向表示

图 5—1—2　直线的标高投影

上式表示两点间水平距离为 1 个单位时两点间的高差即为坡度。

（2）平距

当两点间的高差为 1 个单位时，其水平距离称为平距，用符号 l 表示，即

$$\text{平距}(l)=\frac{\text{水平距离}(L)}{\text{高差}(H)}=\cot\alpha=\frac{1}{i}$$

由此可见，平距和坡度互为倒数，即 $i=1/l$。坡度越大，平距越小；反之，坡度越小，平距越大。

【例 5—1—1】　求图 5—1—3 所示直线 AB 的坡度与平距，并求出直线上点 C 的高程。

解： 先求坡度和平距。

$$H_{AB}=20-10=10\ \text{m}$$

$L_{AB}=30.0$ m（用所给比例尺量取）

因此，$i=\dfrac{H_{AB}}{L_{AB}}=\dfrac{10}{30}=\dfrac{1}{3}$；$l=\dfrac{1}{i}=3$

又量得 $ac=13.0$ m，因为直线上任意两点间坡度相同。由

$$i=\frac{H_{AC}}{L_{AC}}=\frac{1}{3};\ H_{AC}=L_{AC}\times i=13\times\frac{1}{3}=4.33\ \text{m}$$

故 C 点的高程为 $20-4.33=15.67$ m。

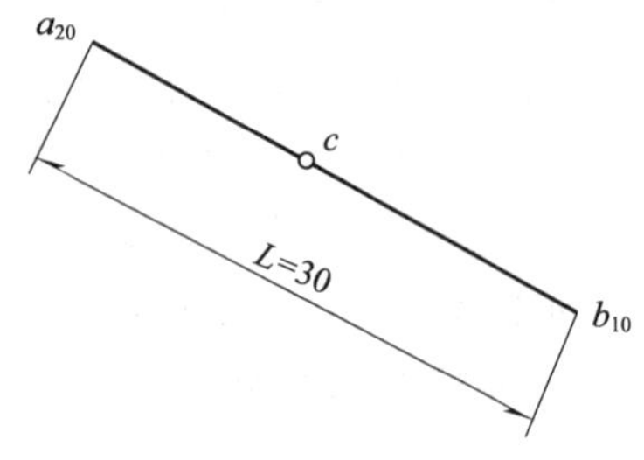

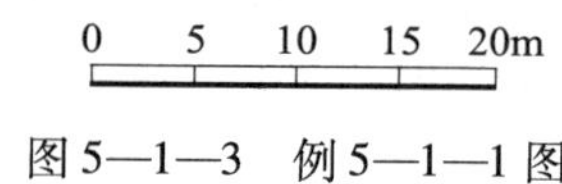

图 5—1—3　例 5—1—1 图

3. 直线的实长和整数标高点

(1) 直线的实长和倾角

在标高投影中求直线的实长，仍然可以采用正投影中的直角三角形法，如图 5—1—4a 所示，以直线的标高投影作为直角三角形的一条直角边，以直线两端点的高差作为另一条直角边，用给定的比例尺作出这两条边后，其斜边即为直线的实长。斜边和标高投影的夹角为直线对于水平面的倾角 α，如图 5—1—4b 所示。

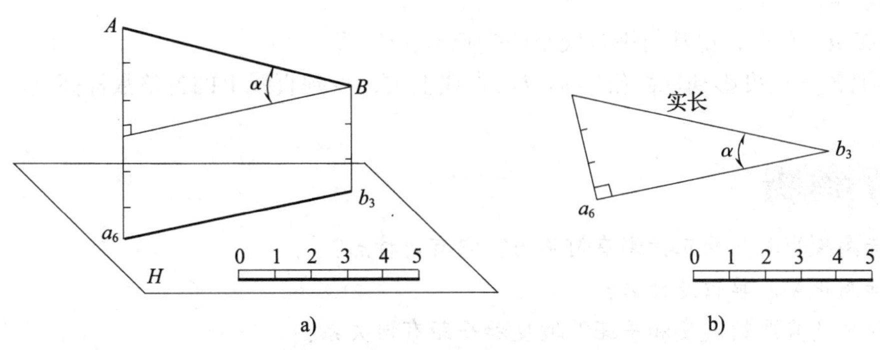

图 5—1—4 直线的实长和倾角

(2) 直线上的整数标高点

在实际工作中，常遇到直线两端的标高投影的高程并非整数，需要在直线的标高投影上作出各整数标高点，解决这类问题，可利用定比分割原理作图。

【例 5—1—2】 如图 5—1—5a 所示，已知直线 AB 的标高投影 $a_{4.3}$、$b_{7.8}$，求直线上各整数标高点。

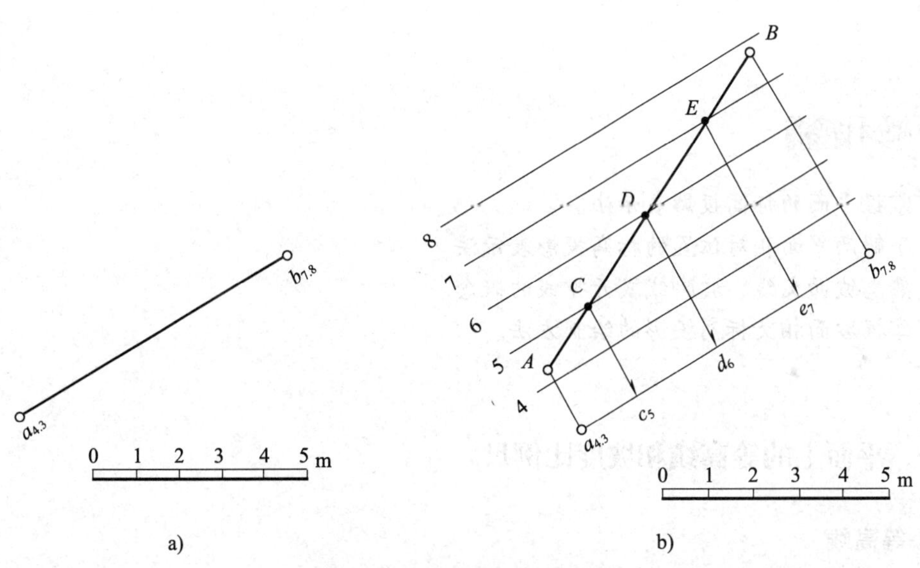

图 5—1—5 例 5—1—2 图

解：通过 ab 作一辅助的铅垂面，在铅垂面内采用标高投影比例尺作相应高程的水平线（水平线平行于 ab），最高一条为 8，最低一条为 4。根据 A、B 两点的高程在铅垂面上画出直线 AB，其与各整数标高的水平线交于 C、D、E 各点，自这些点向 $a_{4.3}b_{7.8}$ 作垂线。AB 反映实长，它与水平线的夹角反映该线对于水平面的倾角，如图 5—1—5b 所示。

作图：①作互相平行且间距相等的五条等高线，令标高为 8、7、6、5、4。

②定 A、B 点，由直线标高投影两端点 $a_{4.3}$、$b_{7.8}$ 作 $a_{4.3}b_{7.8}$ 的垂线，按标高 4.3 和 7.8 定 A、B 两点。

③连接 A、B 点，得其与平行线组的交点 C、D、E。

④再把各交点投影到标高投影 $a_{4.3}b_{7.8}$ 直线上去，得到直线上的各整数标高点。

1. 标高投影与三面正投影有何不同？它有何特点？
2. 标高投影的单位是什么？
3. 什么是直线的坡度和平距？坡度和平距有何关系？
4. 如何求直线的实长与倾角，以及确定直线上的整数标高点？

课题二　平面的标高投影

- 掌握平面的标高投影表示法。
- 了解两平面相对位置的标高投影表示法。
- 熟悉坡面交线、坡脚线或开挖线的概念。
- 掌握坡面相交标高投影的绘制方法。

一、平面上的等高线和坡度比例尺

1. 等高线

平面上的水平线称为平面上的等高线，如图 5—2—1a 所示。在实际应用中常取高差相等、标高为整数的等高线，并且把平面与基准面 H 的交线作为高程为零的等高线。

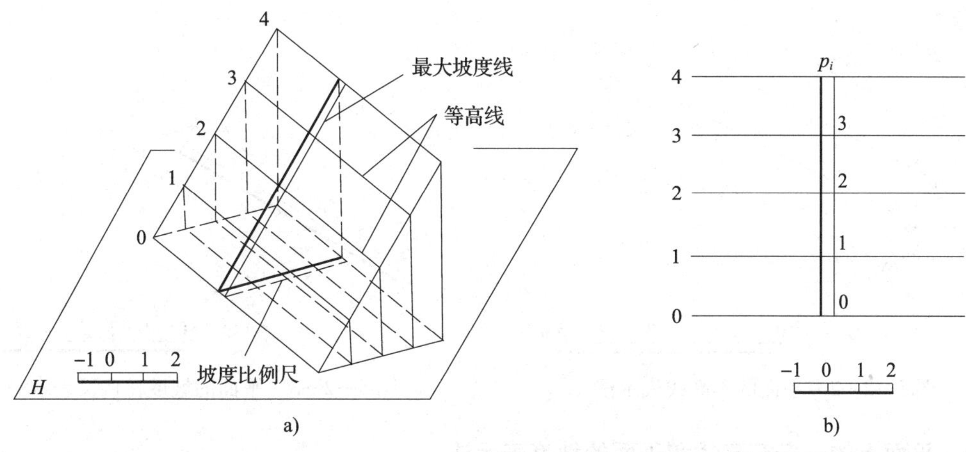

图 5—2—1　平面上的等高线和坡度线

平面上的等高线有以下特性：等高线是直线；等高线互相平行；相邻等高线高差相等时，水平距离也相等。

2．坡度比例尺

如图 5—2—1a 所示，平面上与水平线（等高线）垂直的直线称为平面上的最大坡度线。

最大坡度线对基准面 *H* 的倾角，即平面对基准面的倾角；最大坡度线的坡度就是该平面的坡度。

将平面上最大坡度线的投影附以整数标高，并画成一粗一细的双线，称为平面的坡度比例尺。如图 5—2—1b 所示，*P* 平面的坡度比例尺用 P_i 表示。

最大坡度线的投影，即坡度比例尺和平面上的等高线的投影相互垂直，最大坡度线的平距就是等高线的平距，如图 5—2—1b 所示。

二、平面的表示法

在标高投影中，平面常采用等高线表示法、坡度比例尺表示法、平面上的一条等高线和平面的坡度表示法、平面上的一般位置直线和该平面的坡度与倾向表示法。

1．等高线表示法

如图 5—2—2 所示，这种表示法实质上是用平行直线表示平面，在实际应用中一般采用高差相等、标高为整数的一系列等高线来表示平面。

2．坡度比例尺表示法

如图 5—2—3 所示，这种表示法实质上就是最大坡度线表示法。坡度比例尺的位置和方向一经给定，平面的方向和位置也就随之确定。根据平面上等高线与坡度比例尺相互垂直的关系，过坡度比例尺上的各整数标高点作坡度比例尺的垂线，则可得平面上相应标高的等高线。

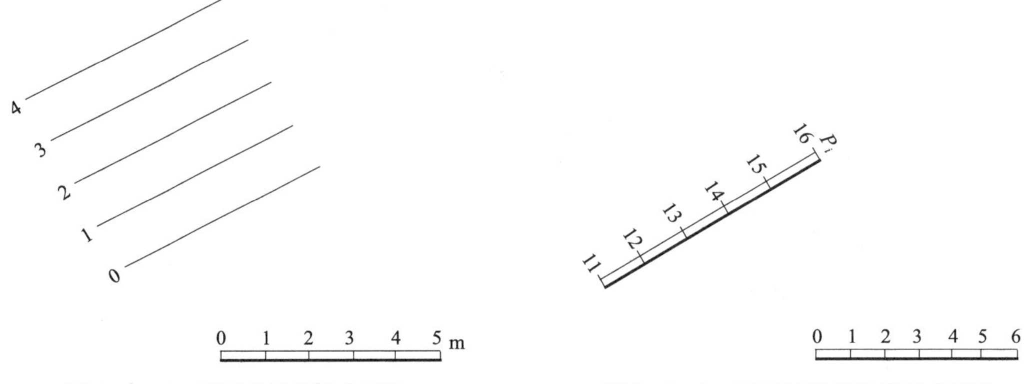

图 5—2—2　平面的等高线表示法　　　　图 5—2—3　平面的坡度比例尺表示法

3．平面上的一条等高线和平面的坡度表示法

如图 5—2—4a 所示，平面上的一条等高线和平面的坡度表示法实质上是等高线表示法和最大坡度线表示法的综合。知道平面上的一条等高线，就可定出最大坡度线的方向。由于平面的坡度已知，则平面的方向和位置就确定了。如果作平面上的等高线，可利用坡度求得等高线的平距，然后作已知等高线的垂线，在垂线上按图中所给比例尺截取平距，再过各分点作已知等高线的平行线，即可作出平面上一系列等高线的标高投影，如图 5—2—4b 所示。

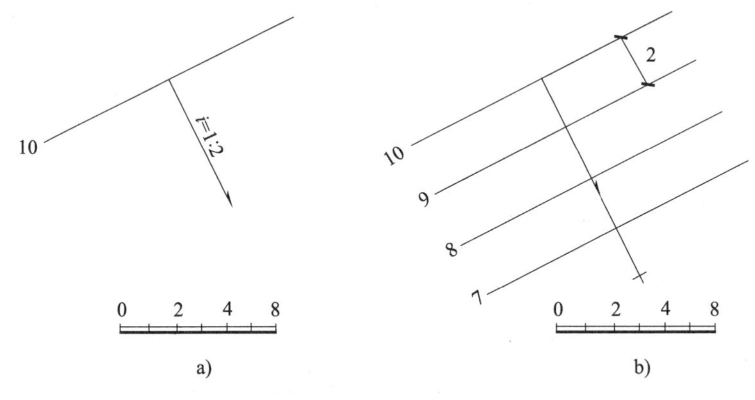

图 5—2—4　等高线和平面的坡度表示法

4．平面上的一条非等高线和平面坡度与倾向表示法

图 5—2—5a 所示为一标高为 5 m 的水平场地及一坡度为 1∶3 的斜坡引道，斜坡引道两侧的倾斜平面 *ABC* 和 *DEF* 的坡度均为 1∶2，这种倾斜平面可由平面内一条倾斜直线的标高投影加上该平面的坡度来表示，如图 5—2—5b 所示。图中 a_2 b_5旁边的箭头只是表明该平面向直线的某一侧倾斜，并不表示坡度的方向，坡度线的准确方向需作出平面上的等高线后才能确定，所以用虚线表示。过一条直线可以作无数个平面，然而平面的坡度给定后，又指出了平面向某一处倾斜，并要包含直线，则此平面的位置就可以确定。

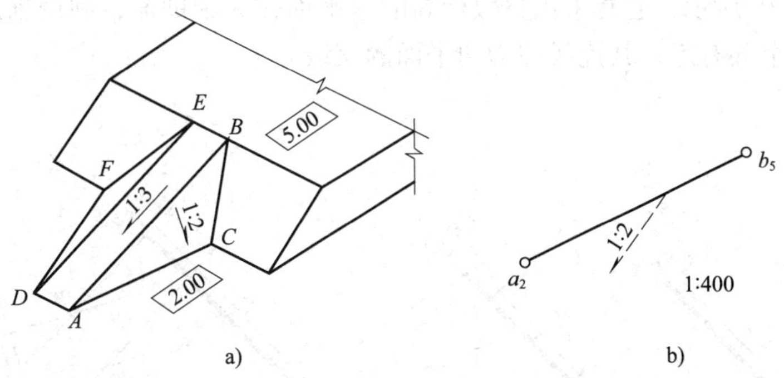

图 5—2—5 非等高线和平面坡度与倾向表示法

图 5—2—6b 所示为上述平面上等高线的做法。该平面上标高为 2 m 的等高线必通过 a_2，而过 b_5 则有一条标高为 5 m 的等高线，这两条等高线之间的平距 $l=\dfrac{1}{i}\times H=2\times3=6$ m。以 b_5 为圆心，以 $R=6$ m 为半径（按图中所给比例尺量取），在平面的倾斜方向画圆弧，再过 a_2 作直线与圆弧相切，就得到标高为 2 m 的等高线，立体图如图 5—2—6c 所示。三等分 a_2b_5，可得到直线上标高为 3 m、4 m 的点，过各分点作直线与 2 m 等高线平行，就得到一系列相应的等高线。

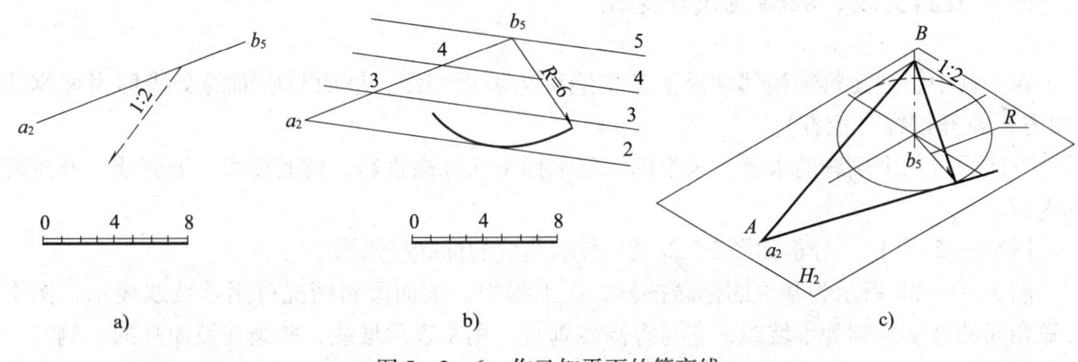

图 5—2—6 作已知平面的等高线

三、两平面的相对位置

两平面在空间的相对位置可分为平行与相交两种情况。

1. 平行

如果两平面平行，则它们的坡度比例尺和等高线相互平行、平距相等、标高数字的增减方向一致，如图 5—2—7a 所示。

2. 相交

若两平面相交，在标高投影中，两平面上的同高程的等高线必定相交，两平面上标高相等的等高线交点就是两平面的共有点，两共有点的连线即为两平面的交线。

如图 5—2—7b 所示，通常采用整数标高的水平面作为辅助面，利用辅助平面法在相交两平面上求得两个共有点，其连线即为两平面的交线。

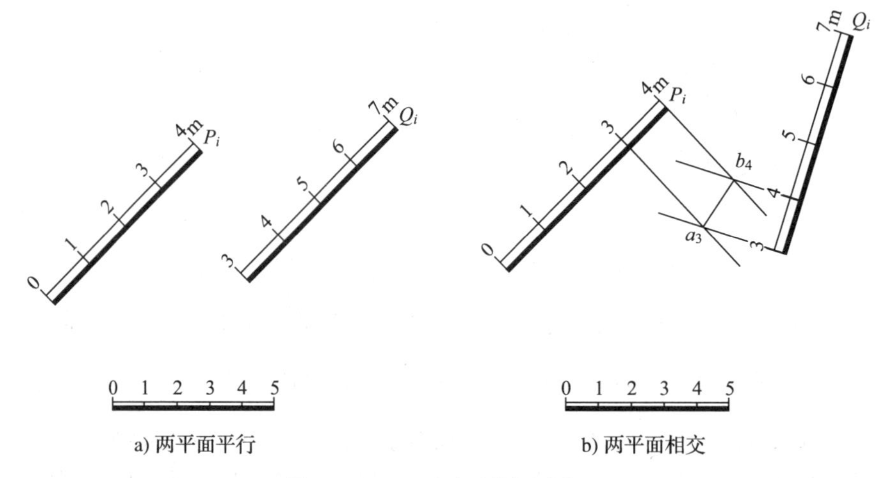

图 5—2—7　两平面的相对位置

四、坡面交线、坡脚线或开挖线

在工程中，把建筑物相邻两坡面的交线称为坡面交线，坡面与底面的交线称为坡脚线（填方）或开挖线（挖方）。

下面通过三个例题的求解，来帮助大家掌握平面标高投影、坡面交线、坡脚线、开挖线等内容。

【例 5—2—1】　分析如图 5—2—8b 所示基坑的标高投影图。

图 5—2—8b 所示为基坑的标高投影。在工程中，坡面倾斜情况可用示坡线表示，图中长短相间的细实线称为示坡线，它与等高线垂直，用来表示坡线，并画在坡面高的一侧。

投影图分析：

从图 5—2—8b 中的示坡线可以看出该标高投影表示的是一个四周高、中间低的基坑，基坑的开挖线是一个较大的矩形，标高为水平面上方 2 m（▼ 2.00），基坑底面是一个较小的矩形，标高为 -2 m（▼ -2.00）。四个侧面均为倾斜的坡面，每个坡面都由标高为 2 和标高为 -2 的两条等高线表示。左、后斜坡的坡度为 1∶1，前斜坡坡度为 1∶1.5，右斜坡坡度为 1∶2。一般来说，坡度数值越大，坡越陡；坡度数值越小，坡越缓。因此，左、后斜坡最陡，右斜坡最缓，读图时可以通过示坡线之间的距离直观感受。四条斜线是各坡面的交线，即坡面交线。

图中的水平距离可以用比例尺量取。坑顶和坑底的相应底边线平行，其水平距离 L_1、L_2、L_3 可以用比例尺量取，也可以用坡度公式计算出来：$L = H \times 1/i$，即 $L_1 = 4 \times 1.5 = 6$ m，$L_2 = 4 \times 1 = 4$ m，$L_3 = 4 \times 2 = 8$ m，其中 4 m 是上下底面之间的高差，即 2 - （-2） = 4 m。

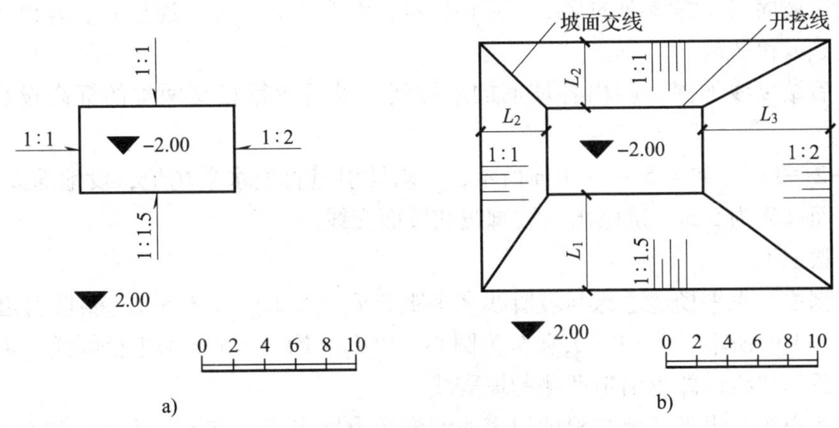

图 5—2—8　基坑的标高投影

【例 5—2—2】　图 5—2—9a、b 所示为两堤相交，即主堤和支堤相交，顶面标高分别为 3 m 和 2 m，地面标高为 0，各坡面坡度如图 5—2—9a 所示，试作相交两堤的标高投影图。

投影图分析：

主堤顶面为标高 3 m 的水平面，主堤前后两侧的坡面坡度均为 1∶1，是 45°的斜面；支堤顶面为标高 2 m 的水平面，支堤左右两侧的坡面坡度均为 1∶1，也是 45°的斜面，支堤前面坡度为 1∶0.75，比侧面陡。地面标高为 0，图样比例尺为 1∶300。

作相交两堤的标高投影图，需求三种线（见图 5—2—9b）：一是各坡面与地面交线，即坡脚线；二是支堤顶面与主堤坡面的交线；三是主堤坡面与支堤坡面的交线。

作图步骤如下：

①求坡脚线。以主堤为例，先求堤顶边缘到坡脚线的水平距离 $L = H/i = 3/1 = 3$ m，沿两侧坡面坡度线方向按 1∶300 比例量取 3 m 的水平距离，与之垂直，作坡顶线的两条平行线，即得两侧坡面的坡脚线，如图 5—2—9c 所示。用同样方法可作出支堤的坡脚线。

②求支堤顶面与主堤坡面的交线。支堤顶面标高为 2 m，与主堤坡面交线就是主堤坡面上标高为 2 m 的等高线中的 a_2b_2 的一段。

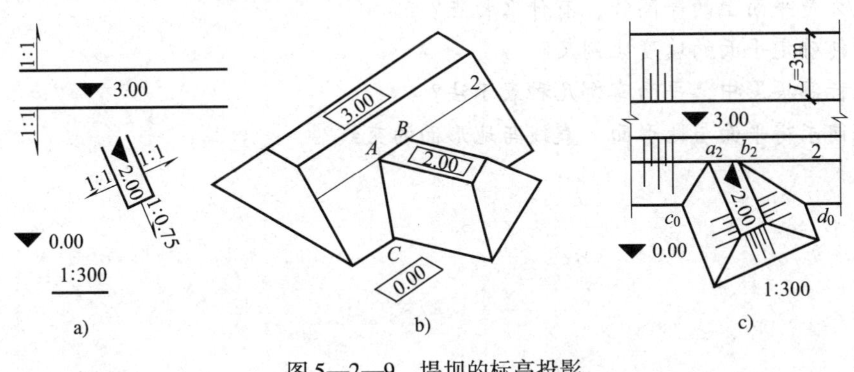

图 5—2—9　堤坝的标高投影

③求主堤坡面与支堤坡面的交线。它们的坡脚线交于 c_0、d_0，连接 c_0、a_2 和 d_0、b_2，即得坡面交线 c_0a_2 和 d_0b_2。

④将最后结果线加深，画出各坡面的示坡线。最后所得相交两堤的标高投影如图 5—2—9c 所示。

【例 5—2—3】 如图 5—2—10a 所示，一斜坡引道直通水平场地，设地面高程为 2 m，水平场地顶面高程为 5 m，试画出其坡脚线和坡面交线。

作图步骤如下：

①求坡脚线。水平场地边缘与坡脚线水平距离 $L_1 = 1.2 \times 3 = 3.6$ m。斜坡引道坡脚线求法如图 5—2—10b 所示，分别以 a_5 和 b_5 为圆心，以 $L_2 = 1 \times 3 = 3$ m 为半径画弧，再自 c_2 和 d_2 分别作此两弧的切线，即为引道两侧的坡脚线。

②求坡面交线。水平场地与斜坡引道的坡脚线分别交于 e_2 和 f_2，连 a_5e_2 和 b_5f_2，就是所求的坡面交线。

③将结果线加深，画出各坡面的示坡线，最终结果如图 5—2—10b 所示。

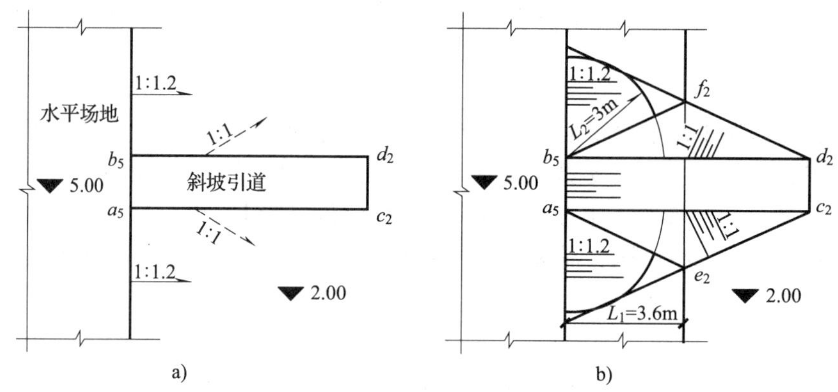

图 5—2—10　斜坡引道和水平场地的标高投影

思考与练习

1. 什么是平面上的等高线，有什么特点？
2. 如何确定平面的坡度比例尺？
3. 在标高投影中，平面有哪几种表示法？
4. 如何求得平面与地形面、直线与地形面的交线？

课题三　曲面的标高投影

◆ 掌握正圆锥面的标高投影表示法。
◆ 了解同坡曲面的定义与等高线的特点。
◆ 掌握典型地貌的地形图特征。
◆ 掌握地形断面图的概念及绘制方法。

工程上常见的曲面有锥面、同坡曲面和地形面等。在标高投影中曲面是用一系列的等高线来表示的，即用一系列高差相等的水平面与曲面相截，画出这些截交线（即等高线）的标高投影。

一、正圆锥面

图 5—3—1 所示为一正圆锥面，用一系列水平面与它相截，其截交线就是等高线，画出这些等高线的标高投影，即为圆锥面的标高投影。正圆锥面的等高线都是同心圆，当高差相等时，等高线间的水平距离相等。当锥面正立时，等高线越靠近圆心，其标高数字越大；当锥面倒立时，等高线越靠近圆心，其标高数字越小。圆锥面示坡线的方向应指向锥顶。

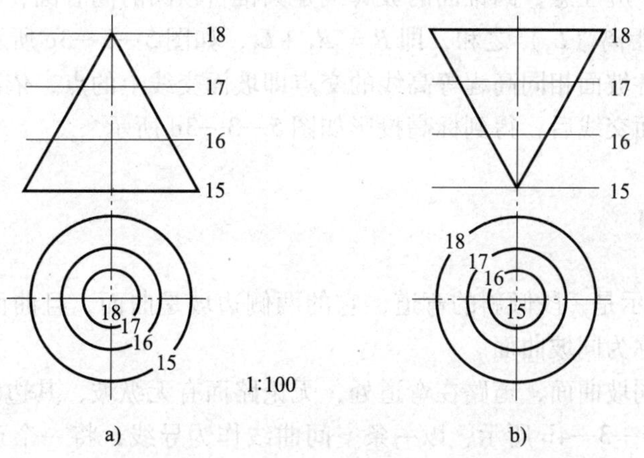

图 5—3—1　正圆锥面的标高投影图

注意以下几点：

（1）必须注明锥顶高程，否则无法区分圆锥与圆台。

（2）等高线在遇到标高数字时必须断开。

（3）标高字头朝向高处以区分正圆锥与倒圆锥。

（4）等高线的疏密反映了坡度的大小。

在土石方工程中，常在两坡面的转角处采用与坡面坡度相同的锥面过渡，如图 5—3—2 所示。

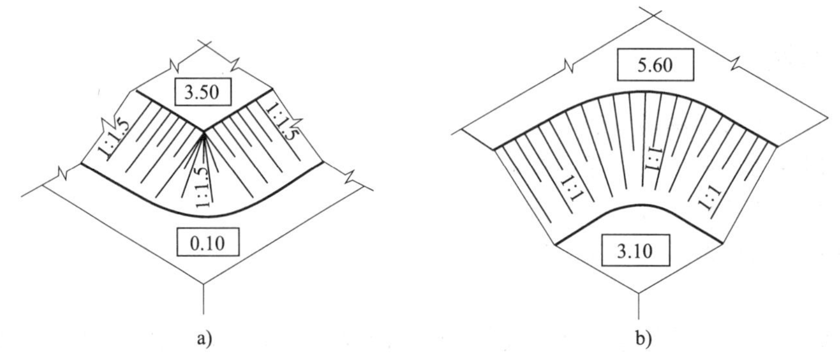

图 5—3—2　转角处采用锥面过渡

【例 5—3—1】　在土坝与河岸的连接处，用圆锥面护坡，河底标高为 118.00 m，土坝、河岸、圆锥台顶面标高及各坡面坡度如图 5—3—3a 所示，试画出它们的标高投影图。

分析：圆锥面坡脚线为圆弧，两条坡面交线分别为曲线段（椭圆弧和双曲线），如图 5—3—3b 所示。

作图步骤：

①作坡脚线。土坝、河岸、锥面护坡各坡面的水平距离分别为 $L_1=(128-118)\times 2=20$ m，$L_2=(128-118)\times 1=10$ m，$L_3=(128-118)\times 1.5=15$ m。根据各坡面的水平距离即可作出坡脚线。应注意，圆锥面的坡脚线是圆锥台顶圆的同心圆，其半径为锥台顶圆半径（R_1）与其水平距离（L_3）之和，即 $R=R_1+L_3$，如图 5—3—3c 所示。

②坡面交线。各坡面相同高程等高线的交点即坡面交线上的点，依次光滑连接各点，即得交线，加深各坡面交线后，得到标高投影如图 5—3—3d 所示。

二、同坡曲面

图 5—3—4a 所示是一段倾斜的弯道，它的两侧边坡是曲面，且曲面上任何地方的坡度都相同，这种曲面称为同坡曲面。

工程上常用到同坡曲面，道路在弯道处，无论路面有无纵坡，其边坡均为同坡曲面。同坡曲面的形成如图 5—3—4b 所示，以一条空间曲线作为导线，将一个正圆锥的顶点沿此曲导线运动，当正圆锥轴线方向不变时，所有正圆锥的包络曲线面就是同坡曲面。

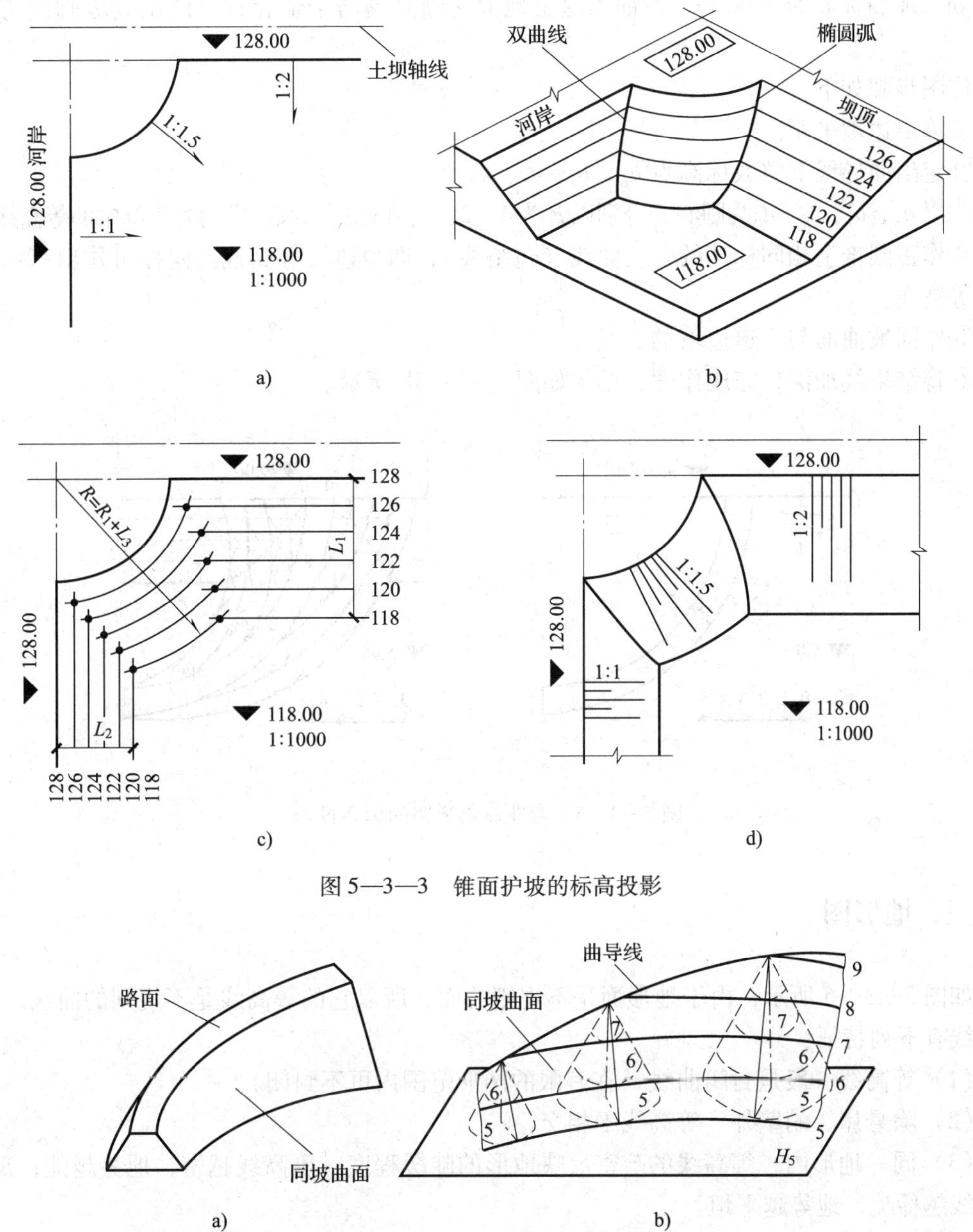

图 5—3—3 锥面护坡的标高投影

图 5—3—4 同坡曲面及其形成

注意以下几点：

(1) 运动的正圆锥与同坡曲面处处相切。

(2) 运动的正圆锥与同坡曲面坡度相同。

(3) 同坡曲面的等高线与运动正圆锥同标高的等高线相切。

【例 5—3—2】 图 5—3—5a 所示为一弯曲倾斜道路与干道相连，干道顶标高为

9.00 m，地面标高为5.00 m，弯曲引道由地面逐渐升高与干道相连，画出其坡脚线与坡面交线。

作图步骤如下：

①算出边坡平距。

②定出曲导线上整数标高点 a_6、b_7、c_8、d_9。

③以 a_6、b_7、c_8、d_9为圆心，分别以 R 为1、2、3、4画同心圆，即得各正圆锥的等高线。

④作正圆锥上相同标高的公切曲线（包络线），即得边坡等高线。同样可作出另一侧边坡的等高线。

⑤作同坡曲面与干道边坡的交线。

⑥将结果线加深，完成作图，结果如图5—3—5b所示。

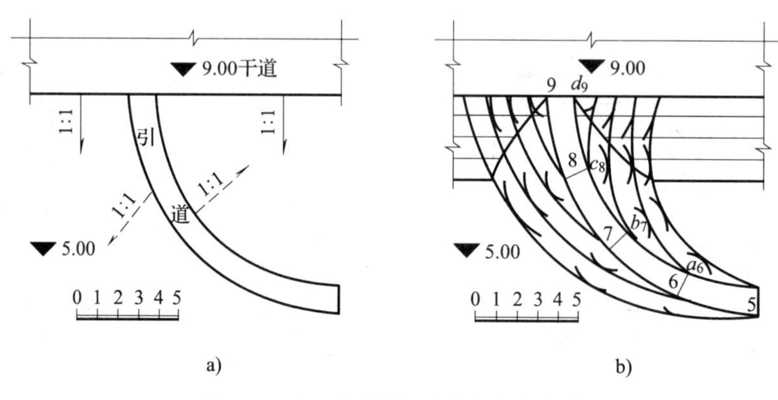

图5—3—5　弯曲倾斜道路的标高投影

三、地形图

如图5—3—6所示，由于地形面是不规则曲面，所以它的等高线是不规则的曲线。地形等高线有下列特征：

（1）等高线一般是封闭曲线（在有限的图形范围内可不封闭）。

（2）除悬崖、峭壁外，等高线不相交。

（3）同一地形内，等高线的疏密反映地形的陡缓程度，等高线越密，地势越陡；反之，等高线越稀疏，地势越平坦。

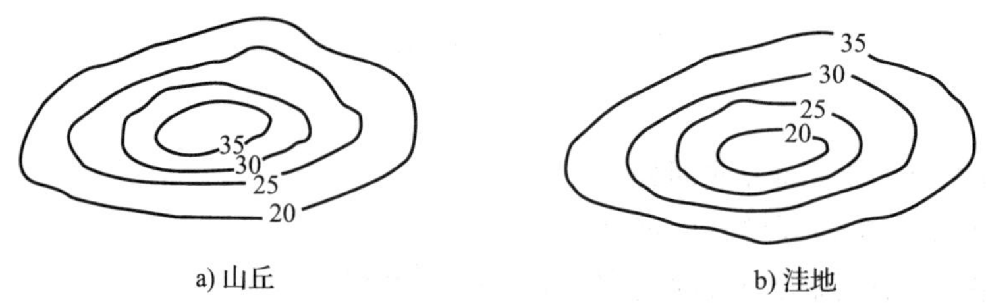

图5—3—6　地形图表示法

用这种方法表示地形面，能够清楚地反映地形的起伏变化及坡向等。图 5—3—7 中右方环状等高线，中间高、四周低，表示有一山头；山头东北面等高线密集、平距小，说明这里地势陡峭；西南面等高线稀疏、平距大，说明这里地势平坦，坡向是北高南低。相邻两山头之间，形状像马鞍的区域称为鞍部。地形图上等高线高程数字的字头按规定应朝向上坡方向。相邻等高线之间的高差称为等高距，图 5—3—7 中的等高距为 5 m。

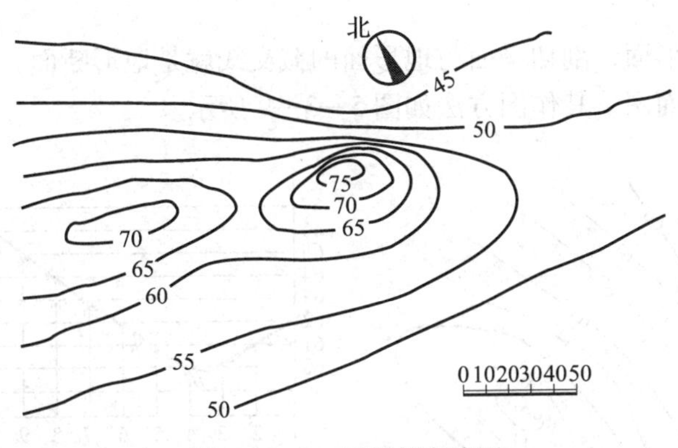

图 5—3—7　地形等高线图

在一张完整的地形等高线图中，为了便于看图，一般每隔四条等高线有一条画成粗线，加粗的等高线称为计曲线，不加粗的等高线称为首曲线。

为了便于识读地形图，如图 5—3—8 所示，把典型的地貌在地形图上的特征归纳后，可分为山丘、盆地、山脊、山谷、鞍部等。

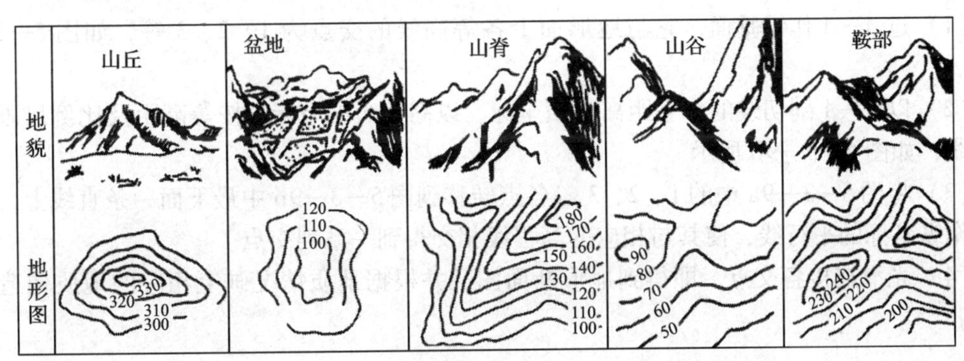

图 5—3—8　典型地貌在地形图上的特征

（1）山丘

等高线闭合圈由小到大，高程依次递减，等高线也随之渐稀，则对应地形是山丘。

（2）盆地

等高线闭合圈由小到大，高程依次递增，等高线也随之渐稀，则对应地形是盆地。

（3）山脊

等高线凸出方向指向低处，则对应地形是山脊。

（4）山谷

等高线凸出方向指向高处，则对应地形是山谷。

（5）鞍部

相邻两峰之间，形状像马鞍的区域称为鞍部，在鞍部两侧的等高线形状接近对称。

四、地形断面图

用铅垂面剖切地形面，剖切平面与地形面的截交线就是地形断面，并画上相应的地质构造图例，称为地形断面图。其作图方法如图 5—3—9 所示。

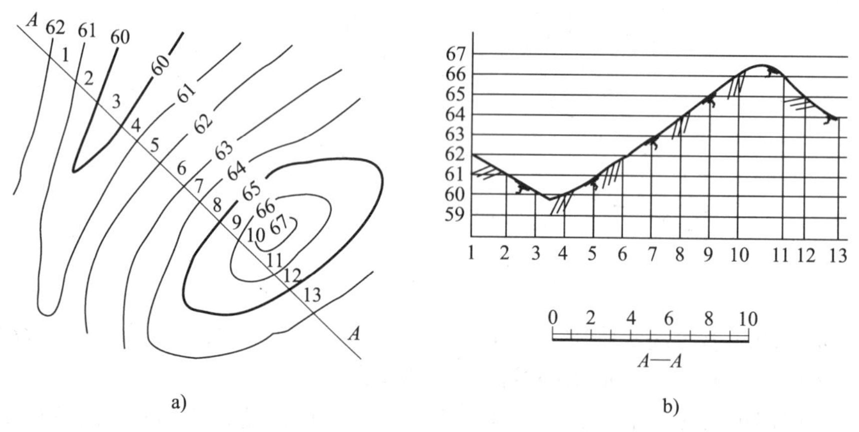

图 5—3—9　地形断面图的画法

（1）过 A—A 作铅垂面，它与地形面上各等高线的交点为 1、2、3 等，如图 5—3—9a 所示。

（2）以 A—A 剖切线的水平距离为横坐标，以高程为纵坐标，按等高距及比例尺画一组平行线，如图 5—3—9b 所示。

（3）将图 5—3—9a 中的 1、2、3 等各点转移到图 5—3—9b 中最下面一条直线上，并由各点作纵坐标的平行线，使其与相应的高程线相交得到一系列交点。

（4）光滑连接各交点，即得到地形断面图，并根据地质情况画上相应的地质构造图例即可。

思考与练习

1. 正圆锥面的标高投影面是如何形成的？
2. 什么是同坡曲面？同坡曲面的标高投影如何绘制？
3. 地形等高线有什么特性？
4. 什么是地形断面图？地形断面图如何绘制？

课题四　路线平面图

◆ 了解公路路线工程图的定义及组成。

◆ 掌握公路路线平面图的定义及作用。

◆ 掌握公路路线平面图的图示内容、特点及识读注意事项。

一、公路路线工程图

1．公路和公路路线

公路是一种主要承受汽车荷载反复作用的带状工程结构物。

公路的组成包括线形和结构物两大部分。线形（即路线）是指道路沿长度方向的行车道中心线；结构物包括路基、路面、桥梁、涵洞、隧道、防护工程、排水设施和交通工程等构筑物。

公路路线是以公路的中心线来表示的，其形状主要取决于地形、地物、地质等自然条件和公路等级的综合影响，因此，公路路线有竖向高度变化（上坡、下坡、竖曲线）和平面弯曲变化（左向、右向、平曲线），从整体上看公路路线是一条空间曲线。

2．公路路线工程图的定义及组成

公路路线工程图由表达线路整体状况的路线工程图和表达各工程实体构造的桥梁、隧道、涵洞等工程图组合而成。

公路路线工程图由路线平面图、路线纵断面图、路线横断面图三部分组成，综合起来表达路线的空间位置、线形和尺寸。本课题仅学习路线平面图。

二、路线平面图的定义及作用

路线平面图是指道路中线及沿线地貌、地物在水平面上的投影图。

路线平面图是用标高投影法将路线的走向、平面线形（直线和左、右弯道）和行车道布置状况，以及沿线两侧一定范围内的地形、地物、结构物等，从上向下投影所绘制的水平投影图。因此，它的作用是表达路线的方向、平面线形、沿线两侧的地形、地物情况以及结构物的平面位置。

三、路线平面图的图示内容及特点

1. 比例的识别

由于地面广阔，图幅又不可能无限大，为了既能反映路线全貌，又使图形清晰，可根据地形起伏情况选用不同的比例绘制路线平面图，城镇区一般采用1∶500或1∶1 000，山岭区一般采用1∶2 000，丘陵和平原区一般采用1∶5 000或1∶10 000。

2. 方位的识别

在路线平面图上应画出指北针或坐标网，用来指明道路在该地区的方位与走向。指北针在图上用“ ”符号来表示，指北针箭头所指为正北方向，用细实线绘制。方位的坐标网在图上用“X Y”符号来表示，其 X 轴向为南北方向（上为北），Y 轴向为东西方向。坐标值的标注应靠近被标注点，书写方向应平行于网格或在网格延长线上，数值前应标注坐标轴线代号。

3. 地形的识别

平面图中地面的高低起伏和各种不同形态的地貌用等高线来表示，每两根等高线之间的高差为2 m，每隔四条等高线画出一条粗的计曲线，并标有相应的高程数字。

4. 地物、地貌的识别

平面图上的地物、地貌，如河流、房屋、道路、桥梁、电力线、植被等，都是按规定图例绘制的。图5—4—1所示为其他路线平面图的一部分，图中①表示路线左侧为一片旱地；②表示地形测点，“·”所绘位置的高程为70.4 m。当路线所处地势较为平坦时，很难绘制出完整的等高线，可用地形测点代替等高线表示地形；③表示导线点。

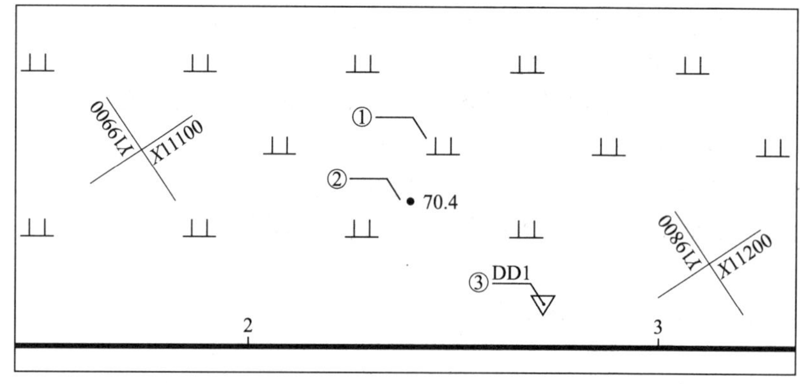

图5—4—1　图例举例

常用道路工程地物、地貌图例见表5—4—1。

表 5—4—1　　常用道路工程地物、地貌图例

名称	图例	名称	图例	名称	图例
机场		港口		井	
学校		交电室		房屋	
土堤		水渠		烟囱	
河流		冲沟		人工开挖	
铁路		公路		大车道	
小路		低压电线 高压电线		电讯线	
果园		旱地		草地	
林地		水田		菜地	
导线点		三角点		图根点	
水准点		切线交点		指北针	

5. 水准点的识别

沿路线附近每隔一段距离，就在图中标有水准点的位置，用于路线的高程测量。水准点用⊗ $\frac{\mathrm{BM}n}{H}$ 表示，⊗为水准点的图例，BM 为水准点的缩写字母，n 为该路线第 n 个水准点，H 为该水准点的高程。

四、路线平面图的路线表示

1. 路线的识别

由于路线的宽度相对于长度来说尺寸小得多，其宽度只有在较大比例的平面图中才能画清楚，故无法按实际尺寸画出公路的宽度，因此通常是沿道路中心线用粗实线表示路线的位置和方向，如图 5—4—2 所示。

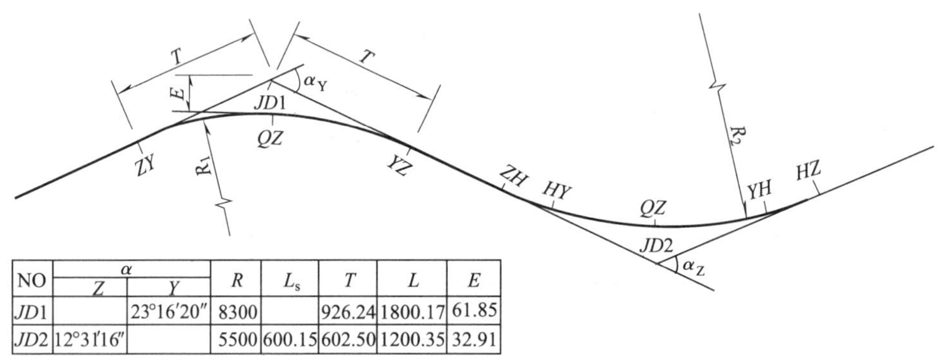

NO	α		R	L_s	T	L	E
	Z	Y					
JD1		23°16′20″	8300		926.24	1800.17	61.85
JD2	12°31′16″		5500	600.15	602.50	1200.35	32.91

图 5—4—2　路线几何要素图

2. 里程桩的识别

路线的总长度和各段之间的长度用里程桩号表示。在平面图中路线的前进方向是从左向右的，里程桩号应从路线的起点至终点依次顺序编号。里程桩分为公里桩和百米桩两种。

公里桩注在路线前进方向的左侧，用符号“◐”表示桩位，用“K××·×”表示公里数，且注写在符号的上方，如“K6”表示离起点 6 km。百米桩标注在路线前进方向的右侧，用垂直于路线的细短线表示桩位，用字头朝向前进方向的阿拉伯数字表示百米数，注写在短线的端部，例如在 K6 公里桩的前方注写的“4”，表示桩号为 K6 +400，说明该点距路线起点为 6 400 m。

3. 平曲线的识别

路线在平面上是由直线段和曲线段组成的，在路线的转折处应设平曲线。最常见的较简单的平曲线为圆弧，其基本的几何要素如图 5—4—2 所示：JD 为交角点，是路线的两直线段的理论交点；α 为转折角，是路线前进时向左（α_Z）或向右（α_Y）偏转的角度；R 为圆曲线半径，是连接圆弧的半径长度；T 为切线长，是切点与交角点之间的长度；E 为外距，是曲线中点到交角点的距离；L 为曲线长，是圆曲线两切点之间的弧长。

在路线平面图中，转折处应注写交角点代号并依次编号，如 *JD*6 表示第6个交角点。还要注出曲线段的起点 *ZY*（直圆）、中点 *QZ*（曲中）、终点 *YZ*（圆直）的位置。为了将路线上各段平曲线的几何要素值表示清楚，一般还应在图中的适当位置列出平曲线要素表（见图5—4—2）。如果设置缓和曲线，则将缓和曲线与前、后段直线的切点，分别标记为 *ZH*（直缓）和 *HZ*（缓直）；将圆曲线与前、后段缓和曲线的切点，分别标记为 *HY*（缓圆）和 *YH*（圆缓）。

五、识读路线平面图的注意事项

1. 识图顺序

先识读地形图，分析方位、比例、地形、地貌；再识读路线中心线，一般来说从左向右阅读，桩号为由小到大。

2. 角标

每张图样的右上角都绘制角标，用以注明图样的序号及总张数。

3. 平面图的拼接

由于公路路线具有狭长曲折的特点，需要分段画在若干张图纸上，使用时将图拼接起来。路线分段在直线部分取整数桩号断开，断开的两端均画有垂直于路线的细点划线作为接图线。相邻图样拼接时，应以道路中心线为准，将接图线重合，如图5—4—3所示。在路线平面图上绘有的指北针，除用以指出路线所在地区的方位外，还能在拼接图样时作为核对之用。

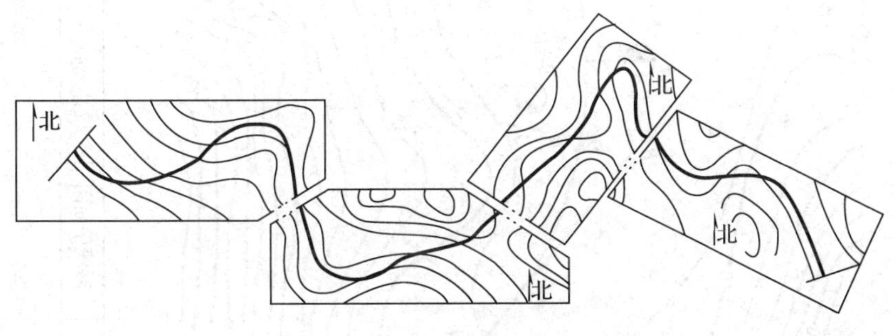

图5—4—3　路线平面图的拼接

六、路线平面图的识读示例

图5—4—4所示为某公路K3+300至K5+200段的路线平面图，识读该路线平面图中公路沿线的地形、地物、地貌特点，结构物的位置、类型和分布情况，以及比例、方位等基本内容；识读该公路路线相关控制点的位置、高程以及路线上的相关基础数据。

图示与识读出的内容及含义见表5—4—2。

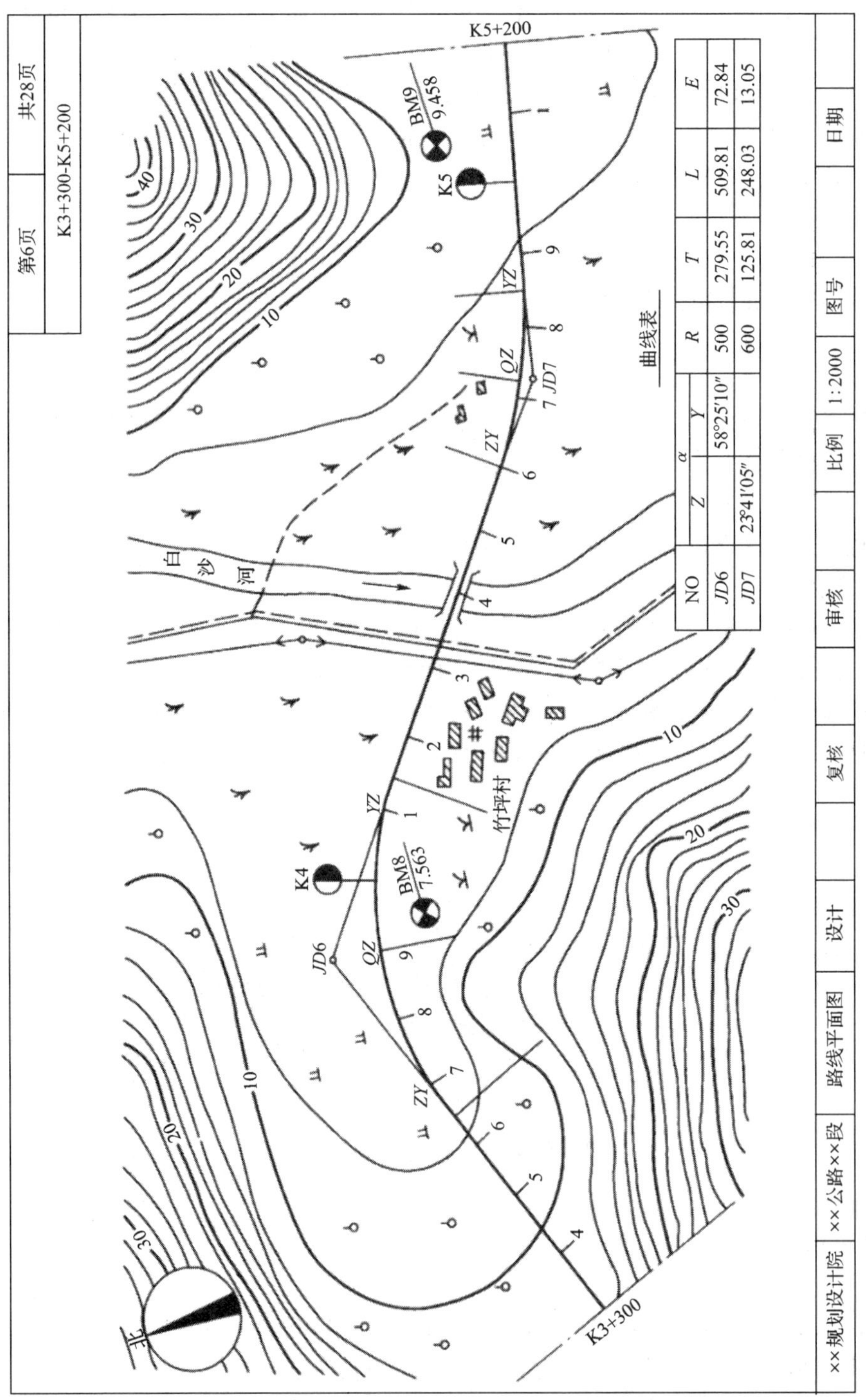

曲线表

NO	α Z	α Y	R	T	L	E
JD6		58°25'10"	500	279.55	509.81	72.84
JD7	23°41'05"		600	125.81	248.03	13.05

图 5—4—4　某公路路线平面图

表 5—4—2　　图示内容与含义对照

名称	图示	含义
比例	比例　1:2 000	由标题栏可知本图比例为 1:2 000
方位	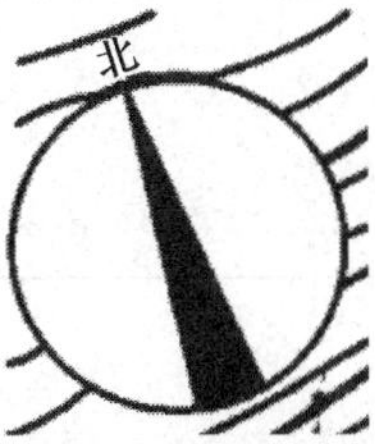 北	图中用指北针标明方位。箭头所指的方向为正北。由此判断出路线的走向是东西走向
地形	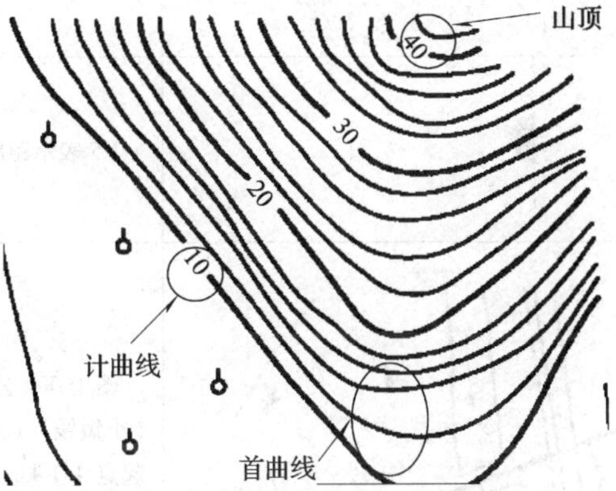 山顶 40 30 20 10 计曲线 首曲线	根据图中等高线的疏密可以看出，该地区西南和西北地势较高，东北方有一山峰，高约 42 m，沿河流两侧地势低洼且平坦
地物、地貌	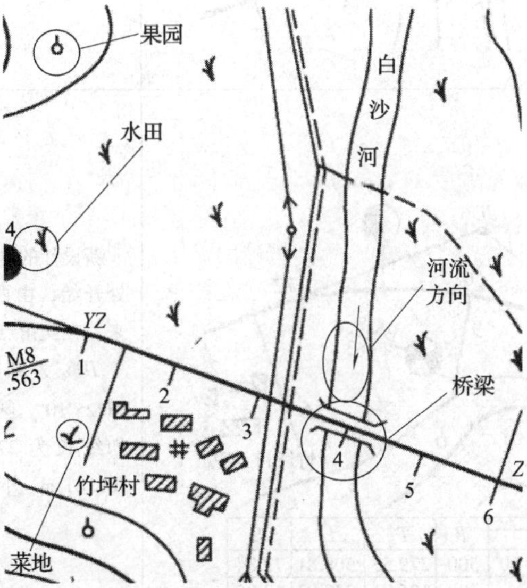 果园 水田 白沙河 河流方向 桥梁 YZ M8 .563 竹坪村 菜地 Z 1 2 3 4 5 6	该地区中部有一条白沙河自北向南流过（箭头指向下游），河上架有一座桥梁，位于 K4 + 400 位置处。河岸两边是水稻田、菜地，并栽有果树 河西中部有一居民点，名为竹坪村。原有的乡间路和电力线沿河西岸而行，并通过该村

续表

<table>
<tr><th>名称</th><th>图示</th><th>含义</th></tr>
<tr><td rowspan="2">水准点</td><td> BM8
7.563</td><td>表示路线的第 8 个水准点，该点高程为 7. 563 m</td></tr>
<tr><td> 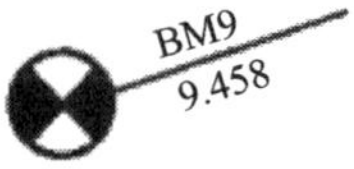BM9
9.458</td><td>表示路线的第 9 个水准点，该点高程为 9. 458 m</td></tr>
<tr><td rowspan="2">公里桩</td><td> K4</td><td>K4 表示距路线起点 4 km</td></tr>
<tr><td> K5</td><td>K5 表示距路线起点 5 km</td></tr>
<tr><td>百米桩</td><td> 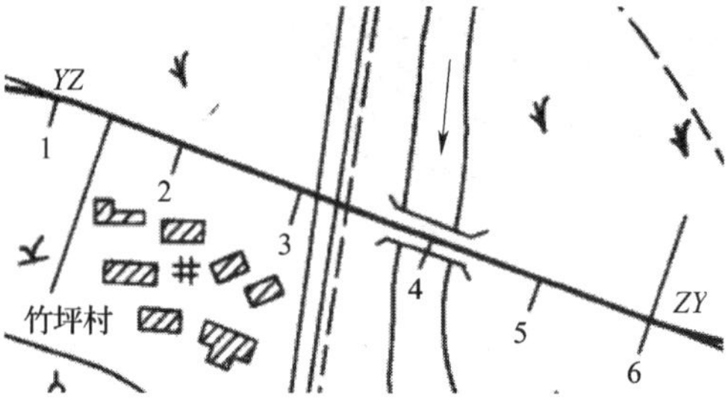</td><td>图上 K4 公里桩后面的百米桩（小短线）1、2 等分别表示距路线起点 4. 1 km、4. 2 km 等，以此类推</td></tr>
<tr><td>平曲线</td><td><table>
<tr><td rowspan="2">NO</td><td colspan="2">α</td><td rowspan="2">R</td><td rowspan="2">T</td><td rowspan="2">L</td><td rowspan="2">E</td></tr>
<tr><td>Z</td><td>Y</td></tr>
<tr><td>JD6</td><td></td><td>58°25′10″</td><td>500</td><td>279.55</td><td>509.81</td><td>72.84</td></tr>
<tr><td>JD7</td><td>23°41′05″</td><td></td><td>600</td><td>125.81</td><td>248.03</td><td>13.05</td></tr>
</table></td><td>新设计的这段公路是从 K3 + 300 处开始，由西南方地势较低处引来，在交角点 JD6 处向右转折
JD6 为圆曲线，右转，α_Y = 58°25′10″，圆曲线半径为 500 m，切线长为 279. 55 m，曲线长为 509. 81 m，外距为 72. 84 m</td></tr>
</table>

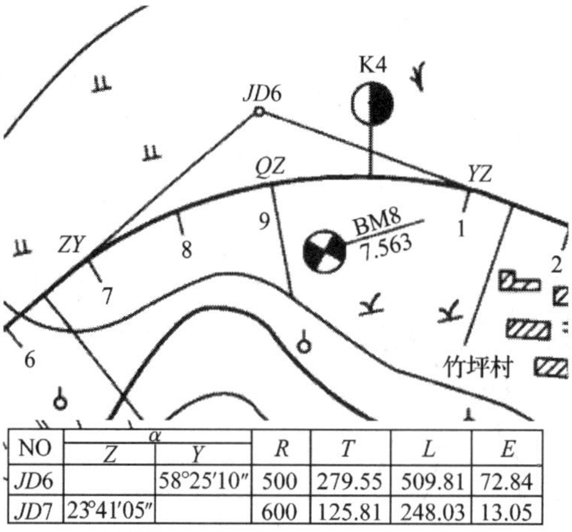

续表

名称	图示	含义
平曲线	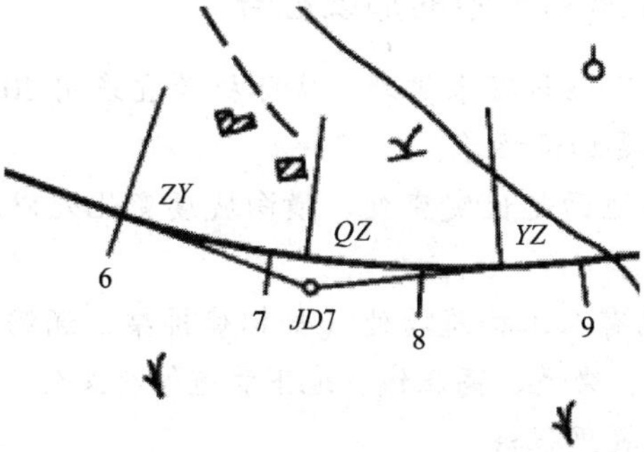	公路从竹坪村北面经过，然后通过白沙河桥，到交角点 *JD*7 处再向左转折，*JD*7 也是圆曲线，左转，$\alpha_Z = 23°41'05''$，圆曲线半径为 600 m，切线长为 125.81 m，曲线长为 248.03 m，外距为 13.05 m，公路从山的南坡沿山脚向东延伸
角标	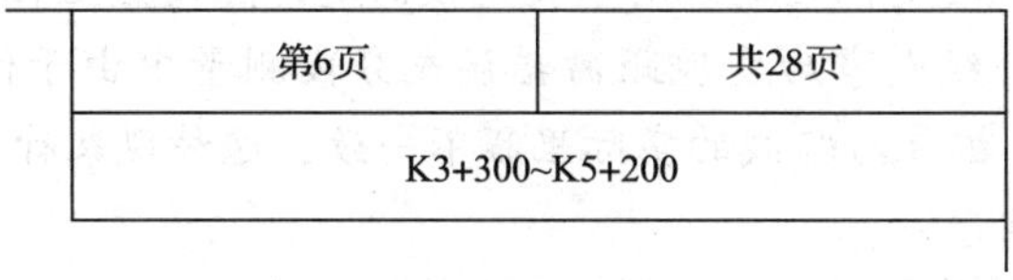 第6页 | 共28页 K3+300~K5+200	角标显示该路线图共绘制 28 页，本图为其中的第 6 页。本图的起点桩号为 K3 + 300，终点桩号为K5 + 200
接图线	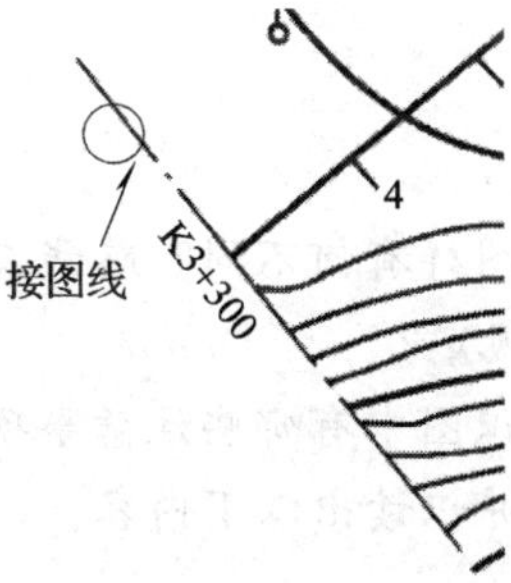	点划线即为接图线，K3 + 300 为本图中路线的起点桩号
		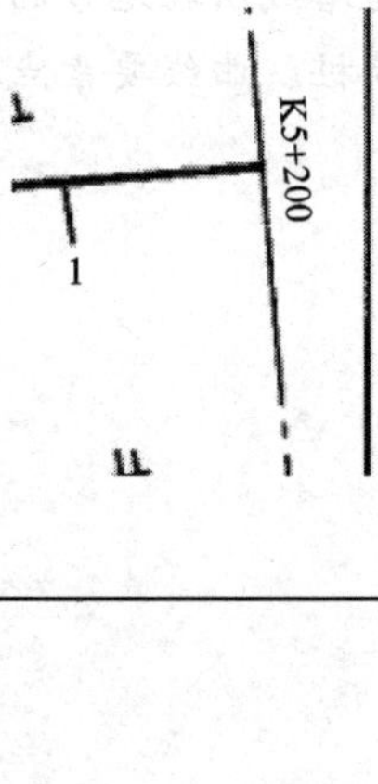 K5 + 200 为本图中路线的终点桩号

公路测量中的加设桩号

实际工程中的主要桩号除了公里桩与百米桩外，实际桩号宜采用 20 m 或 50 m 及其倍数，除此之外在以下地形或地段也要加设桩号：

(1) 地形加桩。沿路线中线在地面起伏突变处，横向坡度变化处以及天然河道处等均应该加设里程桩。

(2) 地物加桩。沿公路中线在有人工构筑物处（如拟建桥梁、涵洞、隧道、挡土墙等构筑物处，路线与其他公路、铁路、渠道、高压线、地下管道等交叉处、拆迁建筑物处、占用耕地及经济林起终点处）均应设置里程桩。

(3) 曲线加桩。曲线加桩包括 *ZH* 点、*HY* 点、*QZ* 点、*YH* 点、*HZ* 点或 *ZY* 点、*QZ* 点、*YZ* 点加桩。

(4) 地质加桩。沿路线在土质变化处及地质不良地段的起终点设置里程桩。

(5) 断链加桩。由于局部改线或事后发现距离错误或分段测量中由于假设起点里程等原因，致使路线的里程不连续，桩号与路线的实际里程不一致，这种现象称为断链，为说明该情况而设置的桩称为断链加桩。

(6) 行政区域加桩。在省、市、县行政区划分界处应加设的桩。

(7) 改建路加桩。在改建路的边坡点、构筑物和路面面层类型变化处应加的桩。

1. 路线工程图的图示方法与一般工程图样有何不同？路线工程图包括哪几种？
2. 路线平面图的绘图比例分别有什么规定？
3. 路线平面图的图示内容包括哪些？识图中有哪些注意事项？
4. 识读图 5—4—5 所示路线平面图，并识读出以下内容：

(1) 推算出该图所采用的比例。

(2) 识读路线的方位和走向。

(3) 根据等高线和图例符号，识读并描述路线所在地带的地形、地物情况。

(4) 查阅出道路的起始点、里程桩、百米桩、曲线要素点桩。

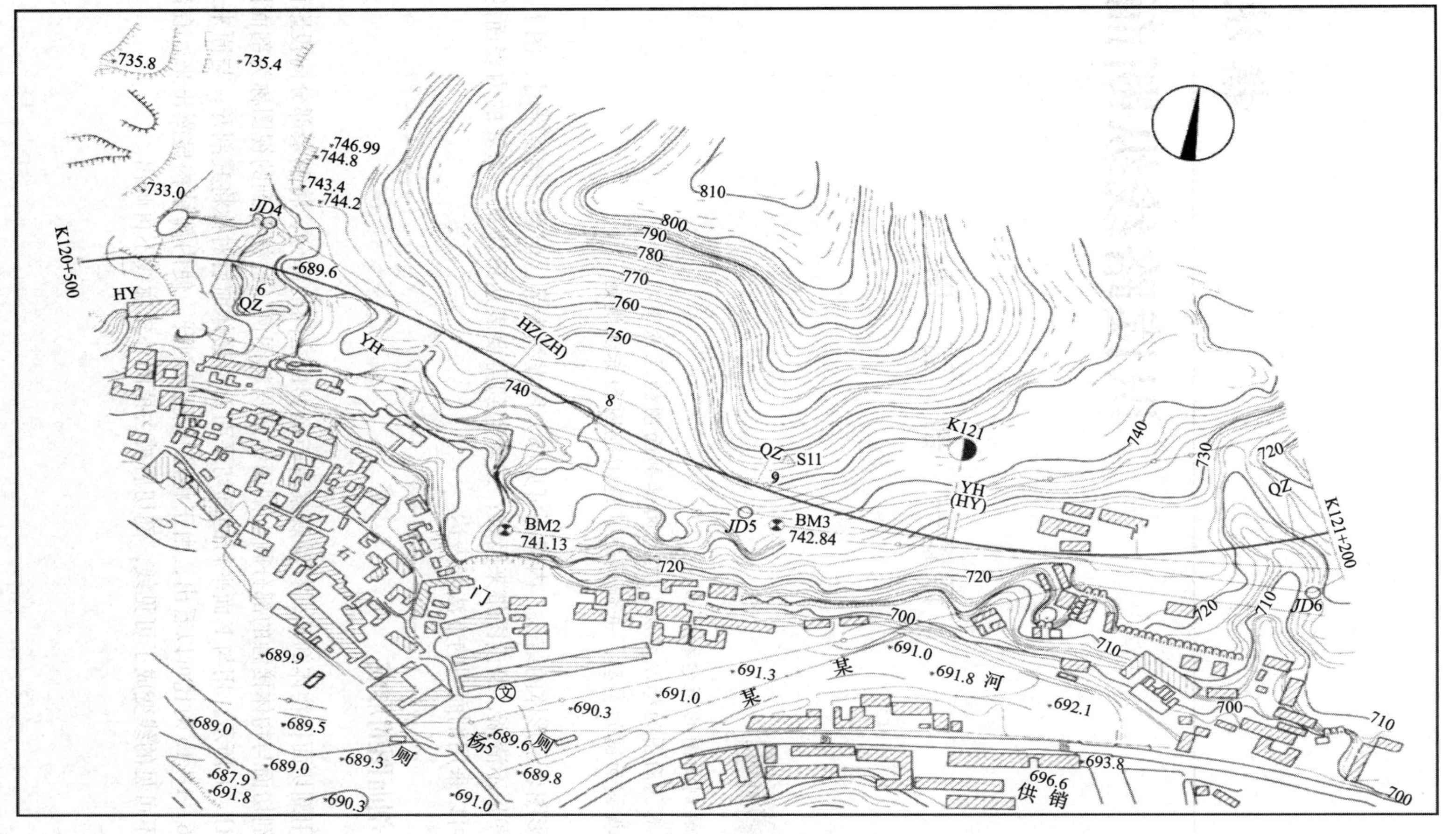

图 5—4—5 某公路路线平面图

模块六

识读路线纵断面图

课题一　剖　面　图

◆ 了解剖面图的概念和形成。
◆ 熟悉剖面图的标注方法，熟悉阅读剖面图的注意事项。
◆ 掌握剖面图的类型，并能阐述其适用范围和标注规则。

用投影图表示形体的结构，内部不可见部分用虚线表示，但当结构复杂时，图上虚线太多，会使图形不清晰，给读图带来困难；或者遇到需要表达形体某一重要的内表面的结构。这些时候可以采用剖面图的方法来表达。

一、剖面图的形成

假想用剖切面把物体剖开，移动观察者与剖切面之间的部分，将剩余部分向投影面作投影，并将剖切面与物体接触的部分画上剖面线或材料图例，这样得到的视图称为剖面图。如图6—1—1b、c所示，用与V面平行的剖切平面P沿形体前后对称将其剖开，与原来未剖切的立面图6—1—1a对比可以看出，由于将形体假想剖开，使内部结构显露出来，在剖面图上，原来不可见的线变成了可见线，剖切后被去掉的外轮廓线不再画出。

二、剖面图的标注

1. 剖切位置的表示

作剖面图时，一般使剖切平面平行于基本投影面，从而使断面的投影反映实形。剖切平面为投影面的平行面，与之垂直的投影面上的投影积聚为一条直线，这条直线表示剖切位置，称为剖切位置线，简称剖切线。在投影图中用断开的一对短粗实线表示，长度为 5 ~ 10 mm，如图 6—1—1b 所示。

2. 投影方向

为表明剖切后剩余部分形体的投影方向，在剖切线两端的同侧各画一段用单边箭头指明投影方向的短细线，长度为 4 ~6 mm，如图 6—1—1b 所示。

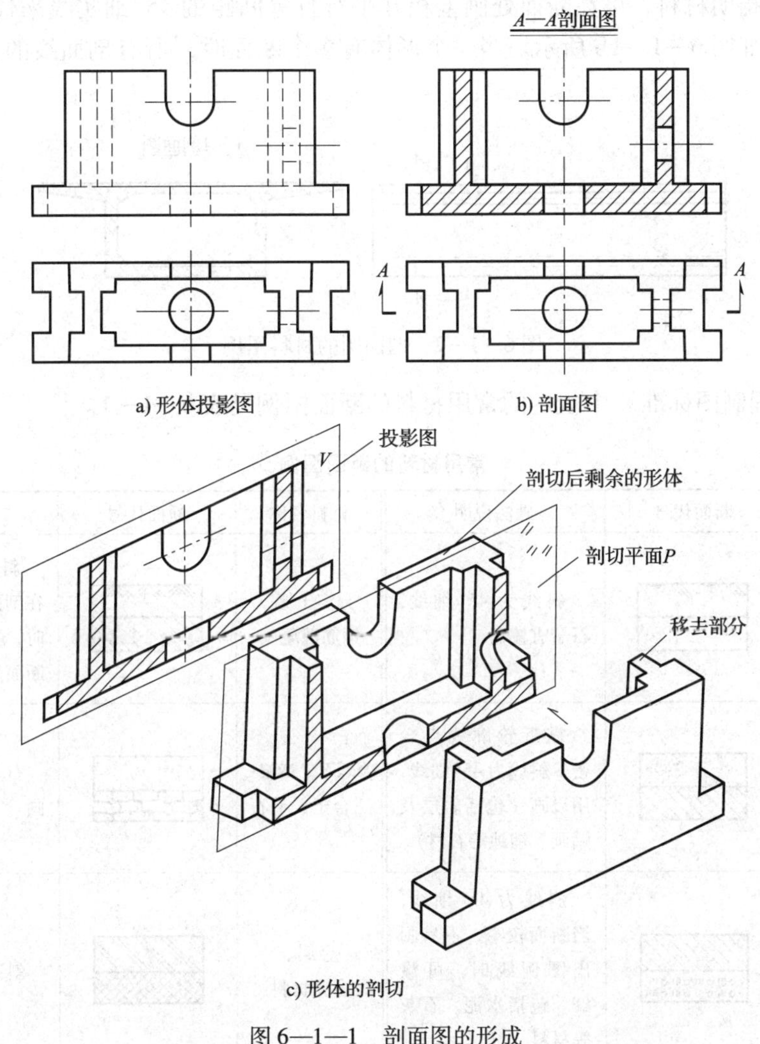

图 6—1—1　剖面图的形成

凡满足以下两个条件的剖切线，可以不画箭头：

（1）剖切平面是基本投影面的平行面。

（2）剖面图配置在基本视图位置，中间又没有其他图形。

3. 剖面图的编号

对复杂结构的形体，可能要同时剖切几次。为了区分清楚，对每一次剖切要进行编号，《道路工程制图标准》规定，对剖切位置用一对英文字母或阿拉伯数字来表示，书写在表示投影方向的单边箭头一侧，并在所得相应剖面图的上方居中写上对应的剖面编号名称。其字母或数字中间用长 5 ~ 10 mm 的细短线间隔，例如 Ⅰ—Ⅰ 剖面。注意：为了美观，可在剖面图编号名称的字样底部画上上粗下细两条等长平行的短线，两线间距为 1 ~ 2 mm。

4. 材料图例

剖面图中包含了形体的断面，在断面上必须画上表示材料类型的图例，如图 6—1—2 所示。如果没有指明材料，可在断面处画上相互平行且等间距的 45°细实线来代替材料图例，称为剖面线，如图 6—1—1b 所示。当一个形体有多个断面时，所有剖面线的方向一致，间距均应相等。

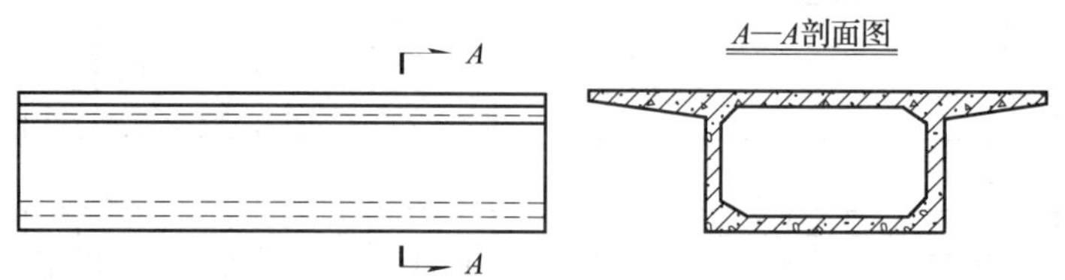

图 6—1—2　剖面图的材料图例

《道路工程制图标准》中规定的常用材料的断面图例见表 6—1—1。

表 6—1—1　**常用材料的断面图例**

材料名称	断面代号	画法说明	材料名称	断面代号	画法说明
天然土、混凝土		斜线为 45° 细线，石子有棱角	夯实土壤、钢筋混凝土		斜线为 45° 细线，在剖面图上画出钢筋时，不画图例线，若断面较窄，可涂黑
砂、灰土、石材		靠近轮廓线点较密，斜线为 45°细线，用尺画（包括岩层及贴画、铺地等石材）	砂砾石、碎砖、三合土、毛石		石子有棱角，徒手画
普通砖、焦渣、矿渣		斜线为 45° 细线，当断面较窄，不易画出图例线时，可涂红。包括水泥、石灰等材料	金属、多孔材料		斜线为 45°细线

续表

材料名称	断面代号	画法说明	材料名称	断面代号	画法说明
水		为等腰直角三角形，用尺画	纵断面木材、横断面		徒手画
松散材料、网状材料		底线用尺画，其余徒手画	防水材料、橡胶、塑料		用尺画

三、阅读剖面图应注意的几个问题

(1) 剖切是假想的，当某方向视图表达为剖面图时，其他视图仍应按完整的形体考虑，如图 6—1—1b 所示的平面图。

(2) 为了确切反映所表达内部结构的真实形状，剖切平面一般选择投影面的平行面，而且尽可能通过形体对称面或孔、洞、槽的轴线。

(3) 剖切平面所剖到的实体部分，应画相应的剖面材料图例或剖面线。当不指明材料而画剖面线时，同一形体的各个剖面图中，剖面线的间距与倾斜方向应保持一致，如已有轮廓线为 45°时，可将剖面线画成 30°或 60°。

(4) 为保持图形简明、清晰，凡不可见轮廓线（虚线）如果通过其他视图可以表达清楚，均可省略，否则仍应画出，如图 6—1—3 所示。

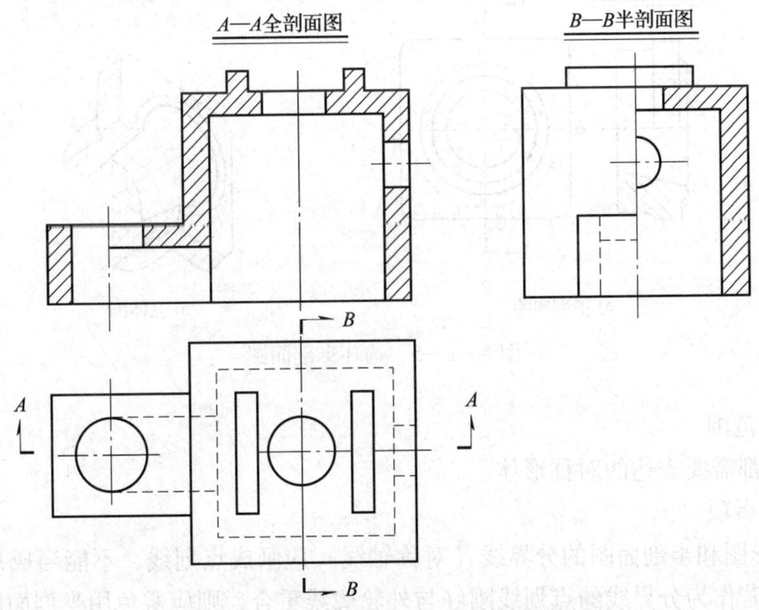

图 6—1—3　剖面图的不可见轮廓示例

四、剖面图的分类

常见的剖面图有全剖面图、半剖面图、局部剖面图、阶梯剖面图、旋转剖面图和展开剖面图等。

1．全剖面图

（1）形成

假想用一个平面将形体全部剖开后画出的剖面图称为全剖面图，如图6—1—3、图6—1—4所示。全剖面图一般都要标注剖切线，只有当剖切平面与形体的对称平面重合，且全剖面图又置于基本投影图的位置时，可以省略标注。

（2）适用范围

全剖面图适用于外形结构比较简单而内部结构比较复杂的形体或非对称结构的形体。

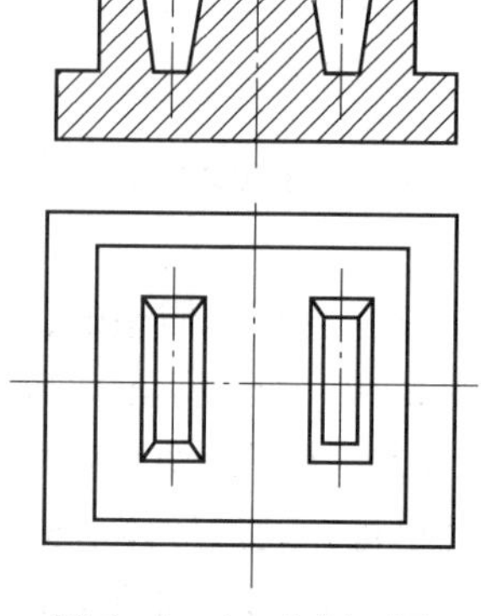

图6—1—4　全剖面图

2．半剖面图

（1）形成

当形体的内、外形均为左右对称或前后对称，而外形又比较复杂时，以对称中心线为界，可将其投影的一半画成表示形体外部形状的正投影，另一半画成表示内部结构的剖面图，中间用点划线分界。这种投影图和剖面图各为一半的图称为半剖面图，如图6—1—5所示。

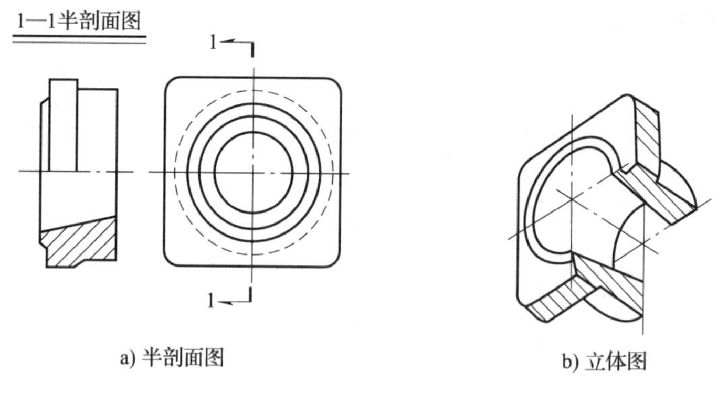

图6—1—5　锚环半剖面图

（2）适用范围

内、外形都需要表达的对称形体。

（3）注意事项

1）半外形图和半剖面图的分界线（对称轴线）应画成点划线，不能当成形体的外轮廓而画成实线；若作为分界线的点划线刚好与外轮廓线重合，则应避免用半剖面图。

2）当形体左右对称时，将外形投影图绘在中心线左边，剖面图绘在中心线右边，如图

6—1—6 所示；当形体上下对称时，将外形投影图绘在水平中心线上边，剖面图绘于水平中心线下边，如图 6—1—6 所示。

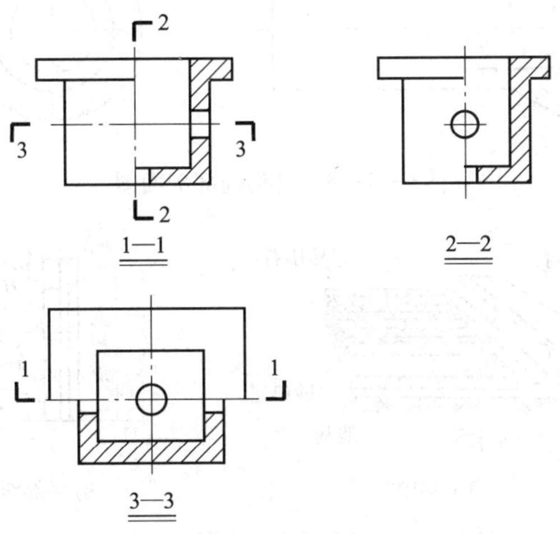

图 6—1—6　半剖面图剖面部分放置位置

3）若形体具有两个方向的对称平面，且半剖面图又置于基本投影位置时，标注可以省略，如图 6—1—7a 所示。但形体只具有一个方向的对称面时，半剖面图必须标注，标注方法同全剖面图，如图 6—1—7b 所示。

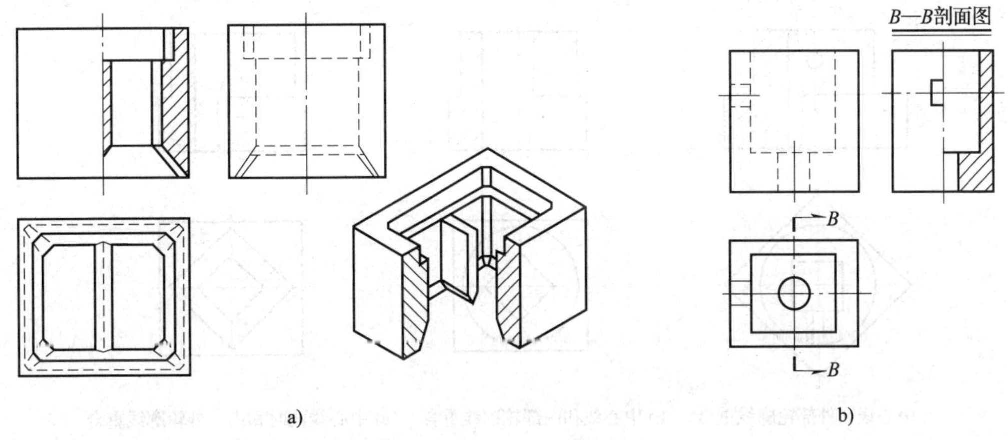

图 6—1—7　半剖面图的标注

3. 局部剖面图

（1）形成

在不影响外表达的情况下，用剖切平面局部地剖开形体来表达结构内部形状所得到的剖面图，称为局部剖面图。局部剖切的位置与范围用波浪线来表示。

如图 6—1—8 所示，用局部剖面图表示管沟的内部构造。在专业图中常用来表示多层结构所用材料和构造的做法，按结构层次逐层用波浪线分开，这种剖面图又称为分层剖面图，图 6—1—9 所示是表示路面各结构层的局部剖面图。

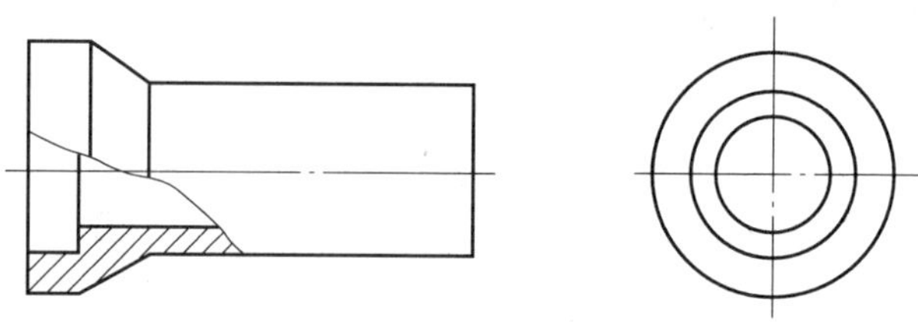

图 6—1—8　管沟局部剖面图

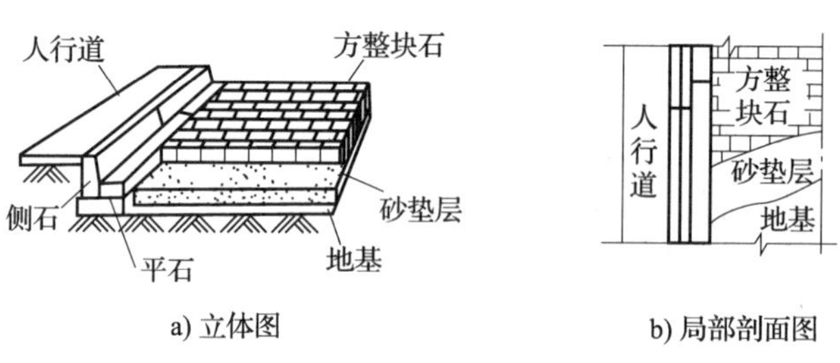

a) 立体图　　b) 局部剖面图

图 6—1—9　路面结构分层局部剖面图

（2）适用范围

1）外形复杂，内形简单，而且需要保留大部分外形，只需表达局部内形的形体。

2）形体轮廓与对称轴线重合，不宜采用半剖面或不宜采用全剖的形体，可采用局部剖面图，如图 6—1—10 所示。

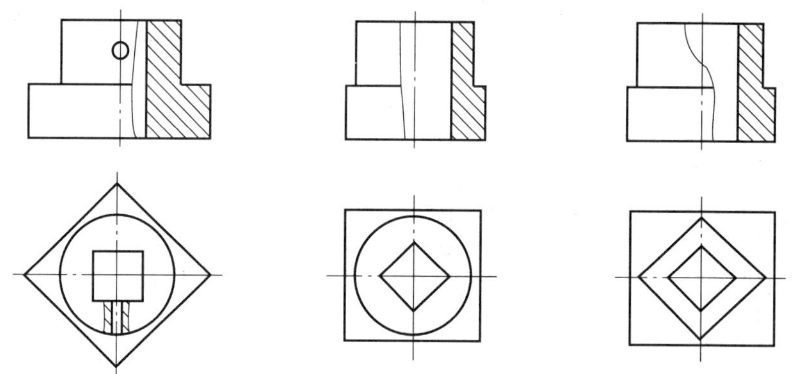

a) 中心线和外部轮廓线重合　b) 中心线和内部轮廓线重合　c) 中心线同时和内、外轮廓线重合

图 6—1—10　中心线和轮廓重合的局部剖面图

（3）注意事项

1）局部剖切比较灵活，但应照顾看图方便，不应过于零碎。

2）用波浪线表示形体断裂痕迹，应画在实体部分，不能超过视图轮廓线或画在中空部位，不能与图上其他线条重合。

3）局部剖面图只是形体整个外形投影中的一个部分，不需标注。

4. 阶梯剖面图

（1）形成

当形体内部结构层次较多，采用一个剖切平面不能把形体内部结构全部表达清楚时，可以假想用两个或两个以上相互平行的剖切平面来剖切形体，所得到的剖面图称为阶梯剖面图，如图6—1—11所示。

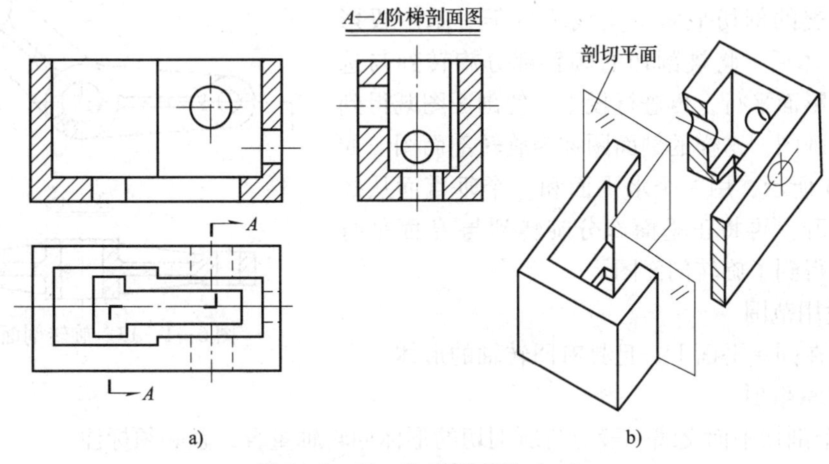

图6—1—11 阶梯剖面图（一）

（2）适用范围

阶梯剖面图适用于表达内部结构不在同一平面的形体。

（3）注意事项

1）阶梯剖面图必须加以标注，如图6—1—11所示，为使转折处的剖切位置不与其他图线发生混淆，应在转角处标注转角符号“┓”。

2）转折位置不应与图形轮廓线重合，也要避免出现不完整的要素。如不应出现孔、槽的不完整投影，如图6—1—12所示。

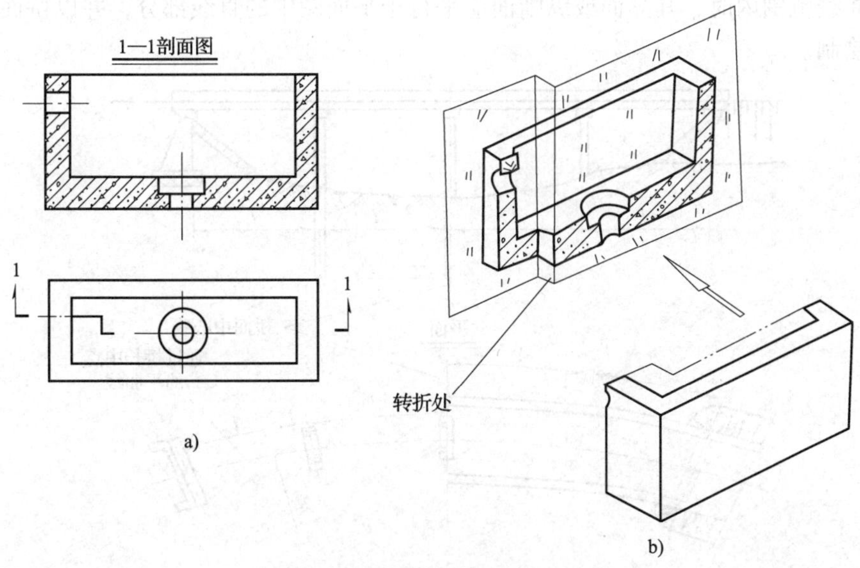

图6—1—12 阶梯剖面图（二）

3）在剖面图上，由于剖切平面是假想的，不要画出两个剖切面转折处交线的投影。

5．旋转剖面图

（1）形成

用两相交的剖切平面（交线垂直于一基本投影面）剖切形体后，将被剖切的倾斜部分旋转到与选定的基本投影面平行，再进行投影，使剖面图既得到实形又便于画图，这样的剖面图称为旋转剖面图。如图 6—1—13 所示，用一个水平面和一个垂直面从摇杆的轴线剖开，再将正垂面部分旋转到与 *H* 面平行后再投影而得到了旋转剖面图。

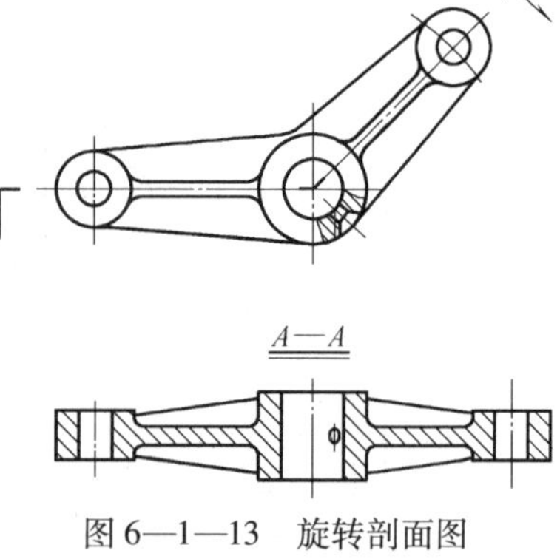

图 6—1—13　旋转剖面图

（2）适用范围

内形不在同一平面上，且具有回转轴的形体。

（3）注意事项

1）两个剖切平面交线一般应与所剖切的形体回转轴重合，且必须标注。

2）在画旋转剖面图时，应当先剖切、后旋转、再投影。

6．展开剖面图

（1）形成

剖切平面是用曲面或平面与曲面组合而成的铅垂面，沿构筑物的中心线剖切，再将剖切平面展开（或拉直），使之与投影面平行，并进行投影，这样所画出的剖面图称为展开剖面图。

（2）适用范围

适用于道路路线、纵断面及带有弯曲结构的工程形体。图 6—1—14 所示为弯梁桥的展开剖面图。其立面图以桥面中心线展开后进行绘制，由于对称，采用了半剖的画法。当全桥一部分在曲线范围内时，其立面或纵断面应平行于平面图中的直线部分，并以桥面中心线为中心展开绘制。

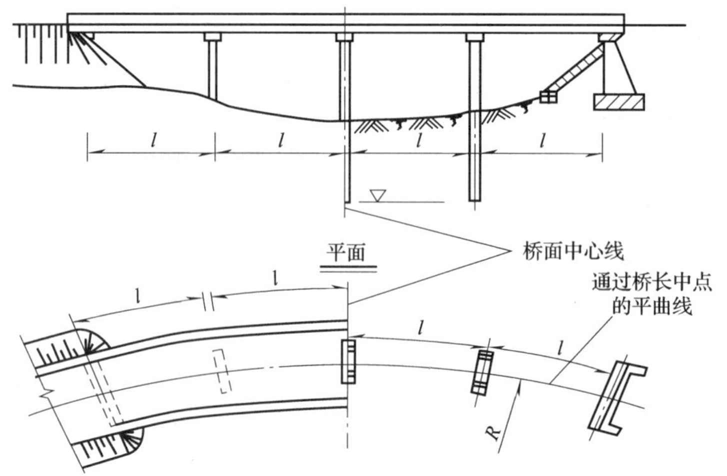

图 6—1—14　弯梁桥的展开剖面图

1. 剖面图是怎样形成的？剖面图如何进行标注？
2. 剖面图有哪些种类，分别适用于什么样的形体？
3. 阅读剖面图时应注意哪些问题？

课题二　断　面　图

◆ 了解断面图的概念、形成和特点。
◆ 掌握断面图的类型，并能阐述其标注方法的异同。

有些构件需表达其内形，但又没必要画出剖面图时，可用断面图来表示。适当选择断面图，可以简化形体的表达。

一、断面图的形成

当假想用剖切平面将形体剖开后，仅画出被剖切处断面的形状（即截面），并在断面内画上材料图例或剖面线，这种图形称为断面图，图 6—2—1 所示为立柱的断面图。

断面图和剖面图一样，一般要画材料图例或剖面线。

二、断面图的特点

比较立柱的剖面图和断面图，可以看出两者之间的区别。

(1) 断面图只画出剖切平面剖切到的断面的投影，它只是面的投影。而剖面图除了画出断面形状外，还要画出形体被剖开后沿投影方向看到的整个剩余部分形体的投影，它是体的投影。

(2) 断面图的标注与剖面图的标注有所不同，断面图也用粗实线表示剖切位置，但不再画表示投影方向的单边箭头，而是用表示编号的字母或数字注写位置来表明投影方向。编号写在剖切线下方，表示向下投影；编号写在剖切线左边，表示向左投影。图 6—2—1 中

2—2、1—1 断面都是向下投影画出的。

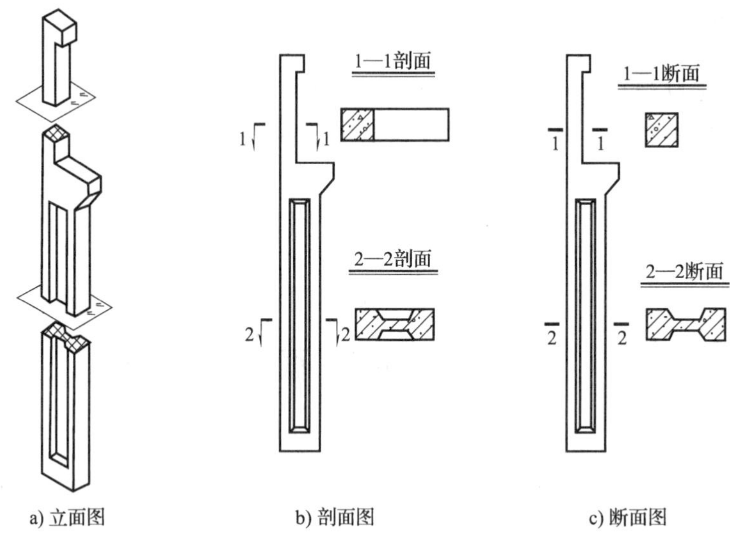

图 6—2—1　立柱的断面图

三、断面图的分类

断面图根据布置的位置不同，可分为移出断面图、重合断面图和中断断面图。

1. 移出断面图

所画断面图位于投影图的外面称为移出断面图，图 6—2—2 所示为挡土墙的移出断面图，在挡土墙平面图上标出剖切位置及编号，将各断面图顺序排列画出并标注上 1—1 断面、2—2 断面等视图名称，本图为表达清晰，各断面图用较大的比例画出。

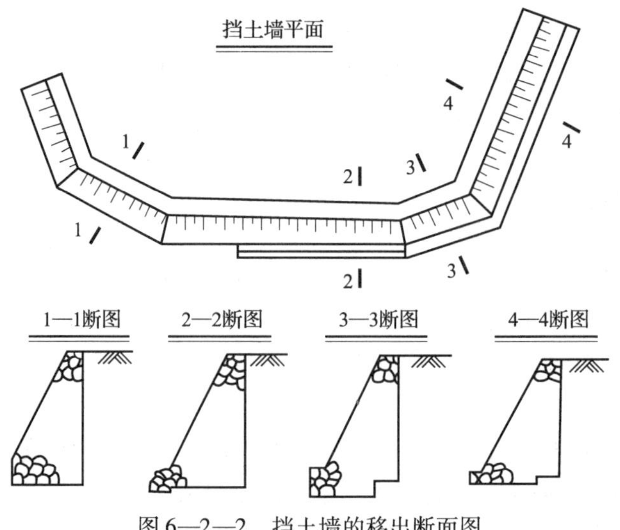

图 6—2—2　挡土墙的移出断面图

移出断面图的轮廓线用标准实线绘制，一般只画出剖切后的断面形状，但剖切后出现完全分离的两个断面时，这些结构应按剖面图画出，如图 6—2—3 所示。

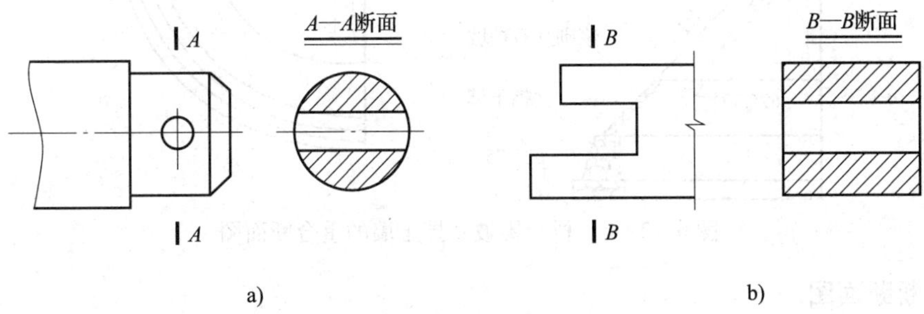

图 6—2—3 断面图按剖面图处理

2. 重合断面图

重叠在基本视图轮廓之内的断面图称为重合断面图，图 6—2—4 所示为角钢的重合断面图。

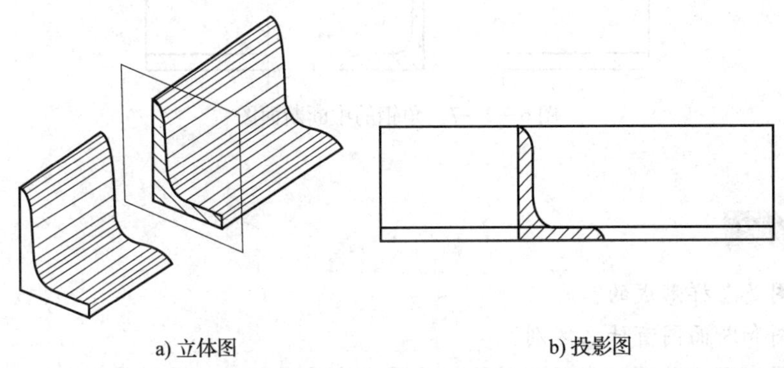

图 6—2—4 角钢的重合断面图

重合断面图的比例应与基本视图一致，其断面轮廓线规定用细实线，且不加任何标注。在道路工程中，常用于表示路面结构坡度，如图 6—2—5 所示。

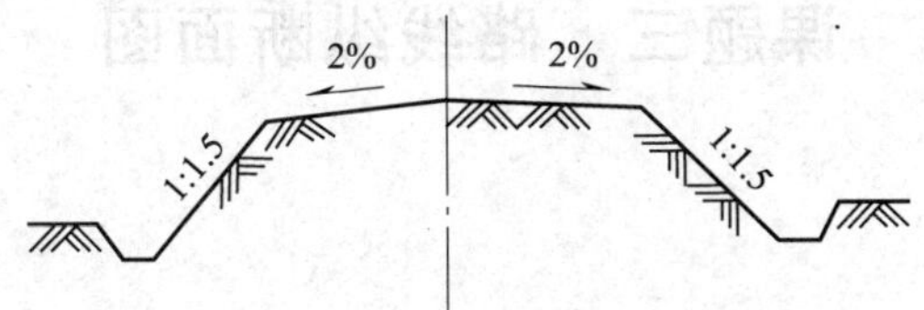

图 6—2—5 路面坡度断面

有时重合断面轮廓线内直接画出材料符号使视图表达更清晰，图 6—2—6 所示为桥台锥坡及挡土墙的重合断面图。

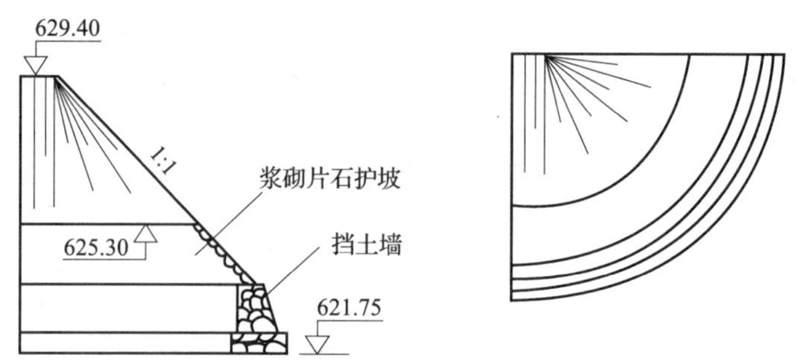

图 6—2—6　桥台锥坡及挡土墙的重合断面图

3. 中断断面图

将长杆件的投影图断开，并把断面图画在断开间隔处，这样的断面图称为“中断断面图”，如图 6—2—7 所示。中断断面图不需标注，断面轮廓线为粗实线，而且比例与基本视图一致。

图 6—2—7　角钢的中断断面图

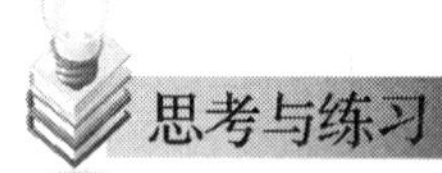

1. 断面图是怎样形成的？
2. 剖面图和断面图有什么区别？
3. 断面图有哪些种类？不同类型的断面图画法是否相同，区别是什么？

课题三　路线纵断面图

- 了解路线纵断面图的概念和图示方法。
- 了解路线纵断面图的图示特点和注意事项。
- 能够正确识读路线纵断面图。

一、图示方法

路线纵断面图是通过公路中心线用假想的铅垂剖切面（见图6—3—1）纵向剖切，然后展开绘制获得的。由于道路路线是由直线和曲线组合而成的，所以纵向剖切面既有平面又有曲面，为了清楚地表达路线的纵断面情况，需要将此纵断面拉直展开，并绘制在图纸上，这就形成了路线纵断面图。图6—3—2 所示为某公路路线纵断面图。

图6—3—1　路线纵断面图的形成

二、图示特点

路线纵断面图主要表达道路的纵向设计线形，以及沿线地面的高低起伏状况、地质和沿线设置构筑物的概况。

路线纵断面图包括图样和资料表两部分，一般图样画在图纸的上部，资料表布置在图纸的下部。

1. 图样部分

（1）比例

纵断面图的水平方向表示路线的长度（前进方向），竖直方向表示设计线和地面的高程。由于路线的高差比路线的长度尺寸小得多，如果竖向高度与水平长度用同一种比例绘制，很难把高差明显地表示出来，所以绘制时一般竖向比例要比水平比例放大10倍，这样画出的路线坡度就比实际大，看上去也较为明显。为了便于画图和读图，一般还应在纵断面图的左侧按竖向比例画出高程标尺。

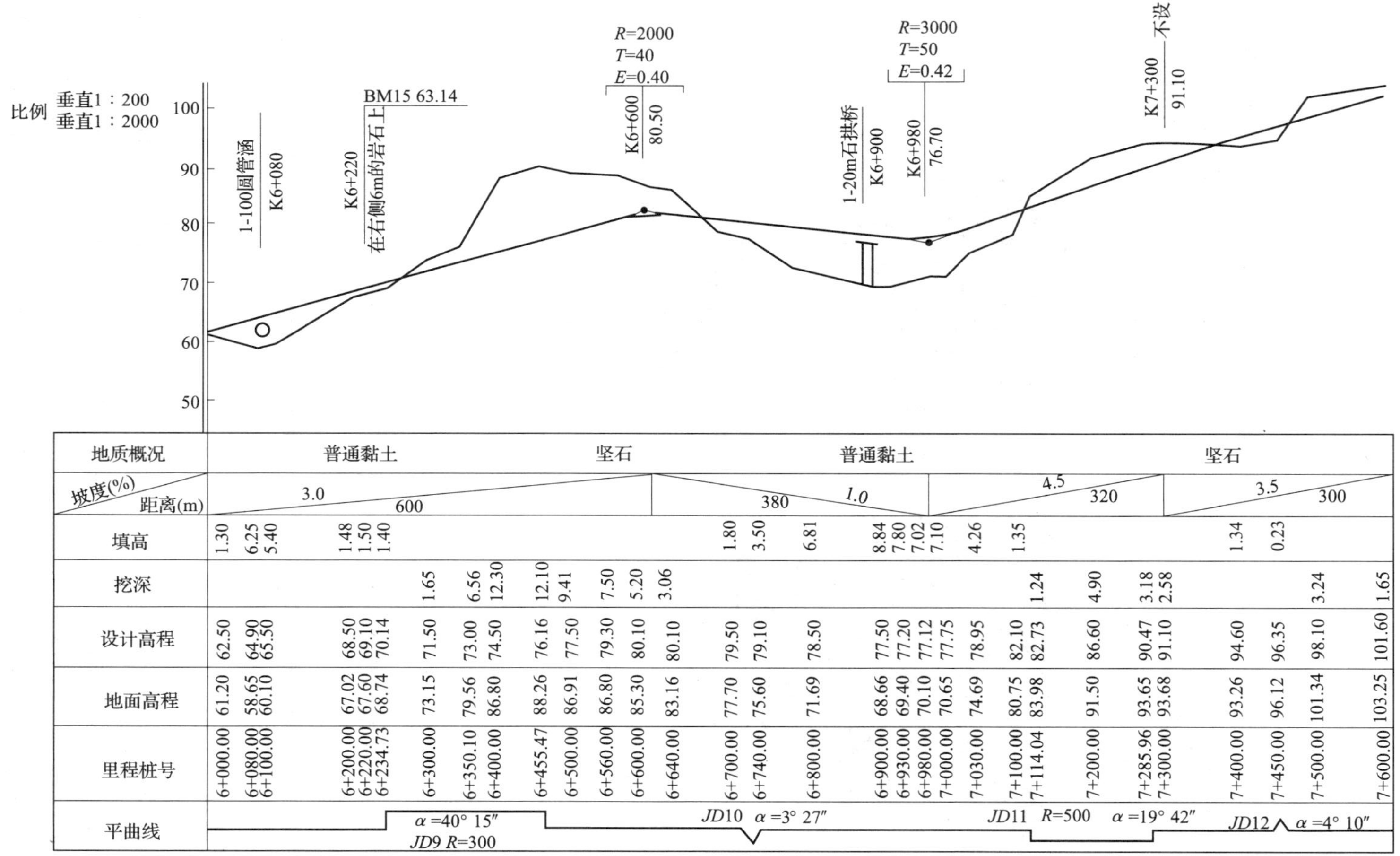

比例 垂直1：200 垂直1：2000

地质概况	普通黏土	坚石	普通黏土	坚石
坡度(%) / 距离(m)	3.0 / 600		1.0 / 380	4.5 / 320；3.5 / 300

里程桩号	地面高程	设计高程	填高	挖深
6+000.00	61.20	62.50	1.30	
6+080.00	58.65	64.90	6.25	
6+100.00	60.10	65.50	5.40	
6+200.00	67.02	68.50	1.48	
6+220.00	67.60	69.10	1.50	
6+234.73	68.74	70.14	1.40	
6+300.00	73.15	71.50		1.65
6+350.10	79.56	73.00		6.56
6+400.00	86.80	74.50		12.30
6+455.47	88.26	76.16		12.10
6+500.00	86.91	77.50		9.41
6+560.00	86.80	79.30		7.50
6+600.00	85.30	80.10		5.20
6+640.00	83.16	80.10		3.06
6+700.00	77.70	79.50	1.80	
6+740.00	75.60	79.10	3.50	
6+800.00	71.69	78.50	6.81	
6+900.00	68.66	77.50	8.84	
6+930.00	69.40	77.20	7.80	
6+980.00	70.10	77.12	7.02	
7+000.00	70.65	77.75	7.10	
7+030.00	74.69	78.95	4.26	
7+100.00	80.75	82.10	1.35	
7+114.04	83.98	82.73		1.24
7+200.00	91.50	86.60		4.90
7+285.96	93.65	90.47		3.18
7+300.00	93.68	91.10		2.58
7+400.00	93.26	94.60	1.34	
7+450.00	96.12	96.35	0.23	
7+500.00	101.34	98.10		3.24
7+600.00	103.25	101.60		1.65

平曲线：α=40° 15″ JD9 R=300；JD10 α=3° 27″；JD11 R=500 α=19° 42″；JD12 α=4° 10″

图 6—3—2 某公路路线纵断面图

（2）设计线和地面线

在纵断面图中，道路的设计线用粗实线表示，原地面线用细实线表示，设计线是根据地形起伏和公路等级，按相应的工程技术标准确定的，设计线上各点的标高通常是指路基边缘的设计高程。地面线是根据原地面上沿线各点的实测中心桩高程绘制的。比较设计线与地面线的相对位置，可决定填挖高度。

（3）竖曲线

设计线是由直线和竖曲线组成的，在设计线的纵向坡度变更处（变坡点），为了便于车辆行驶，按技术标准的规定应设置圆弧竖曲线。竖曲线分为凸形和凹形两种，在图中分别用“┌┬┐”和“└┬┘”的符号表示。符号中部的竖线应对准变坡点，竖线左侧标注变坡点的里程桩号，竖线右侧标注竖曲线中点的高程。符号的水平线两端应对准竖曲线的始点和终点，竖曲线要素（半径 R、切线长 T、外距 E）的数值标注在水平线上方。

（4）工程构筑物

道路沿线的工程构筑物如桥梁、涵洞等，应在设计线的上方或下方用竖直引出线标注，竖直引出线应对准构筑物的中心位置，并注出构筑物的名称、规格和里程桩号。例如在涵洞中心位置用“○”表示，并进行标注。

（5）水准点

沿线设置的测量水准点也应标注，竖直引出线对准水准点，左侧注写里程桩号，右侧写明其位置，水平线上方注出其编号和高程。

2. 资料表部分

路线纵断面图的测设数据表与图样上下对齐布置，以便阅读。这种表示方法较好地反映出纵向设计在各桩号处的高程、填挖方量、地质条件和坡度，以及平曲线与竖曲线的配合关系。资料表主要包括以下项目和内容：

（1）地质概况

根据实测资料，在图中注出沿线各段的地质情况。

（2）坡度/距离

标注设计线各段的纵向坡度和水平长度距离。表格中的对角线表示坡度方向，左下至右上表示上坡，左上至右下表示下坡，坡度和距离分注在对角线的上、下两侧。

（3）高程

表中有设计高程和地面高程两栏，它们应和图样相互对应，分别表示设计线和地面线上各点（桩号）的高程。

（4）填高挖深

设计线在地面线下方时需要挖土，设计线在地面线上方时需要填土，填的高度值或挖的深度值应是各点（桩号）对应的设计高程与地面高程之差的绝对值。

（5）里程桩号

沿线各点的桩号是按测量的里程数值填入的，单位为 m，桩号从左向右排列。在平曲线的起点、中点、终点和桥涵中心点等处可设置加桩。

（6）平曲线

为了表示该路段的平面线型，通常在表中画出平曲线的示意图。直线段用水平线表示，道路左转弯用凹折线表示，右转弯用凸折线表示，有时还需注出平曲线各要素的值。

（7）超高

为了减少汽车在弯道上行驶时的横向作用力，道路在平曲线处需设计成外侧高内侧低的形式，道路边缘与设计线的高程差称为超高，如图 6—3—3 所示。

（8）标题栏

纵断面图的标题栏绘在最后一张图或每张图的右下角，注明路线名称和纵、横比例等。每张图样右上角应有角标，注明图样标号及总张数。

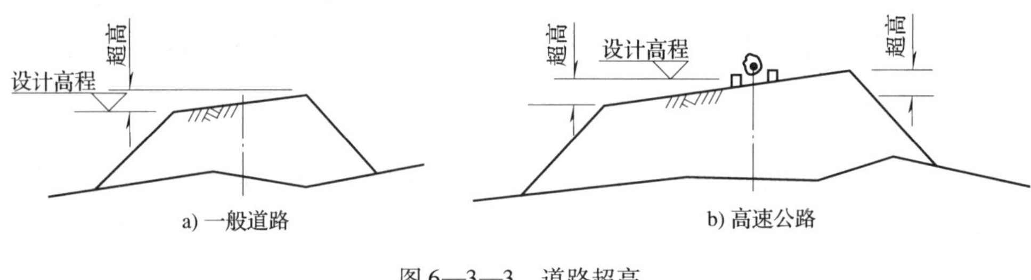

图 6—3—3　道路超高

三、注意事项

（1）比例

纵断面图的纵横比例应在图的适当位置注明。

（2）线型

从左向右按桩号大小绘制，设计线用粗实线，地面线用细实线，地下水位线应采用双点划线及水位符号表示；地下水位测点可仅用水位符号表示。

（3）变坡点

当路线坡度发生变化时，变坡点应用直径 2 mm 的中粗线圆圈表示，切线用细实线表示，竖曲线用粗实线表示，如图 6—3—4 所示。

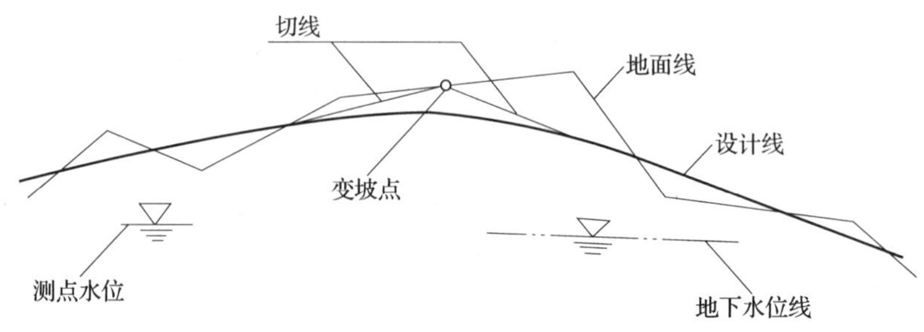

图 6—3—4　道路超高

四、路线纵断面图的识读示例

图6—3—2所示为某公路从K6至K7+600段的纵断面图，通过对路线纵断面图相关知识的学习，识读该路线纵断面图中比例、设计线和地面线、竖曲线、工程构筑物、水准点等基本内容；识读该公路路线纵断面图相关的地质概况、坡度/距离、高程、填高挖深等基础数据。

图示与识读出的内容与含义见表6—3—1。

表6—3—1　　图示内容与含义对照表

名称	图示	含义
比例	比例 垂直1：200 水平1：2 000	水平比例为1∶2 000，垂直比例为1∶200，这样画出的路线坡度就比实际大
设计线和地面线	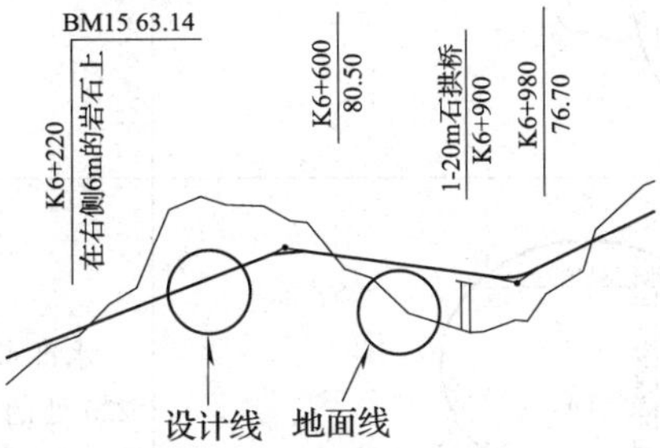 BM15 63.14 K6+220 在右侧6m的岩石上；K6+600 80.50；1-20m石拱桥 K6+900；K6+980 76.70；设计线 地面线	粗实线表示设计线，细实线表示原地面线
竖曲线	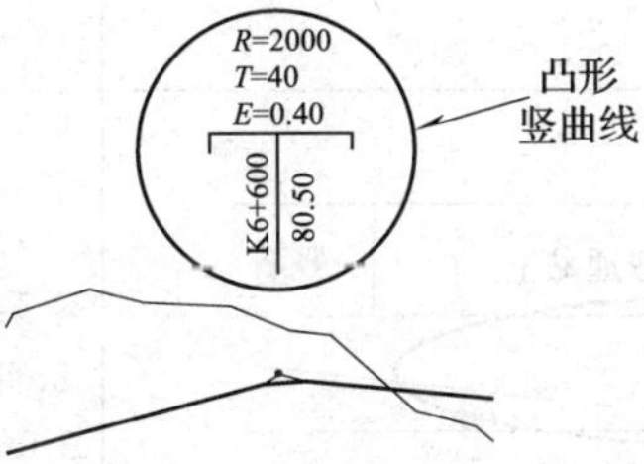 R=2000 T=40 E=0.40 K6+600 80.50 凸形竖曲线	凸形竖曲线半径 R=2 000 m，切线长 T=40 m，外距 E=0.40 m
	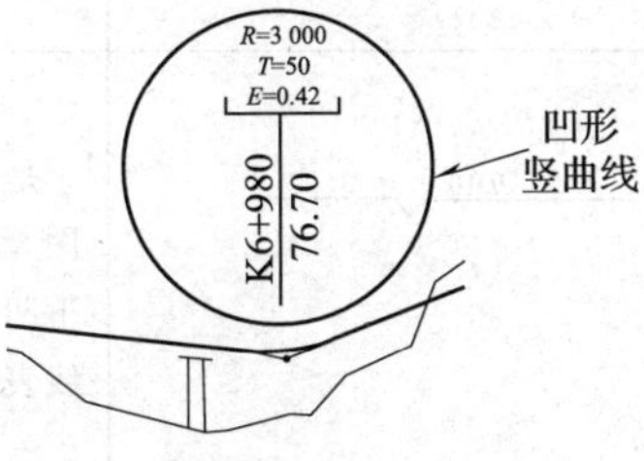 R=3 000 T=50 E=0.42 K6+980 76.70 凹形竖曲线	凹形竖曲线半径 R=3 000 m，切线长 T=50 m，外距 E=0.42 m

续表

名称	图示	含义
工程构筑物	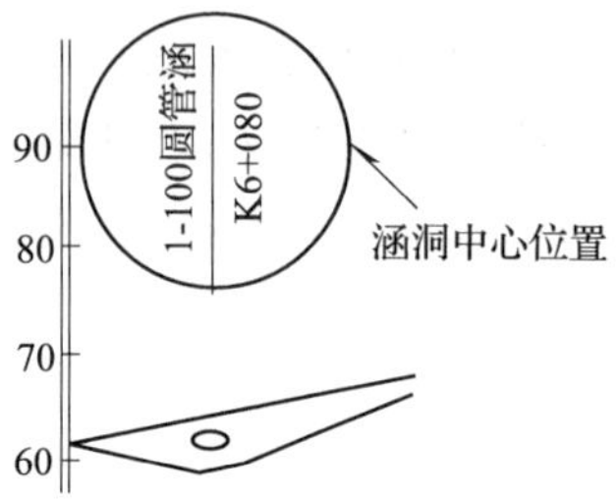	在涵洞中心位置用“○”表示，并进行标注，表示在里程桩 K6 + 080 处设有一个直径为 100 cm 的单孔圆管涵洞
	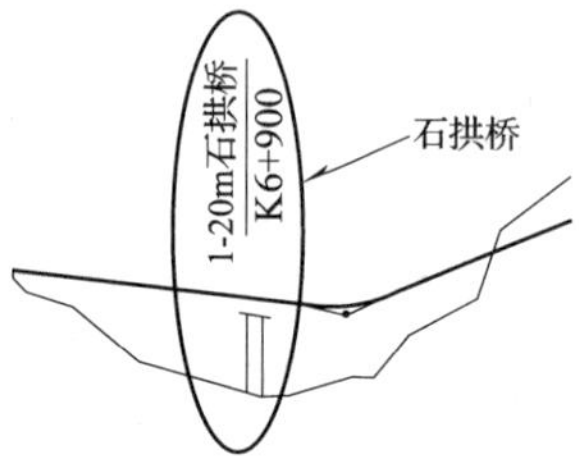	在石拱桥位置进行标注，表示在里程桩 K6 + 900 处设有一座长为 20 m 的石拱桥
水准点	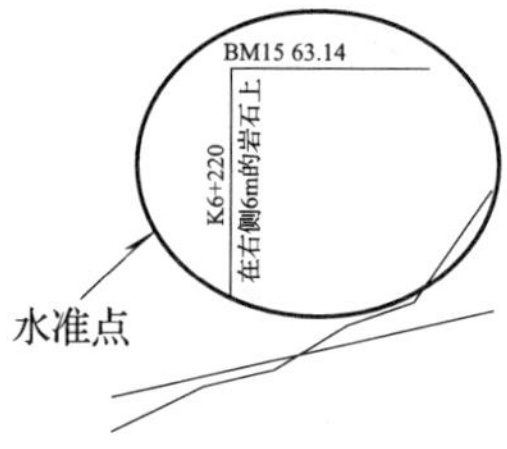	水准点 BM15 设置在里程 K6 + 220 处的右侧距离为 6 m 的岩石上，高程为 63. 14 m
坡度/距离	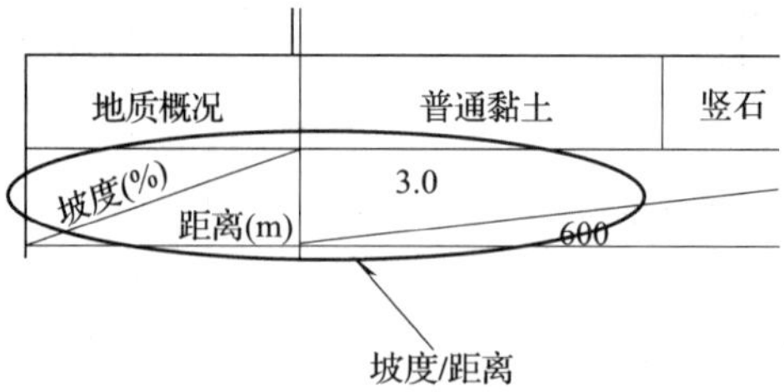	第一格的标注“3. 0/600”，表示此段路线是上坡，坡度为 3. 0%，路线长度为 600 m
平曲线	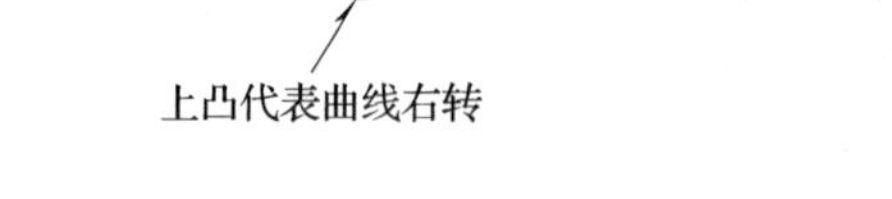	是该段路线的路线平面图的示意图。直线段用水平线表示。曲线用下凹（左转）或上凸（右转）图线表示

续表

名称	图示	含义
地质概况	普通黏土　坚石 分界线	原地面地质主要由普通黏土和坚石构成。竖线代表地质情况的分界线
设计高程	62.50　64.90　65.50　68.50　69.10　70.14　71.50　73.00　74.50　76.16　77.50　79.30　80.10　80.10	设计线上的高程
地面高程	61.20　58.65　60.10　67.02　67.60　68.74　73.15　79.56　86.80　88.26　86.91　86.80　85.30　83.16 高程值的分布不均匀，与地面线上的高低起伏等相关	地面线上的高程
填高	1.30　6.25　5.40　1.48　1.50　1.40	设计高程－地面高程＝填高。正值代表需要填方
挖深	1.65　6.56　12.30　12.10　9.41　7.50　5.20　3.06	设计高程－地面高程＝挖深。负值代表需要挖方
里程桩号	6+000.00　6+080.00　6+100.00　6+200.00　6+220.00　6+234.73　6+300.00　6+350.10　6+400.00　6+455.47　6+500.00　6+560.00　6+600.00　6+640.00 分别为公里桩、地形突变点加桩、桥涵中线点加桩	按测量所得数字，填入表内。除了公里桩、百米桩之外，对平面图中圆曲线的曲线要素点及水准点、桥涵中心点和地形突变点等还需要设置加桩

1. 路线纵断面图的比例有何规定？
2. 路线纵断面图是如何形成的？

模块七

识读路基、路面结构图

课题一　路基横断面图和路面结构图

- 了解路基横断面图和基本形式及结构组成。
- 了解路基标准横断面图的结构及路基典型横断面图的类型。
- 熟悉路面结构图的结构组成，能识读典型路面结构图。

一、路基横断面图

路基横断面图是用假想的剖切平面垂直于道路中心线剖切得到的，其作用是表达路线各中心桩处路基横断面的形状和横向地面的高低起伏状况。

工程上要求，在路线的每一中心桩处，应根据实测资料和设计要求，画出一系列的路基横断面图，用以计算公路的土、石方量和作为路基施工的依据。

1．路基横断面图的基本形式

路基横断面图的基本形式有以下三种：

（1）填方路基（路堤）

整个路基全为填土区。如图 7—1—1a 所示，填土高度等于设计标高减去地面标高。填方边坡坡度一般为 1∶1.5。在图下注有该断面的里程桩号、中心线处的填方高度 h_T（m）及该断面的填方面积 A_T（m^2）。

（2）挖方路基（路堑）

整个路基全为挖土区。如图 7—1—1b 所示，挖土深度等于地面标高减去设计标高，挖方边坡坡度一般为 1∶1。图下注有该断面的里程桩号、中心线处挖方高度 h_W（m）及该断面的挖方面积 A_W（m^2）。

（3）半填半挖路基

路基断面一部分为填土区，另一部分为挖土区，是前两种路基的综合。如图 7—1—1c 所示，在图下注有该断面的里程桩号、中心线处的填（挖）方高度 h_T（m）、该断面的填方面积 A_T（m^2）和挖方面积 A_W（m^2）。

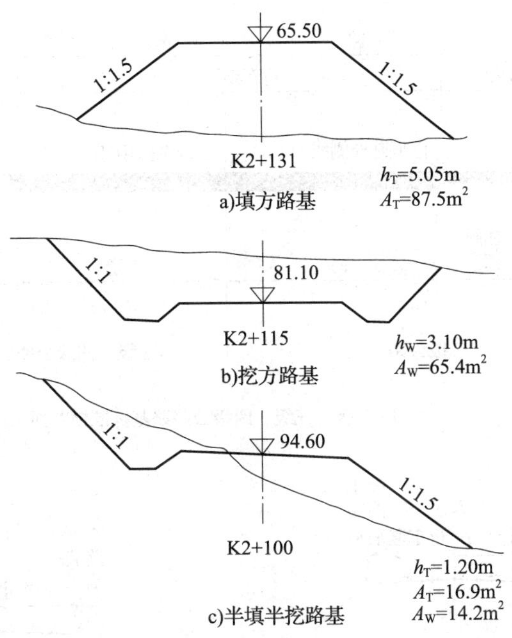

图 7—1—1　路基横断面图的基本形式

2. 路基标准横断面图

路基标准横断面图是交通运输部根据设计交通量、交通组成、设计车速、通行能力和满足交通安全的要求，按公路等级、断面类型、路线所处地形而规定的路基横断面各组成部分横向尺寸的行业标准。

路基标准横断面图分为整体式和分离式两类。上下行的公路横断面由一个路基形成的称为整体式，由两个路基分别独立形成的称为分离式。图 7—1—2a 所示为高速公路和一级公路的路基标准横断面，一般包括中间带、行车道、路肩，特殊路段也可设置紧急停车带、爬坡车道、变速车道等。图 7—1—2b 所示为二级、三级、四级公路路基标准横断面，不设中间带，它的组成包括行车道、路肩等。图 7—1—2c 所示为路基分离式断面，分离式断面没有中间带，其他部分和整体式断面相同。

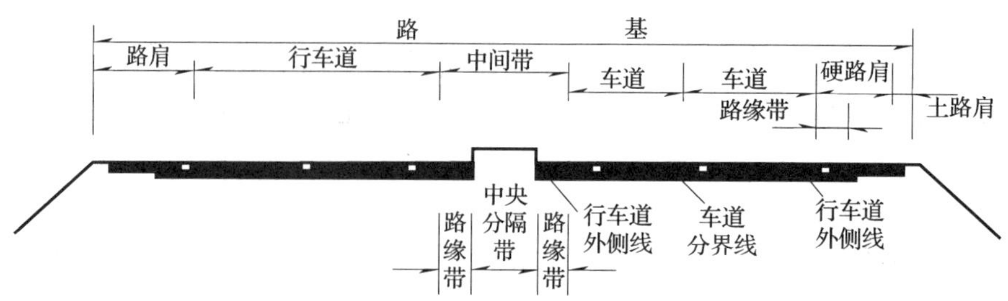

a) 高速公路、一级公路路基标准横断面

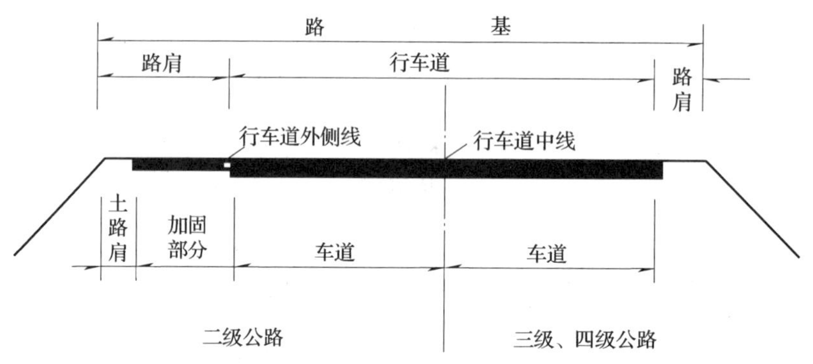

b) 二级、三级、四级公路路基标准横断面

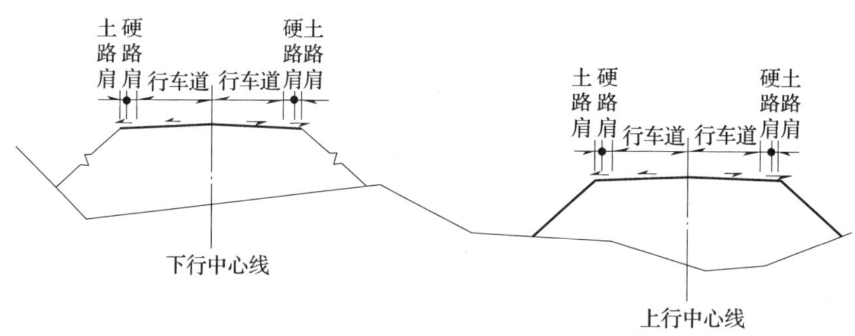

c) 路基分离式断面

图 7—1—2　公路横断面图

3. 路基典型横断面图

路基典型横断面是指在公路设计中经常被采用的路堤、路堑、半填半挖等基本断面形式及其派生的一系列类似的断面形式。

（1）一般路堤

如图 7—1—3a 所示，一般路堤为路基填筑高度小于 20 m、大于 0.5 m 的路堤常用形式。路堤小于 0.5 m 的矮路堤，为满足最小填土高度和排除路基及公路附近地面水的需要，应在边坡坡脚处设置边沟。边沟常用梯形断面，底宽和深度一般不小于 0.4 m，内侧（靠路基一侧）的边坡坡度常用1∶1～1∶1.5，外侧视土质而定。当路堤高度大于2 m时，为保证路基边坡的稳定，应在坡脚与取土坑间设不小于1 m宽的护坡道。

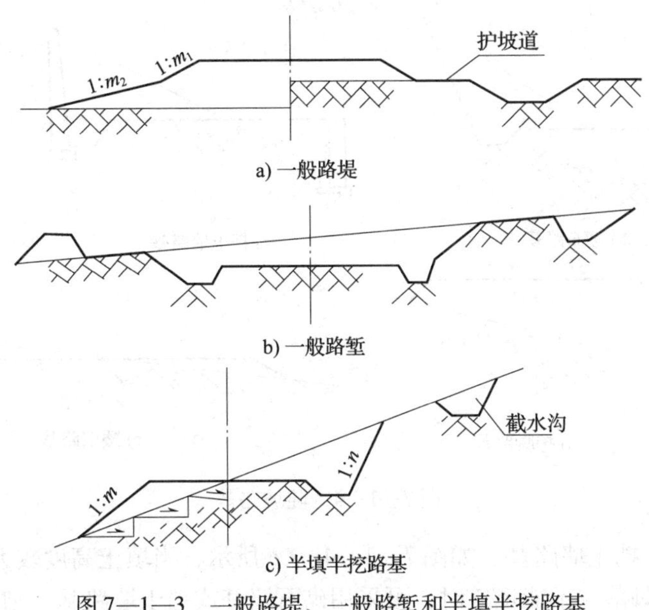

图7—1—3　一般路堤、一般路堑和半填半挖路基

（2）一般路堑

图7—1—3b所示为路基挖方深度小于20 m且一般地质条件下的路堑的常用形式。路堑路段均应设置边沟。边沟断面可据土质情况采用梯形、矩形或三角形，内侧边坡坡度可采用1∶0（矩形）、1∶0～1∶1.5（梯形）、1∶2～1∶3（三角形），外侧边坡的坡度与路堑边坡的坡度相同。为拦截上侧地面径流，以保证边坡的稳定，应在坡顶外至少5 m处设置截水沟，截水沟的底宽一般不应小于0.5 m，深度视需拦截排除的水量而定，边坡与边沟相仿。路堑路段所废弃的土石方应作成规则形状的弃土堆，一般置于下侧坡顶外至少3 m处。当路堑边坡高度大于6 m或土质变化处，边坡应随之作成折线形。路堑边坡高度大于20 m为深路堑，应另行设计。

（3）半填半挖路基

图7—1—3c所示为一般山坡路段的路基的常用形式，是路堤和路堑的综合形式。当地面横坡坡度大于1∶5时（包括一般路堤在内），为保证填土的稳定，应将基底（原地面）挖成台阶，台阶的宽度应不小于2 m，台阶的底面应有2%～4%的向内斜坡，台阶的高度在填土时视分层填筑的高度而定，一般每层不大于0.5 m，填石时视石料的大小而定。其余可按路堤或路堑而采用与之相应的形式。

（4）陡坡路基

1）护肩路基。如图7—1—4a所示，当地面横坡较陡，填土高度不大但坡脚太远不宜填筑时，可采用护肩路基。护肩的高度一般不超过2 m，内外坡面可直立，基底为1∶5的向内斜面，顶宽一般随护肩高度而定，高度不大于1 m时，顶宽为0.8 m；高度不大于2 m时，顶宽为1 m。

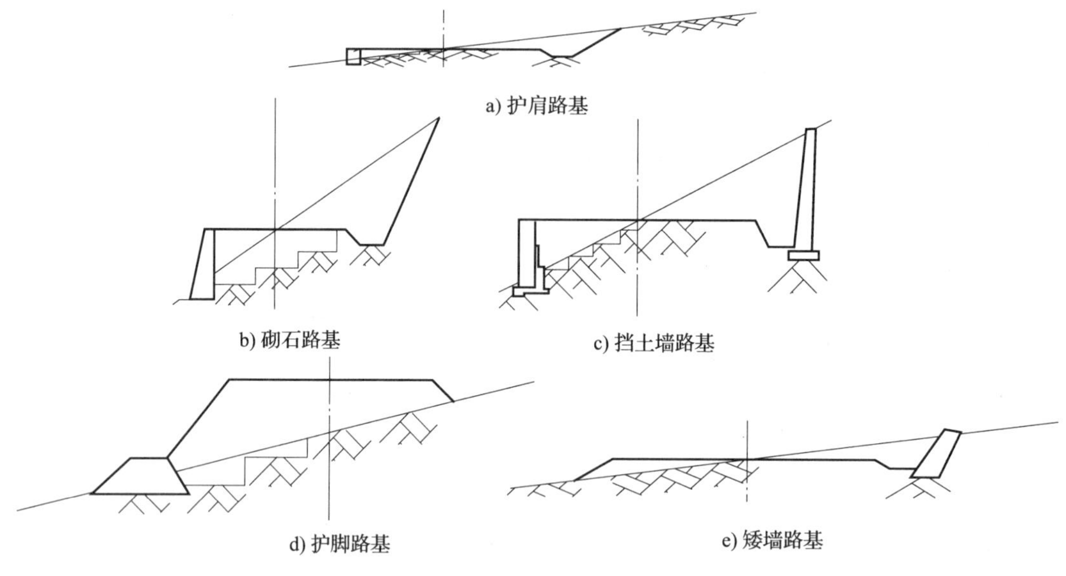

a) 护肩路基

b) 砌石路基

c) 挡土墙路基

d) 护脚路基

e) 矮墙路基

图 7—1—4　陡坡路基

2）砌石路基、挡土墙路基。如图 7—1—4b、c 所示，当填土高度较大、坡脚难以填筑、地面横坡太陡、坡脚落空不能填筑时，可采用砌石路基或挡土墙路基。砌石路基可用干砌或浆砌片石构筑物支挡填方，稳定路基，它与挡土墙不同的是，砌体与路基几乎成为一个整体，挡土墙不依靠路基也能独立稳定。

3）护脚路基。如图 7—1—4d 所示，当陡坡路堤的填方坡脚伸出较远且不稳定，或坡脚占用耕地时，可采用护脚路基。

4）矮墙路基。如图 7—1—4e 所示，当挖方边坡土质松散易产生碎落时，可采用矮墙路基。矮墙路基与护肩路基相似，但外墙的墙面坡度可采用 1∶0.3 ~ 1∶0.5。当挖方边坡地质不良可能发生滑塌时，可采用挡土墙支挡。

（5）沿河路基

图 7—1—5a 所示为桥头引道、河滩路堤的常用形式。路堤浸水部分的边坡坡度可采用 1∶2，并视水流情况采用相应的加固防护措施，如植草、铺草皮、干砌或浆砌片石。

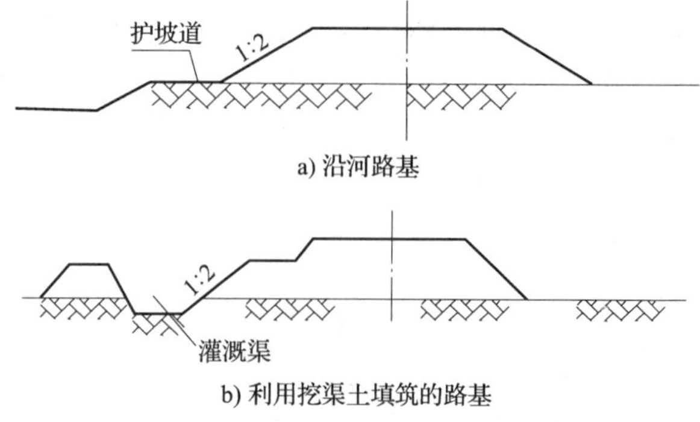

a) 沿河路基

b) 利用挖渠土填筑的路基

图 7—1—5　沿河路基和利用挖渠土填筑的路基

（6）利用挖渠土填筑的路基

图 7—1—5b 所示为与当地农田水利建设相结合的常用形式。此时，需综合考虑，慎重对待，尤其是渠道的设计流量、流速、水位、纵坡等是否危及公路的正常使用，以及路堤的高度和加固防护措施是否满足路基强度和稳定性的要求等。

二、路面结构图

路基是作为路面基础的带状构筑物，路面则是铺筑在路基顶面的层状结构。路面结构通常是分层铺设的，根据其功能不同，可分为面层、基层和垫层。路面根据其使用的材料和性能不同，可分为柔性路面和刚性路面两类。柔性路面如沥青混凝土路面、沥青碎石路面、沥青表面处治路面等，刚性路面如水泥混凝土路面。

1．公路路面基本结构图

一般来说，路面横向主要由中央分隔带、行车道、路肩、路拱等组成，路面纵向主要由面层、基层、垫层等结构层组成，如图 7—1—6 所示。

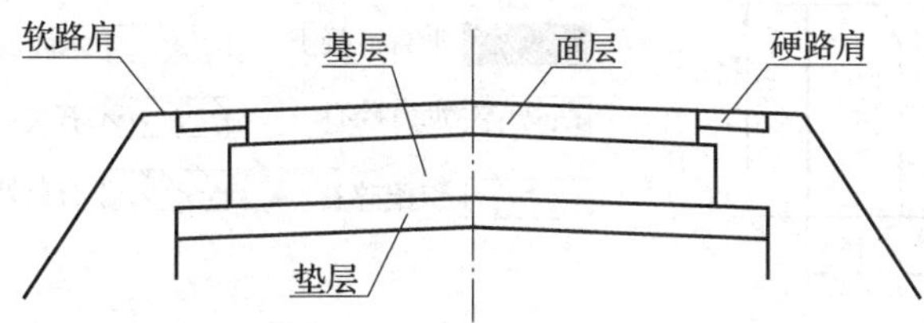

图 7—1—6　路面结构层次示意图

（1）面层

直接承受车轮荷载反复作用和自然因素影响的结构层称为面层，可由 1 ~ 3 层组成。因此，面层应具备较高的力学强度和稳定性，同时还应具备耐磨性和不透水性。

（2）基层

基层设置在面层之下，并与面层一起将车轮荷载的反复作用传递到垫层和土基中。因此，对基层材料的要求是应具有足够的抗压强度、密度、耐久性和扩散应力（即应有较好的板性）。

（3）垫层

垫层是底基层和土基之间的层次，它的主要作用是加强土基、改善基层的工作条件。垫层往往是为蓄水、排水、隔热、防冻等目的而设置的，所以通常设在路基潮湿及有冰冻翻浆现象的路段。

2．沥青混凝土路面结构图

图 7—1—7 所示为沥青混凝土路面结构图，由路面横断面图、中央分隔带和路面结构图、缘石大样图（路边石结构图）及材料图例四部分组成。

（1）路面横断面图

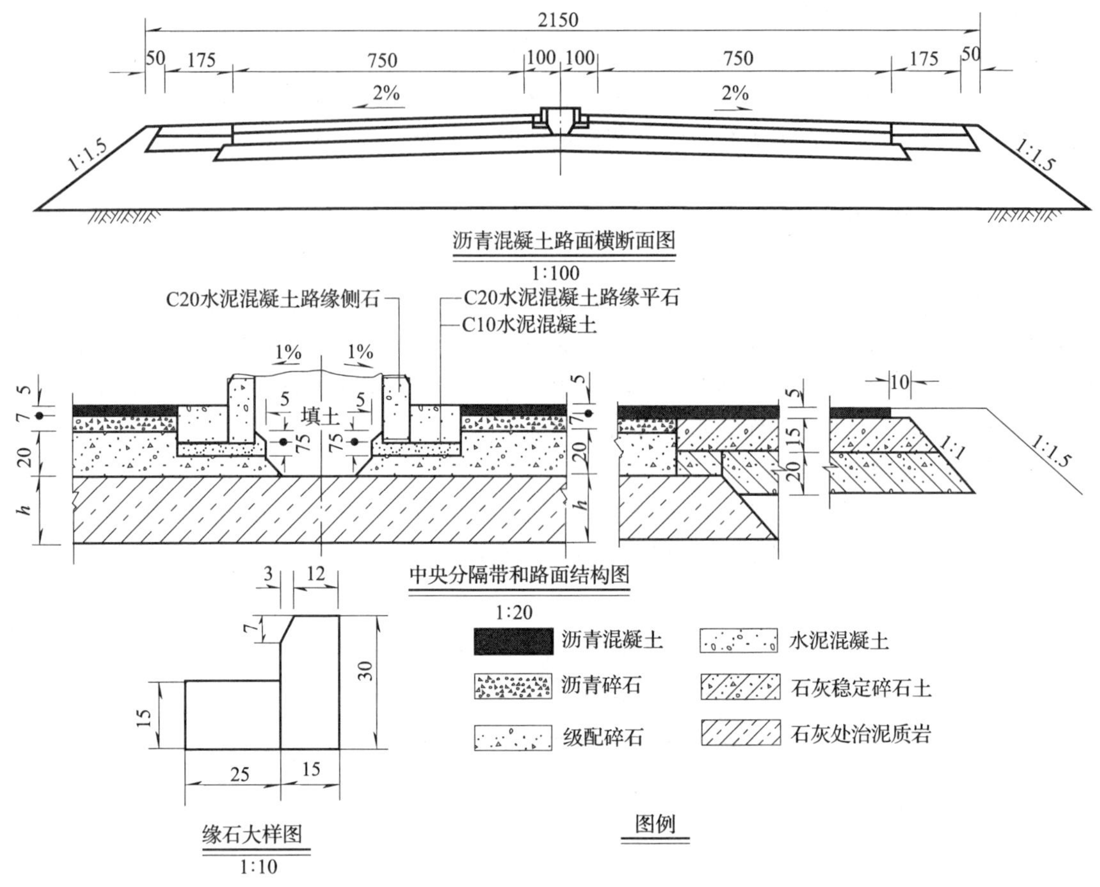

图 7—1—7　沥青混凝土路面结构图（一）

表示行车道、路肩、中央分隔带的尺寸，路拱的坡度等，以及路面面层、基层、底层的材料、断面形状。如图 7—1—7 所示的道路为双车道，行车道宽为 7.5 m，两侧硬路肩宽为 1.75 m，软路肩宽为 0.5 m，中央分隔带宽为 2.0 m，路基边坡的坡度为 1∶1.5。

（2）路面结构图

用示意图的方式表示出路面结构中的各种材料，各层厚度用尺寸数字表示，图 7—1—7 中面层由两层组成，沥青混凝土的厚度为 5 cm，沥青碎石的厚度为 7 cm，基层为级配碎石，厚度为 20 cm。行车道路面底基层与路肩的分界处，其宽度超出基层 25 cm 之后以 1∶1 的坡度向下延伸。硬路肩的面层、基层和底基层的厚度分别为 5 cm、15 cm、20 cm，硬路肩与土路肩的分界处，基层的宽度超出面层 10 cm 之后以 1∶1 的坡度延伸至底基层的底部。

（3）路边石结构图

表示出了路缘石及路缘侧石的形状、尺寸及材料，其材料为 C20 水泥混凝土和 C10 水泥混凝土。

3. 水泥混凝土路面结构图

图 7—1—8 所示为水泥混凝土路面结构图，同样由中间带构造图（路面横断面图）、路面

结构图（此图分A、B两幅结构图）、缘石大样图（路边石结构图）和材料图例四部分组成。

（1）路面横断面图

表示行车道、路肩的尺寸，路拱的坡度等，以及路面面层、基层、垫层的材料、断面形状。

（2）路面结构图

用示意图的方式表示出路面结构中的各种材料，各层厚度用尺寸数字表示。如图7—1—8所示，路面结构图A表示硬路肩面层采用30 cm厚的石灰稳定碎石土。在路面结构图B中，图中标注尺寸为30 cm，则表示路面基层的顶面靠近硬路肩处比路面宽30 cm，并以1∶1的坡度向下分布。标注尺寸为10 cm，则表示硬路肩面层下的基层比顶面面层宽10 cm。

（3）路边石结构图

表示出了路缘石的形状、尺寸及材料，其材料为C20水泥混凝土和C10水泥混凝土。

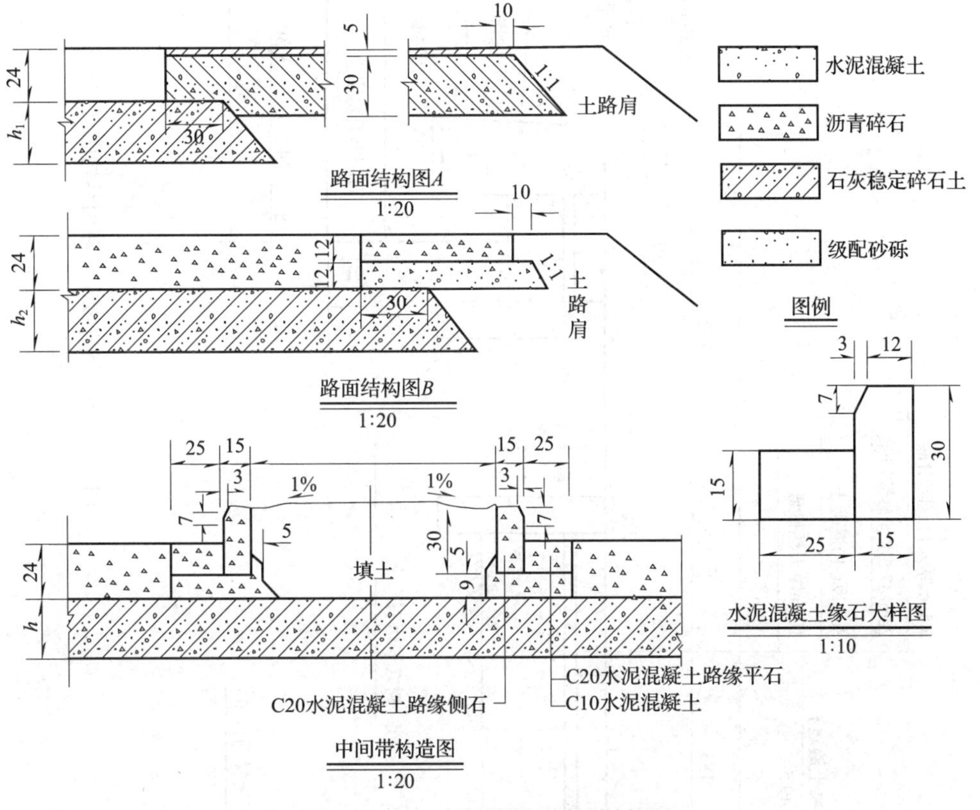

图7—1—8　水泥混凝土路面结构图

三、路面结构图的识读示例

图7—1—9所示为沥青混凝土路面结构图，根据上述知识的学习，识读该路面结构图的路面结构组成及含义，识读其中的建筑材料图例，识读各结构层位置与尺寸。

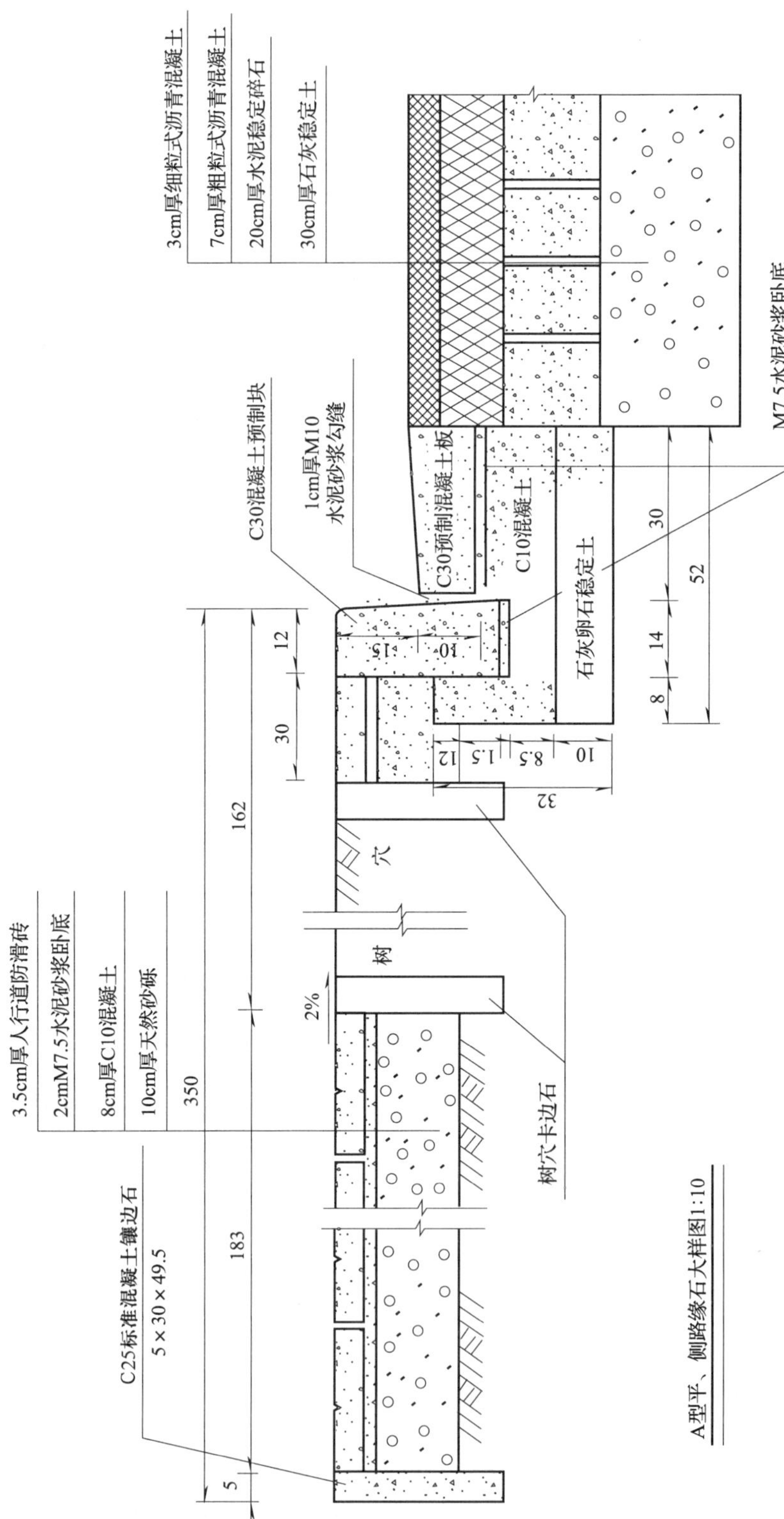

图 7—1—9　沥青混凝土路面结构图（二）

具体识读内容见表 7—1—1。

表 7—1—1　　图示内容与含义对照

名称	图示	含义
车行道	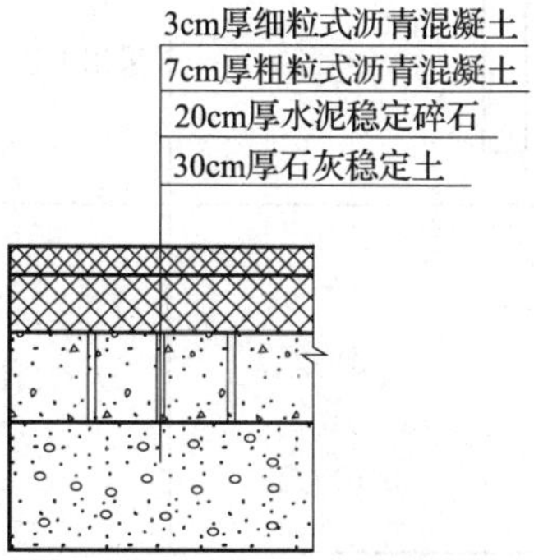 3cm厚细粒式沥青混凝土 7cm厚粗粒式沥青混凝土 20cm厚水泥稳定碎石 30cm厚石灰稳定土	城镇道路车行道结构由面层、基层和垫层组成 本车行道为沥青路面。面层由 3 cm 厚的细粒式沥青混凝土做上面层，7 cm厚的粗粒式沥青混凝土做下面层；由 20 cm 厚的水泥稳定碎石做基层，由 30 cm 厚的石灰稳定土做底基层
人行道	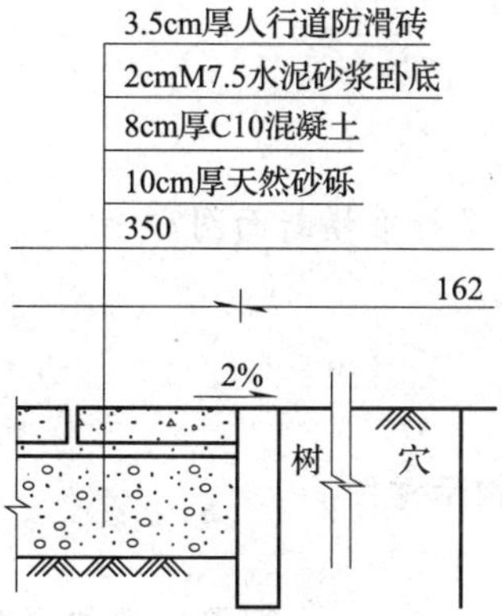 3.5cm厚人行道防滑砖 2cmM7.5水泥砂浆卧底 8cm厚C10混凝土 10cm厚天然砂砾 350 162 2% 树　穴	城镇道路人行道铺装结构由面层、整平层、基层和垫层组成 人行道为砌块路面，宽 3.5 m，包括侧石（缘石）和设施带。用 3.5 cm 厚的人行道防滑砖做面层；由 2 cm 厚 M7.5 水泥砂浆卧底做整平层，起调平和黏结作用；用 8 cm 厚 C10 混凝土做基层，主要承受行人或车辆的竖向荷载；用 10 cm 厚天然砂砾做垫层，有利于排水，改善水文条件，防止土壤对上层材料的污染
路缘平石	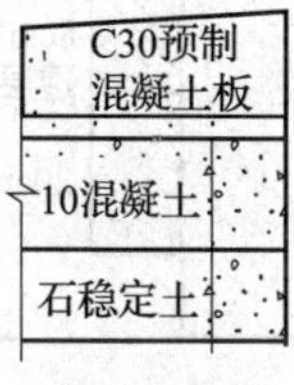 C30预制 混凝土板 10混凝土 石稳定土	路缘平石包括 C30 预制水泥混凝土板，下设 C10 混凝土，其中用 M7.5 水泥砂浆卧底
侧石	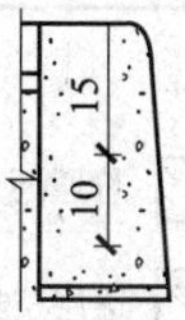 15 10	侧石（缘石）材质为 C30 水泥混凝土预制块，宽 12 cm、高 30 cm，与路缘平石共用基层，其间使用 M10 水泥砂浆勾缝
边石	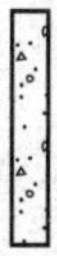	镶边石材质为 C25 标准混凝土，大小为 5 cm×30 cm×49.5 cm

续表

名称	图示	含义
树穴		树穴尺寸为 120 cm × 120 cm，周边采用卡边石砌筑
横坡		人行道横坡度为 2%，以利于排水

思考与练习

1. 道路横断面有哪些常用形式？什么是标准横断面图？
2. 路基横断面图的图示包括哪些内容？
3. 路面结构图的图示包括哪些内容？
4. 简述路面层次及结构的划分。
5. 识读如图 7—1—10 所示的路面结构示意图。

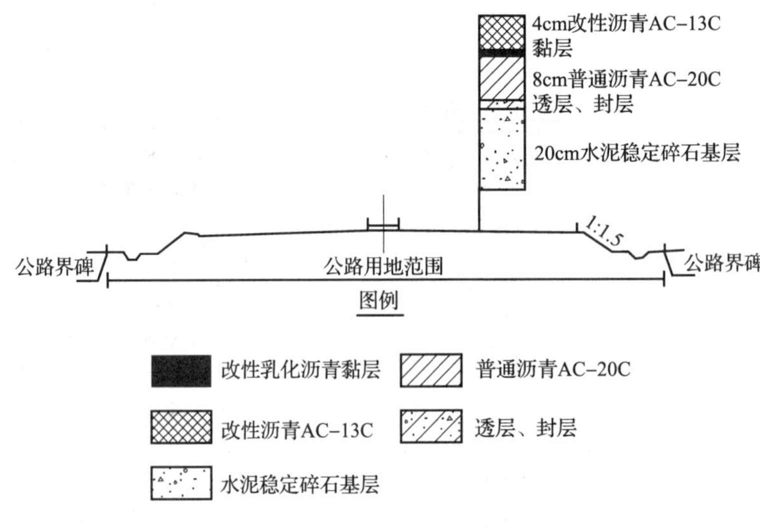

图 7—1—10　路面结构示意图

课题二　钢筋混凝土结构图

- 了解钢筋的牌号、符号、种类等基本知识。
- 熟悉钢筋的弯钩、弯折的常见形式。
- 掌握钢筋结构图的内容、图示特点、尺寸标注和图示内容。
- 能正确识读钢筋混凝土结构图。

钢筋混凝土结构是由钢筋和混凝土两种力学性能不同的材料按一定的方式结合成一个整体共同承受外力的结构物，如钢筋混凝土梁、板、柱、桩、拱圈、框架等。

一、钢筋的基本知识

1. 钢筋的牌号及符号

混凝土结构用钢筋，主要有热轧钢筋、冷轧带肋钢筋、冷轧扭钢筋等。热轧钢筋按其性能分为 HPB235、HRB335、HRB400 和 HRB500 四个牌号，即通常所说的Ⅰ、Ⅱ、Ⅲ、Ⅳ级钢筋，H、R、B 分别为热轧（Hot rolled）、带肋（Ribbed）、钢筋（Bars）三个词的英文首字母，235、335、400、500 为强度值。

HPB235 钢筋的钢种为 Q235 普通碳素钢，表面光圆，直径小于 10 mm 的常为盘圆钢筋，一般情况下均作箍筋和辅筋使用。

HRB335、HRB400 钢筋的钢种为 20MnSi、20MnSiNb 等普通低合金钢，表面为月牙肋，常轧成直条供应，长度为 6 ~ 12 m。

HRB500 钢筋的钢种为 40Si2MnV、45Si2MnTi 等，表面为螺纹。

混凝土结构用冷轧带肋钢筋按性能可分为 CRB550、CRB650、CRB800、CRB970、CRB1170 五个牌号，CRB550 为普通钢筋混凝土用钢筋，其他牌号为预应力混凝土用钢筋。

冷轧扭钢筋由低碳钢筋经冷轧扭工艺制成，具有较高的强度和塑性，与混凝土黏结性能优异，一般用于预制钢筋混凝土圆孔板、叠合板中的预制薄板以及现浇钢筋混凝土楼板。

2. 钢筋的种类

根据钢筋在构件中所起的作用不同，可把钢筋分为以下五种：

（1）受力筋（主筋）

承受拉、压应力的钢筋，用于梁、板、柱等各种钢筋混凝土构件，如图 7—2—1 所示。

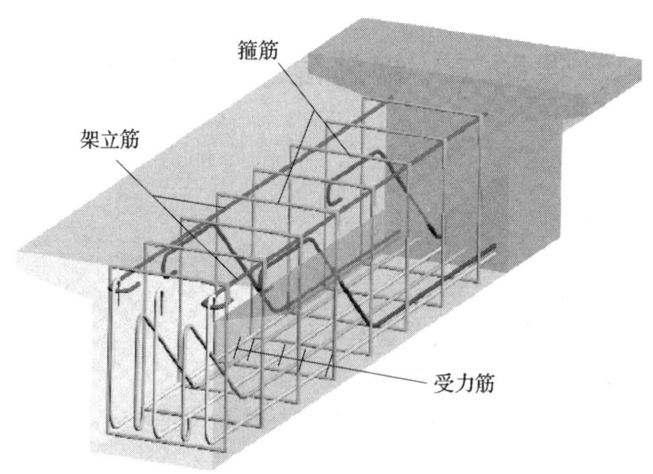

图 7—2—1　T 形梁钢筋结构立体示意图

（2）箍筋（钢箍）

承受一部分斜拉应力，并固定受力筋的位置，多用于梁和柱内。

（3）架立筋

用于固定梁内钢箍的位置，构成梁内的钢筋骨架。

（4）分布筋

多用于钢筋混凝土板结构中，用于固定受力筋位置，使荷载均匀地传递给受力筋，以及抵抗热胀冷缩所引起的温度变形。

（5）构造筋

因构件的构造要求和施工安装需要配置的钢筋。

3．钢筋的弯钩与弯折

为了增加受力钢筋与混凝土的黏结力，在钢筋的端部做成弯钩，弯钩的标准形式有半圆形弯钩、斜弯钩和直弯钩三种，如图 7—2—2 所示。根据需要，钢筋实际长度要比端点长出 6.25d、4.9d 或 3.5d。这时计算钢筋的长度要加上其弯钩的增长数值。

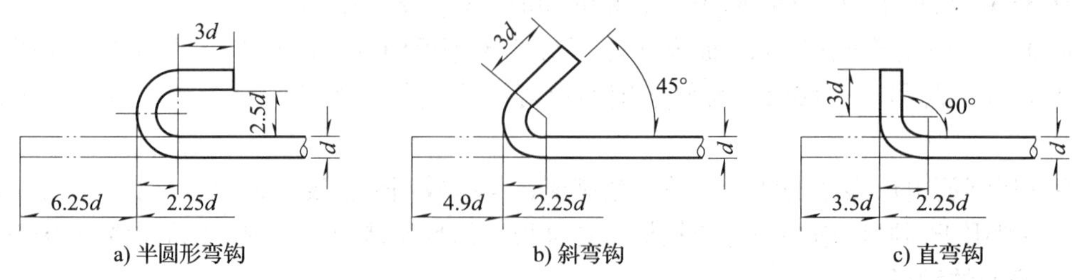

图 7—2—2　钢筋的标准弯钩

为了避免计算，钢筋弯钩的增长数值和弯起的折减数值均编有表格备查。表 7—2—1 为钢筋弯钩的增长数值。

表 7—2—1　　钢筋弯钩的增长数值

钢筋直径 d（mm）	弯钩增长值（cm）				理论质量（kg/m）	螺纹钢筋外径（mm）
	光圆钢筋			螺纹钢筋		
	90°	135°	180°	90°		
10	3.5	4.9	6.3	4.2	0.617	11.3
12	4.2	5.8	7.5	5.1	0.888	13.0
14	4.9	6.8	8.8	5.9	1.210	15.5
16	5.6	7.8	10.0	6.7	1.580	17.5
18	6.3	8.8	11.3	7.6	2.000	20.0
20	7.0	9.7	12.5	8.4	2.470	22.0
22	7.7	10.7	13.8	9.3	2.980	24.0
25	8.8	12.2	15.6	10.5	3.850	27.0
28	9.8	13.6	17.5	11.8	4.830	30.0
32	11.2	15.6	20.0	13.5	6.310	34.5
36	12.6	17.5	22.5	15.2	7.990	39.5
40	14.0	19.5	25.0	16.8	9.870	43.5

如图 7—2—3 所示，$\phi 10$ 的 2 号钢筋两端半圆钩端点的长度为 126 cm，查表 7—2—2 得弯钩长度为 6.3 cm。

即钢筋长度为：$126+2\times 6.3=126+12.6=138.6\ \text{cm}\approx 139\ \text{cm}$

根据结构受力要求，有时需要将部分受力钢筋进行弯折，这时弧长比两切线之和短些，如图 7—2—4 所示，其计算长度应减去折减数值。45°与 90°的弯折为标准弯折。

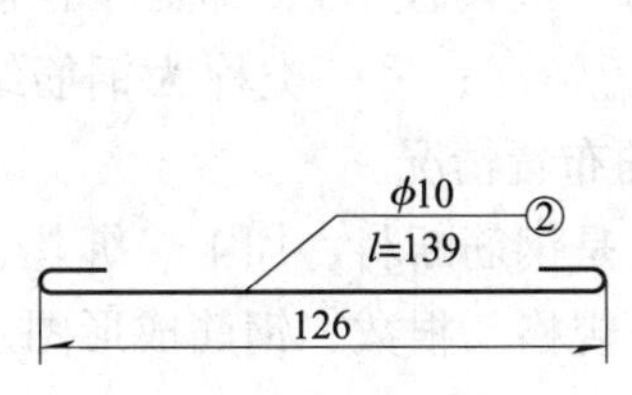

图 7—2—3　钢筋的长度计算

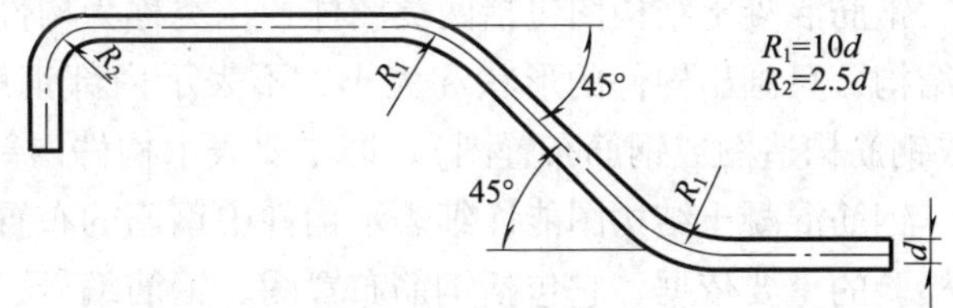

图 7—2—4　标准弯折

4. 混凝土保护层

为了防止钢筋裸露在大气中而锈蚀，钢筋外表面到混凝土表面必须有一定厚度，这一层混凝土就称为钢筋的保护层，保护层厚度视不同的构件而异。

5. **钢筋骨架**

为制造钢筋混凝土构件，先将不同直径的钢筋按照需要的长度截断，根据设计要求进行弯曲，再将弯曲后的钢筋组装。钢筋组装成形一般有两种方式：一种是用铁丝绑扎钢筋骨架；另一种是焊接钢筋骨架，先将钢筋焊成平面钢筋骨架，然后用箍筋联系（绑或焊）成立体骨架形式。对于焊接骨架，焊接点处固定主钢筋的焊缝在图中应予以表达，如图7—2—5所示。

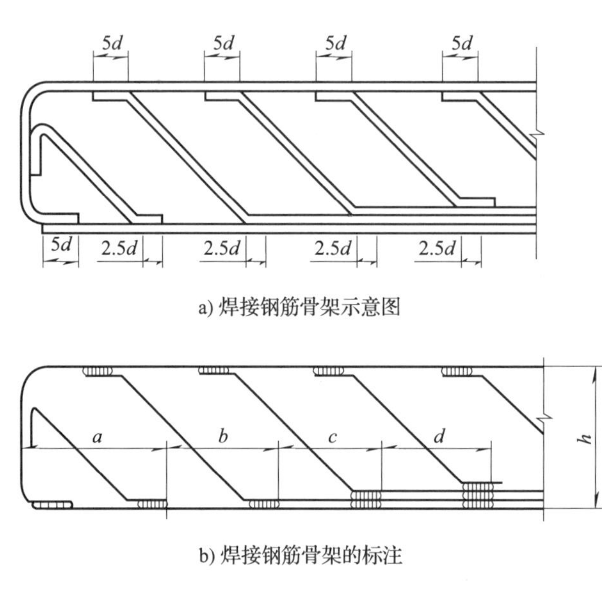

a) 焊接钢筋骨架示意图

b) 焊接钢筋骨架的标注

图7—2—5　焊接钢筋骨架

二、钢筋混凝土结构图

1. 钢筋混凝土结构图的内容

表达钢筋混凝土结构的图样称为钢筋混凝土结构图。

钢筋混凝土结构图包括两类图样：一类称为构件构造图（或模板图），即对于钢筋混凝土结构，只画出构件的形状和大小，不表示内部钢筋的布置情况；另一类称为钢筋结构图（或钢筋构造图或钢筋布置图），即主要表示构件内部钢筋的布置情况。

钢筋混凝土结构图能详细表示构件中钢筋的布置情况，是钢筋断料、加工、绑扎、焊接和检验的重要依据，它包括钢筋布置图、钢筋编号、尺寸、规格、根数、钢筋成形图及钢筋数量表、技术说明。

2. 钢筋混凝土结构图的图示特点

为了突出表示钢筋的配置状况，在构件的立面图和断面图上，轮廓线用中实线或细实线画出，图内不画材料图例，而用粗实线（在立面图）和黑圆点（在断面图）表示钢筋，并要对钢筋加以说明标注。

（1）绘制配筋图时，可假设混凝土是透明体，结构外形轮廓用细实线绘制。

（2）钢筋纵向用粗实线绘制（钢箍为中实线），钢筋断面用黑圆点表示。

（3）当钢筋密集，难以按比例画出时，钢筋间的间隙允许夸大绘制，当钢筋并在一起时，画图应留有空隙，以免线条重叠。

（4）在路桥工程图中，钢筋直径的尺寸单位采用 mm，其余尺寸单位均采用 cm，图中无须注出单位。

3. 钢筋的编号与尺寸标注

在钢筋构造图中，各种钢筋应标注数量、直径、长度、间距、编号，编号应采用阿拉伯数字表示。宜先编主次部位的主筋，后编主次部位的构造筋。

钢筋编号的标注有以下三种格式：

（1）编号宜标注在引出线右侧的细实线圆圈内，圆圈直径为 6 ~ 8 mm，如图 7—2—6a 所示。

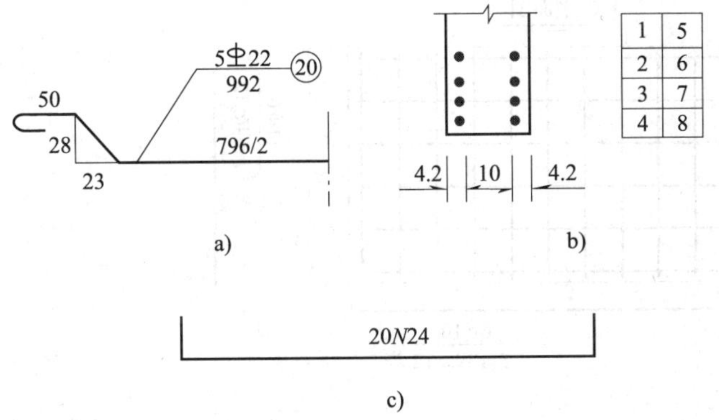

图 7—2—6　钢筋编号的标注

一般采用下列格式进行标注：

其中：m 代表钢筋编号；ϕ 是钢筋直径符号，也表示钢筋的等级；n 代表钢筋根数；d 代表钢筋直径的数值（mm）；l 代表钢筋总长度的数值（cm）；@ 是钢筋中心间距符号；s 为钢筋中心间距（cm）。

上述钢筋标注举例表示：编号为 2 号的钢筋，直径为 6 mm，钢筋为 I 级钢筋，共 11 根，每根钢筋的断料长度为 64 cm，钢筋中心间距为 12 cm。

（2）在横断面图中，可将编号标注在与钢筋断面对应的细实线方格内，如图 7—2—6b 所示。

（3）在立面图、平面图中，可将冠以 N 字的编号注写在钢筋的侧面，根数标注在 N 字之前，如图 7—2—6c 中“20N24”表示编号为 24 的钢筋有 20 根。

4．钢筋结构图的图示内容

（1）配筋图

配筋图主要表明各钢筋的配置，它是绑扎或焊接钢筋骨架的依据。为此，应根据结构的特点选用基本投影。如对于梁、柱等长条结构，常选用一个立面图和几个断面图表示；对于钢筋混凝土板，则采用一个平面图或一个平面图和一个立面图表示，如图 7—2—7 所示。

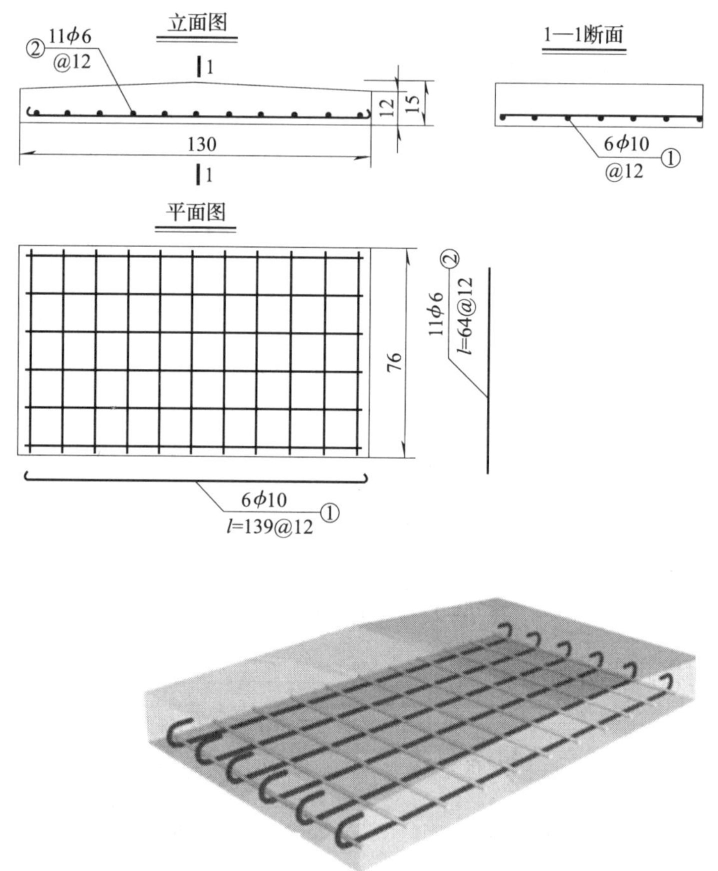

图 7—2—7　钢筋混凝土盖板的配筋图

（2）成形图

钢筋成形图是表示每种钢筋形状和尺寸的图样，是钢筋成形加工的依据。在画钢筋成形图时，主要钢筋应尽可能与配筋图中同类型的钢筋保持对齐关系，如图 7—2—7 中立体图所示。

（3）钢筋结构图中的尺寸标注

在配筋图中，一般标注构件的外形尺寸、定位尺寸和钢筋编号；在断面图中除标注构件断面形状尺寸外，还注明钢筋定位尺寸，尺寸界线通过钢筋断面中心。如图 7—2—8 所示，1—1 图和 2—2 图为断面图。对按一定规律排列的钢筋，定位尺寸一般可用如图 7—2—8 中的标注方法，如平面图中 17 × 15 表示 4 号钢筋的间距为 15 cm，共 17 个间距。

在钢筋成形图中，应逐段标出长度。对于直线段，尺寸数字可直接写在各段钢筋的侧面，弯起钢筋的斜度利用直角三角形标出，如图 7—2—8 所示。

在成形图编号的引出线上还应标注钢筋直径、根数和下料长度。

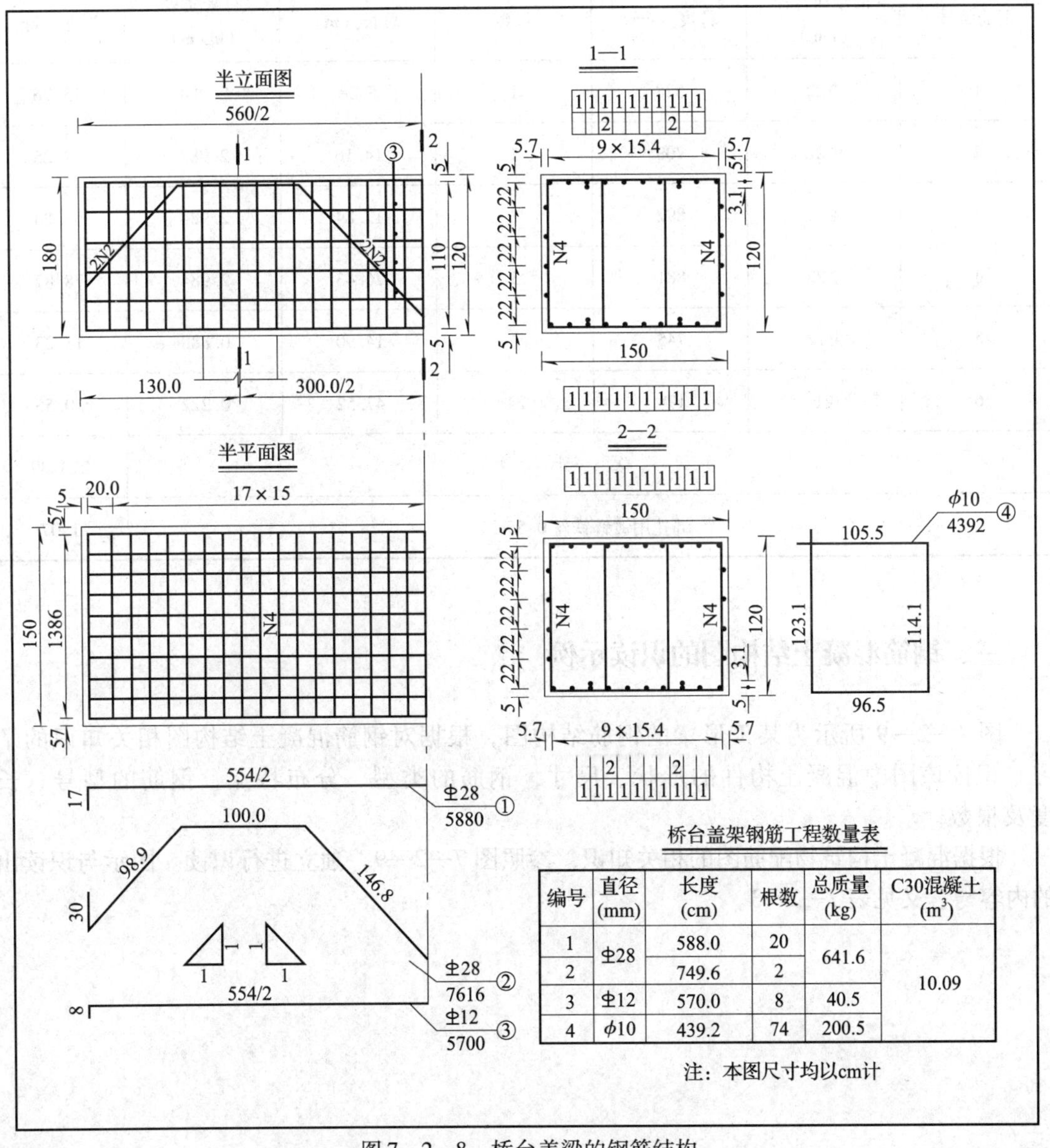

桥台盖架钢筋工程数量表

编号	直径(mm)	长度(cm)	根数	总质量(kg)	C30混凝土(m^3)
1	Φ28	588.0	20	641.6	10.09
2		749.6	2		
3	Φ12	570.0	8	40.5	
4	ϕ10	439.2	74	200.5	

注：本图尺寸均以cm计

图 7—2—8　桥台盖梁的钢筋结构

(4) 钢筋数量表

在钢筋结构图中，一般还附有钢筋数量表，内容包括钢筋的编号、直径、每根长度、根数、总长及质量等，必要时可加画略图，见表7—2—2。

表中所列“每米质量（kg/m）”一栏，可以从有关工程手册中查得。表中所列镀锌铁丝是用来绑扎钢筋的，镀锌铁丝数量按规定为钢筋总质量的0.5%计算。如不用镀锌铁丝而采用电焊时，应注出电焊长度和厚度。

表7—2—2　　钢筋混凝土梁钢筋数量表

钢筋编号	钢号和直径（mm）	长度（cm）	根数	总长（m）	每米质量（kg/m）	总重（kg）
1	Φ22	528	1	5.28	2.984	15.76
2	Φ22	708	2	14.16	2.984	42.25
3	Φ22	892	2	17.84	2.984	53.23
4	Φ22	881	3	26.43	2.984	78.87
5	Φ12	745	2	14.90	0.888	13.23
6	Φ6	198	24	47.52	0.222	10.55
总　计						213.89
绑扎用镀锌铁丝0.5%						1.07

三、钢筋混凝土结构图的识读示例

图7—2—9所示为某T形梁的钢筋结构图，根据对钢筋混凝土结构图相关知识的学习，识读该图中混凝土构件的形状、尺寸，钢筋的类型、分布特点，钢筋的型号、长度及根数。

根据混凝土构筑物配筋图的相关知识，参照图7—2—9，独立进行识读。图示与识读出的内容与含义见表7—2—3。

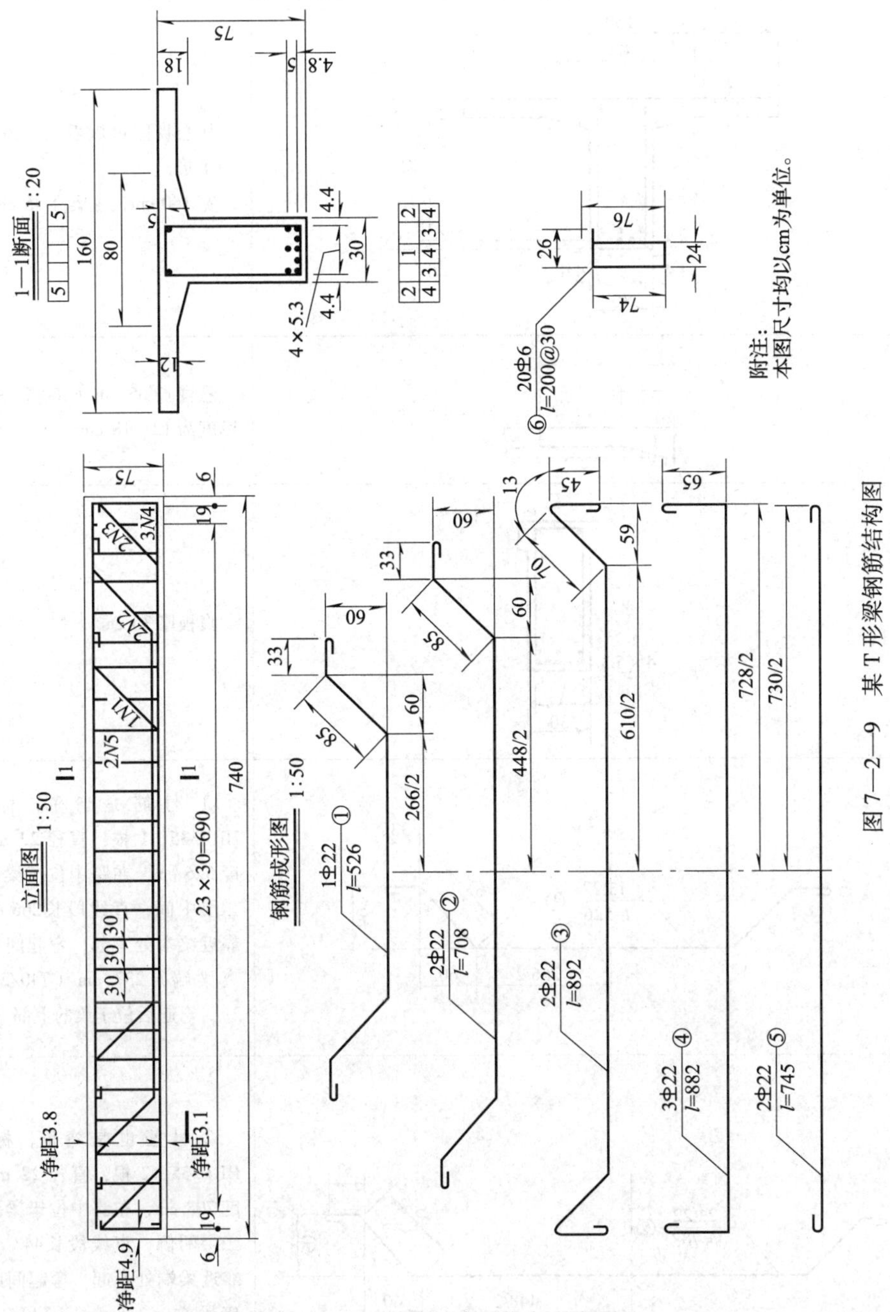

图7—2—9 某T形梁钢筋结构图

表 7—2—3　　图示内容与含义对照

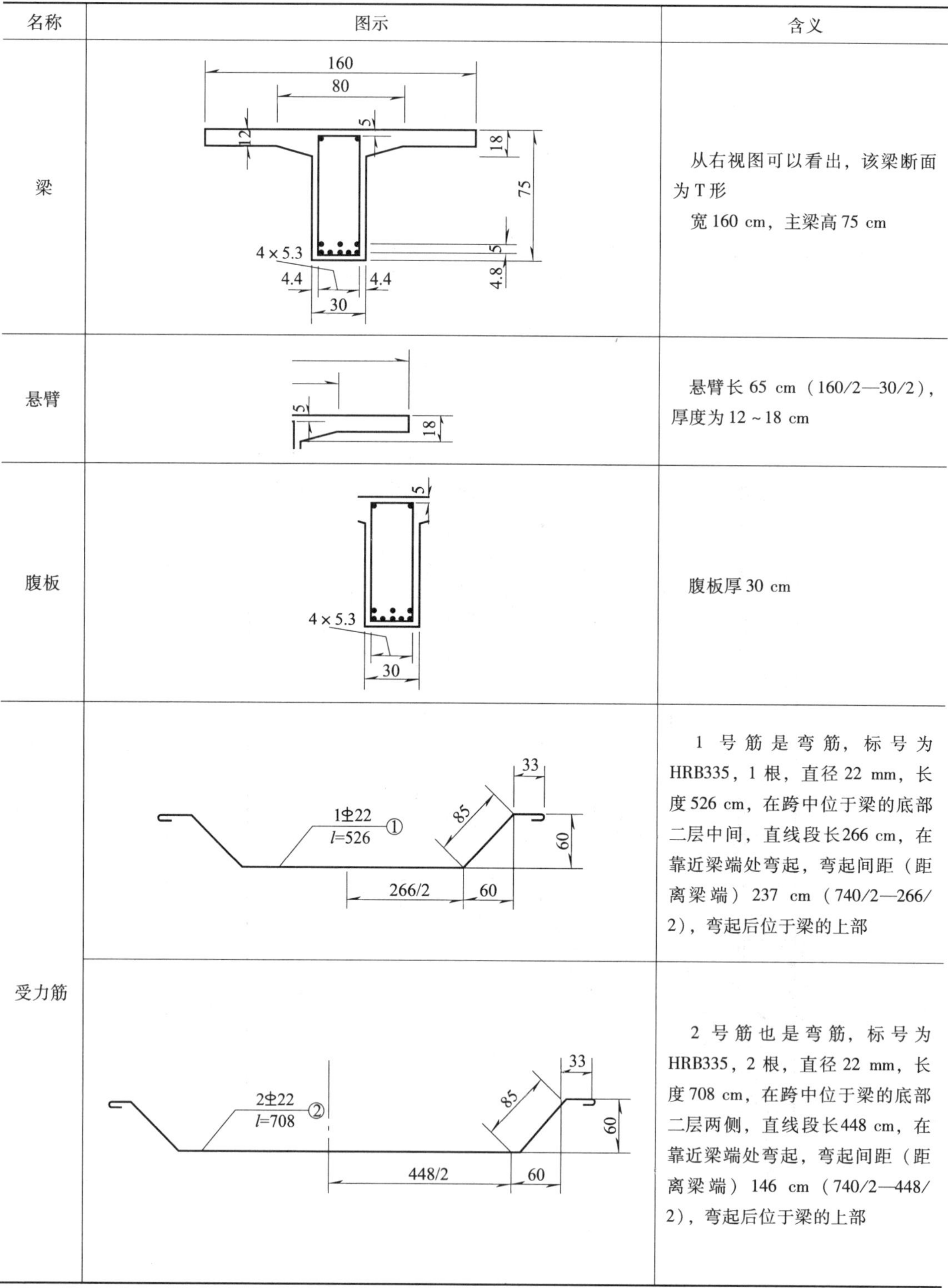

名称	图示	含义
梁		从右视图可以看出，该梁断面为 T 形 宽 160 cm，主梁高 75 cm
悬臂		悬臂长 65 cm（160/2—30/2），厚度为 12 ~ 18 cm
腹板		腹板厚 30 cm
受力筋		1 号筋是弯筋，标号为 HRB335，1 根，直径 22 mm，长度 526 cm，在跨中位于梁的底部二层中间，直线段长266 cm，在靠近梁端处弯起，弯起间距（距离梁端）237 cm（740/2—266/2），弯起后位于梁的上部
		2 号筋也是弯筋，标号为 HRB335，2 根，直径 22 mm，长度 708 cm，在跨中位于梁的底部二层两侧，直线段长448 cm，在靠近梁端处弯起，弯起间距（距离梁端）146 cm（740/2—448/2），弯起后位于梁的上部

续表

名称	图示	含义
受力筋	2⌀22 l=892 ③ 13 70 45	3 号筋也是弯筋，标号为 HRB335，2 根，直径 22 mm，长度 892 cm，在跨中位于梁的底部，直线段长 610 cm，在靠近梁端处弯起，弯起间距（距离梁端）为 65 cm（740/2—610/2）
受力筋	3⌀22 l=882 ④ 728/2 65	4 号筋也是弯筋，标号为 HRB335，3 根，直径 22 mm，长度 882 cm，在跨中位于梁的底部，至两端后弯起。与 1 号筋形成骨架 A。与 2 号筋形成骨架 B。骨架 A、B 和 3 号筋交替分布，间距为 5. 3 cm
架立筋	2⌀22 l=745 ⑤ 730/2	5 号筋，标号 HRB335，2 根，直径 12 mm，长度 745 cm，分布在梁顶端
箍筋	20⌀6 ⑥ l=200@30 26 74 76 24	6 号筋，标号 HPB235，24 根，直径 6 mm，长度为 200 cm，分布在腹板处

如何看钢筋图样

一、箍筋的表示方法

（1）ϕ10@100/200（2）表示：箍筋直径为 10 mm，加密区间距为 100 mm，非加密区

间距为 200 mm，全为双肢箍。

（2）ϕ10@100/200（4）表示：箍筋直径为 10 mm，加密区间距为 100 mm，非加密区间距为 200 mm，全为四肢箍。

（3）ϕ8@200（2）表示：箍筋直径为 8 mm，间距为 200 mm，双肢箍。

（4）ϕ8@100（4）/150（2）表示：箍筋直径为 8 mm，加密区间距为 100 mm，四肢箍，非加密区间距为 150 mm，双肢箍。

二、梁上主筋和梁下主筋同时表示方法

（1）3Φ22，3Φ20 表示：上部钢筋为 3Φ22，下部钢筋为 3Φ20。

（2）2ϕ12，3Φ18 表示：上部钢筋为 2ϕ12，下部钢筋为 3Φ18。

（3）4Φ25，4Φ25 表示：上部钢筋为 4Φ25，下部钢筋为 4Φ25。

（4）3Φ25，5Φ25 表示：上部钢筋为 3Φ25，下部钢筋为 5Φ25。

三、梁上部钢筋表示方法（标在梁上支座处）

（1）2Φ20 表示：两根 Φ20 的钢筋，通长布置，用于双肢箍。

（2）2Φ22 +（4Φ12）表示：2Φ22 为通长，4Φ12 架立筋，用于六肢箍。

（3）6Φ25 4/2 表示：上部钢筋上排为 4Φ25，下排为 2Φ25。

（4）2Φ22 +2Φ22 表示：只有一排钢筋，两根在角部，两根在中部，均匀布置。

四、梁腰中钢筋表示方法

（1）G2ϕ12 表示：梁两侧的构造钢筋，每侧一根 ϕ12。

（2）G4ϕ14 表示：梁两侧的构造钢筋，每侧两根 ϕ14。

（3）N2ϕ22 表示：梁两侧的抗扭钢筋，每侧一根 ϕ22。

（4）N4ϕ18 表示：梁两侧的抗扭钢筋，每侧两根 ϕ18。

五、梁下部钢筋表示方法（标在梁的下部）

（1）4Φ25 表示：只有一排主筋，4Φ25 全部伸入支座内。

（2）6Φ252/4 表示：有两排钢筋，上排筋为 2Φ25，下排筋为 4Φ25。

（3）6Φ25（ -2）/4 表示：有两排钢筋，上排筋为 2Φ25，不伸入支座，下排筋为 4Φ25，全部伸入支座。

（4）2Φ25 +3Φ22（ -3）/5Φ25 表示：有两排筋；上排筋为 5 根，2Φ25 伸入支座，3Φ22 不伸入支座；下排筋为 5Φ25，通长布置。

思考与练习

1. 现行规范中常见的钢筋牌号与符号是什么？

2. 常见的钢筋结构图的图示内容及图示特点是什么？

3. 识读图 7—2—10 所示的桥台基础钢筋构造图。

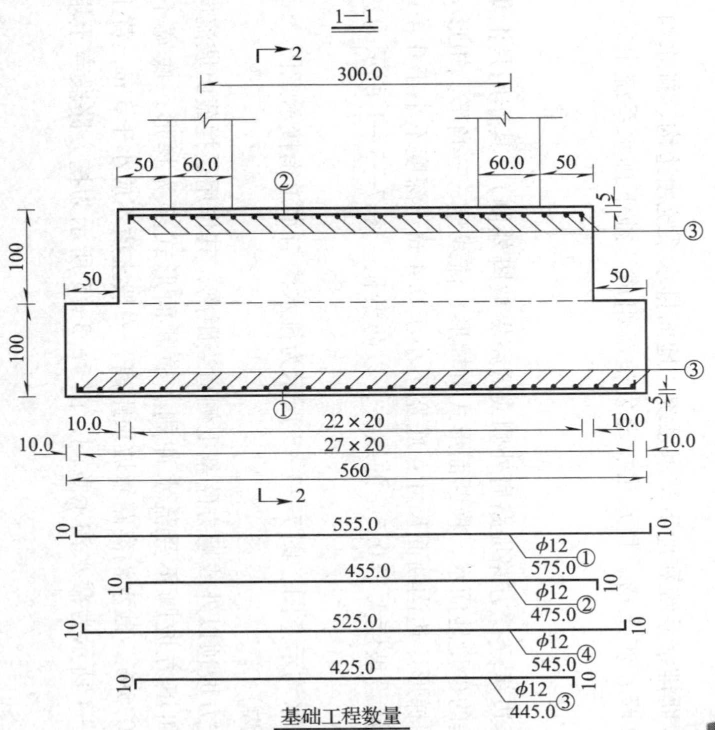

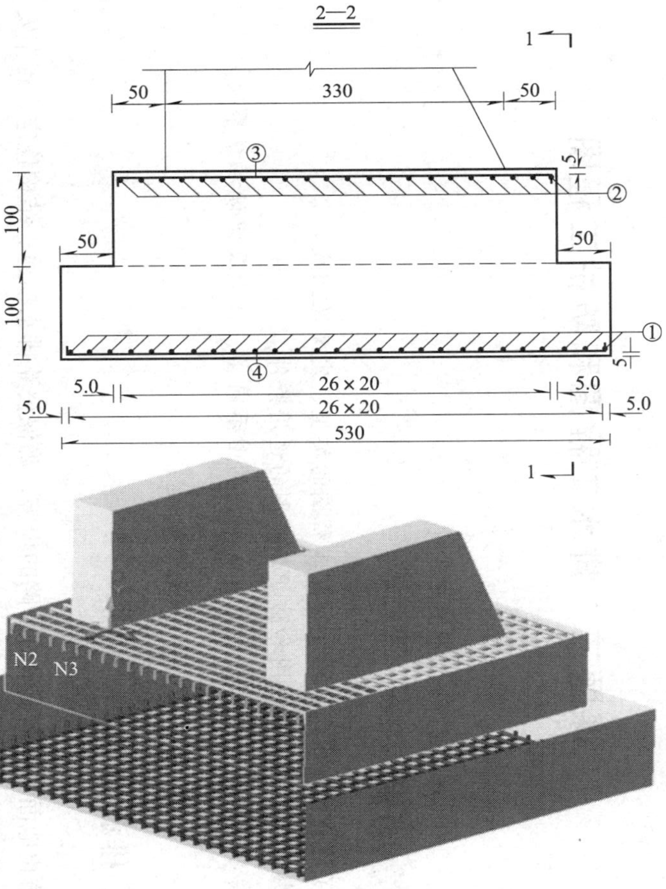

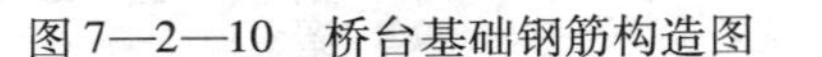

基础工程数量

编号	直径 (mm)	长度 (cm)	根数	共重 (kg)	C20混凝土 (m^3)
1	ϕ12	575.0	27	457.1	49.46
2		475.0	22		
3		445.0	23		
4		545.0	28		

图7—2—10 桥台基础钢筋构造图

课题三　排水工程图和防护工程图

◆ 了解公路排水工程图和防护工程图的类型、定义及组成。
◆ 熟悉常用排水工程图和防护工程图的适用条件。
◆ 掌握常用排水工程图和防护工程图的图示内容、特点及识读注意事项。

一、排水工程图

为防止地面水和地下水对公路的损害，确保公路排水畅通、结构稳定、行车安全所采用的各种拦截、汇集、拦蓄、输送、排放地表水或地下水的排水设施和构筑物组成的总体称为公路排水系统。

公路排水系统包括地面排水系统和地下排水系统。地面排水系统由边沟、排水沟、截水沟、跌水和急流槽、倒虹吸、渡水槽、拦水带、蒸发池等组成。地下排水系统由暗沟、渗沟、渗水井等组成。

1. 边沟和排水沟

边沟设计位置在路基边缘（挖方路堤路肩外侧或低路堤坡脚外侧），其作用是汇集、排除路基范围内和流向路基的少量地面水，横断面形式有梯形、流线型、三角形、矩形。一般情况下，土质边沟宜采用梯形。边沟断面尺寸：底宽不小于0.4 m，深度不小于0.4 m，流量大时可采用0.6 m。沟底设坡度大于0.5%的纵坡，以防淤积。图7—3—1所示为边沟横断面形式示意图。

图7—3—2所示为排水沟示意图，图7—3—3所示为排水沟与水道衔接示意图。

2. 截水沟（又称天沟）

截水沟设计位置在挖方坡顶以外或填方路基上侧适当距离，其作用是拦截山坡流向路基的水流，保护挖方边坡和填方坡脚不受流水冲刷。横断面形式多为梯形，底宽不小于0.5 m，纵坡坡度不小于0.5%，截水沟离路堑坡顶距离，一般土质不应小于5 m，黄土土质不应小于10 m。图7—3—4所示为截水沟示意图，图7—3—5所示为挖方路段弃土堆与截水沟的关系图。

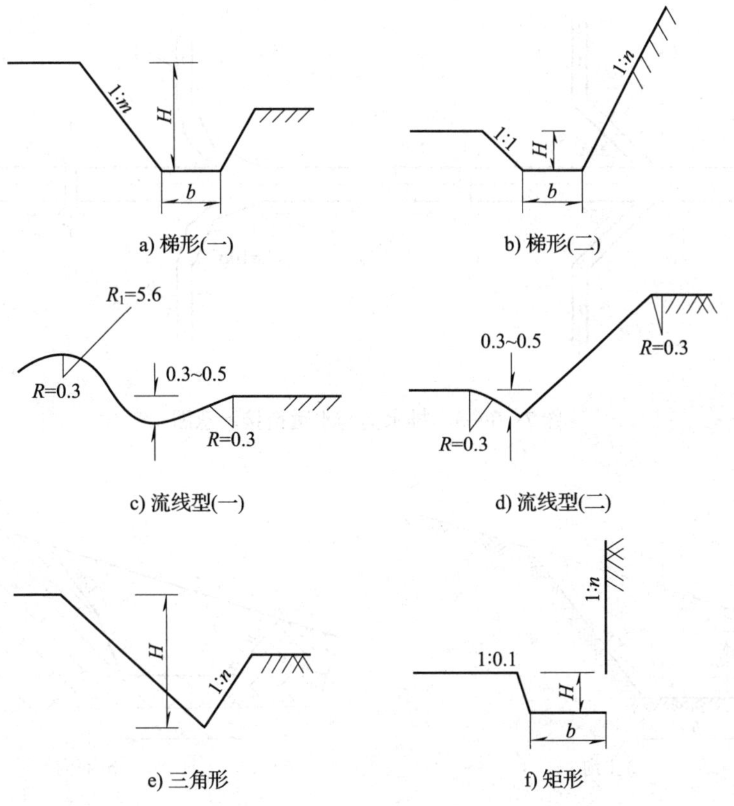

图 7—3—1　边沟横断面形式示意图

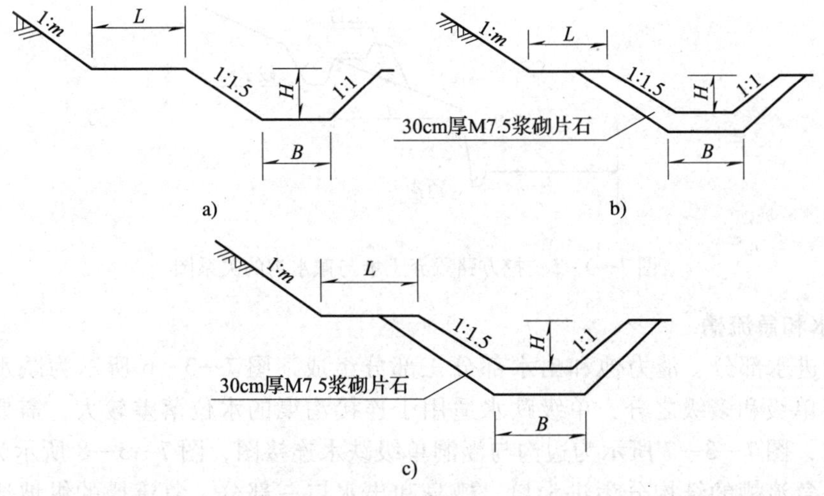

图 7—3—2　排水沟示意图

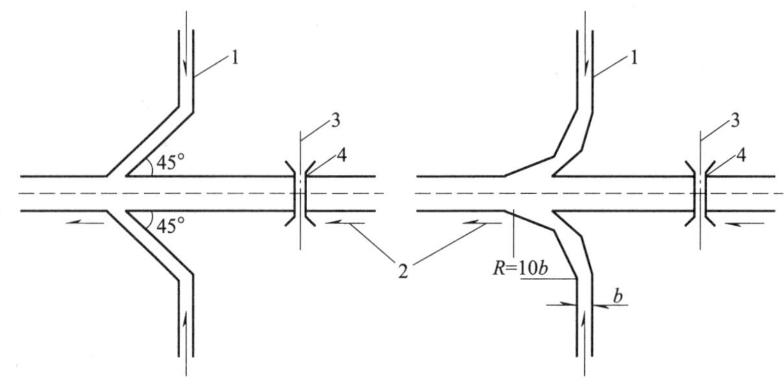

图 7—3—3　排水沟与水道衔接示意图

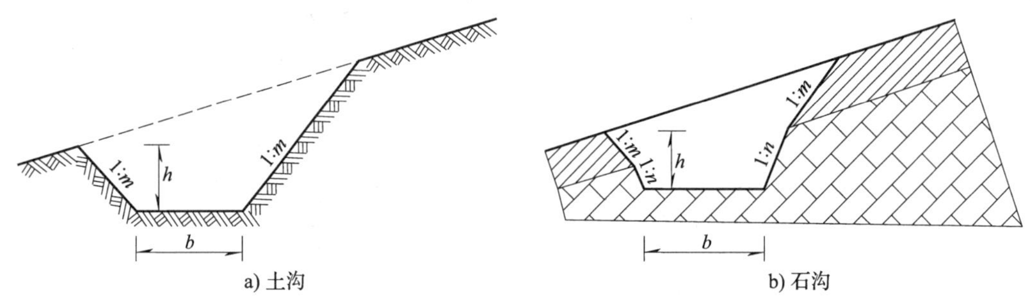

图 7—3—4　截水沟示意图

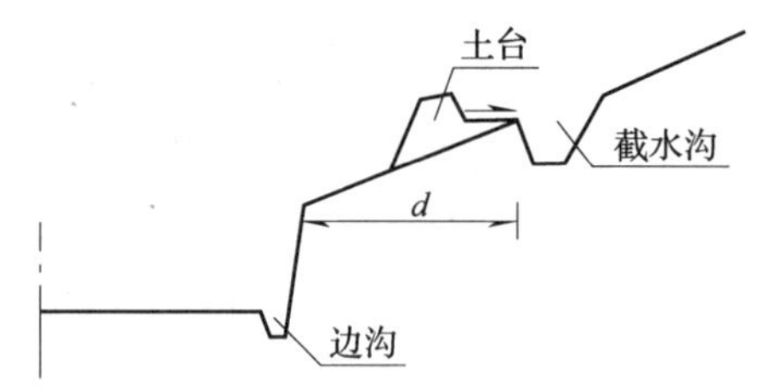

图 7—3—5　挖方路段弃土堆与截水沟的关系图

3. 跌水和急流槽

跌水由进水部分、消力池和出水部分三部分组成，图 7—3—6 所示为跌水构造示意图。跌水有单级和多级之分，单级跌水适用于连接沟渠的水位落差较大，需要消能或改善水流方向，图 7—3—7 所示为边沟与涵洞单级跌水连接图，图 7—3—8 所示为多级跌水纵剖面图。急流槽的结构分为进水口、槽身和出水口三部分，急流槽的纵坡比跌水的平均纵坡更陡。

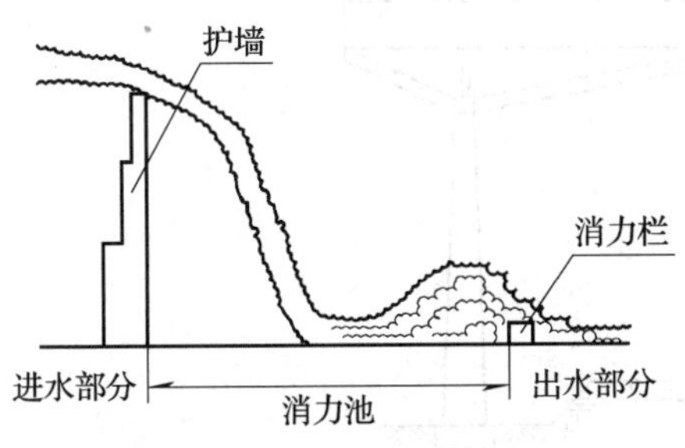

图 7—3—6 跌水构造示意图

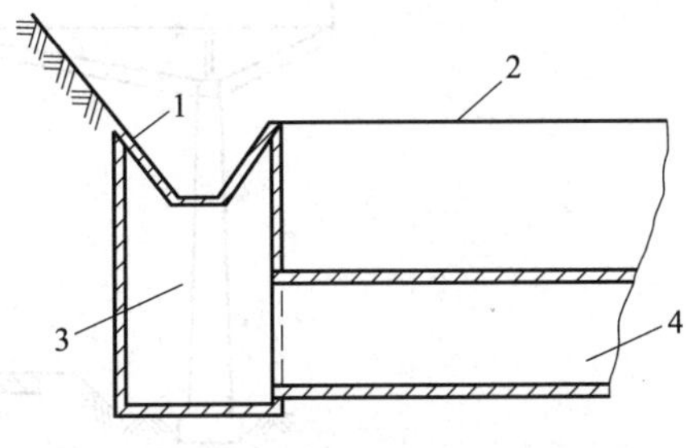

图 7—3—7 边沟与涵洞单级跌水连接图

1—边沟 2—路基 3—跌水井 4—涵洞

4．倒虹吸和渡水槽

当水流需要横跨路基，同时受到设计标高上的限制，而不能按正常条件下设置涵洞，此时，可采用管道和沟槽从路基底部或上部架空跨越，前者称为倒虹吸，后者称为渡水槽，分别相当于特殊的涵洞和渡水桥，图 7—3—9 所示为倒虹吸管上游进口构造图，图 7—3—10 所示为渡水槽示意图。

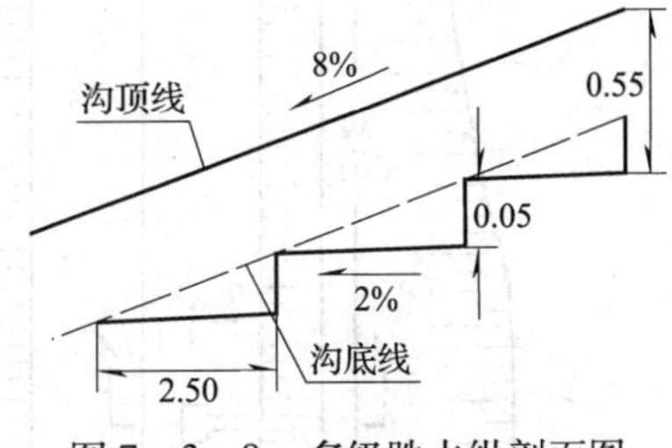

图 7—3—8 多级跌水纵剖面图

5．暗沟

暗沟是设在地面以下引导水流的沟渠，其本身不起渗水、汇水作用。暗沟可分为洞式和管式两大类，沟宽或管径一般为 20 ~ 30 cm，净高约为 20 cm。图 7—3—11 所示为暗沟构造图。

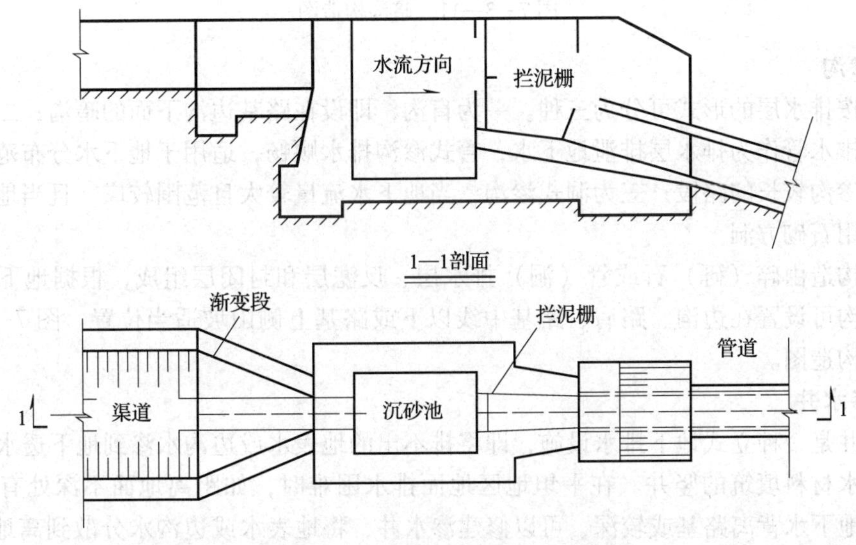

图 7—3—9 倒虹吸管上游进口构造图

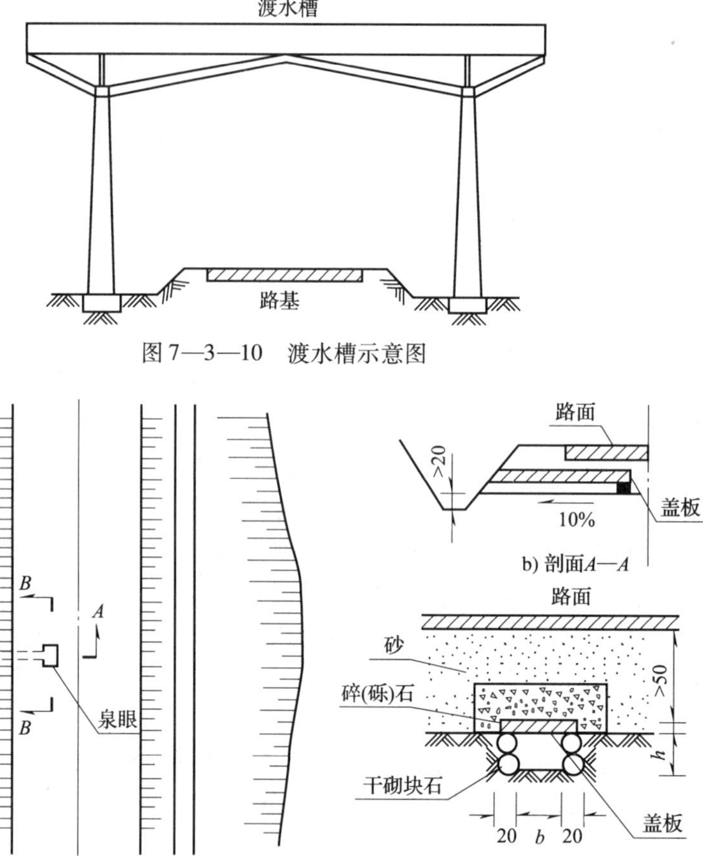

图 7—3—10　渡水槽示意图

图 7—3—11　暗沟构造图

6. 渗沟

渗沟按排水层的形式可分为三种。一为盲沟，即设在路基边沟下面的暗沟；二为管式渗沟，是用排水管作为排水层排泄地下水，管式渗沟排水顺畅，适用于地下水分布范围广、藏水量大、渗沟较长的路段；三为洞式渗沟，当地下水流量较大且范围较广，且当地石料丰富时，可采用石砌方洞。

渗沟构造由碎（砾）石或管（洞）排水层、反滤层和封闭层组成，根据地下水位分布情况，渗沟可设置在边沟、路肩、路基中线以下或路基上侧山坡适当位置。图 7—3—12 所示为渗沟构造图。

7. 渗水井

渗水井是一种立式地下排水设施，即将排不出的地表水或边沟水渗到地下透水层中而设置的用透水材料填筑的竖井。在平坦地区地面排水困难时，如距离地面不深处有渗透性土层，而且地下水背离路基或较深，可以修建渗水井，将地表水或边沟水分散到离地面 1.5 m 以下的土层中。井内由中心向四周按层次分别填入由粗到细的砂石材料，粗料渗水、细料反滤。图 7—3—13 所示为渗水井构造图。

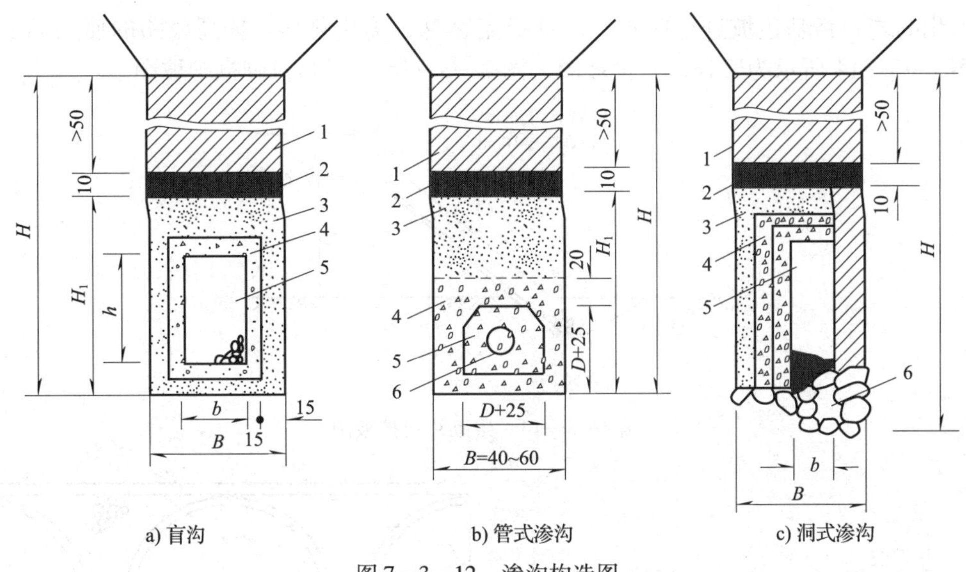

a) 盲沟　　b) 管式渗沟　　c) 洞式渗沟

图 7—3—12　渗沟构造图

1—夯实黏土　2—双层反铺草皮　3—粗砂　4—石屑　5—碎石　6—浆砌片石沟洞

8. 识读排水工程图的方法

单一的排水构筑物是不能完成全路基排水任务的，必须进行整体规划、综合考虑，合理调配流量，正确选定构筑物的形式和位置，使水的源头和归宿都有安排，各构筑物有机地组成一个整体。

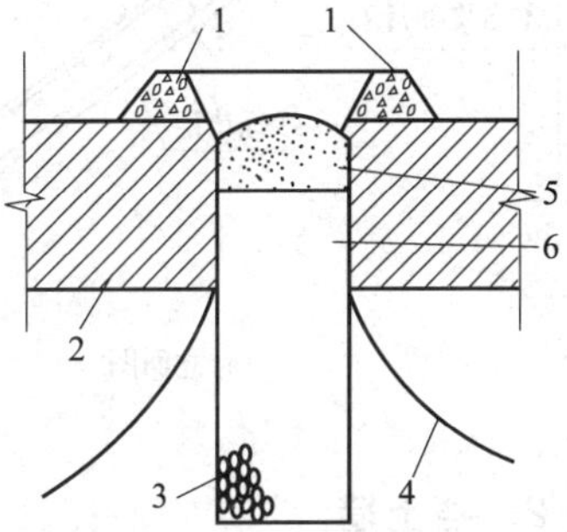

识读公路排水工程图要从两方面进行。一是通过识读排水工程的平、纵、横三面图，进而识读排水工程在全线的布设情况；二是通过识读路基排水防护设计图，进而识读某一排水设施的具体构造和技术要求。

图 7—3—13　渗水井构造图

1—防护土堤　2—不透水层　3—碎（砾）石　4—渗透扩散曲线　5—粗砂　6—砾石

一般从以下几方面识读排水系统工程图：

（1）桥涵位置、中心里程、水流方向、进出口沟底标高及其附属工程等。

（2）地形等高线、主要沟渠，必要的路堤坡脚和路堑坡顶线。

（3）沿线取土坑、弃土坑的位置。

（4）路线交叉设施、防护与加固工程、不良地质边界、农田排灌渠道等。

此外，还需识读各种路基排水设备的类型、位置、排水方向与纵坡、长度、出水口与分界点的位置等。

二、防护工程图

1. 边坡护砌设计图

为了防止路基发生变形和破坏，保证路基的强度和稳定性，对黏性土、粉性土、细砂土及易风化的岩石路基边坡进行防护，起到稳定路基，美化路容，提高公路的使用品质的效果。图 7—3—14 所示为浆砌片石护坡图，图 7—3—15 所示为衬砌拱护坡图。

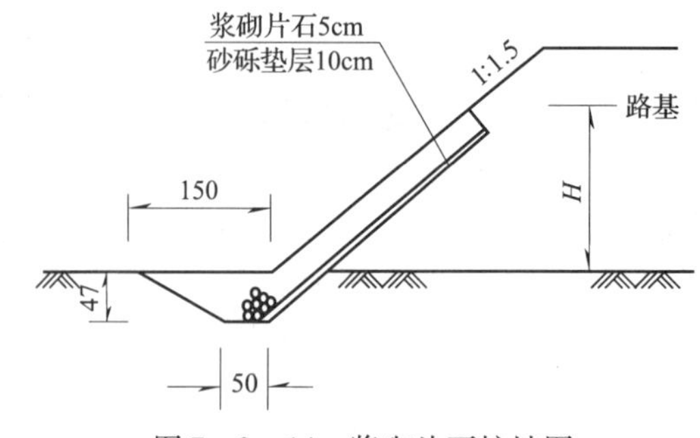

图 7—3—14　浆砌片石护坡图

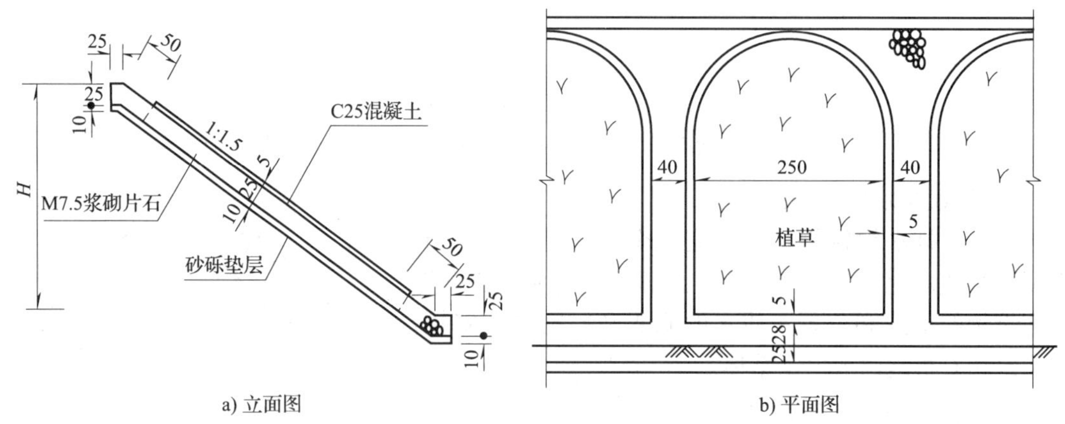

图 7—3—15　衬砌拱护坡图

2. 挡土墙

挡土墙一般由墙身、基础、排水设施和沉降伸缩缝组成，是一种能够抵抗侧向土压力，防止墙后土体坍塌的建筑物。挡土墙能稳定路堤和路堑边坡，减少土石方工程量，防止水流冲刷路基，同时也常用于治理滑坡崩塌等路基病害。如图 7—3—16 所示，按照不同类型，挡土墙可分为悬臂式挡土墙、扶壁式挡土墙、锚杆式挡土墙、重力式挡土墙、锚定板式挡土墙、薄壁式挡土墙、加筋式挡土墙等；如图 7—3—17 所示，按照不同位置，挡土墙可分为路肩墙、路堤墙、路堑墙、山坡挡土墙等。

3. 锥形护坡

锥形护坡用于桥台迎水面的坡面防护，通常采用 1/4 正椭圆锥形，坡面一般用块石砌筑，图 7—3—18 所示为锥形护坡三视图。

三、排水工程图的识读示例

图 7—3—19 所示为排水工程图。识读该排水工程图中包含的排水系统、各排水系统所处位置，并说明理由；识读水流方向，说明各排水系统的主要导流功能及其布设关系。

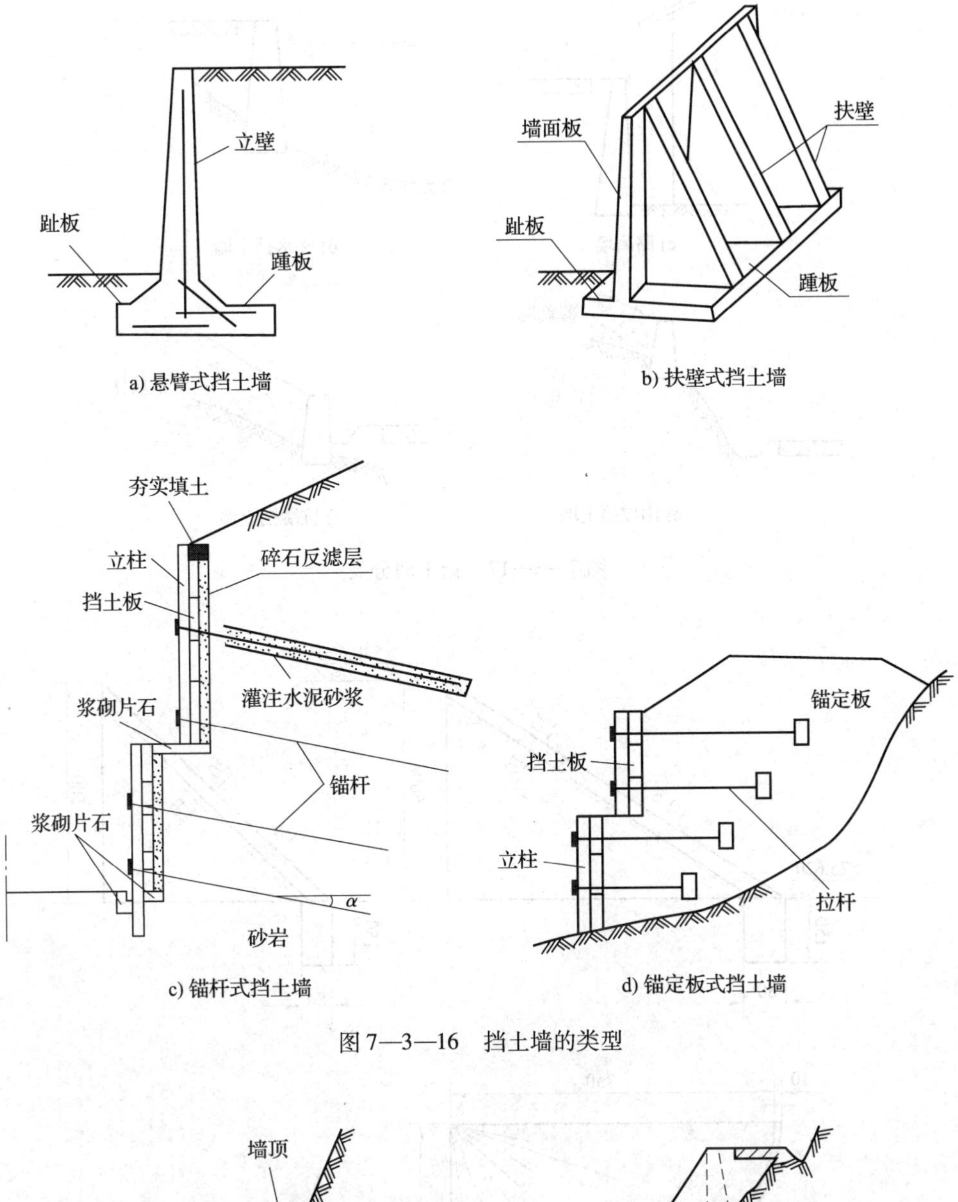

立壁
趾板
踵板
墙面板
扶壁
趾板
踵板
夯实填土
立柱
碎石反滤层
挡土板
灌注水泥砂浆
浆砌片石
锚杆
浆砌片石
α
砂岩
锚定板
挡土板
立柱
拉杆

a) 悬臂式挡土墙　　b) 扶壁式挡土墙

c) 锚杆式挡土墙　　d) 锚定板式挡土墙

图 7—3—16　挡土墙的类型

墙顶
墙背倾角
墙面
墙背
墙趾
墙踵
墙底

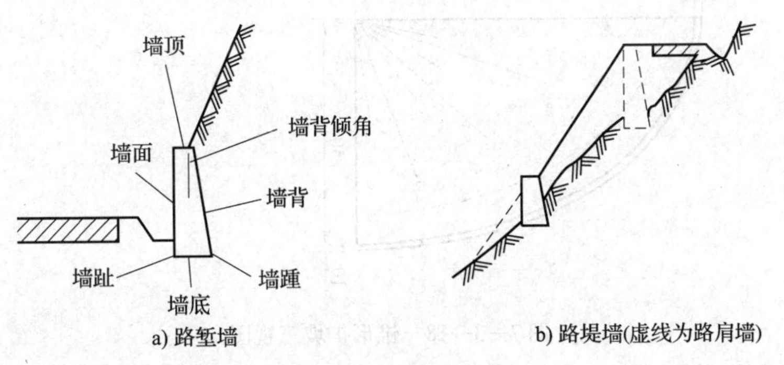

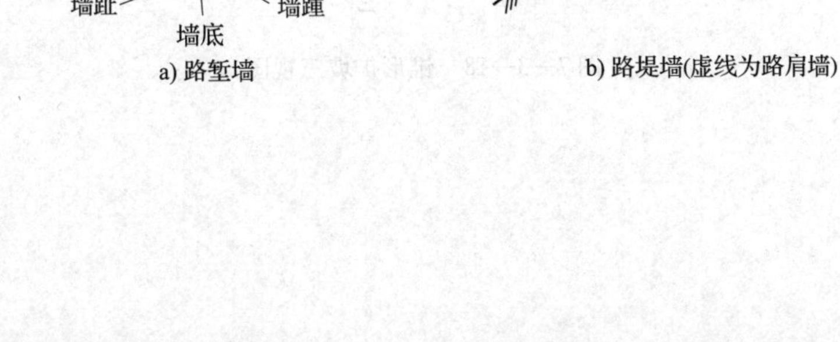

a) 路堑墙　　b) 路堤墙(虚线为路肩墙)

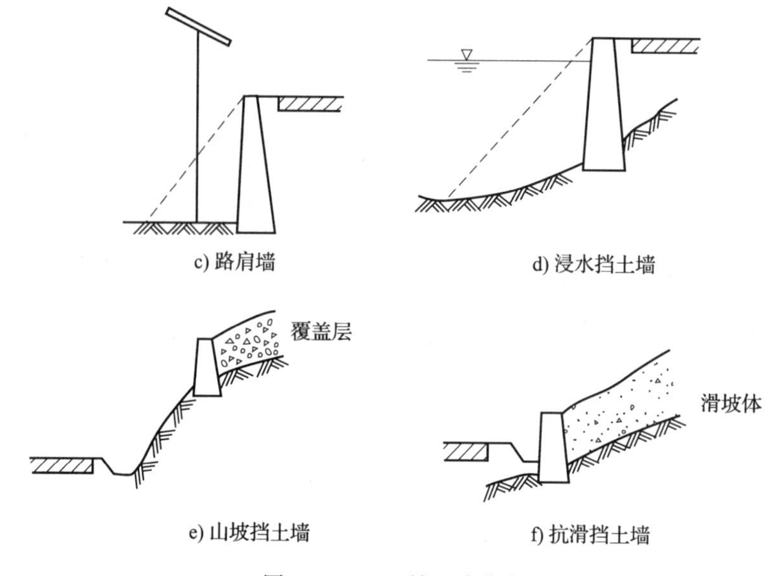

图 7—3—17　挡土墙分类

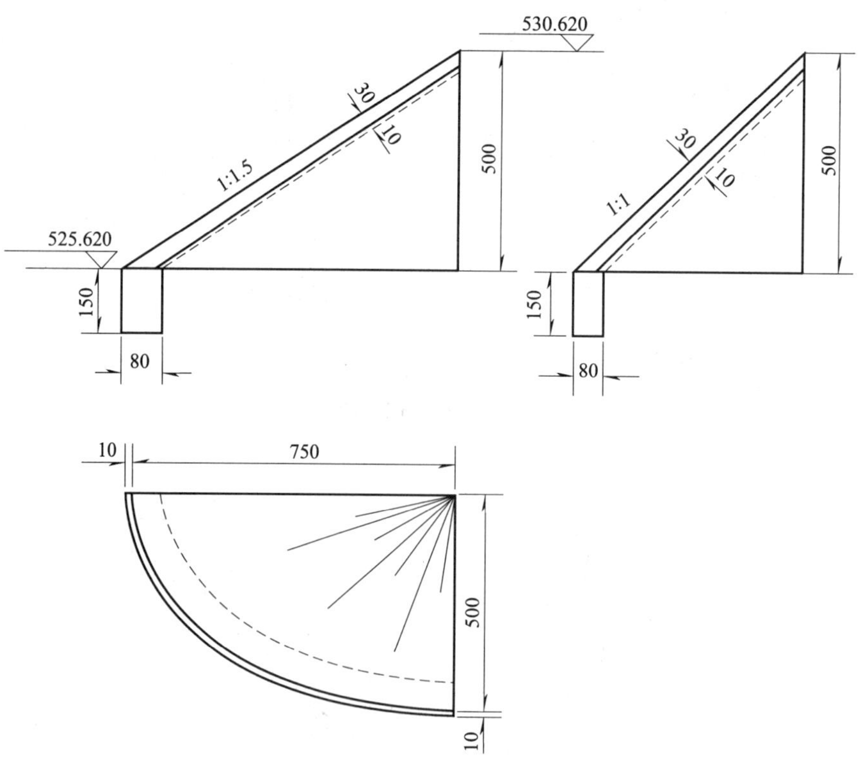

图 7—3—18　锥形护坡三视图

450
440
430
420
390
380
370
l=46m
l=84m
l=58m
l=58m
弃(整平造田)
弃(整平造田)
弃(整平造田)
弃(整平造田)
2‰ 2‰
K277+740
2‰ 2‰
K277+630.87
2‰ 2‰
K277+506
2‰ 2‰
K277+400.10
急流槽
跌水
边沟
截水沟

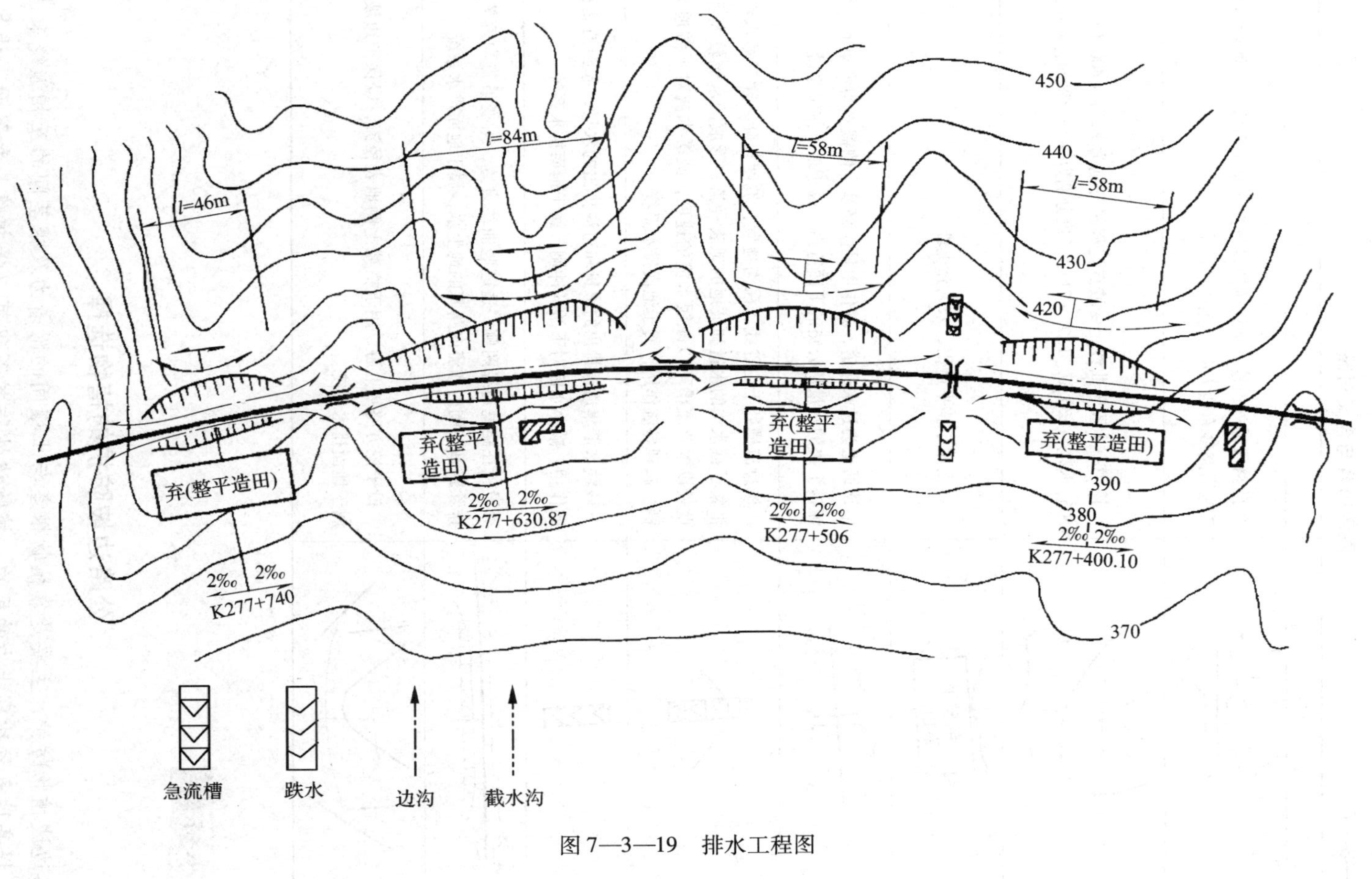

图 7—3—19 排水工程图

识读出的内容与含义见表7—3—1。

表7—3—1　　图示内容与含义对照

名称	图示	含义
桥涵	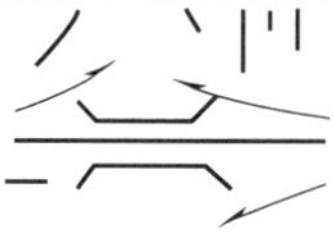	此路段地处山地，加设桥涵以减少路基土石方量，图示范围内有3座沿路线东西方向布设的中小桥
竖曲线	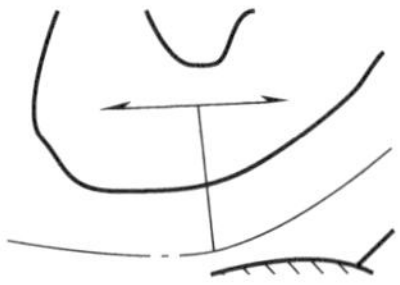	图中有4段竖曲线，变坡点里程桩分别为K277+400.10、K277+506、K277+630.87、K277+740，长度分别为58 m、58 m、84 m、46 m
弃土	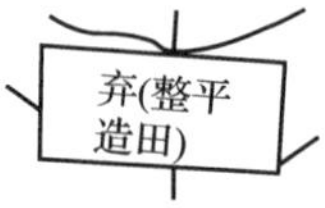 弃(整平造田)	弃土用于整平造田，未见弃土堆
通道	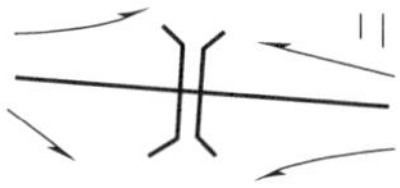	该通道为过水通道，其作用是使路基上侧截水沟汇集的水量、急流槽汇集的水量从公路的下面流出，属于地下排水系统
急流槽		该急流槽处于山谷线、深沟地段，坡度较陡，建于截水沟下游，汇集了截水沟的水量和坡地的地表径流，形成的水流较大且较急，此处设置急流槽可以减缓水流的速度，减缓水流对下游通道的冲刷，起到导流作用，属于地面排水系统
跌水		该跌水汇集通道排出的水量和边沟排出的水量，起到消能和导流的作用，减小水流对下游的冲刷，属于地面排水系统
边沟	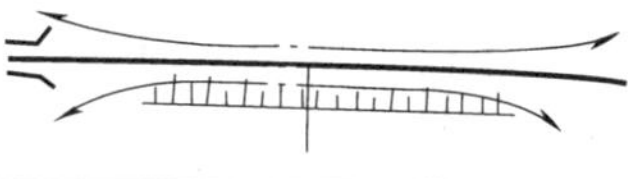	设置在路基边缘两侧，适应竖曲线设置，由变坡点向两侧汇集、排除路基范围内和流向路基的地上水，属于地面排水系统
截水沟	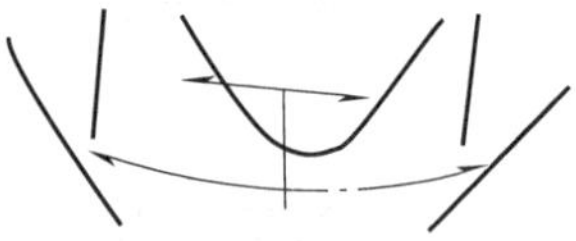	设于挖方路堑上游，用于拦截上侧地表径流，以保护边坡稳定，属于地面排水系统

公路边坡防护的植物选择

公路边坡植物防护，主要是靠植物根茎与土壤间的附着力及根茎间的互相缠绕来达到加固边坡、提高坡表抗冲刷能力的目的。植物边坡防护不仅可以保护路基和路面、诱导交通、保障行车安全、减轻噪声、涵养水源、减少水土流失，而且还可以净化空气、保护生态、美化环境，具有良好的经济效益、社会效益和生态效益。在越来越重视环境保护和人们生活质量的今天，植物防护已成为公路边坡防护的一种趋势，代表着边坡防护的发展方向。图7—3—20中列举了一些常用的边坡防护植物图例，供大家参考。

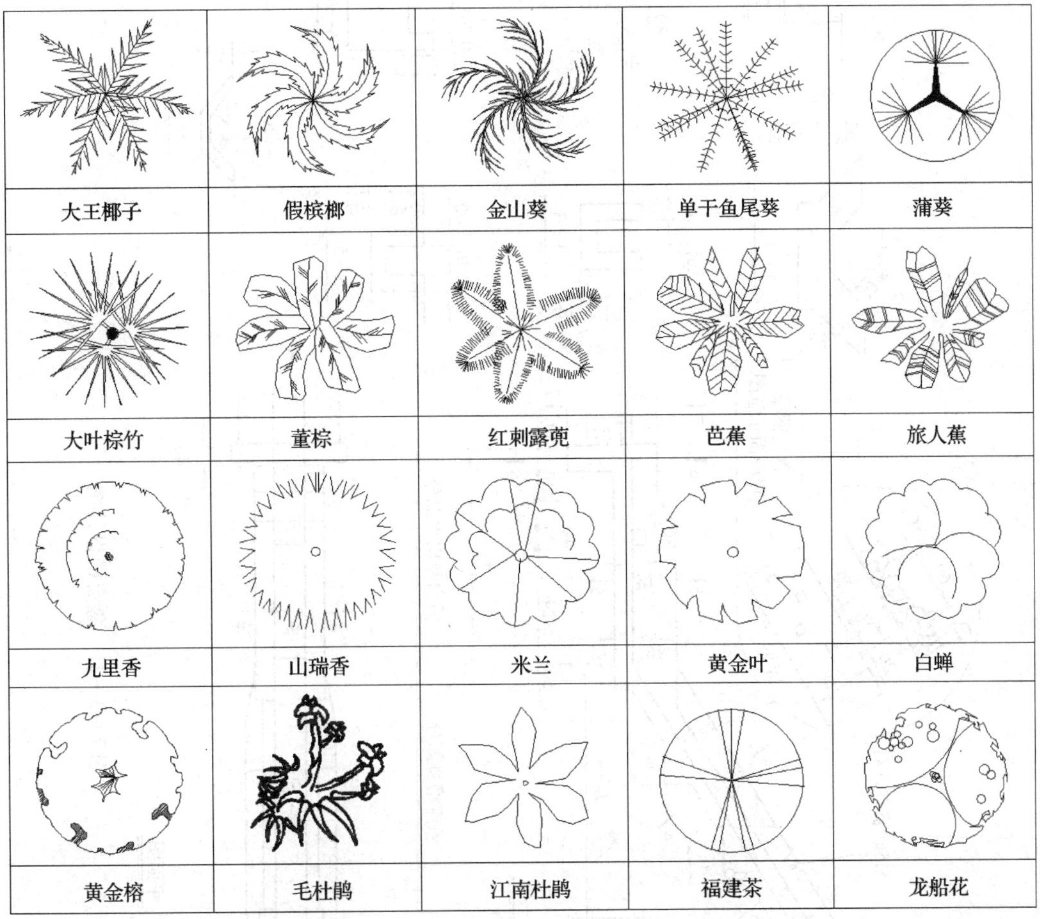

大王椰子	假槟榔	金山葵	单干鱼尾葵	蒲葵
大叶棕竹	董棕	红刺露兜	芭蕉	旅人蕉
九里香	山瑞香	米兰	黄金叶	白蝉
黄金榕	毛杜鹃	江南杜鹃	福建茶	龙船花

图7—3—20　常用的边坡防护植物图例

思考与练习

1. 挡土墙的类型有哪些？按照设置位置不同可以分为哪几类？各自的特点和适用条件是什么？

2. 说明跌水和急流槽，各自的特点和适用条件。

3. 识读图7—3—21所示急流槽设计图，识读出以下内容。

（1）识读急流槽平面图、剖面图、侧面图。

（2）识读急流槽的结构、尺寸和组成部分的材料。

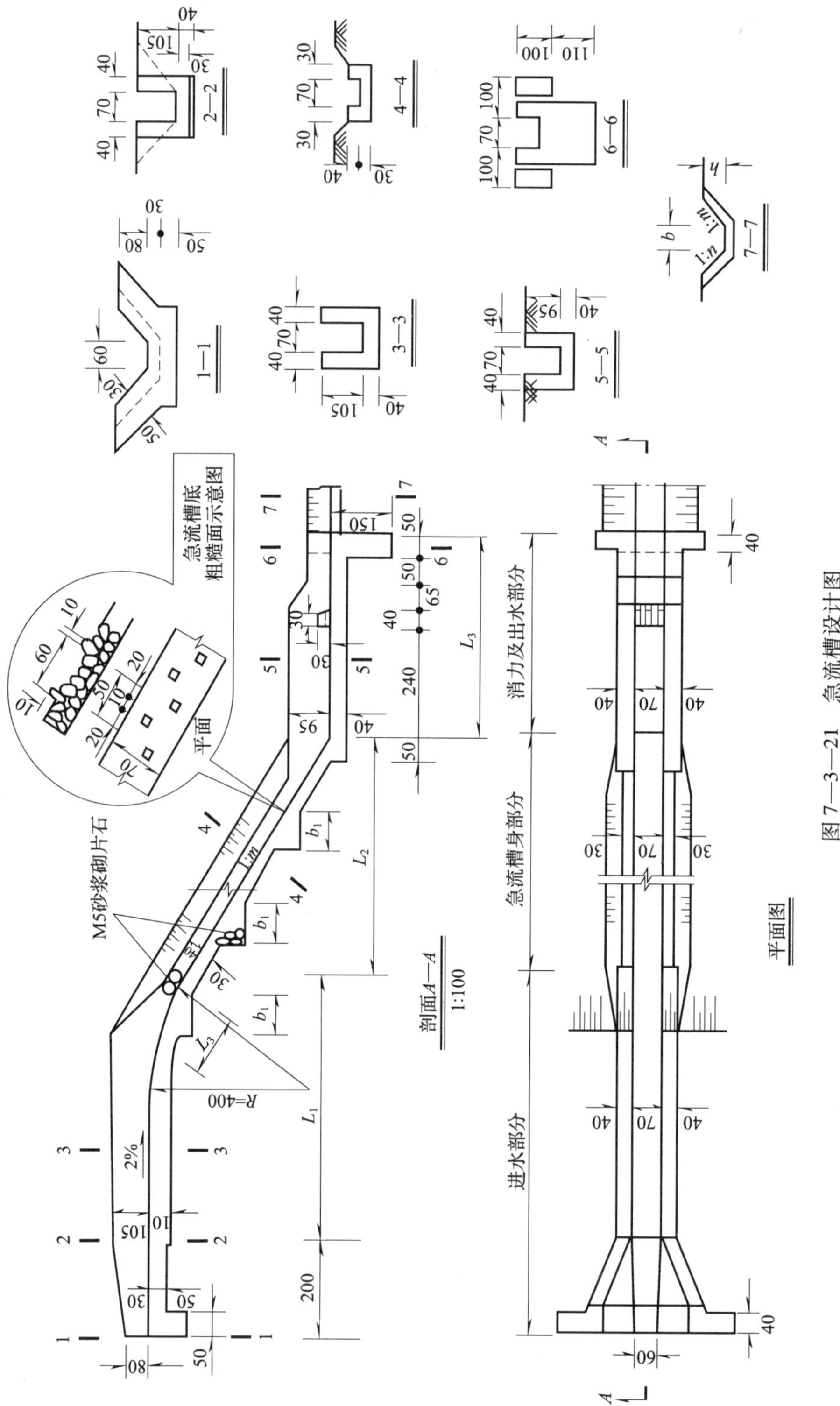

图7—3—21　急流槽设计图

模块八

识读桥梁工程图

课题一　桥位平面图和桥位地质断面图

◆ 了解桥位平面图的特点及周围地形地貌。
◆ 了解桥位地质断面图的特点。
◆ 掌握桥位平面图和桥位地质断面图表达的主要内容。
◆ 能准确识读桥位平面图和桥位地质断面图。

一、桥位平面图

桥位是指在勘测过程中所选择的建桥位置。

建造一座桥梁需用的图样很多，但一般可分为桥位平面图、桥位地质断面图、桥梁总体布置图、构件图等。其中桥位平面图主要是表示桥梁与路线连接的平面位置。通过地形测量绘出桥位处的道路、河流、水准点、钻孔及附近的地形和地物（如房屋、原有桥梁等），以便作为设计桥梁、施工定位的根据。

桥位平面图能够清楚地表示出桥梁在整个线路中的地理位置。通过桥位平面图能宏观把握桥梁的整体情况、桥梁在地形图上的方位走向，以及桥梁所在地区周围的地形、地物。所以桥位平面图是桥梁平面定位放线的主要依据，工程中必须能熟练识读桥位平面图。

1. 识读桥位平面图的注意事项

（1）桥位平面图一般采用较小的比例，图幅比例一般为1∶200、1∶500、1∶1 000、1∶2 000 等。

（2）确定桥梁、路线及地形、地物的方位采用平面坐标或指北针定位。

（3）地形、地物的图示方法与道路路线平面图相同，即等高线或地形点表现地形情况，图例表现地物情况，水准点用规定的符号表示位置、编号及高程。

（4）路线线形情况、里程桩号、路线控制点等，均与道路路线平面图相同。

（5）用图例符号表明桥梁位置和钻探孔的位置及编号。

2．桥位平面图的绘制要点

要想更加准确地识读桥位平面图，最好先了解一下绘制桥位平面图的要点。

（1）测绘地形图或在已有的地形图上按比例绘制道路路线中线，应用粗实线绘制。当选用较大比例尺时用粗实线表示道路边线，用细点划线表示道路中心线，注明里程桩号、控制点坐标等相关参数。

（2）用图例符号（细实线）绘出桥位、钻探孔位、水准点及编号。当选用大比例尺时，桥梁的长、宽均用粗实线按比例画出。

（3）标明图幅名称、比例、图标、指北针等内容。

二、桥位平面图的识读示例

图 8—1—1 所示为某桥的桥位平面图，请结合所学知识，准确识读出桥位的所有信息。

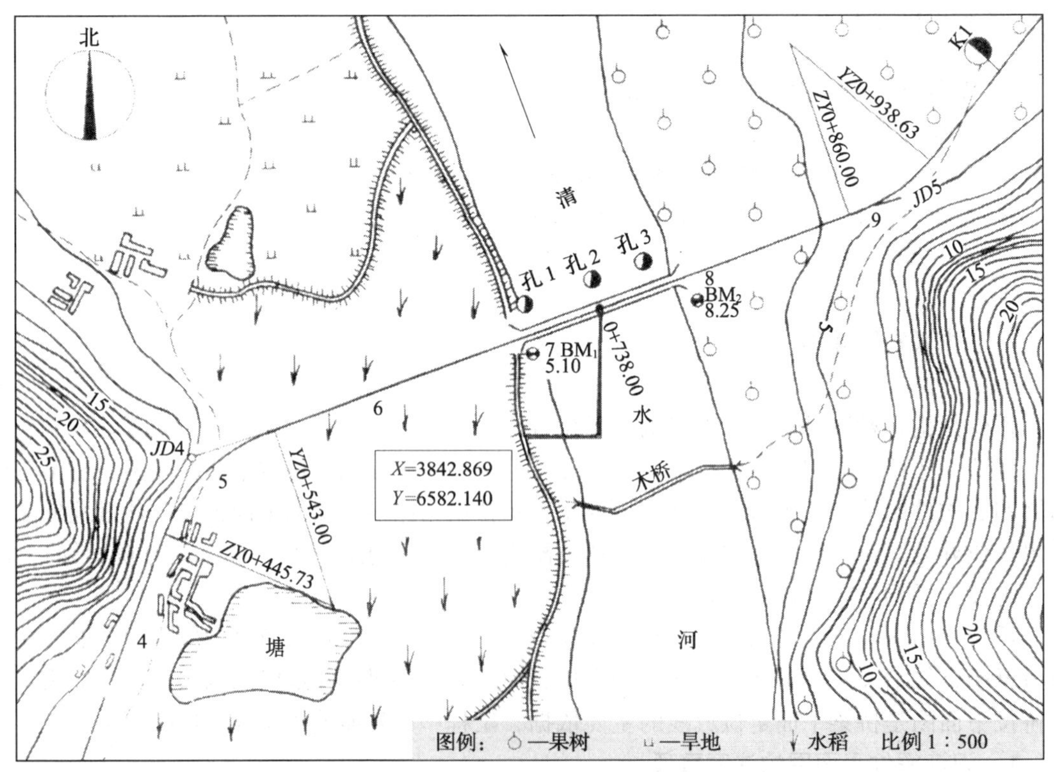

图 8—1—1　某桥的桥位平面图

图示与识读出的内容与含义见表 8—1—1。

表 8—1—1　　图示内容与含义对照

名称	图示	含义
比例	比例 1∶500	由图例可知本图比例为 1∶500
图例	图例：○—果树　ㅁ—旱地　水稻	图例有果树、旱地和水稻的图示方法
方位	 北	图中用指北针标明方位。箭头所指的方向为正北。由此判断出桥的走向为西南—东北
桥周围的地形、地物及地貌	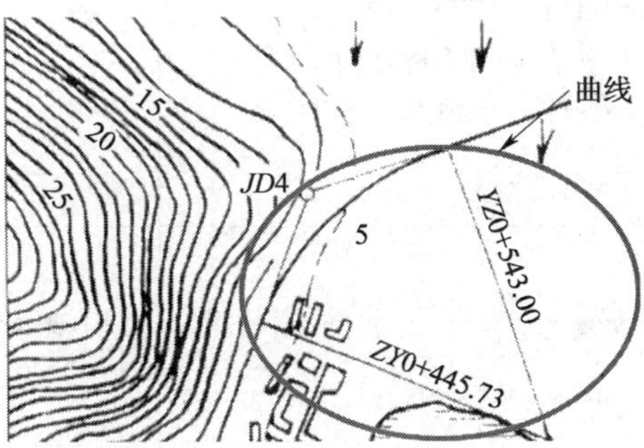 15　20　25　JD4　5　曲线　YZ0+543.00　ZY0+445.73	根据图中等高线的疏密可以看出，该地区桥的西方是一山丘，最低处高程为 12 m，最高处高程为 29 m，山丘高约 17 m。采用图中标注曲线避开西方山丘
	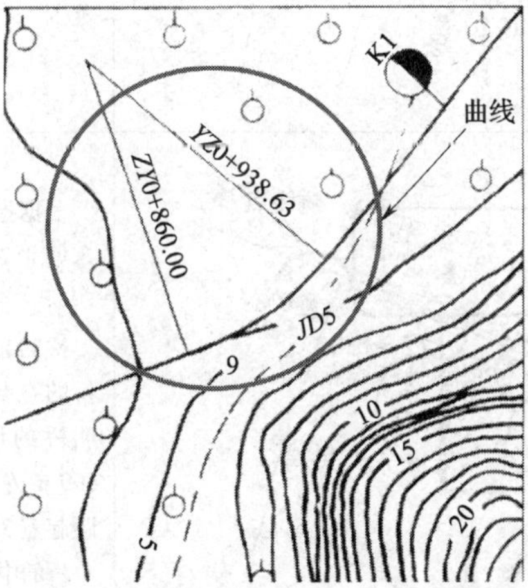 K1　曲线　YZ0+938.63　ZY0+860.00　JD5　9　10　15　20　5	根据图中等高线的疏密可以看出，该地区桥的东方也是一山丘，最低处高程为 6 m，最高处高程为 24 m，山丘高约 18 m。采用图中标注曲线避开东方山丘

续表

名称	图示	含义
桥周围的地形、地物及地貌	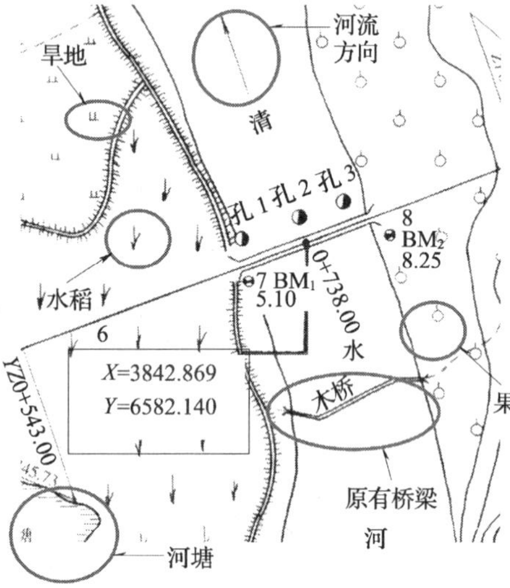	该桥跨过一条清水河自南向北流过（箭头指向下游），河上在新建桥的上游原有一座木桥 河岸西边是水稻田（图例为 ）、旱地（图例为 ）和一个河塘，河岸东边是果树（图例为 ）
公里桩		K1 表示该点距路线起点为 1 km 处
百米桩	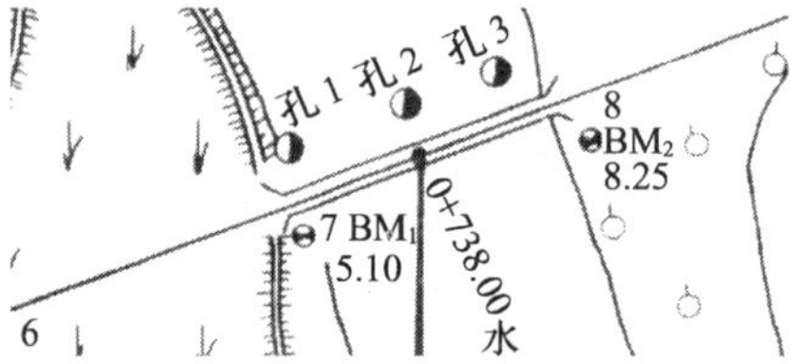	在 K1 前方桥的周围有百米桩 7、8，表示该桥在距起点 700 ~ 800 m 范围
桥位	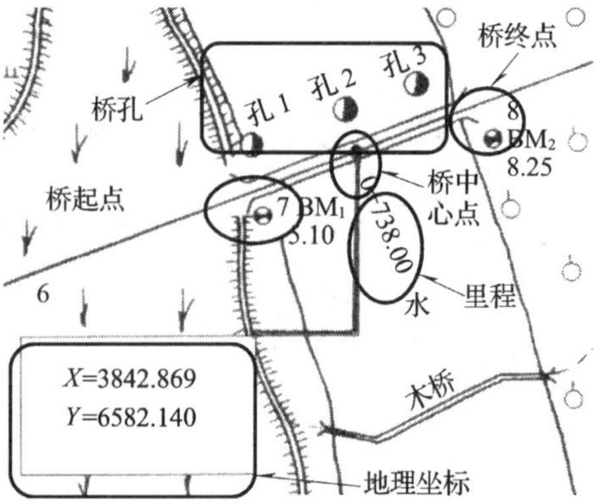	根据指北针显示桥的走向大概为东偏北 20°。桥有三个勘测孔为孔 1、孔 2 和孔 3 桥的起点在百米桩 7 左侧一点，桥的终点在百米桩 8 左侧一点。说明桥的西侧桥台位应在距起点 690 m 左右；桥的东侧桥台位应在距起点 780 m 左右 桥的中心点里程为 0 + 738.00，地理坐标为（3 842.869，6 582.140）

续表

名称	图示	含义
水准点	BM_1 5.10	表示路线的第 1 个水准点，该点高程为 5. 10 m
	BM_2 8.25	表示路线的第 2 个水准点，该点高程为 8. 25 m

根据表 8—1—1 的详细描述，归纳总结图 8—1—1 桥位平面图主要表达的信息如下：

1. 该桥位平面图采用的比例尺为 1∶500。

2. 桥梁在整个路线中居于 K0 + 700 ~ K0 + 800 之间，跨越一条清水河，桥的整体走向是东偏北大约 20°。

3. 河流左岸是大片的水稻田、旱地、村庄，河流右岸是果树林和较陡峭的山坡，两侧桥台所在的桥位离周边的两座山还有一段距离，桥梁整体处于地势较为平坦的区域，两岸分别是稻田和果园。

4. 桥位定位时在河床上选择了三个孔进行钻探，分别为孔 1、孔 2 和孔 3。桥梁定位主要依据水准点 BM_1 和 BM_2，以及桥中心点坐标（X = 3 842. 869　Y = 6 582. 140），桥中心点的里程为 K0 + 738. 00。

5. 该设计的桥梁上游还有一座木桥。

三、桥位地质断面图

桥位地质断面图是表明桥位所在河床位置的地质断面情况的图样，是根据水文调查和实地钻探所得到的地质水文资料绘制的。如地质情况不复杂的河床，也可将地质情况用柱状图绘制在桥型总体布置图中的立面图左侧。

桥位地质断面图为设计桥梁下部结构的形式和深度提供资料，也是确定桥梁基础工程施工方案的依据，作为设计桥梁、桥台、桥墩和计算土石方工程数量的根据。

1. 识读桥位地质断面图的注意事项

（1）为了清楚显示随河床深度地质变化的情况，标高方向的比例比水平方向的比例大。

（2）根据不同的土层土质，用图例分清土层并注明土质名称，层与层间用线标清；标明河床三条水位线，即常水位线、洪水位线、最低水位线，并注明每个水位线的具体标高，一般情况下洪水位线高于常水位线，常水位线高于最低水位线。如“100.06”为水位线表示方法实例，即该水位线高程为 100. 06 m。

一、土的分类

土是由岩石在风化作用下形成的大小悬殊的颗粒。

(1) 按堆积年代可分为老堆积土、一般堆积土、新近堆积土。

(2) 按地质成因可分为残积土、坡积土、洪积土、冲积土、湖积土、海积土、风积土和冰川沉积土。

(3) 按有机质含量可分为无机土、有机质土、泥炭质土和泥炭。

(4) 按颗粒级配和塑性指数可分为碎石土、砂土、粉土、黏性土和特殊土。

其中特殊土主要有湿陷性土、红黏土、软土（包括淤泥和淤泥质土）、混合土、填土、多年冻土、膨胀土、盐渍土、污染土。

二、岩石的分类

岩石是天然产出的具稳定外形的矿物或玻璃集合体，按照一定的方式结合而成，是构成地壳和上地幔的物质基础。

(1) 按岩石的矿物组成可分为岩浆岩、沉积岩和变质岩。

(2) 按坚硬程度可分为坚硬岩、较坚硬岩、较软岩、软岩和极软岩。

(3) 按岩石的完整程度可分为完整、较完整、较破碎、破碎和极破碎。

(3) 要表示出了钻探孔的编号、位置和钻探深度，以及河床两岸控制点桩号及位置。

(4) 图幅下方注明相关数据，一般标注的项目有钻孔编号、孔口标高、钻孔深度、钻孔间的距离。

2. 桥位地质断面图的绘制要点

(1) 选择比较适宜的纵、横比例尺，根据钻探结果将每一孔位的土质变化情况分层标出，每层土按不同的土质图例表示出来，并注明土质名称；河床线为粗实线，土质分层线为中实线，图例用细实线画出。

(2) 把调查到的水位资料进行标注，标注桥位控制点及桩号，对钻探孔位及相关参数进行标注。

(3) 在图样左侧画出高程标尺及图样下方的资料部分。

四、桥位地质断面图的识读示例

图 8—1—2 所示为某桥桥位地质断面图，是在桥梁中线的位置处切开后绘制的地质断面图，该桥位地质断面图与图 8—1—1 对应的是同一座桥梁。请识读出桥位所在的河床下地质情况。

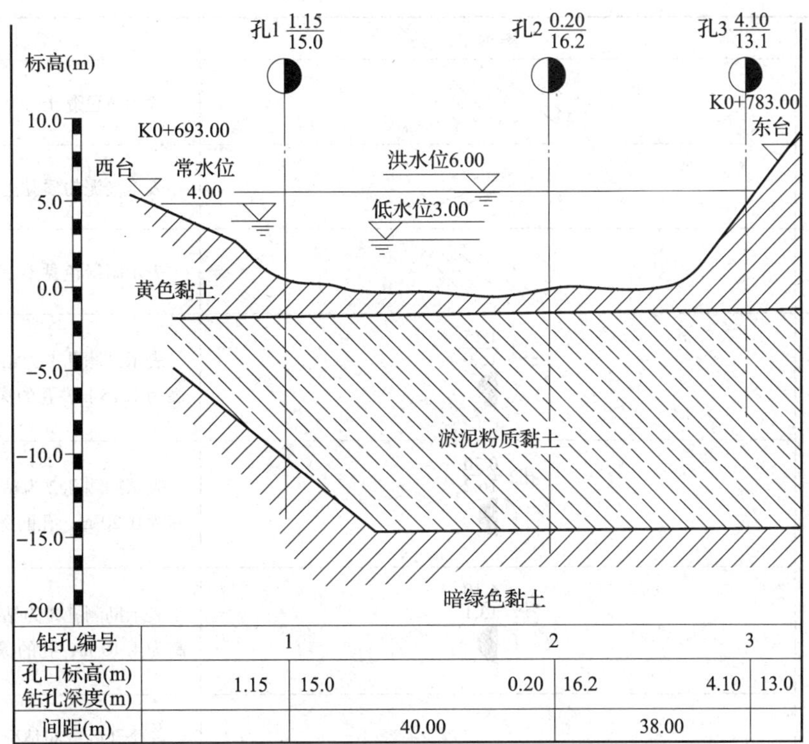

图 8—1—2 某桥桥位地质断面图（H1∶500，V1∶200）

图示与识读出的内容与含义见表 8—1—2。

表 8—1—2 **图示内容与含义对照**

名称	图示	含义
比例	标高(m) 10.0 5.0 0.0	由图中尺寸可知本图标高方向纵向比例为 1∶200
	间距(m) 40.00	由图中下方表格部分尺寸可知本图水平方向里程比例为 1∶500

续表

名称	图示	含义
图例		表示黄色黏土
		表示淤泥粉质黏土
		表示暗绿色黏土
勘测孔	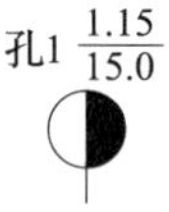 孔1 $\frac{1.15}{15.0}$	表示勘测孔 1 为钻探孔，孔口标高为 1. 15 m，孔的深度为 15. 0 m
	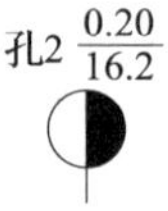 孔2 $\frac{0.20}{16.2}$	表示勘测孔 2 为钻探孔，孔口标高为 0. 20 m，孔的深度为 16. 2 m
	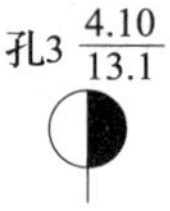 孔3 $\frac{4.10}{13.1}$	表示勘测孔 3 为钻探孔，孔口标高为 4. 10 m，孔的深度为 13. 1 m
	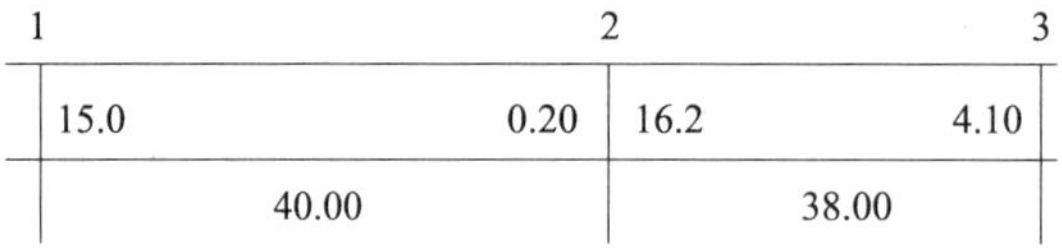 1 2 3 15.0 0.20 16.2 4.10 40.00 38.00	三个孔的分布情况为：孔 1 和孔 2 相距 40. 00 m，孔 2 和孔 3 相距 38. 00 m。勘测孔位置为桥墩台设计位置
桥台位置	 K0+693.00 西台	表示西侧桥台位置是距路线起点 693 m 处
	 K0+783.00 东台	表示东侧桥台位置是距路线起点 783 m 处。桥全长约为 783 − 693 = 90 m
河床和水位	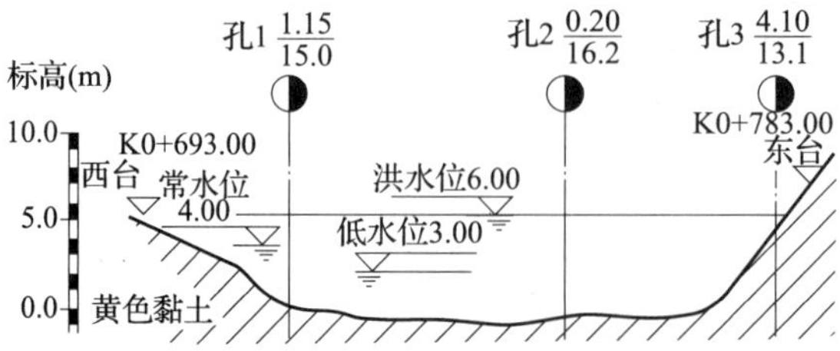 孔1 $\frac{1.15}{15.0}$ 孔2 $\frac{0.20}{16.2}$ 孔3 $\frac{4.10}{13.1}$ 标高(m) 10.0 5.0 0.0 K0+693.00 西台 常水位 4.00 洪水位6.00 低水位3.00 K0+783.00 东台 黄色黏土	图表示桥下河床的整体高程情况，以及河流的水位情况：常水位为 4. 00 m，最高水位和最低水位分别为 6. 00 m 和 3. 00 m

根据表8—1—2的详细描述，归纳总结图8—1—2桥位地质断面图主要表达的信息如下：

从A桥桥位地质纵断面图可以看出该河流的水位变化情况，河床地质有黄色黏土、淤泥粉质黏土、暗绿色黏土及土层厚度和变化情况。

（1）该图中水平方向的比例为1∶500，标高方向的比例为1∶200。

（2）该桥梁所在的地质情况是：从河床向下经过三层不同的土质层，分别为黄色黏土层、淤泥粉质黏土层和暗绿色黏土层。

小资料

黏土岩的化学成分取决于它的矿物成分和黏土矿物中吸附离子的成分。其主要化学组分是SiO_2、Al_2O_3及铁的氧化物等。黏土岩的颜色取决于黏土矿物的成分、杂质矿物的成分、有机质及所含色素的颜色。

（1）单一成分的高岭石黏土、水云母黏土等，常呈白色、浅灰色、浅黄色等。

（2）某些黏土岩中含细的分散状的铁的氧化物或氢氧化物，则呈红色、紫色、棕色、黄色或玫瑰色等。

（3）含锰的氧化物时则呈褐色或黑色；含分散状有机质和硫化铁时呈灰色或黑色；若黏土岩中含有较多的海绿石、绿泥石、孔雀石、蓝铜矿时，则呈绿色或蓝色。

（3）河床三条水位线的标高分别是：常水位线4.00、洪水位线6.00、最低水位线3.00。

（4）河床两岸控制点桩号西台为K0+693.00，东台为K0+783.00，桥中心点为K0+738.00。

（5）钻探孔情况为：孔1孔口标高为1.15 m，孔深为15.0 m；孔2孔口标高为0.20 m，孔深为16.2 m；孔3孔口标高为4.10 m，孔深为13.1 m。孔1与孔2间距40.00 m，孔2与孔3间距38.00 m。

思考与练习

1. 识读图8—1—3所示的桥位平面图，识读出以下内容。

（1）推算出该图所采用的比例。

（2）识读桥的方位、走向及桥下水流方向。

（3）根据等高线和图例符号，识读并描述该桥所在地区周围的地形、地物情况。

（4）查阅出桥的起终点、公里桩、百米桩。

（5）找出路线周围的主要水准点。

（6）根据里程桩号大致找出几个勘测孔分布情况。

2. 识读图8—1—4所示的桥位地质断面图，识读出以下内容。

（1）查出该图的水平比例和纵向比例。

（2）根据图阐述河床分布和水流情况。

（3）根据说明和图阐述勘测孔的详细情况（间距、孔口标高、孔深、孔周围地质情况）。

（4）识读河床以下地质分布情况。

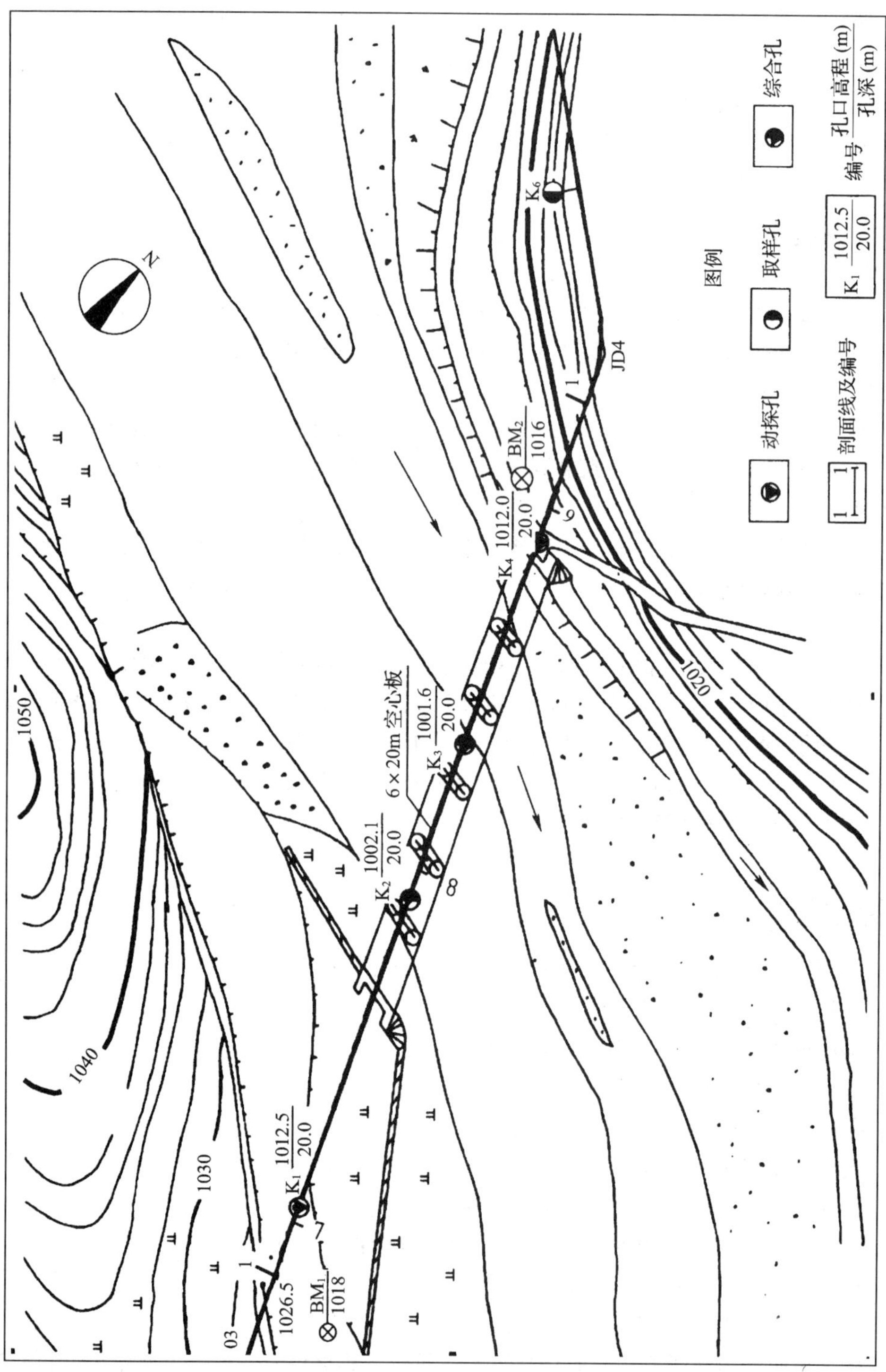

图 8—1—3　某桥桥位平面图

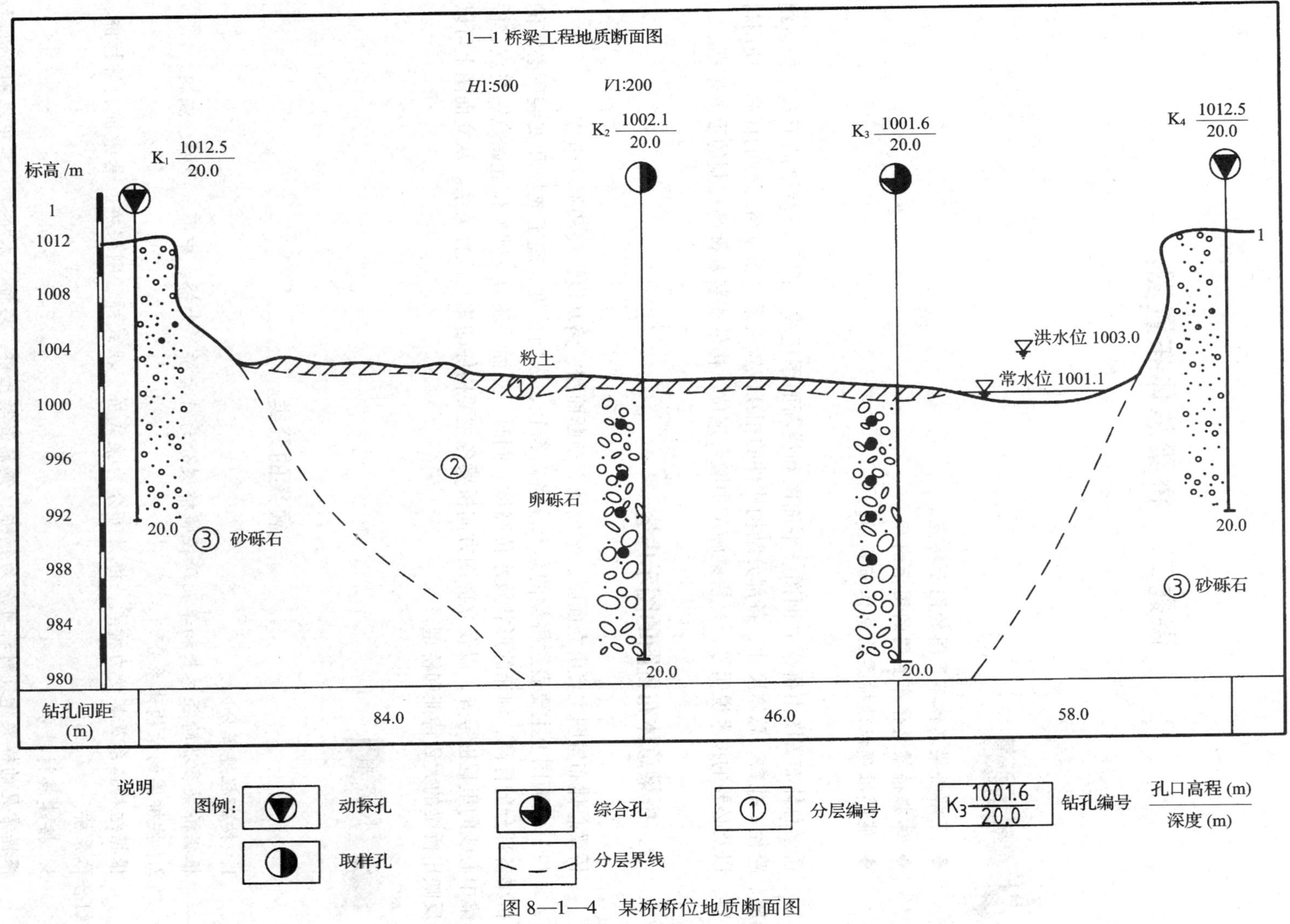

图 8—1—4 某桥桥位地质断面图

课题二　桥梁总体布置图

◆ 了解桥梁总体布置图的图示特点。
◆ 掌握桥梁总体布置图的图示内容。
◆ 能够准确识读桥梁的总体布置图。

桥梁总体布置图由桥梁立面图、平面图和横断面图组成。图示出桥梁的形式、构造组成、跨径、孔数、总体尺寸、各部分结构构件的相互位置关系、桥梁各部分的标高、使用材料，以及必要的技术说明等，是桥梁施工中墩台定位、构件安装及标高控制的重要依据。

一、桥梁总体布置图的图示内容

桥梁总体布置图主要由立面图、平面图、横断面图、路基设计表和附注组成。

（1）立面图上主要表达桥梁的总长、各跨跨径、纵向坡度、施工放样和安装所必需的桥梁各部分的标高、河床的形状及水位高度。同时，立面图还应反映桥位起始点、终点、桥梁中心线的里程桩号等，以及立面图方向桥梁各主要构件的相互位置关系。从立面图上可以反映出桥梁的大致特征和桥型。

桥梁的分类

1. 按工程规模分

根据桥梁多孔跨径总长和单孔跨径将桥梁分为特大桥、大桥、中桥、小桥、涵洞。

2. 按桥梁的结构体系分

根据结构体系及其受力特点，桥梁可分为梁式桥、拱式桥、刚架桥、悬索桥、斜拉桥、组合体系桥。

3. 按建筑材料分

根据常见的桥梁建筑材料可分为钢桥、钢筋混凝土桥、石桥、木桥等，其中以钢筋混凝土桥应用最为广泛。

4. 按跨越障碍的性质分

根据需要跨越的障碍物可将桥梁分为跨河桥、跨线桥（立体交叉）、高架桥、栈桥等。

（2）平面图上主要表达桥梁在水平方向的线形、桥墩、桥台的布置情况及车行道、人行道、栏杆等位置。

（3）横断面图主要表达桥面宽度、桥跨结构横断面布置及横坡设置情况。路基设计表中应列出桥台、桥墩的桩号及各桩号处的设计高程、各测点的地面高程及各跨的纵坡。

二、桥梁总体布置图的图示特点

（1）由于桥梁左右对称，立面图一般采用半剖面图的形式表示，剖切平面通过桥梁中心线沿纵向剖切。当桥梁结构较简单时也可采用单纯的正面投影图来表示。由于桥台、桥墩基础桩一般埋置较深，为了节省图幅经常采用折断画法。

（2）平面图可采用半剖面图或分段揭层的画法来表示，半剖面图是指左半部分为水平投影图，右半部分为剖面图（假想将上部结构揭去后的桥墩、桥台的投影图）。分段揭层的画法是指在不同的墩台处假想揭去不同高度以上部分的结构后画出投影的方法。当桥梁结构较简单时也可采用单纯的水平投影图来表示。

（3）横断面图根据需要可画出一个或几个不同的断面图。如受到图纸幅面限制，在工程图中侧面图也可采用两个不同位置的断面图各画一半合并而成。为了表达清楚桥梁的断面形状与尺寸，侧面图可以采用比平面图和立面图大的比例。在路桥专业图中，画断面图时，为了图面清晰、突出重点，只画剖切平面后离剖切平面较近的可见部分。

（4）根据道路工程制图国家标准规定，可将土体看成透明体，所以埋入土中的基础部分都认为是可见的，可画成实线。

三、桥梁总体布置图的识读示例

图 8—2—1 所示为某桥桥梁总体布置图，通过相关知识的学习识读该图，主要要求是找出桥梁的形式、构造组成、跨径、孔数、总体尺寸、各部分结构构件的相互位置关系、桥梁各部分的标高、河床原地面标高、使用材料等信息。

该桥中心位于 K38 + 390. 00 处，是四孔钢筋混凝土空心板梁桥，总长度为 45. 00 m，总宽度为 12. 00 m。

1. 识读立面图

从图 8—2—2 某桥桥梁总体布置的立面图上可以看出，该桥来往于盂县和榆次两地之间。

该桥起点的桩号为 K38 + 367. 50，终点桩号为 K38 + 412. 50，桥跨中心位于 K38 + 390. 00 桩号处。全桥共四跨，四孔跨径均为 1 000 cm 即 10 m，两侧耳墙长均为 250 cm（即 2. 5 m），桥梁全长为 250 + 1 000 + 1 000 + 1 000 + 1 000 + 250 = 4 500 cm（即 45 m，从耳墙的后边缘算起）。

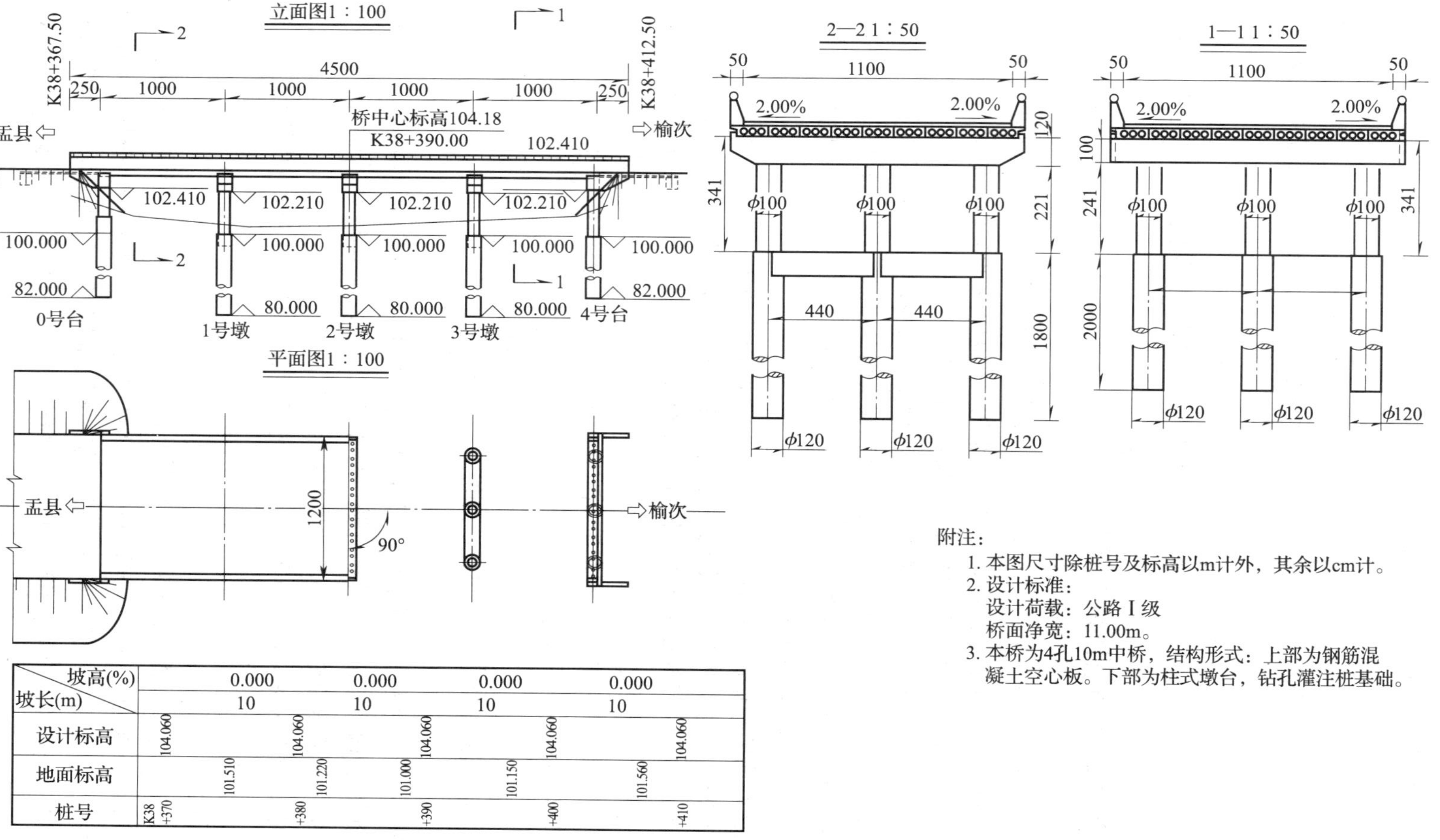

坡高(%) / 坡长(m)	0.000 / 10	0.000 / 10	0.000 / 10	0.000 / 10	
设计标高	104.060	104.060	104.060	104.060	104.060
地面标高	101.510	101.220	101.000	101.150	101.560
桩号	K38+370	+380	+390	+400	+410

图 8—2—1　某桥桥梁总体布置图

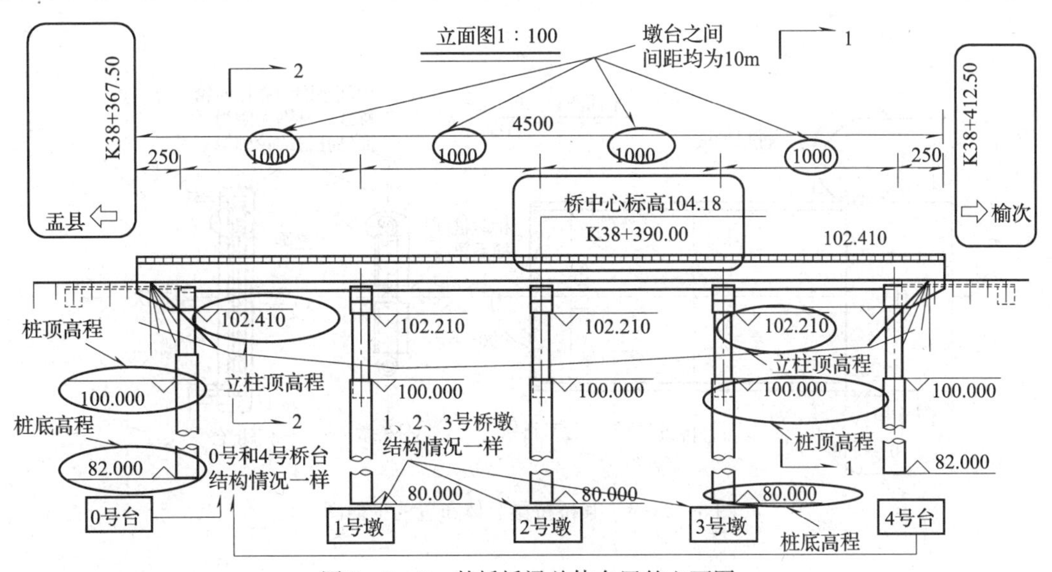

图 8—2—2　某桥桥梁总体布置的立面图

立面图中还反映出两边桥台为带耳墙的柱式桥台，由立柱和柱下的钻孔灌注桩基础组成。河床中间有 3 个柱式桥墩，它由立柱、系梁和钻孔灌注桩基础共同组成。将土体看成透明体，所以埋入土中的桩基础部分画成实线。

立面图上标注出桥梁中心线上桩基础底面、顶面、立柱顶面各部分的标高。0 号和 4 号桥台设计高程一样，桥台立柱顶的标高为 102. 410 m，立柱下为钻孔桩，桩顶标高为 100. 000 m，桩底标高为 82. 000 m，根据标高可以知道桥台立柱的高度为 102. 410 - 100. 000 = 2. 410 m，同时根据标高可以知道混凝土钻孔桩的埋置深度为 100. 000 - 82. 000 = 18. 000 m；1 号、2 号和 3 号桥墩设计高程一样，桥墩立柱顶的标高为 102. 210 m，立柱下为钻孔桩，桩顶标高为 100. 000 m，桩底标高为 80. 000 m，根据标高可以知道桥墩立柱的高度为 102. 210 - 100. 000 = 2. 210 m，根据标高可以知道桥墩下混凝土钻孔桩的埋置深度为 100. 000 - 80. 000 = 20. 000 m。由于桩埋置较深，为了节省图幅采用了折断画法。

2. 识读平面图

平面图采用了分段揭层的画法，图 8—2—3 所示为某桥桥梁总体布置的平面图。

2 号桥墩中心线左侧为投影图，从中可以看到锥形护坡以及桥面的布置情况；2 号桥墩中心线右侧是假想揭去桥梁上部结构后画出的，从中可以看到桥墩盖梁和支座的布置情况。

3 号桥墩处是假想揭去了盖梁以上的部分后画出的，从中可以看到立柱、桩基础的分布情况。立柱在上平面轮廓线为中间小圈；桩基础在立柱下面，它的平面轮廓线为立柱轮廓线外围的大圈；横系梁设在两桩之间，加强桩基础之间的联系，提高基础的整体稳定性。

4 号桥台处是假想揭去桥梁上部结构后得到的，从中可以看到桥台的盖梁、支座、耳墙、桥台立柱和桩柱的布置情况。

3. 识读横断面图

图 8—2—4 所示为某桥桥梁总体布置的横断面图，用 1—1 断面和 2—2 断面图来表达。为了更清楚地表达断面形状，该图采用 1∶50 的比例。

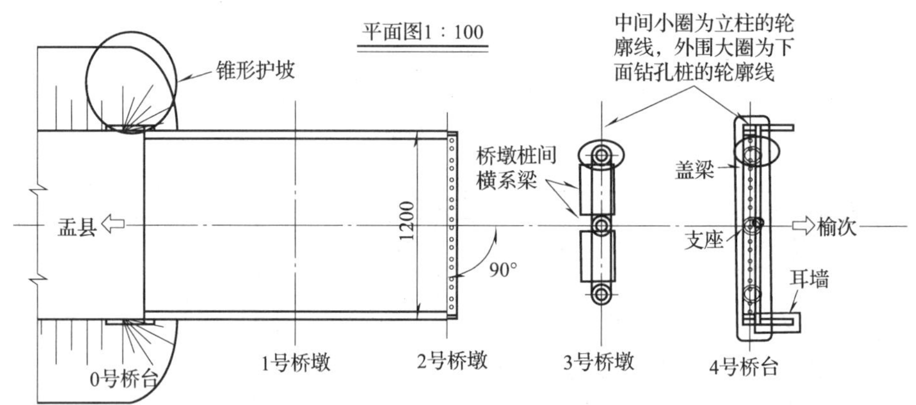

图 8—2—3　某桥桥梁总体布置的平面图

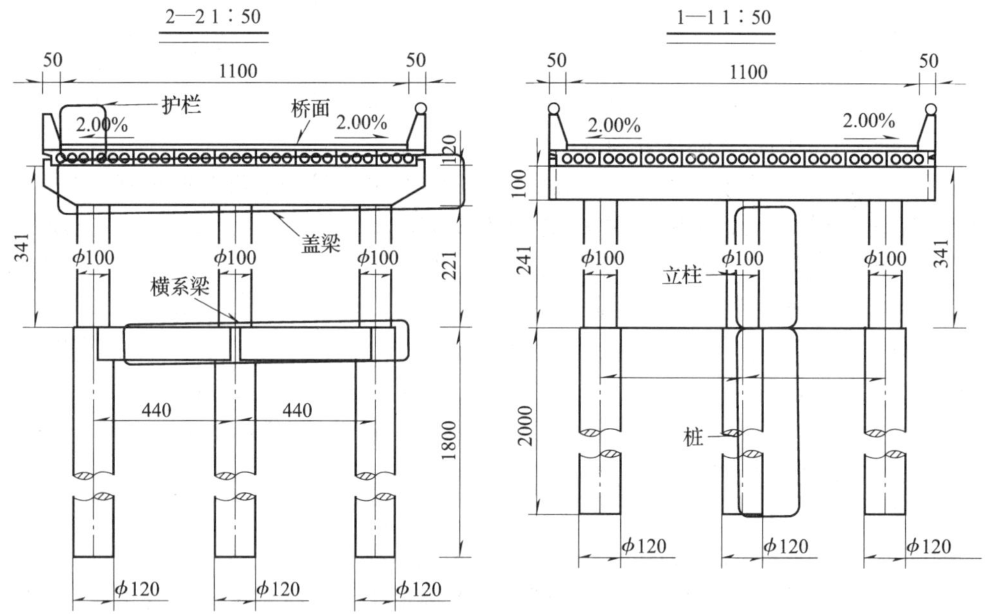

图 8—2—4　某桥桥梁总体布置的横断面图

（1）1—1 断面由总体布置图中立面图可以知道是在 3 号桥墩和 4 号桥台之间剖开口后向 4 号桥台方向投影得到的，主要表达该处桥梁的桥跨结构横断面布置情况（包括护栏、桥面、主梁）和桥台（包括盖梁、立柱及桩柱）侧面方向的形状与尺寸。

桥跨结构横断面布置情况：桥面宽度为 1 100 cm 即 11 m，横坡坡度为 2. 00%；主梁横断面方向由 9 块钢筋混凝土空心板梁拼接而成（2 块边板和 7 块中板）；桥面两侧设有均为 50 cm 宽的护栏。

桥台形状和尺寸：桥台盖梁高 100 cm（即 1 m），宽为 50 + 1 100 + 50 = 1 200 cm（即

12 m)；盖梁下立柱为圆柱形，直径 100 cm，高 241 cm（即 2. 41 m）；立柱下钻孔桩基础也是圆柱形，直径 120 cm，高 2 000 cm（即 20 m）。两个桥台下分别设有三个立柱和对应的三个钻孔桩基础。

（2）2—2 断面由总体布置图中立面图可以知道是在 0 号桥台和 1 号桥墩之间剖开口后向 1 号桥墩方向投影得到的，主要表达该处桥跨结构横断面布置情况和离剖切平面较近的 1 号桥墩（包括盖梁、立柱及桩柱）侧面方向的形状与尺寸。

桥跨结构横断面布置情况同上。

桥墩形状和尺寸：桥墩盖梁高 120 cm（即 1. 2 m），宽为 50 + 1 100 + 50 = 1 200 cm（即 12 m），盖梁下部逐渐收缩宽度，保证受力的情况下减小自重；盖梁下立柱为圆柱形，直径 100 cm，高 221 cm（即 2. 21 m）；立柱下钻孔桩基础也是圆柱形，直径 120 cm，高 1 800 cm（即 18 m），桩与桩间距为 440 cm（即 4. 4 m）；三个桥墩下分别设有三个立柱和对应的三个钻孔桩基础，相邻桩顶处采用横系梁相连。

4. 识读路基设计表

在平面图下面与平面图对齐画出路基设计表（见表 8—2—1），路基设计表中列出了桥台、桥墩的桩号及各桩号处的设计高程、各测点的地面高程及各跨的纵坡。从该设计表中可知该桥梁未设纵坡。

表 8—2—1　　　　**路基设计表**

坡度（%）/ 坡长（m）		0. 000 / 10		0. 000 / 10		0. 000 / 10		0. 000 / 10	
设计标高	104. 060		104. 060		104. 060		104. 060		104. 060
地面标高		101. 510	101. 220		101. 000	101. 150		101. 560	
桩号	K38 + 370		+380		+390		+400		+410

5. 识读附注

（1）解释该桥尺寸

桩号和高程以 m 计，其他均以 cm 计。

（2）补充说明该桥设计标准

设计荷载为公路 Ⅰ 级，桥面净宽为 11.00 m，桥梁整体为 4 跨，每跨标准跨径为 10. 00 m。

（3）补充说明桥梁结构

上部结构采用钢筋混凝土空心板，下部为柱式墩台，墩台的基础采用钻孔灌注桩。

结合上述立面图、平面图和两侧面图进行三维空间构造，可以大致想象出该空心板简支梁桥的立体图，如图 8—2—5 所示。

若结合周围物体与两端公路搭接，大致可以想象出该路和桥的情况，如图 8—2—6 所示。

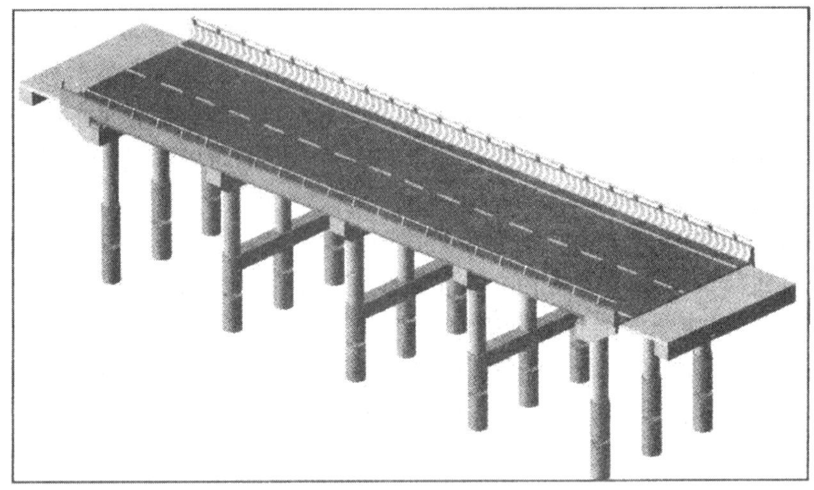

图 8—2—5　某空心板简支梁桥的立体图

图 8—2—6　某桥梁效果图

思考与练习

根据上述内容，识读图 8—2—7 所示的 B 桥桥梁总体布置图。

提示说明：

1. 桥全长为 45 m，桥面净宽为 10 m，其中行车道为 7 m 宽，两侧人行道均为 1.5 m 宽。

2. B 桥为 5 跨：中间三跨的标准跨径为 20 m，两侧两跨的标准跨径为 10 m。

3. 中间 4 个桥墩为钢筋混凝土柱式桥墩，基础为钻孔灌注桩；两侧桥台为 U 形墙式，采用明挖扩大基础。

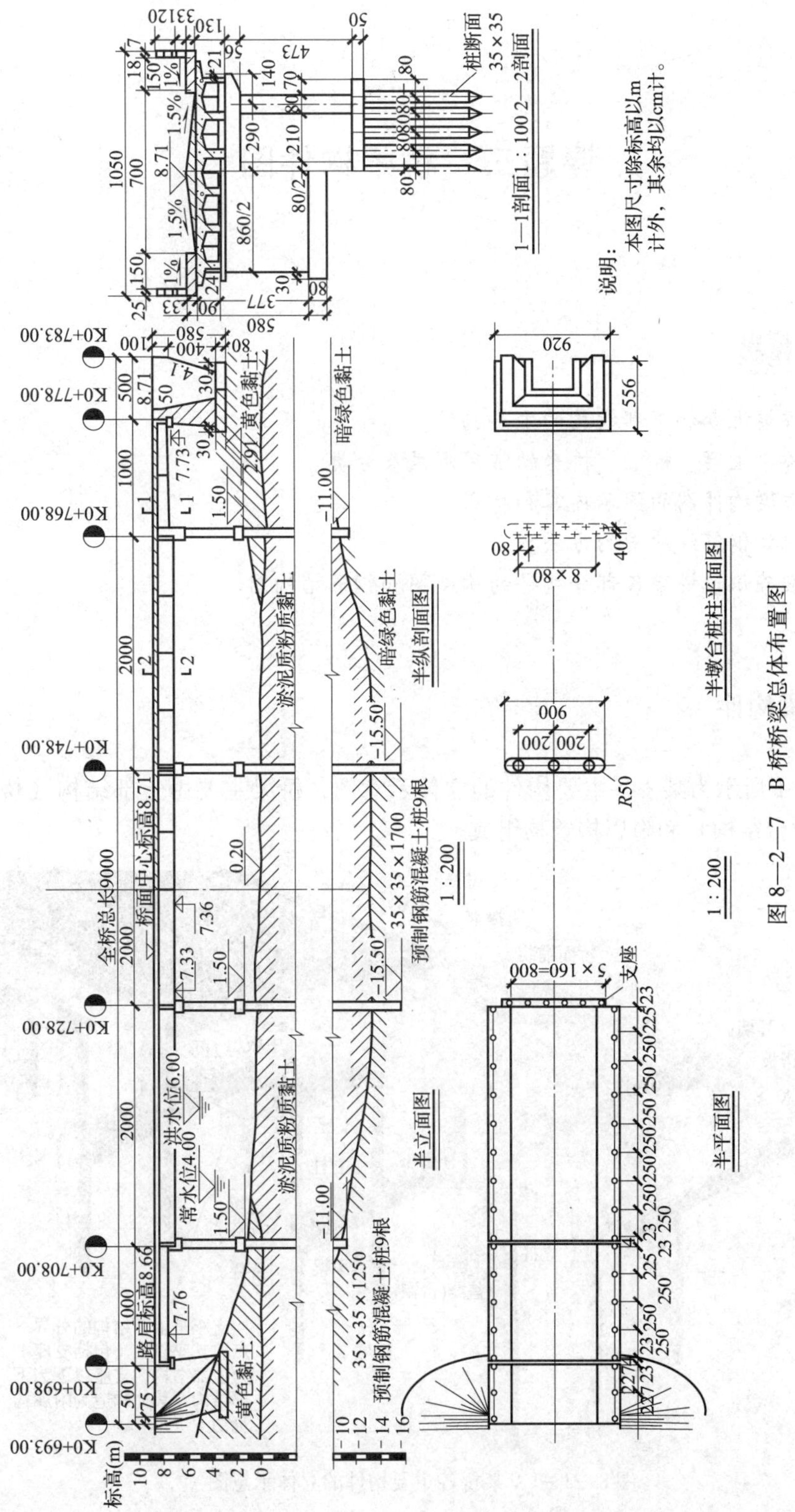

图 8—2—7　B 桥桥梁总体布置图

课题三　桥梁构件图

- ◆ 了解桥梁上部和下部结构的主要构件。
- ◆ 了解桥梁主梁、桥墩、桥台的常用形式及分类。
- ◆ 掌握桥梁构件图的图示内容和特点。
- ◆ 掌握识读钢筋结构图的方法。
- ◆ 能够准确识读桥梁各部分构件的构造图和钢筋结构图。

一、桥梁构件

图 8—3—1 所示为某桥各主要构件的立体示意图，桥梁主要由上部结构（桥跨结构）、下部结构（墩台结构）和附属构筑物组成。

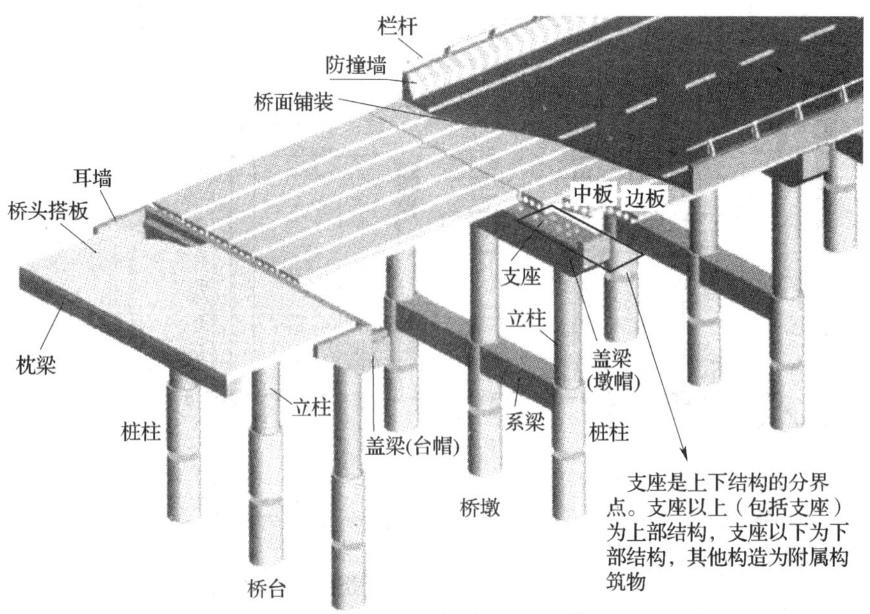

图 8—3—1　某桥各主要构件的立体示意图

1．桥梁上部结构（桥跨结构）

桥梁上部结构包括主梁和桥面系，图 8—3—1 所示为板梁（中板和边板）及桥面铺装，桥跨结构是由桥梁中的主要受力构件组成的。

桥梁常见主梁构造

桥跨结构包括主梁和桥面系。常见的钢筋混凝土主梁有钢筋混凝土空心板梁、钢筋混凝土 T 形梁和钢筋混凝土箱梁等，图 8—3—2 所示为主梁立体示意图。

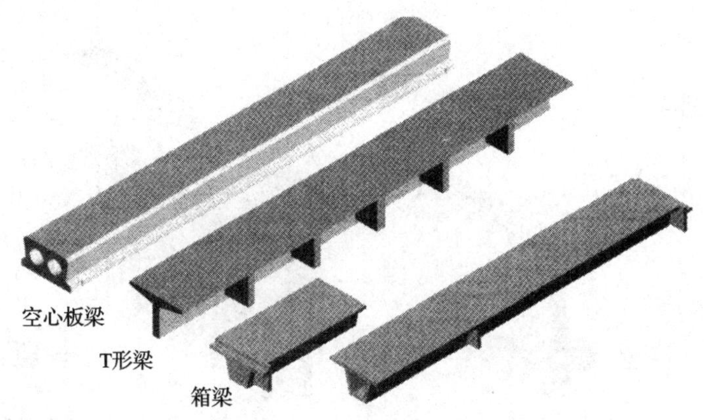

图 8—3—2　主梁立体示意图

2．桥梁下部结构（墩台结构）

桥梁下部结构为支座以下的部分，包括桥墩、桥台和基础。桥跨结构通过支座支撑在桥墩、桥台上。

常见桥墩、桥台构造

桥墩位于桥梁的中部，支撑它两侧的主梁，并通过基础把荷载传给地基，如图 8—3—3 所示。桥台位于桥梁的两端，一方面支撑主梁，另一方面承受桥头路堤的水平推力，并通过基础把荷载传给地基。

1．常见的桥墩构造

桥墩的形式很多，图 8—3—4 所示为两种常见的桥墩构造：重力式桥墩、桩柱式桥墩。

2．常见的桥台形式

桥台的形式很多，图 8—2—5 所示为三种常见的桥台构造：重力式 U 形桥台（又称“实体式桥台”）、肋板式桥台、柱式桥台。

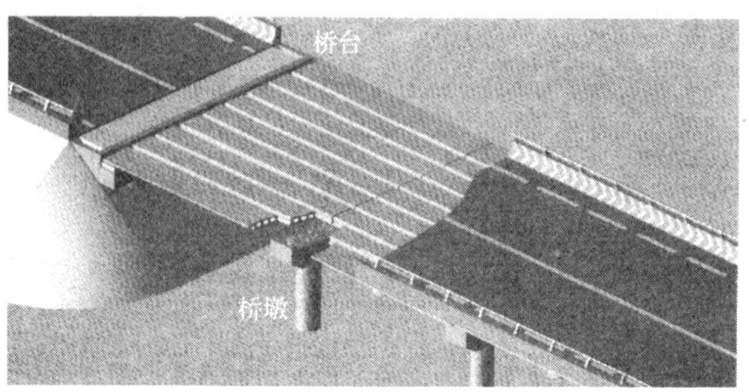

图 8—3—3　桥梁结构示意图

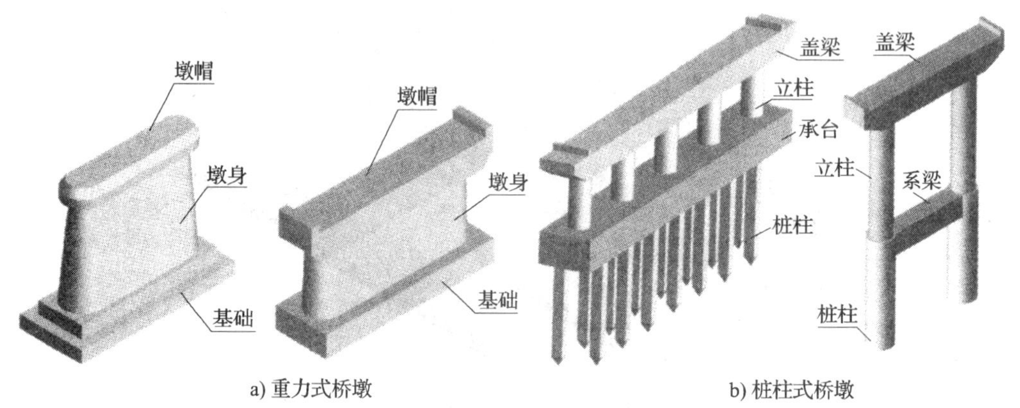

图 8—3—4　桥墩构造示意图

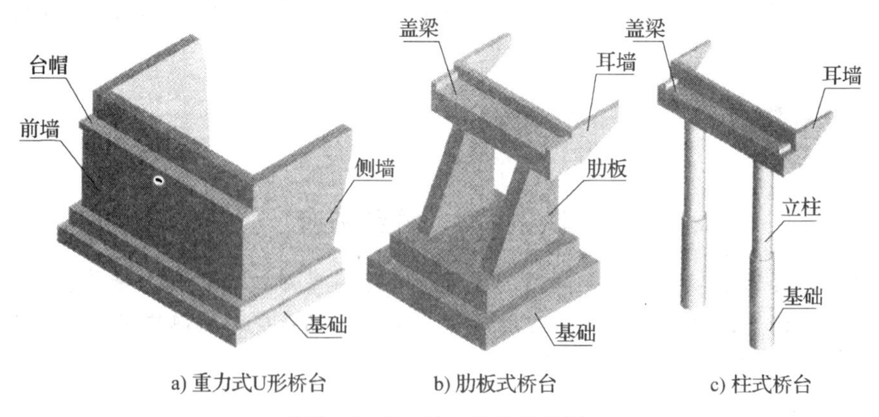

图 8—3—5　桥台构造示意图

3. 附属构筑物

如图 8—3—1 所示，桥跨结构上部的栏杆、防撞墙是桥梁的附属构筑物。

二、桥梁构件图的图示内容与特点

桥梁构件大部分是钢筋混凝土构件，钢筋混凝土构件图主要表明构件的外部形状及内部钢筋布置情况，所以桥梁构件图包括构件构造图（模板图）和钢筋结构图两种。

（1）构件构造图只画构件形状，不画内部钢筋，只需反映出构件外观尺寸。当构件外形简单时可省略构造图。

（2）钢筋结构图主要表示钢筋布置情况，通常又称为构件钢筋构造图。钢筋结构图一般应包括表示钢筋布置情况的投影图（立面图、平面图、断面图）、钢筋详图（即钢筋成形图）、钢筋数量表等内容。

（3）为突出构件中钢筋配置情况，把混凝土假设为透明体，结构外形轮廓画成细实线。

（4）钢筋纵向画成粗实线，钢筋断面用黑圆点表示。

（5）钢筋直径的尺寸单位采用 mm，其余尺寸单位均采用 cm，图中无须注出单位。

三、识读构件钢筋结构图的方法

识读钢筋混凝土构件钢筋结构图的步骤如下：

（1）概括了解采用了哪些基本的表达方法，各剖面图、断面图的剖切位置和投影方向。

（2）根据各投影中给出的细实线的轮廓线确定混凝土构件的外部形状。再分析钢筋详图及钢筋数量表确定钢筋的种类，以及各种钢筋的直径、等级、数量。

（3）根据钢筋的直径和等级、形状等可以大致确定它是主筋、架立筋还是箍筋（主筋的直径较大、钢筋等级高，架立筋与主筋的分布方向一致，而箍筋的分布方向与主筋的分布方向垂直）。一般可以在断面图中分析主筋和架立筋在构件断面中的分布情况，分析箍筋的组成及形状。而在立面图、平面图中分析主筋和架立筋的形状，分析箍筋沿构件长度方向的分布情况。

（4）各种钢筋的详细尺寸与形状要仔细阅读钢筋详图。读图时应将几个图联系起来读，并仔细阅读图中的工程数量表及相关注释。

四、桥梁构件图的识读示例

识读图 8—3—6、图 8—3—7、图 8—3—8、图 8—3—9、图 8—3—10 和图 8—3—11。

1. 识读主梁空心板构造图

图 8—3—6 所示为主梁钢筋混凝土空心板中板和边板的一般构造图。构造图主要表达板的外部形状与尺寸，它由半立面图、半平面图、断面图及铰缝钢筋施工大样图组成。由于边板和中板的立面形状区别不大，所以图中只画了中板立面图；又由于板纵向对称，图中采用

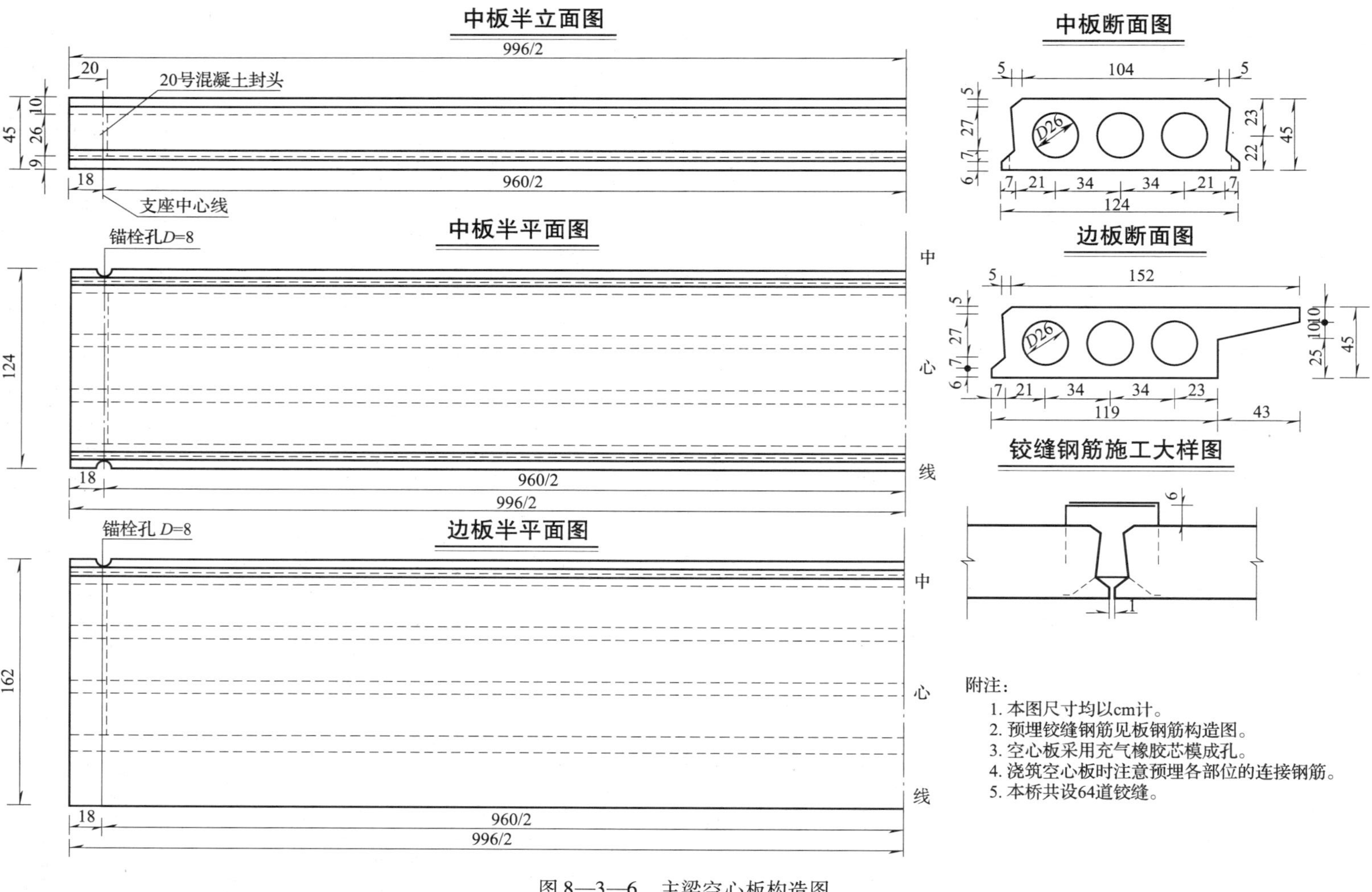

附注：

1. 本图尺寸均以cm计。
2. 预埋铰缝钢筋见板钢筋构造图。
3. 空心板采用充气橡胶芯模成孔。
4. 浇筑空心板时注意预埋各部位的连接钢筋。
5. 本桥共设64道铰缝。

图 8—3—6　主梁空心板构造图

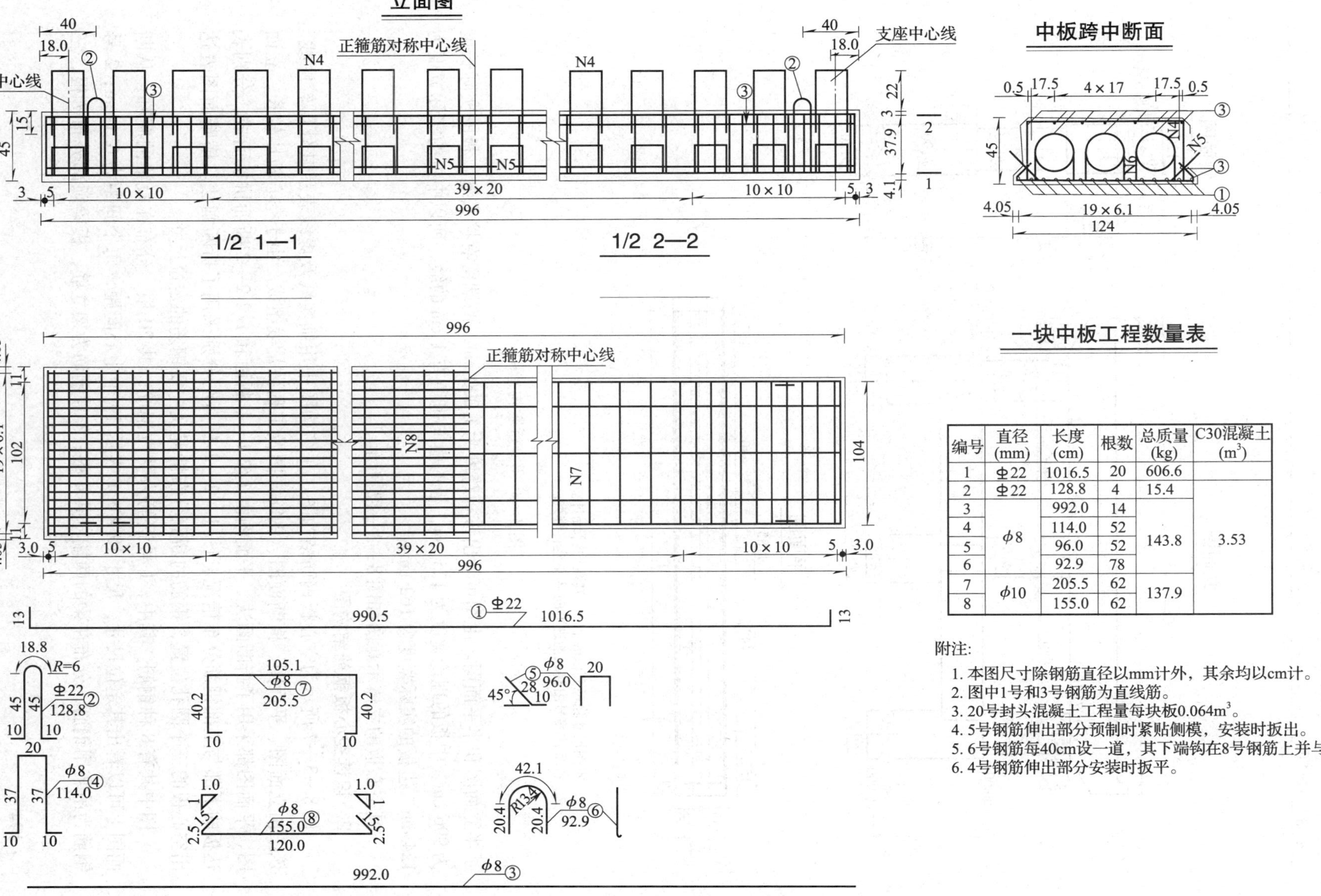

一块中板工程数量表

编号	直径(mm)	长度(cm)	根数	总质量(kg)	C30混凝土(m^3)
1	Φ22	1016.5	20	606.6	
2	Φ22	128.8	4	15.4	3.53
3	φ8	992.0	14	143.8	
4		114.0	52		
5		96.0	52		
6		92.9	78		
7	φ10	205.5	62	137.9	
8		155.0	62		

附注:

1. 本图尺寸除钢筋直径以mm计外，其余均以cm计。
2. 图中1号和3号钢筋为直线筋。
3. 20号封头混凝土工程量每块板0.064m^3。
4. 5号钢筋伸出部分预制时紧贴侧模，安装时扳出。
5. 6号钢筋每40cm设一道，其下端钩在8号钢筋上并与之绑扎。
6. 4号钢筋伸出部分安装时扳平。

图 8—3—7　空心板钢筋结构图

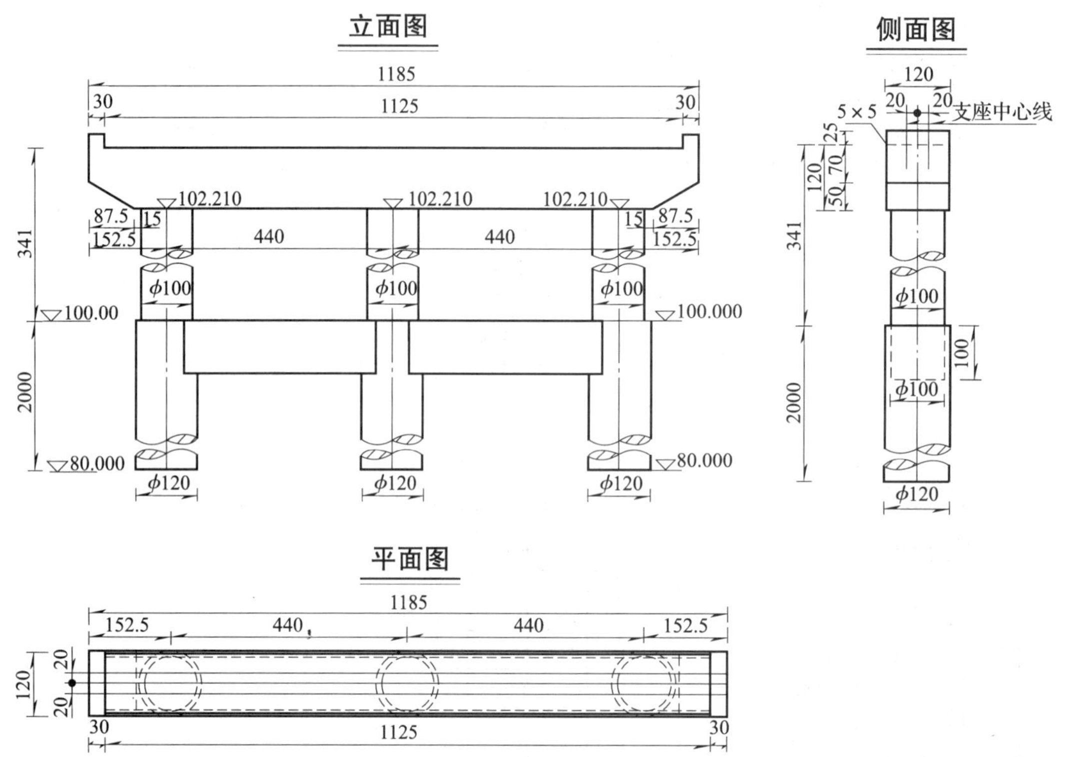

图 8—3—8　桥墩构造图

了半立面图和半平面图。由图可看出该板跨度为 1 000 cm，两端留有接头缝，板的实际长度为 996 cm。中板的理论宽度为 125 cm，板的横向也留有 1 cm 的缝，所以中板的实际宽度为 124 cm。边板的实际宽度为 162 cm。

其空心板的立体示意图如图 8—3—12 所示。

2. 识读空心板钢筋结构图

图 8—3—7 所示为空心板钢筋结构图。在结构图中用细实线及虚线表示其外形轮廓线。该图由立面图、平面图、横断面图、钢筋详图及工程数量表组成。由于空心板比较长，立面图、平面图都采用了折断画法。平面图由 1/2 1—1 断面和 1/2 2—2 断面拼接而成，分别表达板的下部与上部钢筋分布情况。1—1、2—2 断面图分别采用了折断画法。横断面图表达出空心板的三个圆孔位置、钢筋的断面分布情况及主要钢筋的定位尺寸。

图中共有 8 种钢筋。其中，1 号钢筋为受拉钢筋，共 20 根，分布在板梁的底部，从断面图上可以看出其定位尺寸，尺寸 19 ×6. 1 表示 19 个中心间距，每个间距为 6. 1 cm；2 号钢筋为吊装用钢筋，分布在梁的两端，共 4 根；3 号钢筋为架立筋，板梁顶部分布 7 根，三

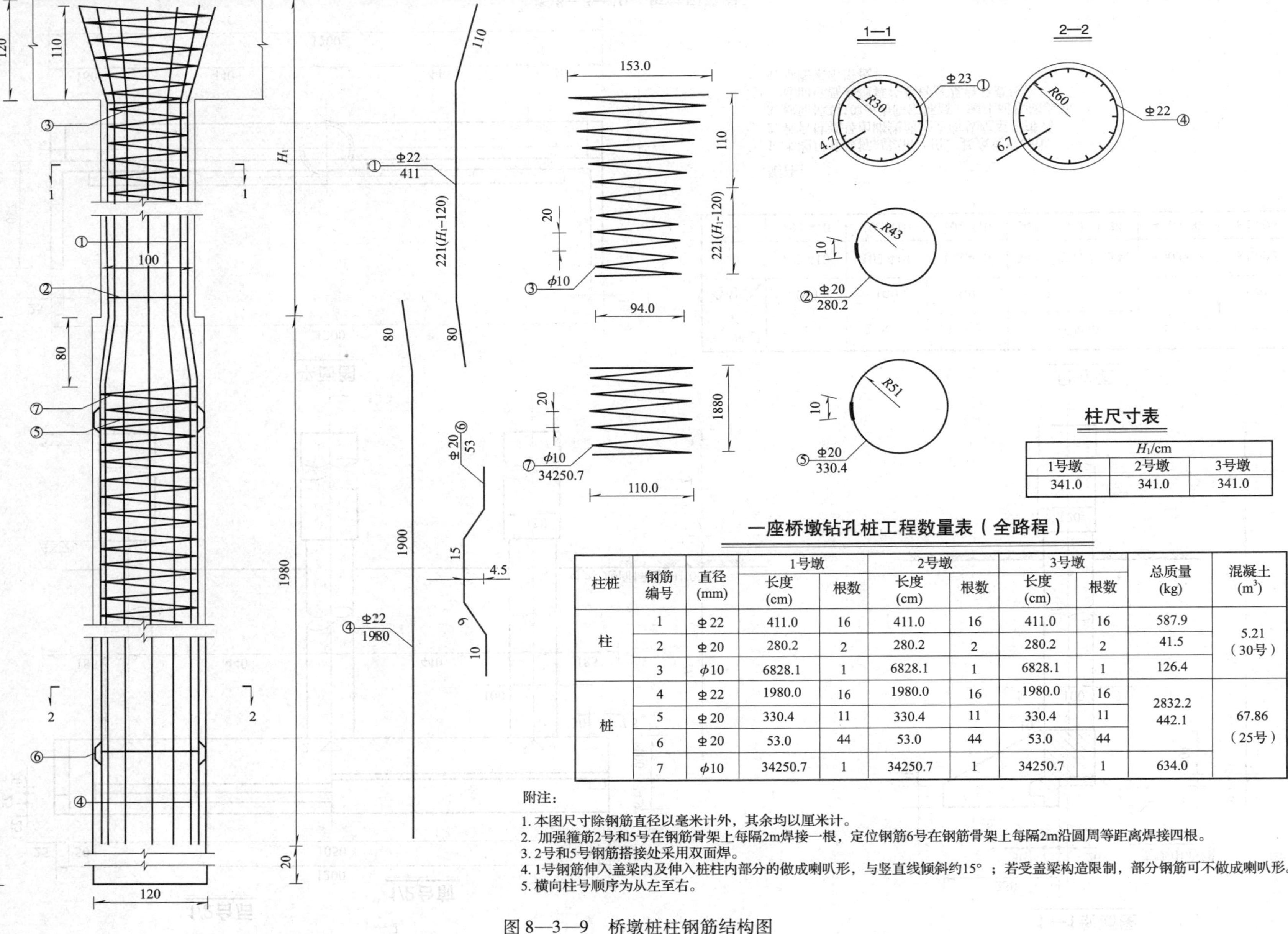

柱尺寸表

H_1/cm		
1号墩	2号墩	3号墩
341.0	341.0	341.0

一座桥墩钻孔桩工程数量表（全路程）

柱桩	钢筋编号	直径(mm)	1号墩 长度(cm)	1号墩 根数	2号墩 长度(cm)	2号墩 根数	3号墩 长度(cm)	3号墩 根数	总质量(kg)	混凝土(m^3)
柱	1	Φ22	411.0	16	411.0	16	411.0	16	587.9	5.21（30号）
	2	Φ20	280.2	2	280.2	2	280.2	2	41.5	
	3	ϕ10	6828.1	1	6828.1	1	6828.1	1	126.4	
桩	4	Φ22	1980.0	16	1980.0	16	1980.0	16	2832.2	67.86（25号）
	5	Φ20	330.4	11	330.4	11	330.4	11	442.1	
	6	Φ20	53.0	44	53.0	44	53.0	44		
	7	ϕ10	34250.7	1	34250.7	1	34250.7	1	634.0	

附注：

1. 本图尺寸除钢筋直径以毫米计外，其余均以厘米计。
2. 加强箍筋2号和5号在钢筋骨架上每隔2m焊接一根，定位钢筋6号在钢筋骨架上每隔2m沿圆周等距离焊接四根。
3. 2号和5号钢筋搭接处采用双面焊。
4. 1号钢筋伸入盖梁内及伸入桩柱内部分的做成喇叭形，与竖直线倾斜约15°；若受盖梁构造限制，部分钢筋可不做成喇叭形。
5. 横向柱号顺序为从左至右。

图 8—3—9　桥墩桩柱钢筋结构图

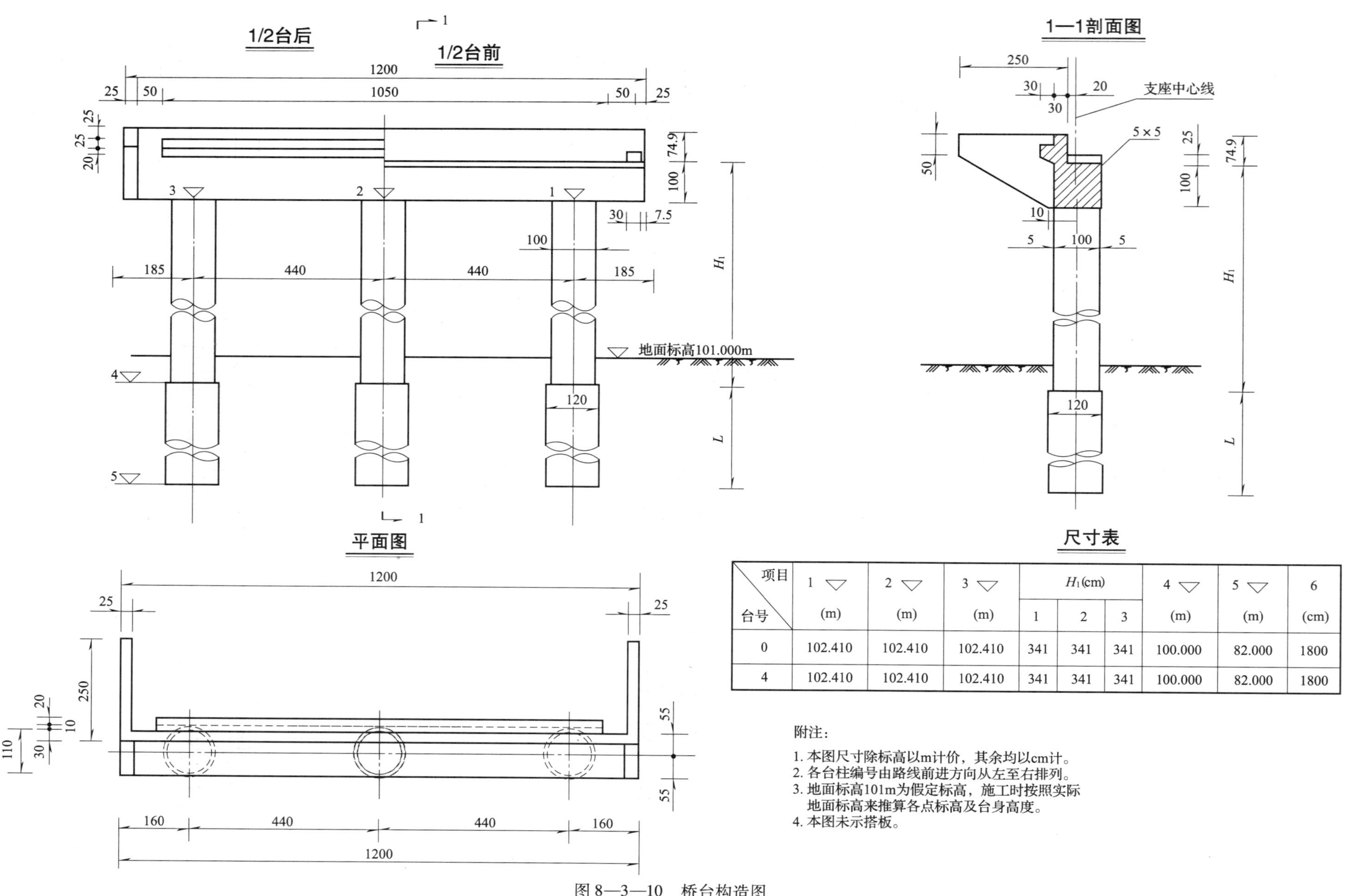

尺寸表

项目 \ 台号	1 ▽ (m)	2 ▽ (m)	3 ▽ (m)	H_1(cm) 1	H_1(cm) 2	H_1(cm) 3	4 ▽ (m)	5 ▽ (m)	6 (cm)
0	102.410	102.410	102.410	341	341	341	100.000	82.000	1800
4	102.410	102.410	102.410	341	341	341	100.000	82.000	1800

附注：

1. 本图尺寸除标高以m计价，其余均以cm计。
2. 各台柱编号由路线前进方向从左至右排列。
3. 地面标高101m为假定标高，施工时按照实际地面标高来推算各点标高及台身高度。
4. 本图未示搭板。

图 8—3—10　桥台构造图

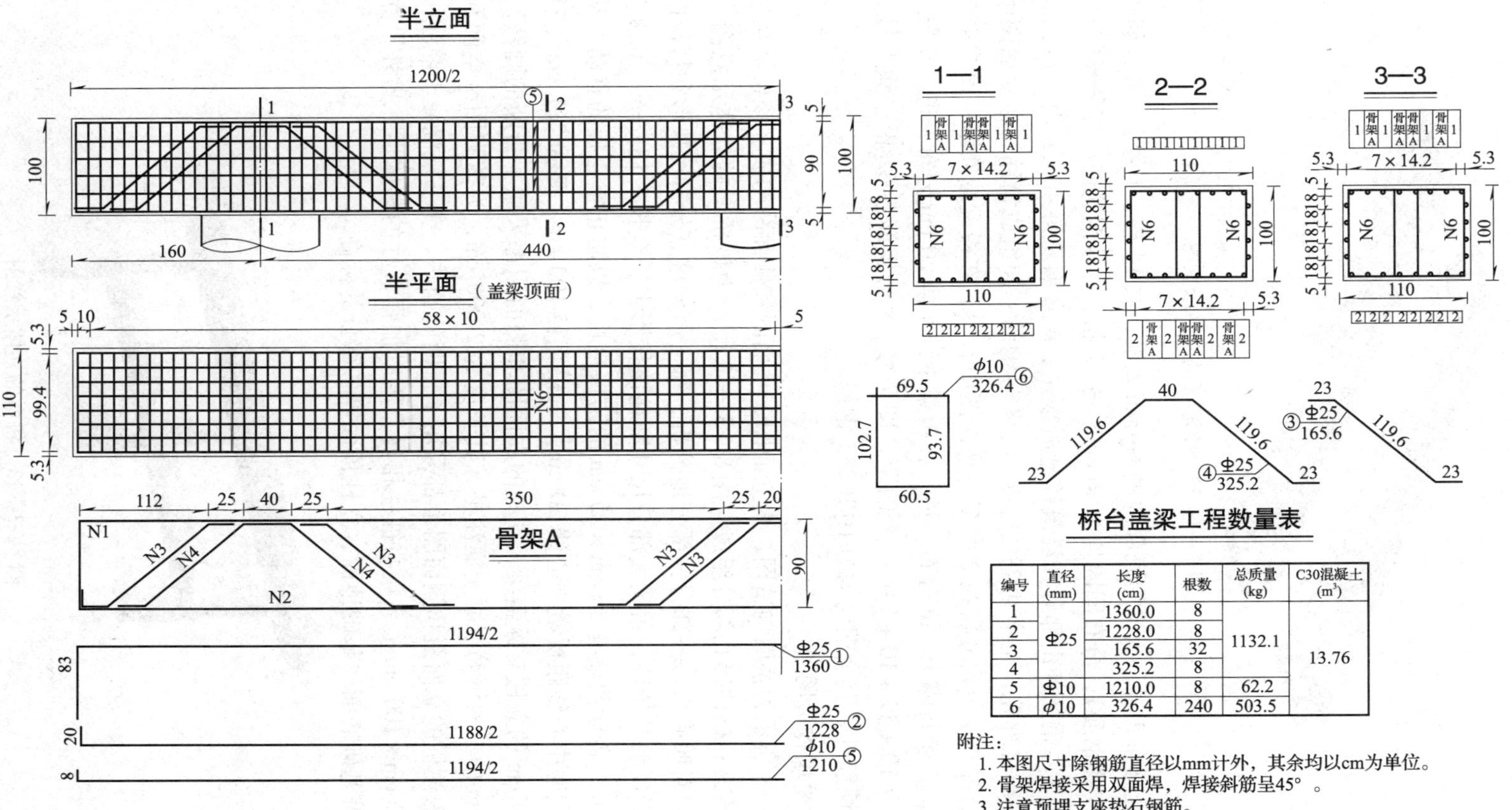

桥台盖梁工程数量表

编号	直径(mm)	长度(cm)	根数	总质量(kg)	C30混凝土(m^3)
1	Φ25	1360.0	8	1132.1	13.76
2		1228.0	8		
3		165.6	32		
4		325.2	8		
5	Φ10	1210.0	8	62.2	
6	φ10	326.4	240	503.5	

附注：

1. 本图尺寸除钢筋直径以mm计外，其余均以cm为单位。
2. 骨架焊接采用双面焊，焊接斜筋呈45°。
3. 注意预埋支座垫石钢筋。

图 8—3—11　桥台盖梁钢筋结构图

图 8—3—12　空心板的立体示意图

个空心顶点处分布 3 根，板梁的底部两侧各分布 2 根，共 14 根；4 号、5 号钢筋为横向连接钢筋（预埋铰缝钢筋），分布间隔均为 40 cm，各 52 根；4 号钢筋伸出部分预制时紧贴侧模，安装时扳出，5 号钢筋伸出部分在浇筑铰缝时扳平；6 号钢筋每 40 cm 设一道，其下端钩在 8 号钢筋上并与之绑扎，全梁共 78 根；7 号、8 号钢筋一起组成箍筋，在立面图中重叠在一起，其分布情况与定位尺寸可在立面图与平面图中看出，在板梁端部第一道与第二道箍筋的间距为 5 cm，其余每隔 10 cm 分布一道，在板梁中部每隔 20 cm 分布一道，全梁 7 号、8 号钢筋形成（1 + 10 + 39 + 10 + 1）61 个间距，即 7 号、8 号钢筋各 62 根。除 1 号、2 号钢筋为 HRB 335 钢筋外，其余钢筋均为 HPB 235 钢筋。

3. 识读桥墩构造图

图 8—3—8 所示为桥墩构造图，由立面图、平面图和侧面图构成。该桥墩从上到下由盖梁、立柱、系梁、桩柱等几部分组成。图 8—3—13 所示为该桥墩的立体示意图。读图时应该将三个投影对照起来，一部分一部分地分析，每一部分重点分析反映形状特征的投影。盖梁的正面投影反映其特征，盖梁大部分尺寸都在该投影上，全长 1 185 cm，高度为 120 cm，宽度为 120 cm，盖梁两端有 30 cm × 25 cm 的防振挡块，以防止空心板的移动。从侧面图上可见盖梁上支座中心线距桥墩中心线 20 cm。三根直径 100 cm、高为 221 cm（341 - 120），中心距为 440 cm 的立柱支撑盖梁，立柱的立面图和侧面图都采用了折断的画法。立柱下是直径为 120 cm 的三根钢筋混凝土灌注桩，其长度为 2 000 cm，为节省图纸空间和使图面美观，混凝土灌注桩的立面图和侧面图也都采用了折断的画法。在三根混凝土灌注桩之间浇筑着截面为 100 cm × 100 cm 横系梁与桩柱相贯，用以加强桩柱的整体性。另外，立面图上还标注出了各桩基础底面、基础顶面、立柱顶面等各部分的标高。

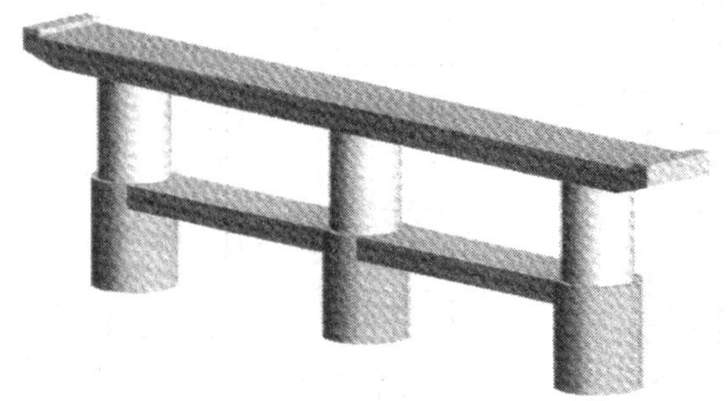

图 8—3—13　桥墩的立体示意图

4．识读桥墩桩柱钢筋结构图

图 8—3—9 所示为桥墩桩柱钢筋结构图，用立面图、1—1 断面图、2—2 断面图表示，并有钢筋详图、工程数量表及附注。读图时一定要仔细阅读每一种信息。

图中共有 7 种钢筋，其中 1 ~3 号钢筋为立柱钢筋，1 号钢筋为立柱的主筋，其伸入盖梁内的部分做成喇叭形，大约与直线倾斜 15°，伸入桩柱内的部分做成微喇叭形。从 1—1 断面图中可以看出，1 号钢筋沿圆周均匀分布，该圆周半径为 50 -4. 7 =45. 3 cm，从工程数量表中可知一根桩柱中共有 16 根 1 号钢筋。2 号加强箍筋焊接成圆形，在钢筋骨架上每隔 2 m 焊接一根，每根桩柱中有 2 根。3 号钢筋为立柱的螺旋分布筋，只有 1 根，分布在整个立柱上，该螺旋分布筋在下部 221 cm 的范围内为柱形螺旋，在上部 110 cm 范围内（伸入盖梁部分）为锥形螺旋，螺旋间距为 20 cm，3 号螺旋分布筋总长为 6 828. 1 cm。

4 ~7 号钢筋为桩基钢筋。4 号钢筋为桩柱的主筋，上部与 1 号钢筋搭接部分向内倾斜，以便与 1 号钢筋焊接，从 2—2 断面图中可以看出，4 号钢筋也是沿圆周均匀分布，该圆周半径为 60 -6. 7 =53. 3 cm，从钢筋数量表中可知一根桩柱中共有 16 根 4 号钢筋。5 号钢筋为加强箍筋，焊接成圆形，在钢筋骨架上每隔 2 m 焊接一根，每根桩柱共用 11 根。7 号钢筋为螺旋分布筋，一根桩柱中只有 1 根，分布在整个桩柱上，螺旋间距为 20 cm，7 号钢筋螺旋高度为 1 880 cm，总长为 34 250. 7 cm。6 号定位钢筋在钢筋骨架上每隔 2 m 沿圆周等距离焊接 4 根，一根桩柱中共有 44 根；从立面图中可见在桩基础底部有 20 cm 混凝土保护层。

5．识读桥台构造图

图 8—3—10 所示为桥台构造图，由立面图、平面图和侧面图表示。该桥台由盖梁、耳墙、防震挡块、背墙、牛腿、立柱及桩柱组成。

立面图是由 1/2 台前和 1/2 台后拼接而成。桥台前面是指连接桥梁上部结构的一面，后面是指连接岸上路堤这一面。图中表达了桥台各部分的结构形状并给出了各部分的详细尺寸，对不同位置桥台的高度尺寸用列表给出。

侧面图采用了 1—1 剖面图，剖切平面通过桥梁中心线，即通过中间桩柱的轴线，根据习惯画法，桩柱按不剖处理，不画剖面线。

从 1—1 剖面图中可以看出盖梁、背墙、牛腿的断面形状，耳墙及挡块在侧面图中也反映形状特征，可以看出它们在上下、前后方向的相对位置关系。立面图、平面图主要反映桩柱、耳墙、防震挡块、背墙、牛腿与盖梁长度方向的相对位置关系。

该桥台构造立体示意图如图 8—3—14 所示。

6．识读桥台盖梁钢筋结构图

桥台各部分均为钢筋混凝土结构，都应绘出其钢筋结构图，如桥台盖梁钢筋结构图、桥台桩柱钢筋结构图、桥台挡块钢筋结构图、背墙牛腿钢筋结构图、耳背墙钢筋结构图。

图 8—3—11 所示为桥台盖梁钢筋结构图，由半立面图、半平面图、1—1 断面图、2—2 断面图、3—3 断面图和钢筋详图组成。从外部轮廓线可看出盖梁的各个方向的断面形状。全梁共有 6 种钢筋，1 号、2 号、3 号、4 号钢筋为受力钢筋，直径均为 25 mm。由 1 号、2 号、3 号、4 号钢筋焊接成钢筋骨架 A，骨架 A 沿盖梁纵向分布，全梁共有 4 片骨架 A，骨架 A 在断面上的位置可从断面图中分析。1 号、2 号钢筋为受力钢筋，1 号钢筋有 8 根，分布在

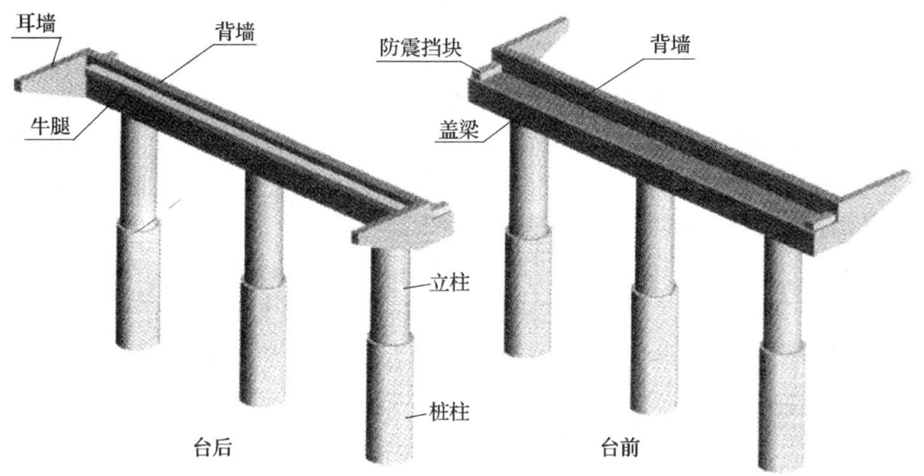

图 8—3—14　桥台的立体示意图

梁的顶面；2 号钢筋有 8 根，分布在梁的顶底部；3 号、4 号钢筋为骨架 A 中的斜筋，用来承受横向剪力；每片骨架中有两根 4 号钢筋，全梁共 8 根；每片骨架中有 8 根 3 号钢筋，全梁共 32 根；5 号钢筋为分布钢筋，钢筋直径为 10 mm，共 8 根，布置在梁的两侧面；6 号钢筋是箍筋，钢筋直径为 10 mm，以 10 cm 的间距均分布在整个梁上，共 120 道，240 根；除 6 号箍筋是 HPB 235 钢筋外，其余都是 HRB 335 钢筋。

思考与练习

识读图 8—3—15 所示的钢筋混凝土板的钢筋结构图。

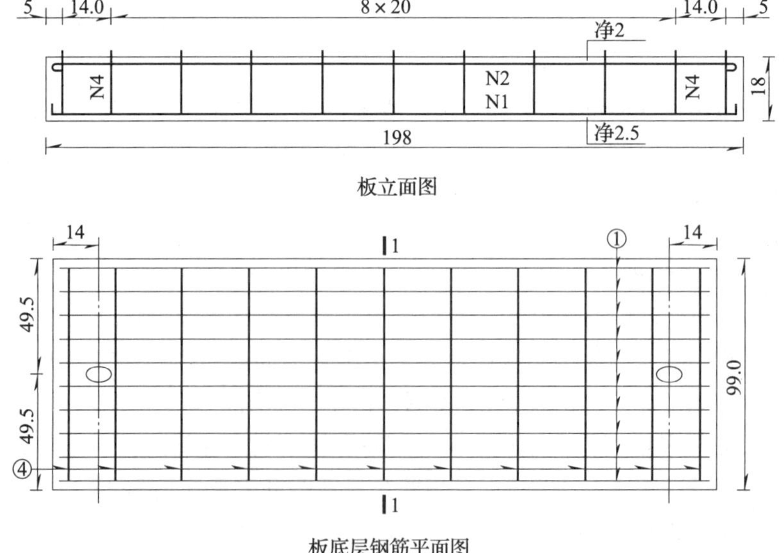

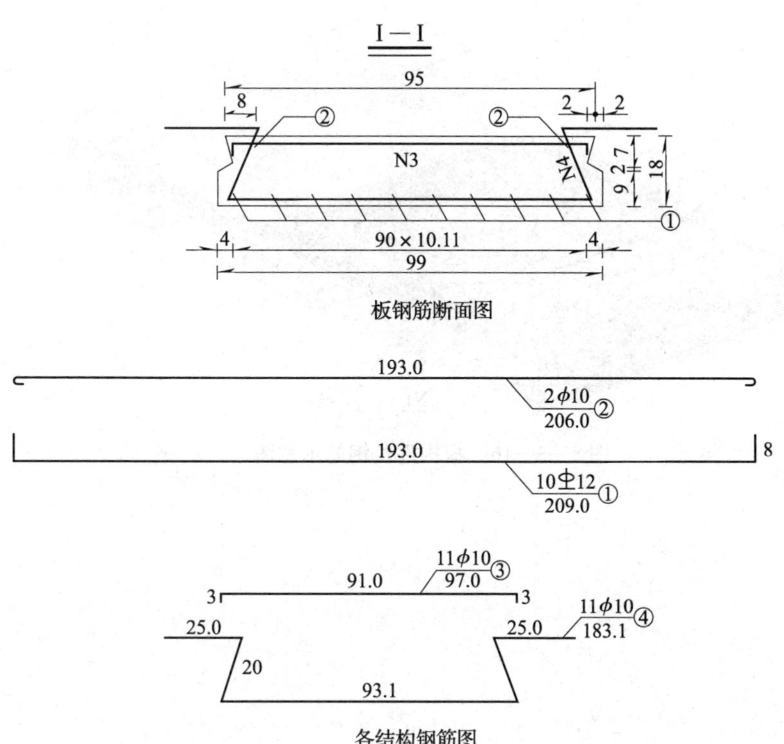

板钢筋断面图

各结构钢筋图

编号	直径(mm)	长度(cm)	根数	总质量(kg)	C25混凝土(m^3)
1	⏀12	209.0	10	19.3	0.343
2	φ10	206.0	2	13.8	
3		97.0	11		
4		183.1	11		

板工程数量表

图 8—3—15　钢筋混凝土板的钢筋结构图

注：①本图尺寸除钢筋直径以 mm 计，其余均以 cm 计。

②锚钉孔如遇板内主筋，可将主筋平弯绕孔通过。

③块件吊装位置距两端不大于 50 cm，用钢绳捆绑起吊，不准利用锚栓孔吊装。

④图 8—3—16 所示为其立体示意图，可以帮助学生理解该题，熟练识读板构件图以及钢筋图。

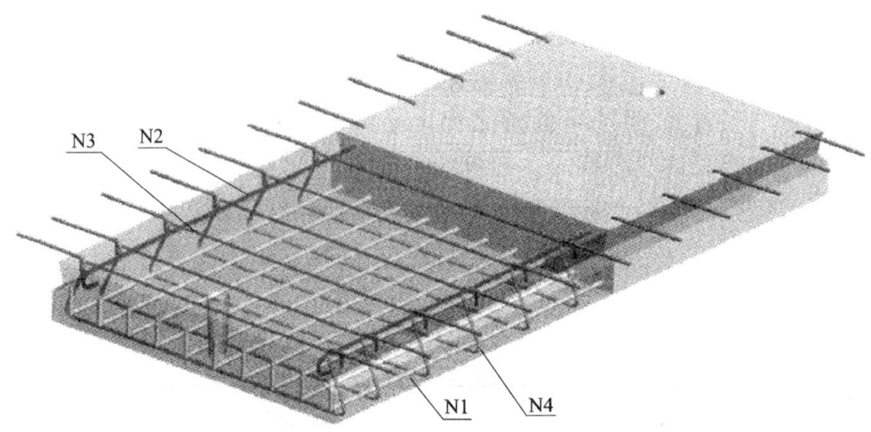

图 8—3—16　板构件及钢筋示意图

模块九

识读涵洞与隧道工程图

课题一　涵洞工程图

◆ 了解涵洞的概念、分类和组成等基本知识。
◆ 掌握涵洞工程图的图示内容和特点。
◆ 掌握涵洞工程图的识读方法。
◆ 能够正确识读涵洞工程图。

一、涵洞的基本知识

1．涵洞的概念

涵洞是用于排泄路堤下水流的工程构筑物，是狭而长的构筑物，它从路面下方横穿过道路，埋置于路基土层中。图 9—1—1 所示为某段道路下盖板涵洞和石拱涵洞。涵洞与桥梁的作用基本相同，主要区别在于跨径的大小和填土的高度。根据技术标准规定，凡是单孔跨径小于 5 m，多孔跨径总长小于 8 m，以及圆管涵、箱涵，不论其管径或跨径大小、孔数多少均称为涵洞。涵洞顶上一般都有较厚的填土（洞顶填土大于 50 cm）。

2．涵洞的分类

（1）按建筑材料分类

分为钢筋混凝土涵、混凝土涵、砖涵、石涵、木涵、金属涵等。

（2）按构造形式分类

图 9—1—1　涵洞实景图

分为圆管涵、拱涵、箱涵、盖板涵等，工程上多用此类分法。

（3）按孔数分类

分为单孔、双孔、多孔等。

（4）按洞顶有无覆盖土分类

分为明涵和暗涵（洞顶填土大于 50 cm）。

3．涵洞的组成

涵洞是由洞口、洞身和基础三部分组成的排水构筑物。

（1）洞口

洞口包括端墙、翼墙或护坡、截水墙和缘石等部分。它是保证涵洞基础和两侧路基免受冲刷、使水流顺畅的构造。如图 9—1—2 所示，常见的洞口形式有端墙式、八字式、走廊式、平头式（又称领圈式），一般进、出水口采用同一形式。

（2）洞身

洞身是涵洞的主要部分，它的主要作用是承受活载压力和土压力等并将其传递给地基，还需保证设计流量通过。常见的洞身形式有圆管洞身、拱洞身、箱洞身、盖板洞身。

（3）基础

涵洞根据情况可以选择无基或有基，有基的情况又可分为整体式和分离式。

二、涵洞工程图的图示内容及特点

1．涵洞工程图的图示内容

涵洞从路面下方穿过道路，埋置于路基土层中，尽管涵洞的种类很多，但图示方法基本相同。涵洞工程图主要由立面图（纵剖面图）、平面图、侧面图和必要的构造详图（如涵身断面图、构件钢筋结构图、翼墙断面图）、工程数量表、附注等组成。各种图形表达涵洞的结构形状及尺寸，工程数量表给出全涵各构件的材料及数量，附注说明一些图中无法表达的内容，如尺寸单位、施工方法和注意事项等。

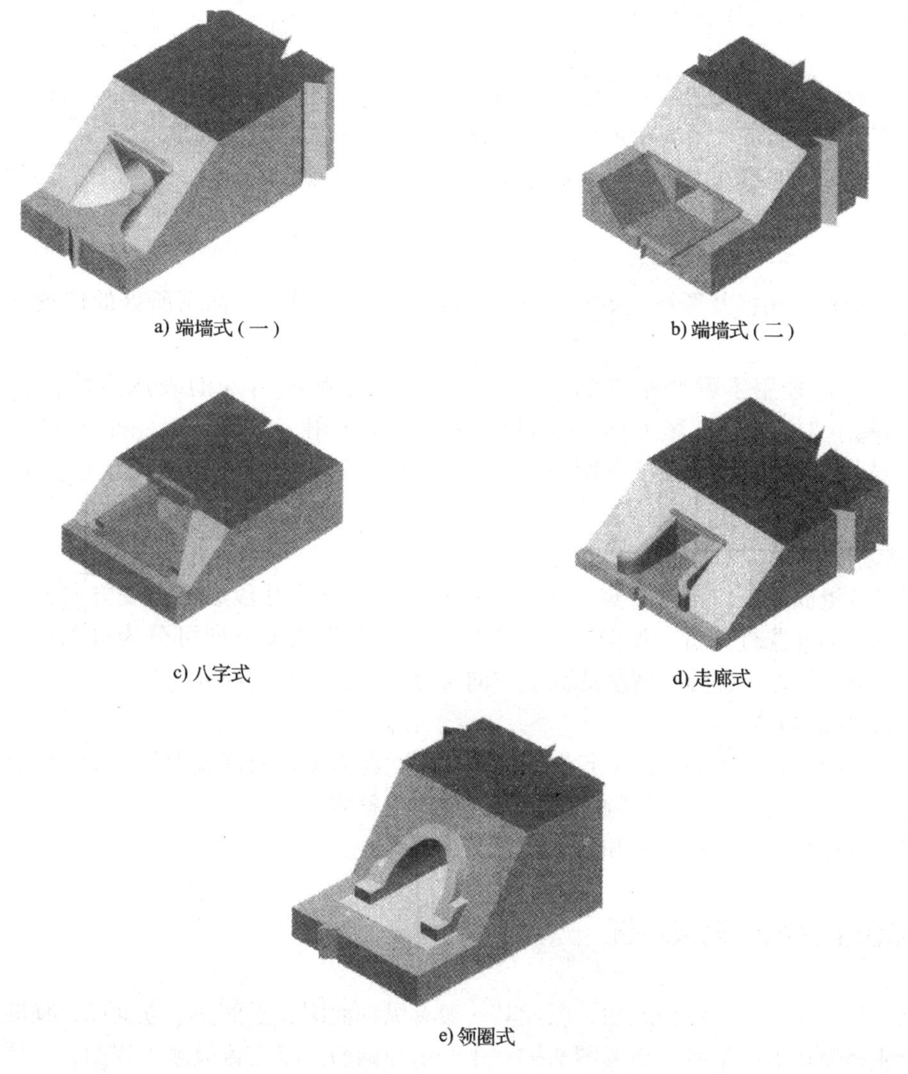

a) 端墙式（一）　b) 端墙式（二）　c) 八字式　d) 走廊式　e) 领圈式

图 9—1—2　涵洞洞口的形式

2. 涵洞工程图的图示特点

（1）在图示表达时，涵洞工程图以水流方向为纵向（即与路线前进方向垂直布置），并以纵剖面图代替立面图，剖切平面通过涵洞轴线。

（2）平面图一般不考虑涵洞上方的覆土，或假想土层是透明的。平面图上有时不画出洞身基础的投影，而在立面图和断面图中表达。

（3）洞口正面布置图在侧面投影图位置作侧面图，当进、出水洞口形状不一样时，则需分别画出其进、出水洞口布置图。

（4）洞身断面图、钢筋布置图、翼墙断面图等也可能在另一张图中表达。涵洞体积比桥梁小，故画图所选用的比例比桥梁图稍大。

三、识读涵洞工程图的方法

涵洞种类多种多样，其结构形式各不相同。读涵洞工程图时必须具备前面学过的读图基本知识，同时熟悉涵洞工程图的图示特点及道路工程制图标准的有关规定。

阅读涵洞工程图的基本方法是：先概括了解，后深入细读；先整体、后局部，再综合起来想象整体。

1．概括了解

（1）从标题栏、角标及图样上的注释中了解名称、尺寸单位、涵洞所处的位置（里程桩号）和有关要求。

（2）了解涵洞采用了哪些基本的表达方法，采用了哪些特殊的表达方法，各剖面图、断面图的剖切位置和投影方向，各投影图的主要作用。然后，以一个形状位置特征较明显或结构关系较清楚的投影图为主，结合其他投影图了解涵洞的组成及相对位置。

2．形体分析

根据涵洞各组成部分的构造特点，可把它沿长度方向分成几段或沿宽度方向分为几部分。然后对每一部分进行分析。如图 9—1—3 所示的涵洞沿长度方向可分为进洞口、出洞口、洞身三部分。而每一部分沿宽度或高度方向又可以分为不同的部分。

3．综合起来想整体

在分析的基础上，对照涵洞的各投影图、剖面图、断面图、局部放大图等全面综合，明确各组成部分之间的关系，考虑涵洞图的特点，想象出整体。

在读图的过程中要结合材料表和附注认真阅读。

四、涵洞工程图的识读示例

由于涵洞是狭而长的工程构筑物，因此其一般有纵剖面图、平面图、立面图、横断面图等。根据上述相关知识的学习，识读图 9—1—3 所示的钢筋混凝土盖板涵工程图，掌握该涵洞的基本信息。

图示与识读出的内容与含义见表 9—1—1。

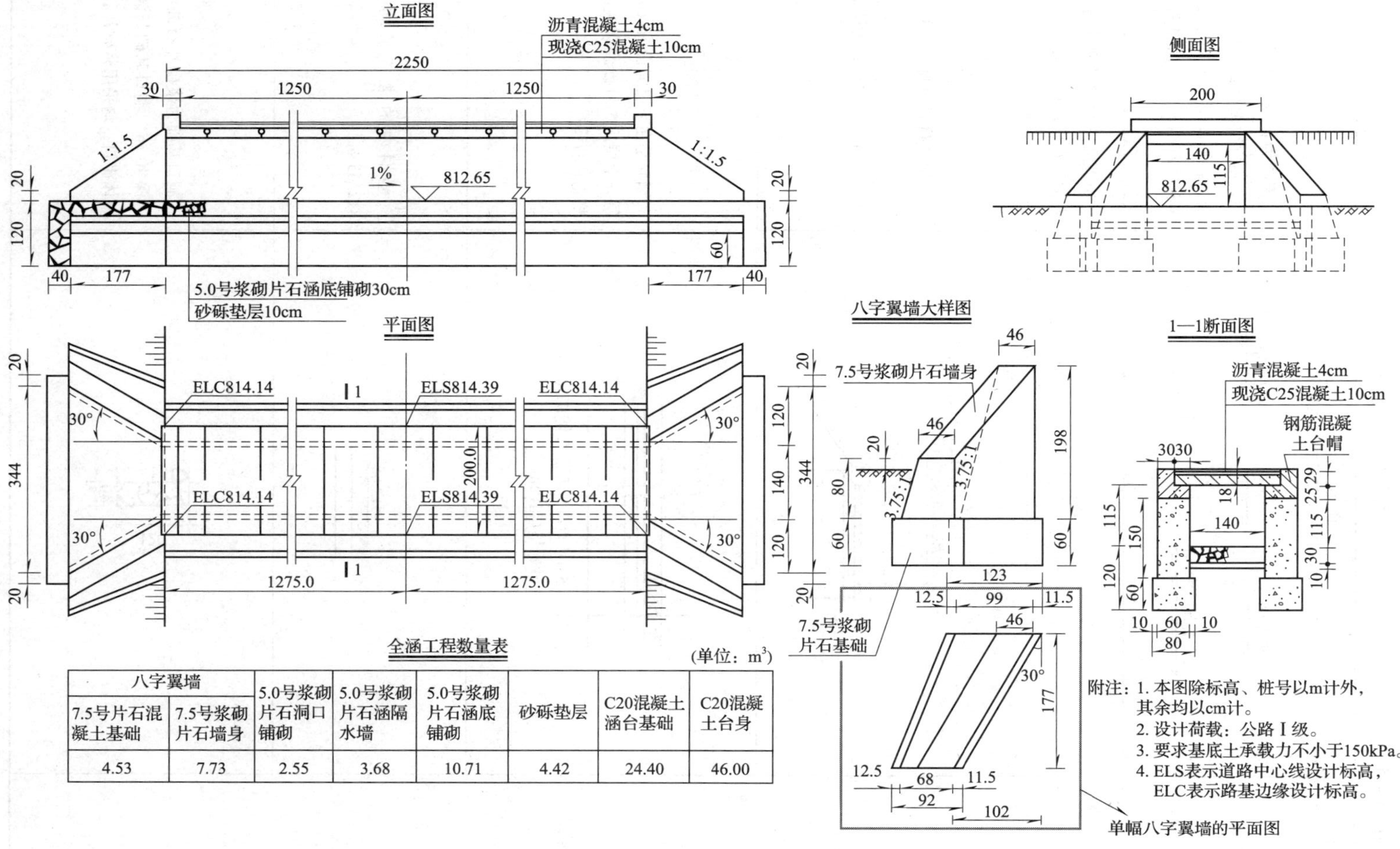

全涵工程数量表

(单位：m^3)

八字翼墙		5.0号浆砌片石洞口铺砌	5.0号浆砌片石涵隔水墙	5.0号浆砌片石涵底铺砌	砂砾垫层	C20混凝土涵台基础	C20混凝土台身
7.5号片石混凝土基础	7.5号浆砌片石墙身						
4.53	7.73	2.55	3.68	10.71	4.42	24.40	46.00

附注：1. 本图除标高、桩号以m计外，其余均以cm计。
2. 设计荷载：公路Ⅰ级。
3. 要求基底土承载力不小于150kPa。
4. ELS表示道路中心线设计标高，ELC表示路基边缘设计标高。

图9—1—3　钢筋混凝土盖板涵工程图

表 9—1—1　　图示内容与含义对照

名称	图示	含义
设计图组成	平面图　立面图　侧面图　八字翼墙大样图　1—1断面图	该图为钢筋混凝土盖板涵工程图。由立面图（纵向剖面图）、平面图和侧面图（洞口正立面图）、翼墙大样图、1—1 断面图等组成
立面图	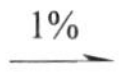 1%	由坡度可知洞身底面左高右低，左为进水口，右为出水口
	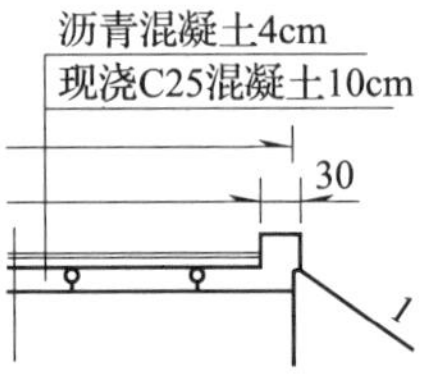 沥青混凝土4cm　现浇C25混凝土10cm　30　1	洞顶上路面为两层，下层为现浇 C25 混凝土 10 cm，上层为沥青混凝土 4 cm，无填土，为明涵
	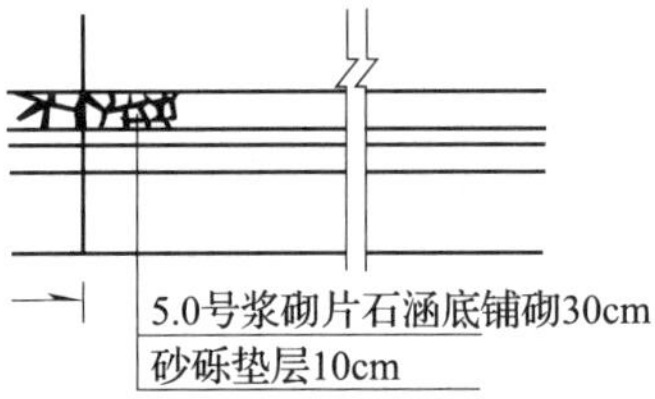 5.0号浆砌片石涵底铺砌30cm　砂砾垫层10cm	涵底是在下层铺设 10 cm 砂砾垫层，上层用 5 号砂浆砌筑的 30 cm 浆砌片石
	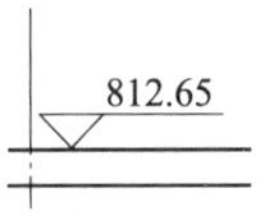 812.65	涵洞内的常年平均水位为 812.65 m
	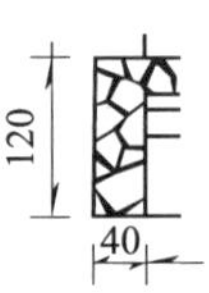 120　40	洞口基础为浆砌片石高 120 cm，进深 40 cm。洞口基础与涵底为一整体砌筑，均采用浆砌片石

续表

<table>
<tr><th>名称</th><th>图示</th><th>含义</th></tr>
<tr><td rowspan="3">平面图</td><td> 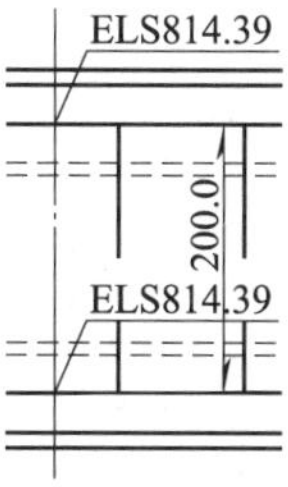</td><td>点划线为涵洞上道路中心线，由图的附注可知，ELS814.39 表示涵洞上方道路的中心线处设计高程 814.39 m</td></tr>
<tr><td> 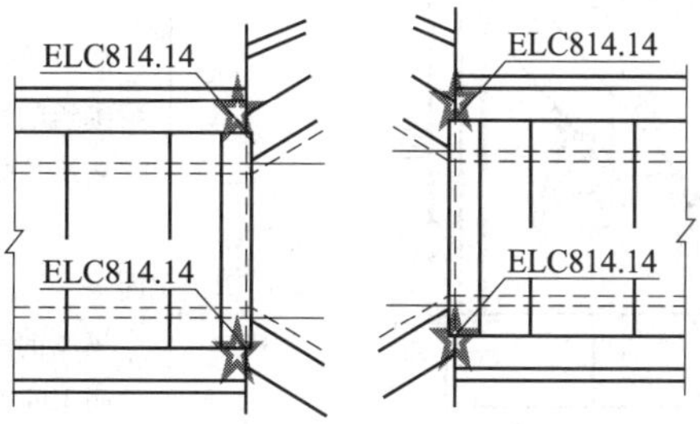</td><td>由图的附注可知，ELC814.14 表示涵洞上方道路的边缘处设计高程 814.14 m。边缘处低于中心线处，道路横坡为（814.39－814.14）/12.75</td></tr>
<tr><td> 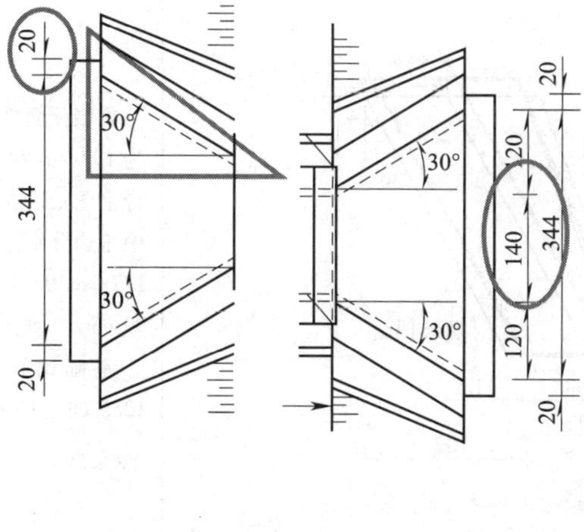</td><td>涵洞口外围的涵底宽度为（20＋344＋20）cm，20 cm 为两侧涵底超出洞口内壁尺寸
洞口两侧内壁与涵洞轴线成 30°
洞身部分涵底的宽度为 140 cm</td></tr>
</table>

续表

名称	图示	含义
侧面图	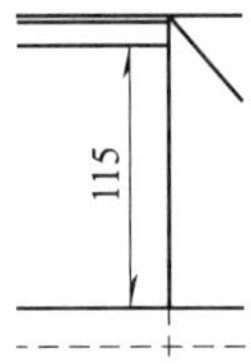 115	盖板底距离常水位高差为115 cm，即涵洞的净高为1.15 m
		坡度线
八字翼墙大样图	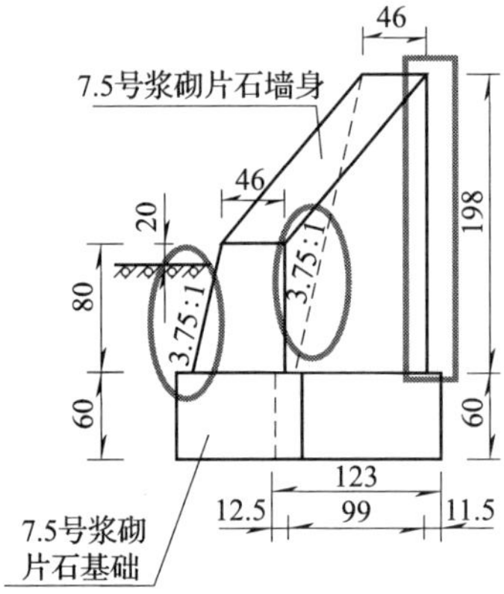 7.5号浆砌片石墙身 46 46 20 198 80 3.75:1 3.75:1 60 60 123 12.5 99 11.5 7.5号浆砌片石基础	洞口翼墙和基础均采用7.5号砂浆砌筑的浆砌片石 翼墙外侧为向下的倾斜面坡度，3.75:1，内侧为垂直于基础的竖直面 翼墙前端高80 cm，后端靠洞身处高198 cm，下面的基础高60 cm
	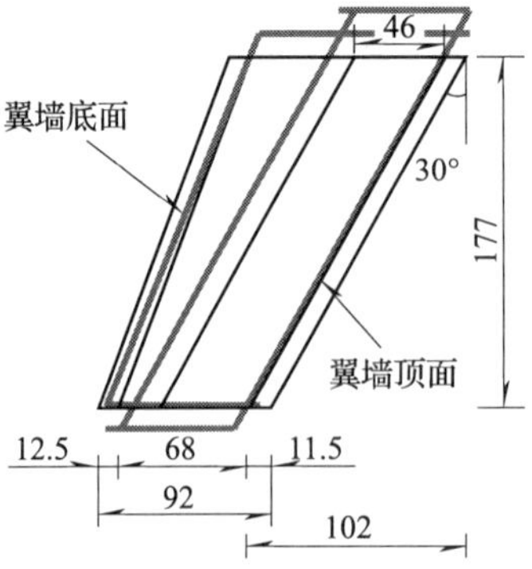 46 翼墙底面 30° 177 翼墙顶面 12.5 68 11.5 92 102	翼墙顶面是边长为64 cm和边长为177/cos30° cm平行四边形，结合上图知道翼墙底面为四边形，其中三边分别是前边68 cm、内侧边177/cos30° cm、靠洞身处边长99 cm。 基础比翼墙底面向外侧突出12.5 cm，向内侧突出11.5 cm

续表

名称	图示	含义
断面图	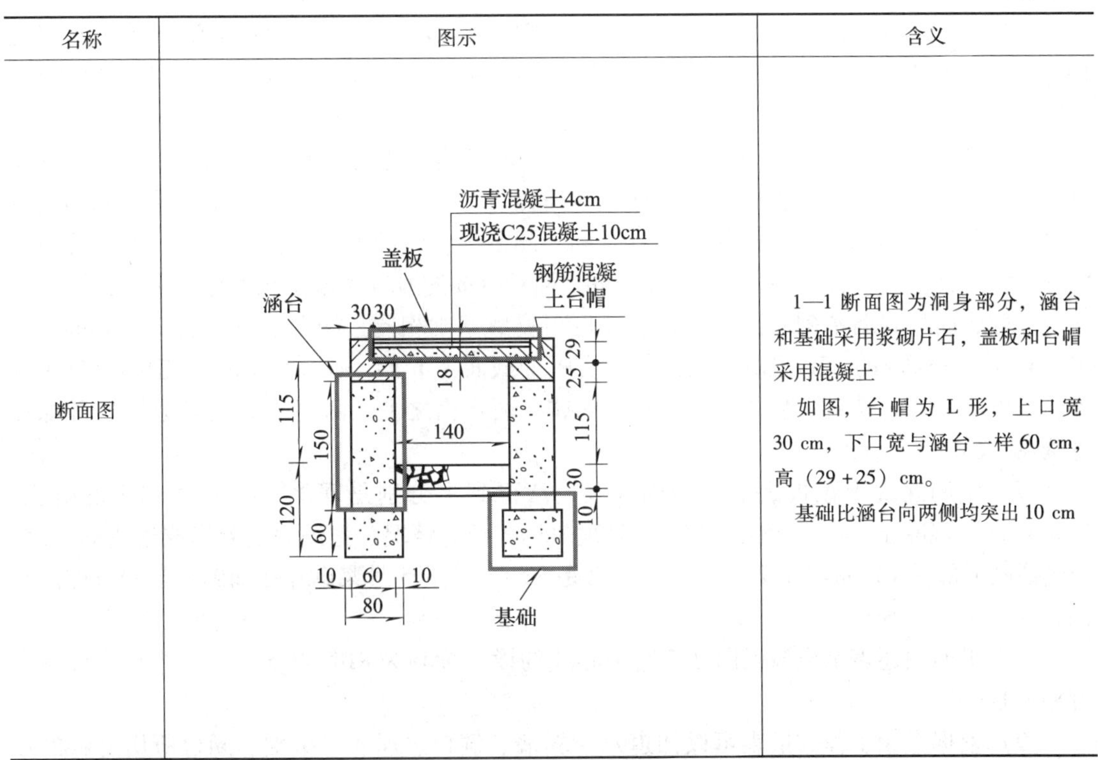	1—1 断面图为洞身部分，涵台和基础采用浆砌片石，盖板和台帽采用混凝土 如图，台帽为 L 形，上口宽 30 cm，下口宽与涵台一样 60 cm，高（29 +25）cm。 基础比涵台向两侧均突出 10 cm

根据表 9—1—1 的详细描述，归纳总结图 9—1—3 钢筋混凝土盖板涵工程图主要表达的信息如下：

（1）立面图采用了剖面图，由于涵洞较长，采用了折断的画法。由立面图可知洞顶无填土，为明涵。平面图表示涵洞的洞身、洞口的平面形状及有关尺寸。侧面图反映出洞口的立面形状及有关尺寸。

（2）八字翼墙大样图主要表明八字翼墙的形状及各部分的尺寸。为表示洞身、基础的形状、详细尺寸及材料，在洞身的 1—1 位置进行了剖切，画出 1—1 断面图。由 1—1 断面图可看出盖板、台帽、涵台、涵台基础的形状与材料。

（3）由立面图和平面图可将该钢筋混凝土盖板涵沿长度分为进洞口、出洞口和洞身三大部分，其中进、出洞口的结构完全相同，只需分析其中之一，由立面图中的坡度符号的方向可知左侧为进水口，右侧为出水口。

（4）综合立面图、平面图、侧面图及八字翼墙大样图，可以看出洞口的结构形状及尺寸。进、出洞口采用了八字翼墙式洞口，翼墙由 7.5 号浆砌片石筑成，八字翼墙内侧面为铅垂面，与涵洞轴线的夹角为 30°，顶面的纵向坡度为 1∶1.5，外侧面是坡度为 3.75∶1 的一般平面。

（5）墙下有 7.5 号浆砌片石筑成的翼墙基础，翼墙基础高度为 60 cm，长度方向与墙身平齐，宽度方向比墙身外侧宽 12.5 cm，内侧宽 11.5 cm。由侧面图中的虚线可知，墙身基础及部分墙身被埋置在土里，从大样图中可以看出墙身的埋置深度为 80 - 20 = 60 cm。八字翼墙之间是梯形的洞口铺砌，其中下部是 10 cm 厚的砂砾垫层，上部是 30 cm 厚的 5 号浆砌片石铺砌。在八字翼墙和洞口铺砌端部是长方体的截水墙，材料为 5 号浆砌片石铺砌。

（6）由立面图可以看出洞身部分长为 2 550 cm（路基宽度为 2 550 cm），由侧面图（洞口正立面图）可知涵洞净跨径为 140 cm，净高为 115 cm。综合立面图、平面图、侧面图及 1—1 断面图，可以看出前后两侧的涵台基础、涵台、台帽的形状及上下关系。通过分析可以看出，涵台基础为长 2 550 cm、宽 80 cm、高 60 cm 的 C20 混凝土长方体。由立面图可知涵台基础底面与翼墙基础底面平齐，高度也与翼墙基础相同。涵台台身为长 2 550 cm、宽 60 cm、高 150 cm 的 C20 混凝土长方体。台帽的截面为 L 形，长 2 550 cm 的钢筋混凝土柱体。若干块 18 cm 厚钢筋混凝土盖板排列支撑在两台帽之上，两端的盖板（边板）和缘石浇筑在一起。

（7）钢筋混凝土盖板之上是涵面铺装，从下到上分别是现浇 10 cm 厚 C25 混凝土、4 cm 厚沥青混凝土。在平面图中为了清楚地表达盖板的情况，把涵面铺装当成透明的处理。洞底铺砌下部是 10 cm 厚的砂砾垫层，上部是 30 cm 厚的 5 号浆砌片石铺砌，与洞口铺砌平齐。

（8）平面图还表示出该涵洞处道路中心线的设计标高为 814. 39 m，路基边缘设计标高为 814. 14 m。

（9）根据全涵工程数量表可以知道八字翼墙、洞口、涵底、基础、涵台所用材料的数量。

（10）附注部分说明标注尺寸的单位、涵洞设计的荷载等。

可以对照图 9—1—4 和图 9—1—5，掌握涵洞的构造。

图 9—1—4　混凝土盖板涵示意图

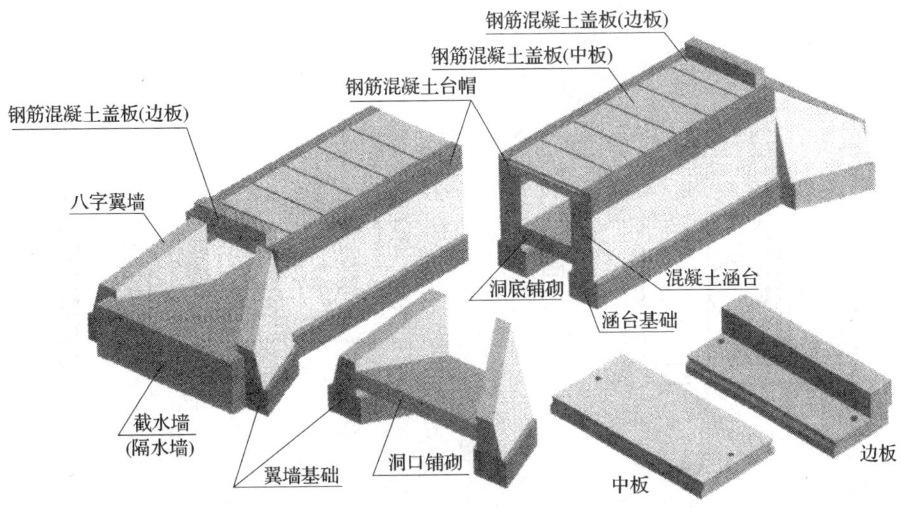

图 9—1—5 钢筋混凝土盖板涵构件示意图

思考与练习

对照图 9—1—6 所示的钢筋混凝土圆管涵的立体示意图，识读图 9—1—7 所示的钢筋混凝土圆管涵工程图。

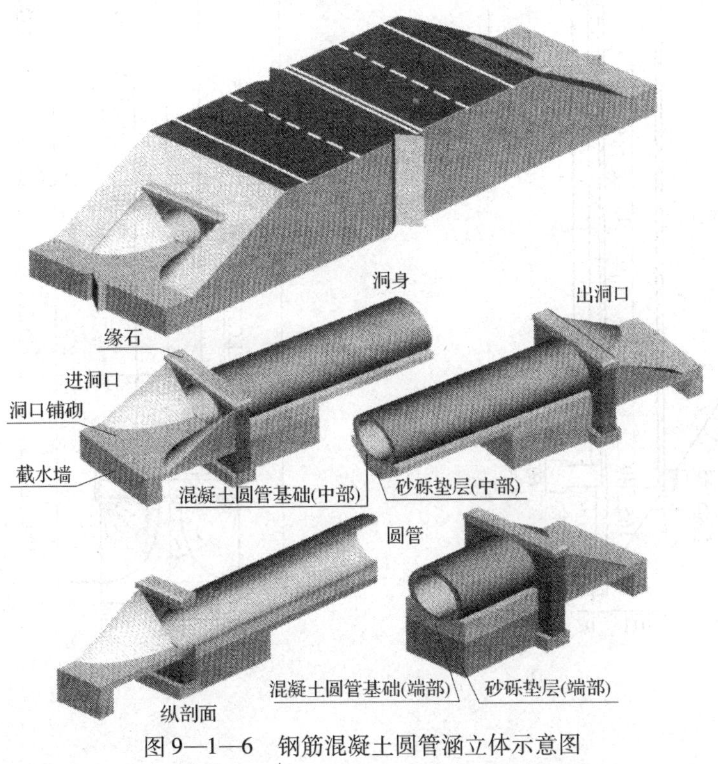

图 9—1—6 钢筋混凝土圆管涵立体示意图

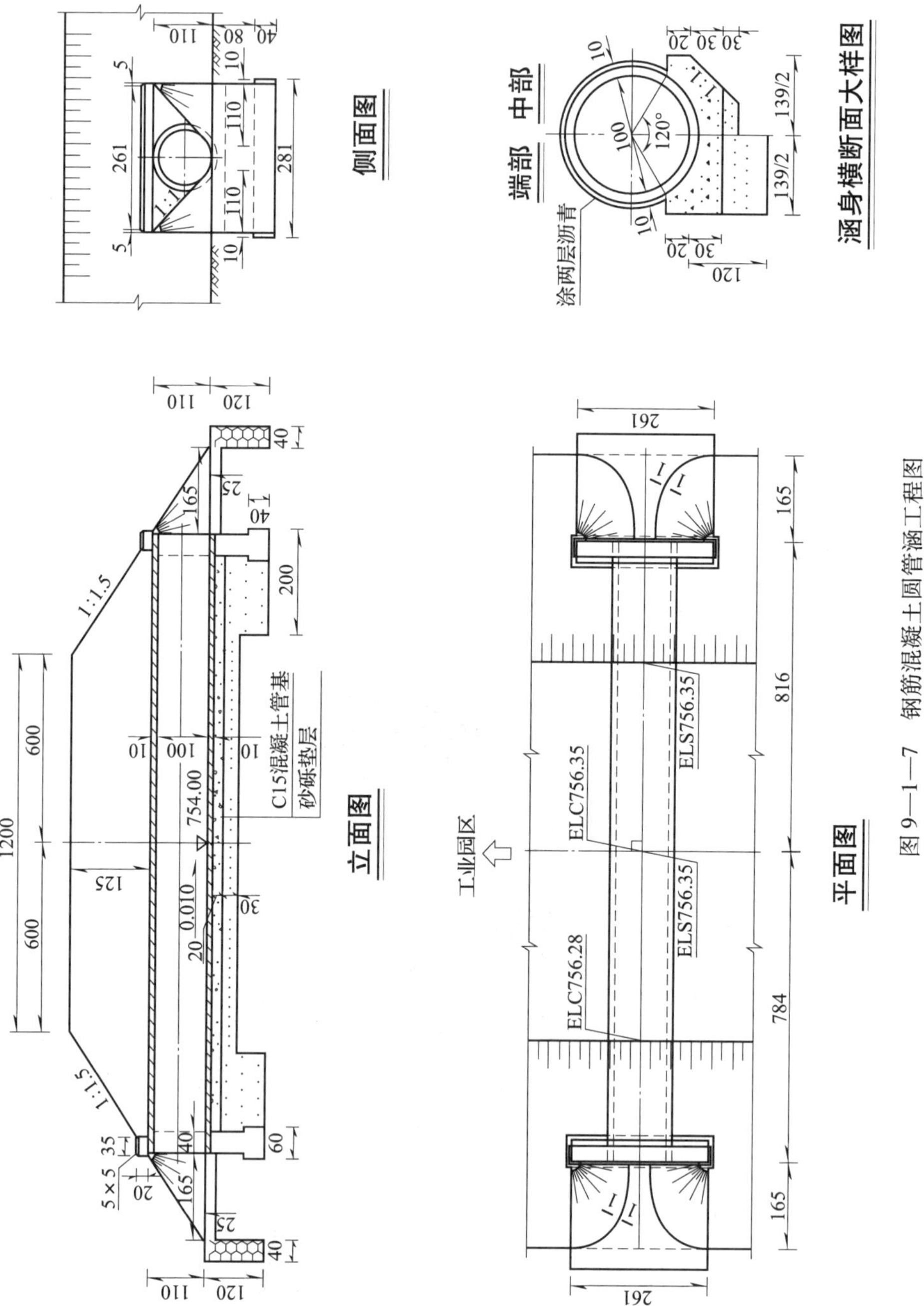

图 9—1—7 钢筋混凝土圆管涵工程图

课题二　隧道工程图

学习目标

◆ 了解隧道工程图的分类及组成。
◆ 熟悉隧道的图示方法及表达的内容。
◆ 掌握隧道洞门图和隧道衬砌图的分析方法并识读设计图。

隧道是道路穿越山岭的建筑物，它虽然形体很长，但中间的断面形状很少发生变化。隧道建筑物由主体建筑物和附属建筑物组成：主体建筑物通常指洞身衬砌和洞门建筑物；附属建筑物是主体建筑物以外的其他建筑物，如维修养护、给水排水、通风、照明、通信、安全等建筑物。隧道工程图主要用隧道平面图、隧道纵断面图、隧道洞门图和隧道横断面图来表达。

这里仅介绍隧道洞门图和隧道衬砌断面图。

一、隧道洞门图

隧道洞门（见图9—2—1）位于隧道的两端，是隧道的外露部分，俗称出入口。它一方面起着稳定洞口仰坡坡脚的作用，另一方面也有装饰美化洞口的效果。

图9—2—1　隧道洞门图

1. 隧道洞门的形式

根据地形和地质条件的不同，隧道洞门的形式主要有端墙式、翼墙式和环框式。

（1）端墙式洞门

适用于地形开阔、地层基本稳定的洞口；其作用在于支护洞口仰坡，并将仰坡水流汇集排出。

（2）翼墙式洞门

在端墙的侧面加设翼墙而成，用以支撑端墙和保护路堑边坡的稳定，适用于地质条件较差的洞口；翼墙顶面和仰坡的延长面一致，其上设置水沟，将仰坡和洞顶汇集的地表水排入路堑边沟内，如图9—2—2a所示。

（3）环框式洞门

将衬砌略伸出洞外，增大其厚度，形成洞口环框，适用于洞口石质坚硬、地形陡峻而无排水要求的场合，如图9—2—2b所示。

a) 翼墙式洞门

b) 环框式洞门

图9—2—2　隧道洞门的形式

2. 隧道洞门图的内容及特点

如图9—2—3所示，隧道洞门图一般是用立面图、平面图和洞口纵剖面图来表达，一般可采用1∶100～1∶200的比例，可参照图9—2—4隧道洞口立体示意图来识读隧道洞门图。

（1）立体图

以洞门口在垂直路线中心线上的正面投影作为立面图。不论洞门是否左右对称，都必须把洞门全部画出。主要表达洞门墙的形式、尺寸，洞口衬砌的类型、主要尺寸，洞顶排水沟的位置、排水坡度等，同时也表达洞门口路堑边坡的坡度等。

（2）平面图

主要用于表达洞门排水系统的组成及洞内外水的汇集和排水路径。另外，也反映了仰坡与边坡的过渡关系。为了图面清晰，常略去端墙、翼墙等的不可见轮廓线。

（3）洞口纵剖面图

沿隧道中心剖切，以此取代侧面图。它表达洞门墙的厚度、倾斜度、洞顶排水沟的断面形式、尺寸，洞顶帽石等的厚度，仰坡的坡度，洞内路面结构、隧道净空尺寸等。

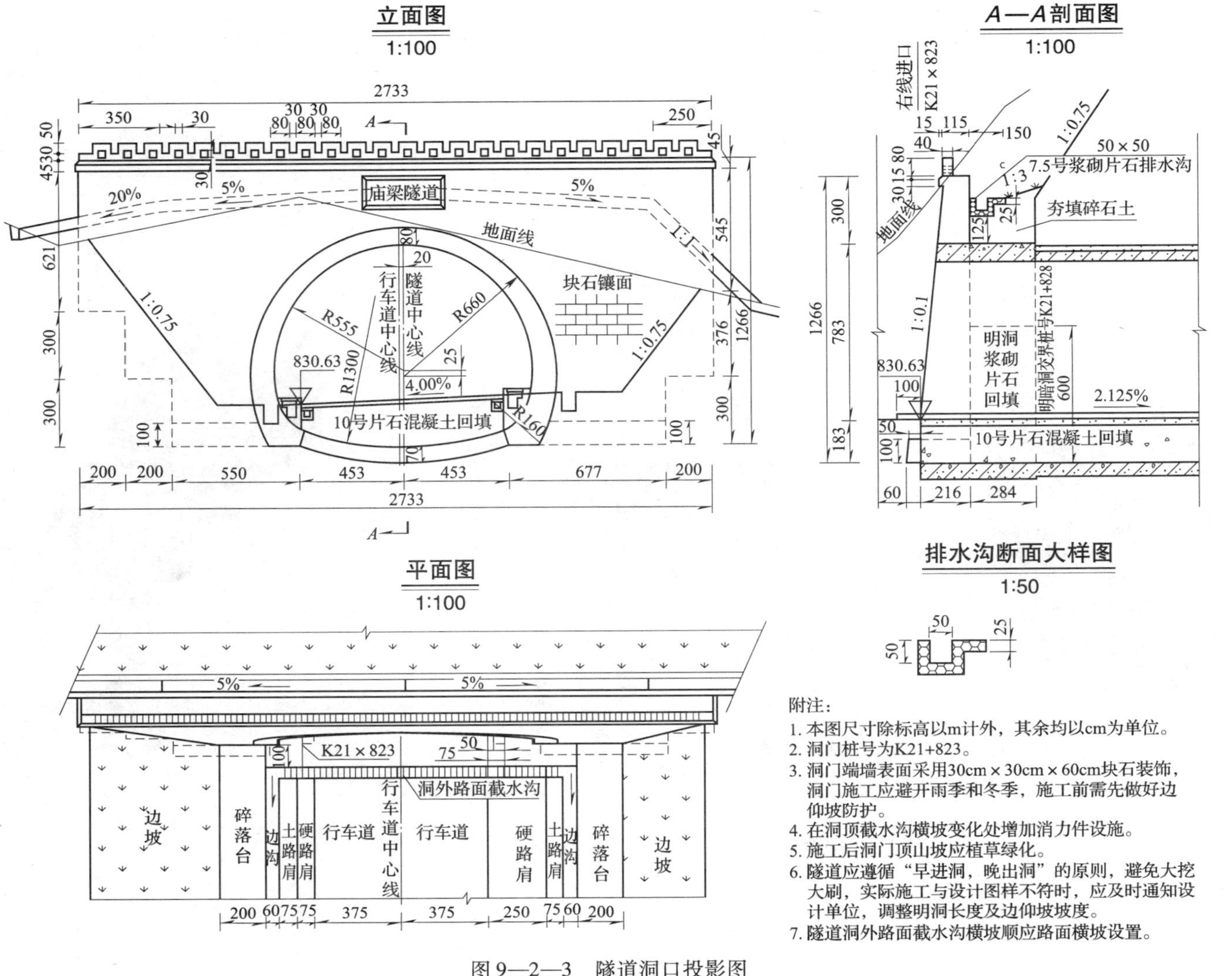

附注:

1. 本图尺寸除标高以m计外，其余均以cm为单位。
2. 洞门桩号为K21+823。
3. 洞门端墙表面采用30cm×30cm×60cm块石装饰，洞门施工应避开雨季和冬季，施工前需先做好边仰坡防护。
4. 在洞顶截水沟横坡变化处增加消力件设施。
5. 施工后洞门顶山坡应植草绿化。
6. 隧道应遵循“早进洞，晚出洞”的原则，避免大挖大刷，实际施工与设计图样不符时，应及时通知设计单位，调整明洞长度及边仰坡坡度。
7. 隧道洞外路面截水沟横坡顺应路面横坡设置。

图 9—2—3　隧道洞口投影图

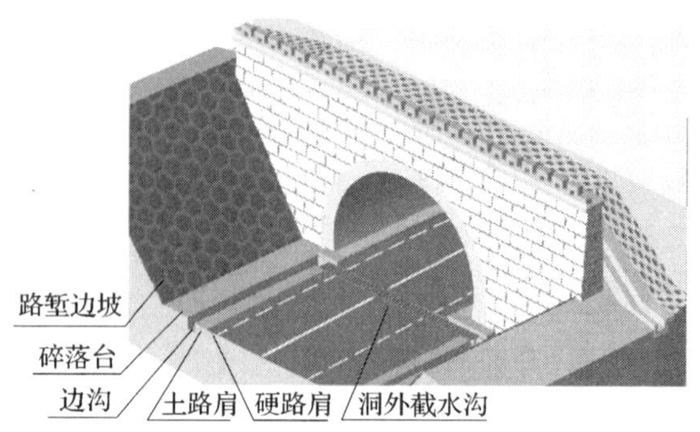

a) 隧道洞门外观图

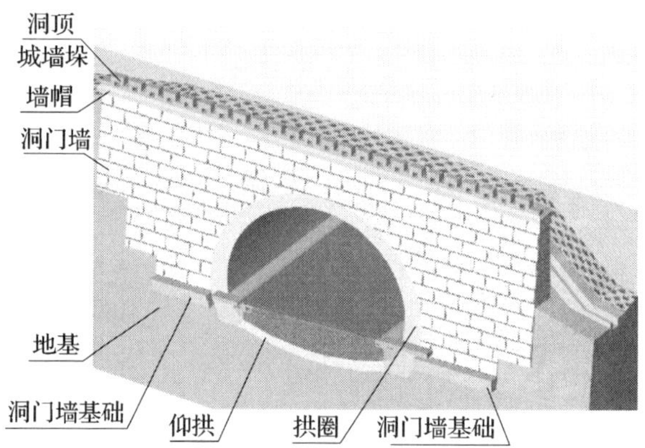

b) 洞前横断面立体示意图

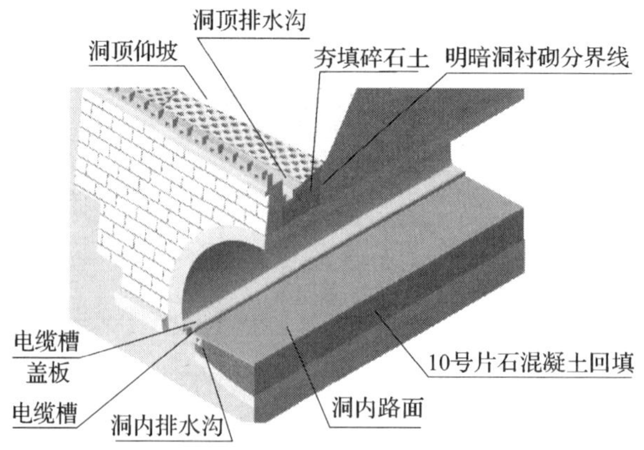

c) 纵断面立体示意图

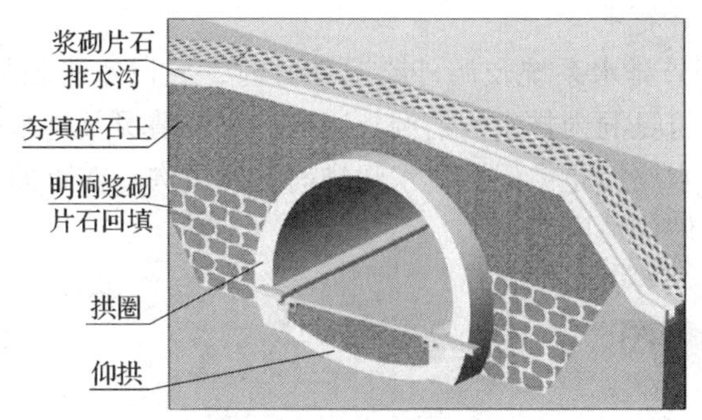

d) 洞门后横断面立体示意图

图 9—2—4　隧道洞口立体示意图

3. 识读隧道洞门图的方法

首先，要概括了解该隧道洞门图采用了哪些投影图，各投影图重点表达了什么内容。了解剖面图、断面图的剖切位置和投影方向。

其次，可根据隧道洞门的构造特点，把隧道洞门图沿隧道轴线方向分成几段，而每一段沿高度方向又可以分为不同的部分，对每一部分进行分析识读。

最后，对照隧道的各投影图（立面图、平面图、剖面图）进行全面分析，明确各组成部分之间的关系，综合起来想象出整体。

4. 识读隧道洞门图

如图 9—2—3 所示，隧道洞口图由立面图、平面图与剖面图共同表达隧道洞口的结构。将隧道洞门沿隧道轴线方向分为三段，即洞门墙部分、明洞回填部分和洞外路况部分。

（1）识读洞门墙部分时，应以立面图为主，结合侧面图来分析。平面图中洞门墙的许多结构被遮挡，用虚线表示（甚至虚线也被省略），所以水平投影只作为参考。从立面图中可以看出洞门墙、洞门衬砌、墙下基础、墙帽等的正面形状，上下、左右的位置关系及长、宽方向的尺寸（洞门衬砌由拱圈和仰拱组成，拱圈外圈半径为 660 cm，内圈半径为 555 cm，由于内外圈的圆心在高度方向上存在 25 cm 的偏心距，所以拱圈的厚度从拱顶到拱脚是逐渐变厚的，拱圈顶部厚度为 80 cm。仰拱内圈半径为 1 300 cm，厚度为 70 cm 等）。从立面图中可见洞内路面左低右高，坡度为 4%，仰拱与路面之间是 10 号片石混凝土回填；而从剖面投影可以看到洞门墙、墙下基础、墙帽的厚度及前后位置关系，洞门墙的倾斜度，以及前后方向的尺寸（洞门墙下部的厚度为 216 cm，洞门墙前面的外露部分是斜面，其坡度为 1∶0.1 等）。从侧面投影中可见明、暗洞的分界线，由侧面投影的剖面图可看出洞门衬砌为钢筋混凝土。从侧面图和平面图中可以看出该隧道洞门桩号为 K21 +328。

（2）识读明洞回填及洞顶排水沟部分时，应以侧面图为主，辅以立面图，可从侧面图中分析出洞顶排水沟的断面尺寸、形状及材料，其中“50 ×50”表示排水沟水槽的截面尺寸，从正面投影图中可以看出排水沟的走向及排水坡度。明洞回填在底部是600 cm高的浆砌石回填，之上是夯实碎石土。

（3）识读边坡、洞外排水系统及洞外路况部分时，应以水平投影为主，结合正面投影图来识读。从平面图中可见洞内排水沟与洞外边沟的汇集情况及排水路径，由洞内外水沟处标注的箭头可以看出排水路径是由洞内排水沟排向洞外边沟。在正面投影图中可以看到边沟的横断面形状及路堑边坡的坡度。

二、隧道衬砌断面图

隧道衬砌是为了防止围岩变形或坍塌，沿隧道洞身周边用钢筋混凝土等材料修建的永久性支护结构。

1. 隧道衬砌的形式

在不同的围岩中可采用不同的衬砌形式，常用的衬砌形式有喷混凝土衬砌、喷锚衬砌及复合式衬砌，多数情况下采用复合式衬砌。

复合式衬砌常分为初期支护（一次衬砌）和二次支护（二次衬砌）。初期支护是为了保证施工的安全，加固岩体和阻止围岩的变形而设置的结构，是用喷混凝土、喷锚与钢拱支架等的一种或几种组合对围岩进行加固；二次衬砌是为了保证隧道使用的净空和结构的安全而设置的永久性衬砌结构，待初期支护的变形基本稳定后，进行现浇混凝土二次衬砌。

隧道衬砌的断面形式可采用直墙拱、曲墙拱、圆形及矩形。

2. 隧道衬砌图的图示内容及特点

隧道衬砌图采用在每一类围岩中用一组垂直于隧道中心线的横断面图来表示隧道衬砌的结构形式。

（1）隧道衬砌断面设计图

主要表达该围岩段内衬砌的总体设计情况，表明有哪几种类型的支护及每种支护的主要参数、防火排水设施的类型和二次衬砌结构情况。图9—2—5所示为Ⅱ类围岩浅埋段衬砌断面设计图。

（2）各种支护、衬砌的构造图

具体地表达每一种支护各构件的详细尺寸、分布情况、施工方法等。

3. 识读隧道衬砌断面图的方法

首先要认真阅读隧道衬砌断面设计图，全面了解该围岩段所有的支护种类及相互关系；同时注意阅读材料表和附注，了解注意事项和施工方法等；然后再阅读每一种支护、衬砌的具体构造图，分析每一种支护的具体结构、详细尺寸、材料及施工方法。

4. 识读隧道衬砌断面图

（1）识读Ⅱ类围岩浅埋段衬砌断面设计图

如图9—2—5所示的Ⅱ类围岩浅埋段衬砌断面设计图，该围岩段采用了曲墙式复合衬砌，包括超前支护、初期支护和二次衬砌。

Ⅱ类围岩浅埋段衬砌断面设计图

1:100

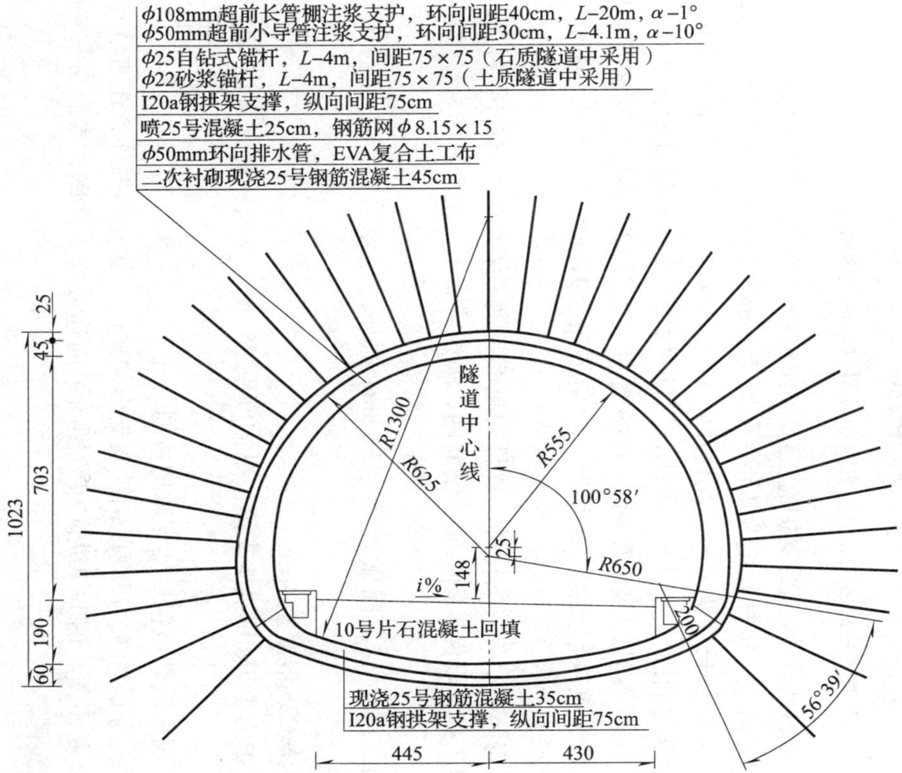

ϕ108mm超前长管棚注浆支护，环向间距40cm，L–20m，α–1°
ϕ50mm超前小导管注浆支护，环向间距30cm，L–4.1m，α–10°
ϕ25自钻式锚杆，L–4m，间距75×75（石质隧道中采用）
ϕ22砂浆锚杆，L–4m，间距75×75（土质隧道中采用）
I20a钢拱架支撑，纵向间距75cm
喷25号混凝土25cm，钢筋网ϕ8.15×15
ϕ50mm环向排水管，EVA复合土工布
二次衬砌现浇25号钢筋混凝土45cm

隧道中心线
R1300
R625
R555
100°58′
R650
25
148
i%
200
56°39′
10号片石混凝土回填
现浇25号钢筋混凝土35cm
I20a钢拱架支撑，纵向间距75cm
445
430
1023
25
45
703
190
60

每延米工程数量表

序号	项目	规格	单位	数量	备注
1	土石开挖		m^3	112.9	
2	长管棚	ϕ108mm	kg	9398	每组长管棚量
	小导管	ϕ50mm	kg	279.2	壁厚4mm
3	注浆	水泥水玻璃浆	m^3	25.12	每组长管棚量
	注浆	水泥水玻璃浆	m^3	4.25	小导管采用
4	自钻式锚杆	ϕ25	m	186.7	石质中采用每环35根
	砂浆锚杆	ϕ22	kg	556.37	土质中采用每环35根
5	ϕ8钢筋网	15×15	kg	118.5	
6	喷混凝土	C25	m^3	6.3	
7	型钢钢架	I20a	kg	1362.4	
8	钢板	300mm×250mm×20mm	kg	188.5	
9	高强螺栓、螺母	AM20	kg	10.7	
10	纵向连接钢筋	Ⅱ级	kg	188.7	
11	拱圈二次衬砌	C25	m^3	13.0	
12	拱圈二次钢筋	HRB335	kg	669.4	
13	拱圈二次钢筋	HRB235	kg	115.4	
14	仰拱钢筋	HRB335	kg	412.2	
15	仰拱钢筋	HRB235	kg	56.7	
16	仰拱二次衬砌	C25	m^3	7.8	
17	片石混凝土仰拱回填	C20	m^3	10.44	
18	喷涂		m^2	20.19	

附注：

1. 本图尺寸除钢筋直径以mm计外，其余均以cm计。
2. 本图适用于Ⅱ类围岩浅埋段。
3. 施工中若围岩划分与实际不符时，应根据围岩监控量测结果，及时调整开挖方式和修正支护参数。
4. 施工中应严格遵守短进尺、弱爆破、强支护、早成环的原则。
5. Ⅱ类围岩浅埋段超前支护在洞口段采用ϕ108长管棚，在其余位置采用ϕ50超前小导管。
6. 隧道穿过石质层时采用ϕ25自钻式锚杆；穿过土质层时采用ϕ22砂浆锚杆。
7. 隧道施工预留变形量15cm。
8. 初期支护的锚杆应尽可能与钢支撑焊接。

图 9—2—5　Ⅱ类围岩浅埋段衬砌断面设计图

超前支护是指为保证隧道工程开挖工作面的稳定而在开挖之前采取的一种辅助措施，参照图9—2—6所示的Ⅱ类围岩浅埋段超前支护立体示意图。从图中可以看出该隧道Ⅱ类围岩浅埋段在洞口处采用直径为10 mm的长管棚进行超前支护；在Ⅱ类围岩浅埋段的其他位置采用直径为50 mm的超前小导管进行支护，即沿开挖外轮廓线向前以一定的外倾角将带有小孔的导管打入管壁，且以一定压力向管内压注起胶结作用的浆液，待其硬化后岩体得到预加固。

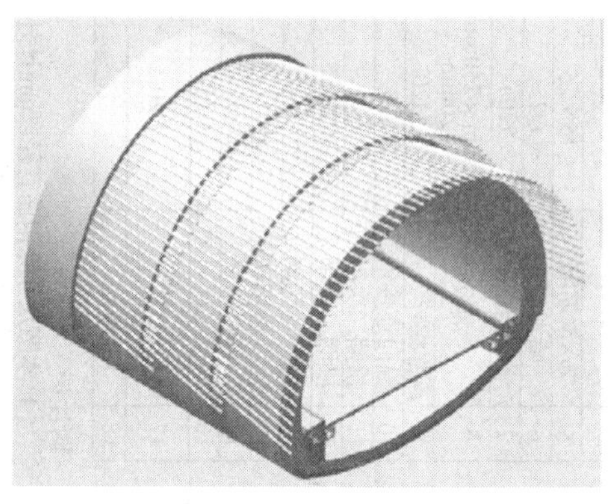

图9—2—6　Ⅱ类围岩浅埋段超前支护立体示意图

该隧道Ⅱ类围岩浅埋段的初期支护有：①径向锚杆（系统锚杆）支护（在土质中采用ϕ22 mm砂浆径向锚杆，锚杆长度为4 m，间距75 mm×75 mm；在石质中采用ϕ25 mm的自钻式径向锚杆，锚杆长度为4 m，间距75 mm×75 mm）。②Ⅰ20a工字钢钢拱架支撑，相邻钢拱架的纵向间距为75 cm。③挂设钢筋网片支护，钢筋直径为8 mm，钢筋网网格为15 cm×15 cm（冷轧焊接钢筋网）。④在锚杆、钢筋网片和钢拱架之间喷射C25混凝土25 cm，使锚杆、钢拱架支撑、钢筋网、喷射混凝土共同组成一个大半径的初期支护结构。

一般情况下，将超前小导管的尾部、锚杆的尾部与钢拱架支撑、钢筋网等焊接在一起形成一个整体的初期支护，以保证钢拱架、钢筋网、喷射混凝土、锚杆和围岩形成联合受力结构。

在初期支护和二次衬砌之间做直径为50 mm的环向排水管，EVA复合土工布防水层。

二次衬砌是现浇C25混凝土45 cm。

仰拱的初期支护为Ⅰ20a钢拱架支撑，纵向间距75 cm，二次衬砌是现浇C25钢筋混凝土35 cm。

（2）识读Ⅱ类围岩浅埋段钢拱架支撑构造图

图9—2—7所示为Ⅱ类围岩浅埋段钢拱架支撑构造图，除立面图外，还有A部大样图、1—1断面图、2—2断面图、钢拱架纵向布置图与纵向连接筋大样图，参照9—2—8所示的钢拱架支撑立体示意图。

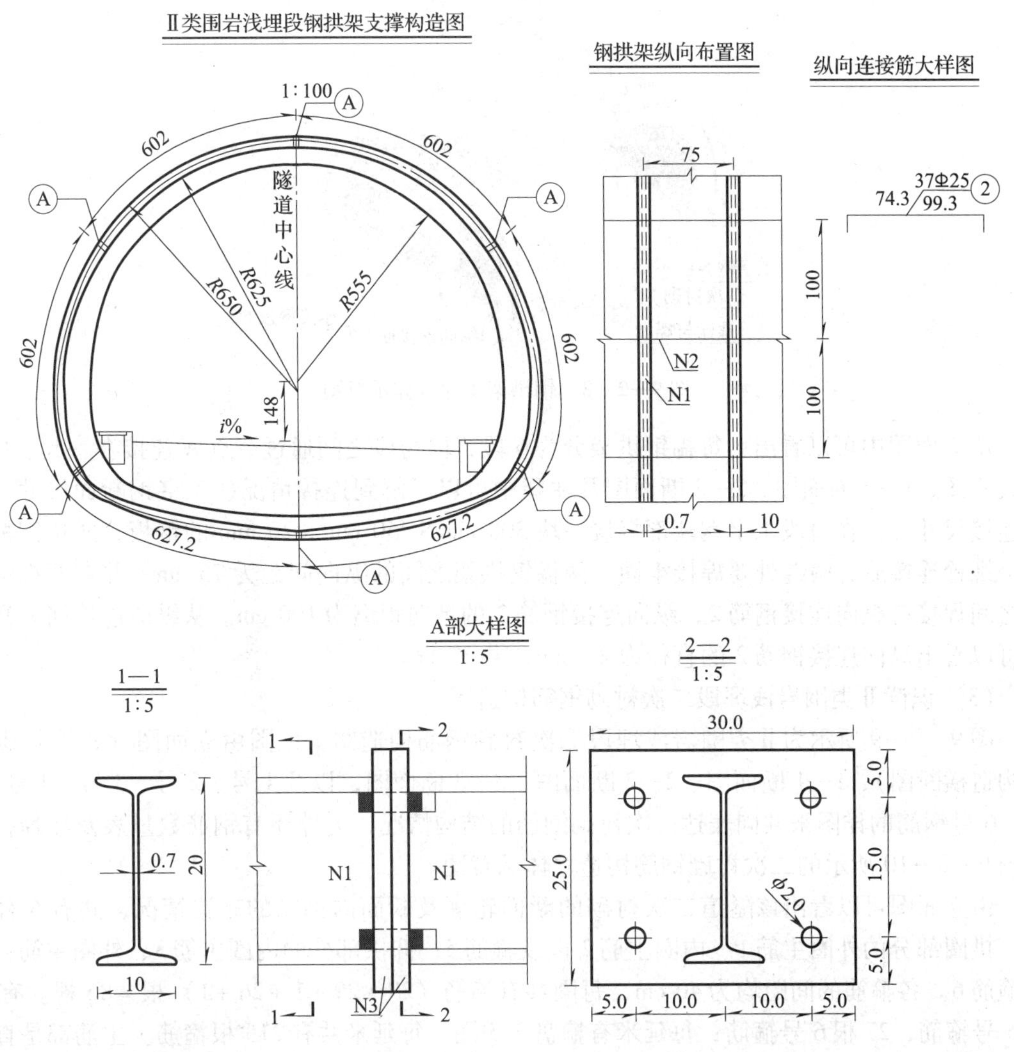

每榀钢支撑工程数量表

序号	材料	规格	单位	数量
1	型钢	I20a	kg	1021.8
2	钢筋	Φ25	kg	141.5
3	钢板	300mm×250mm×20mm	kg	141.4
4	螺栓	AM20×70	个	24
5	螺母	AM20	个	24

附注：

1. 本图未标注单位的尺寸除钢筋直径以mm计外，其余均以cm计。
2. 接点A处经螺栓拼接后，骑缝焊接牢固，焊接缝都应焊接饱满，不得有砂眼。
3. 两榀钢拱架之间的连接筋N2，除一般情况下按图布设外，可视拱架具体稳定情况加设交叉连接筋。
4. 每榀型钢分6段，施工时，每段长度可视具体情况作适当调整。

图 9—2—7 Ⅱ类围岩浅埋段钢拱架支撑构造图

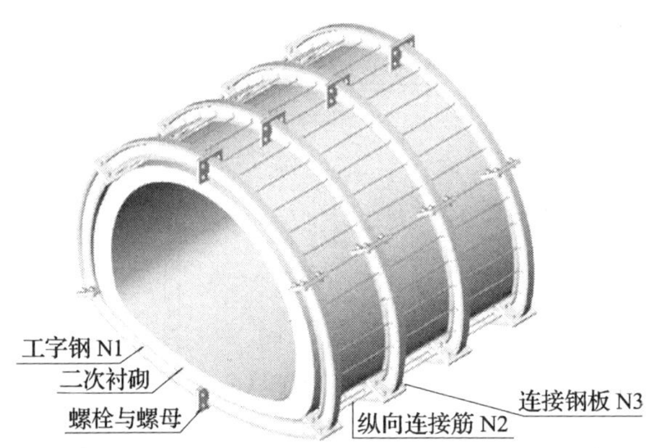

图 9—2—8　钢拱架支撑立体示意图

从立面图中可以看出，每榀钢拱架分为 6 段，段与段之间通过节点 A 连接在一起。由 A 部大样图、1—1 断面图、2—2 断面图及注释中可以了解到连接情况、工字钢断面尺寸、螺栓连接尺寸等。在每段工字钢端部焊接一块 300 mm×250 mm×20 mm 的钢板，两块钢板由四个螺栓连接后，骑缝处要焊接牢固。两榀钢拱架之间的纵向间距为 75 cm，并在两榀钢拱架之间焊接有纵向连接钢筋 2，纵向连接钢筋 2 的环向距离为 100 cm。从纵向连接筋大样图上可以看出纵向连接钢筋 2 的直径为 25 mm，共 37 根。

（3）识读Ⅱ类围岩浅埋段二次衬砌钢筋构造图

图 9—2—9 所示为Ⅱ类围岩浅埋段二次衬砌钢筋构造图，该图由立面图（二次衬砌钢筋构造横断图），1—1 断面图、2—2 断面图、3—3 断面图，以及 1 号、2 号、3 号、4 号、5 号、6 号钢筋的详图来共同表达二次衬砌钢筋的结构情况，另外还有钢筋数量表及注释，参照图 9—2—10 所示的二次衬砌钢筋构造立体示意图。

由立面图可以看出该隧道二次衬砌的断面轮廓及断面内钢筋的布置情况，共有 6 种钢筋：拱圈部分的外圈主筋 1、内圈主筋 2 以及箍筋 5；仰拱部分的内圈主筋 3、外圈主筋 4 以及箍筋 6。各箍筋的间距均为 40 cm，每圈共有箍筋（29+29+1+26+1）根=86 根。有 59 根 5 号箍筋，27 根 6 号箍筋；每延米有箍盘 2.5 圈，每延米共有 215 根箍筋。主筋都是直径为 22 mm 的Ⅱ级钢筋，箍筋是直径为 8 mm 的Ⅰ级钢筋，各钢筋的尺寸与形状可见钢筋详图，不同位置的箍筋尺寸有所不同。

由 1—1 断面图、2—2 断面图可以看出在拱圈顶部的外圈主筋 1 和内圈主筋 2 之间的中心距为 35 cm，混凝土保护层厚度为 5 cm；在仰拱底部的外圈主筋 4 和内圈主筋 3 之间的中心距为 27 cm，混凝土保护层厚度为 5 cm。结合 3—3 断面图还可以看到箍筋沿纵向的分布情况，即第一圈箍筋与第一、第二、第三圈主筋绑扎在一起；第二圈箍筋与第三、第四、第五圈主筋绑扎在一起，以此类推。

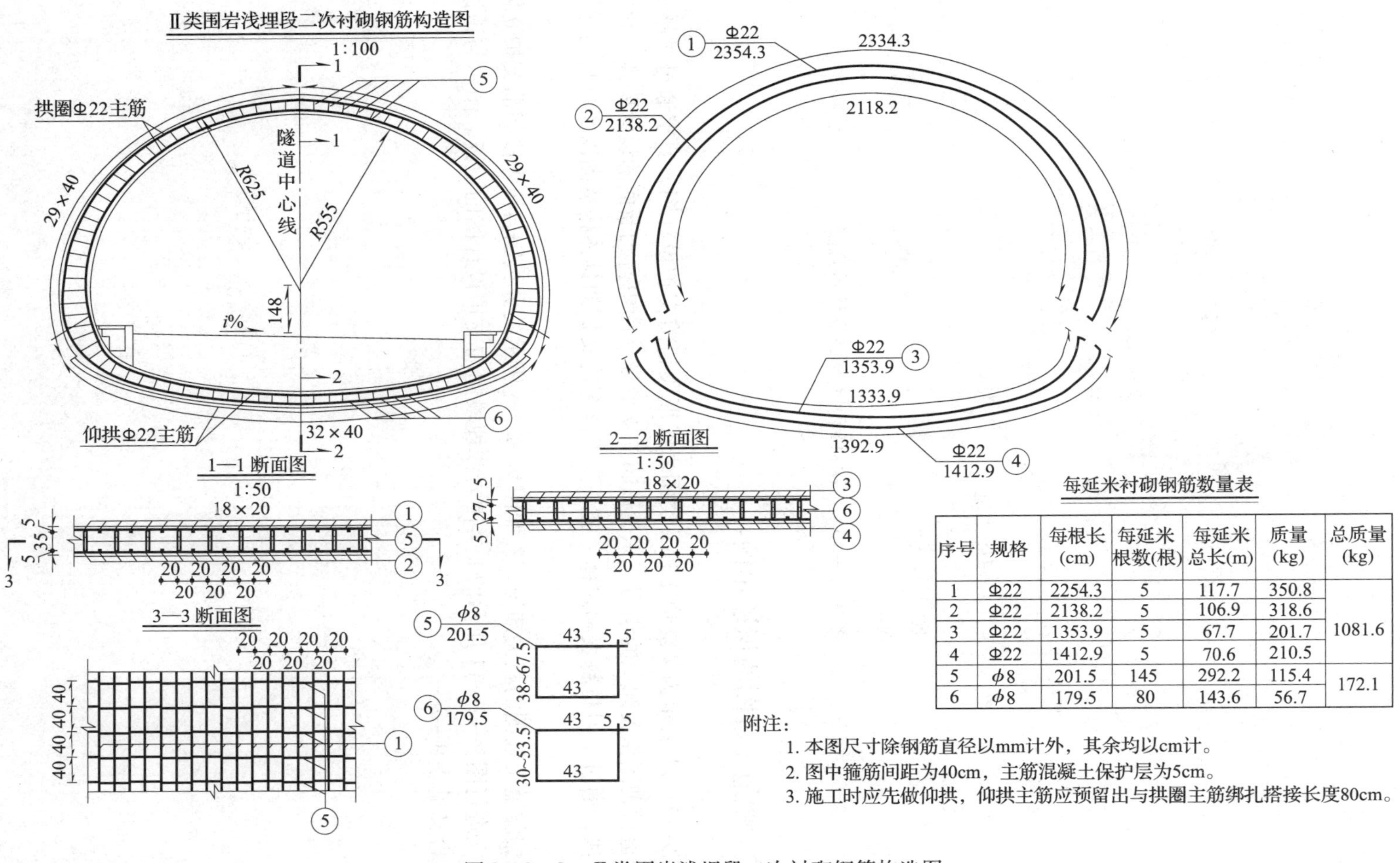

每延米衬砌钢筋数量表

序号	规格	每根长(cm)	每延米根数(根)	每延米总长(m)	质量(kg)	总质量(kg)
1	Φ22	2254.3	5	117.7	350.8	1081.6
2	Φ22	2138.2	5	106.9	318.6	
3	Φ22	1353.9	5	67.7	201.7	
4	Φ22	1412.9	5	70.6	210.5	
5	φ8	201.5	145	292.2	115.4	172.1
6	φ8	179.5	80	143.6	56.7	

附注：

1. 本图尺寸除钢筋直径以mm计外，其余均以cm计。
2. 图中箍筋间距为40cm，主筋混凝土保护层为5cm。
3. 施工时应先做仰拱，仰拱主筋应预留出与拱圈主筋绑扎搭接长度80cm。

图 9—2—9 Ⅱ类围岩浅埋段二次衬砌钢筋构造图

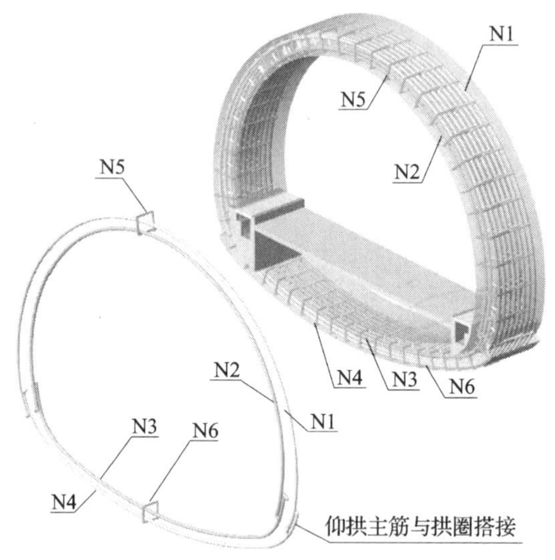

图 9—2—10　二次衬砌钢筋构造立体示意图

三、隧道工程图的识读示例

图 9—2—11 所示为某隧道工程Ⅱ类围岩浅埋段超前支护设计图，要求通过对隧道洞门图和隧道衬砌图相关知识的学习，识读该超前支护设计图中衬砌断面的设计要素、超前支护施工方法，通过学习材料表和注释，进一步识读超前支护的具体构造图以及材料的详细结构与尺寸。

根据隧道工程图的相关知识，参照图 9—2—6 所示的Ⅱ类围岩浅埋段超前支护立体示意图，独立进行图 9—2—11 所示的Ⅱ类围岩浅埋段超前支护设计图的识读。图示与识读出的内容与含义见表 9—2—1。

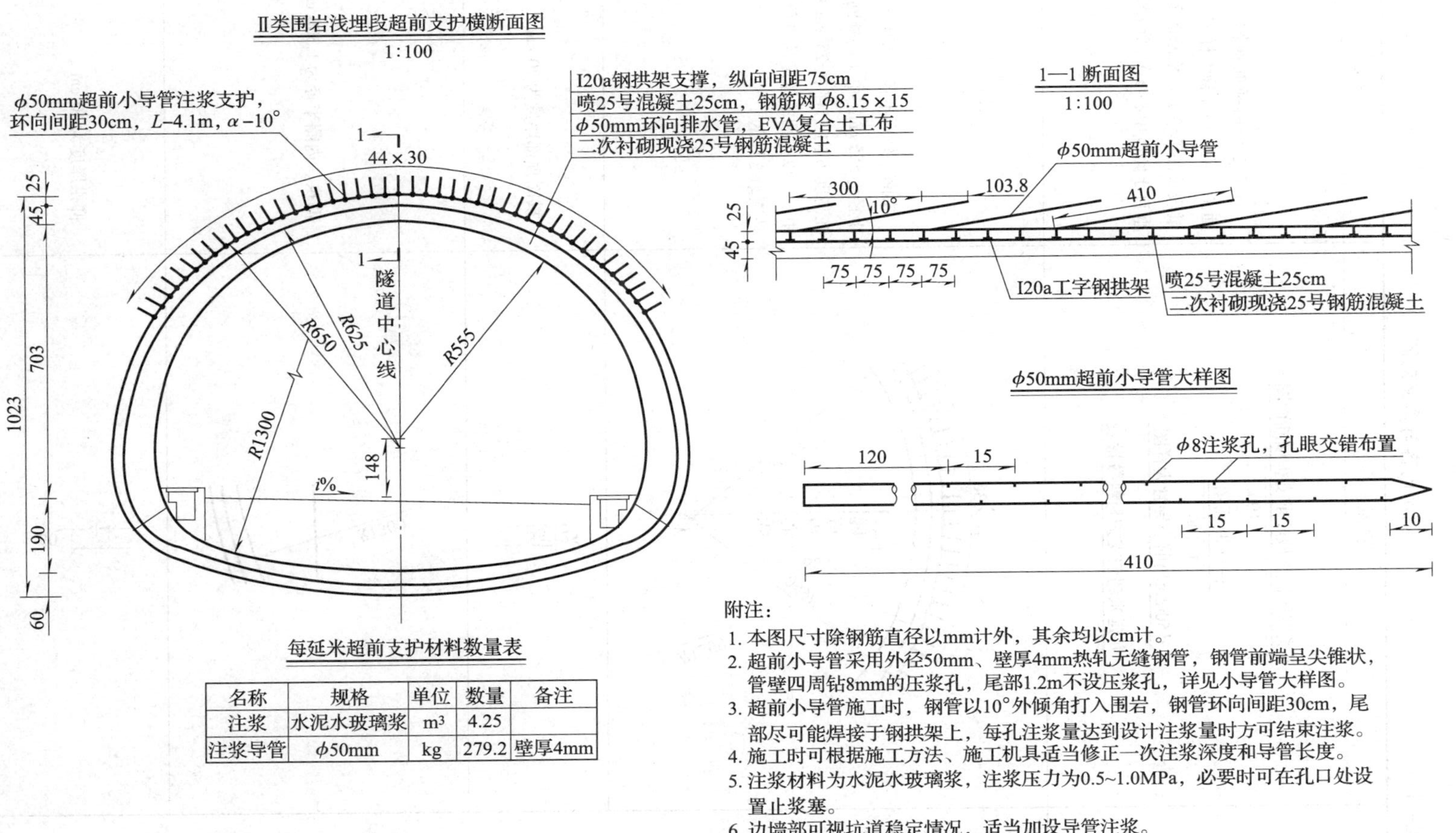

每延米超前支护材料数量表

名称	规格	单位	数量	备注
注浆	水泥水玻璃浆	m^3	4.25	
注浆导管	ϕ50mm	kg	279.2	壁厚4mm

附注：

1. 本图尺寸除钢筋直径以mm计外，其余均以cm计。
2. 超前小导管采用外径50mm、壁厚4mm热轧无缝钢管，钢管前端呈尖锥状，管壁四周钻8mm的压浆孔，尾部1.2m不设压浆孔，详见小导管大样图。
3. 超前小导管施工时，钢管以10°外倾角打入围岩，钢管环向间距30cm，尾部尽可能焊接于钢拱架上，每孔注浆量达到设计注浆量时方可结束注浆。
4. 施工时可根据施工方法、施工机具适当修正一次注浆深度和导管长度。
5. 注浆材料为水泥水玻璃浆，注浆压力为0.5~1.0MPa，必要时可在孔口处设置止浆塞。
6. 边墙部可视坑道稳定情况，适当加设导管注浆。
7. 本图适用于Ⅱ类围岩段超前支护。

图 9—2—11　Ⅱ类围岩浅埋段超前支护设计图

表 9—2—1 图示内容与含义对照

名称	图示	含义
设计图组成	Ⅱ类围岩浅埋段超前支护横断面图 1:100 1—1 断面图 1:100 ϕ50mm超前小导管大样图 每延米超前支护材料数量表	该图主要由横断面图、1—1 断面图、超前小导管大样图、材料数量表及注释组成。横断面图实际是垂直于路线中心线的剖面图
洞门	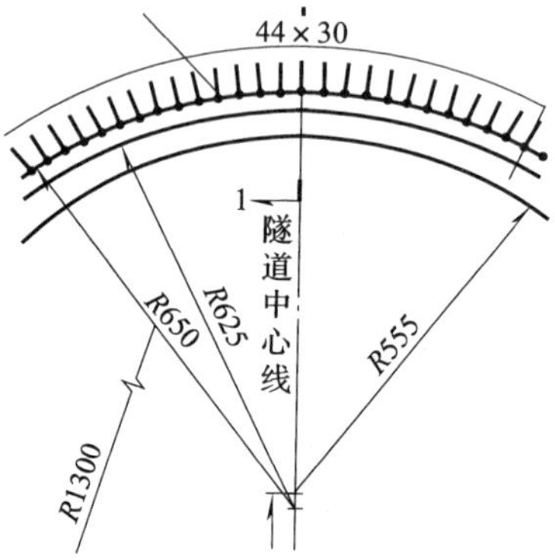 44×30 1 隧道中心线 R650 R625 R555 R1300	拱圈，外圈半径为650 cm，内圈半径为555 cm，由于内外圈的圆心在高度方向上存在 25 cm 的偏心距，所以拱圈的厚度从拱顶到拱脚是逐渐变厚的
	 25 45	拱圈顶部厚度为 70 cm
	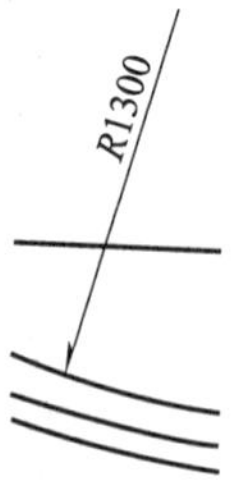 R1300	仰拱，内圈半径为 1 300 cm
	 60	仰拱厚度为 60 cm

续表

名称	图示	含义
超前小导管	410	分别为超前小导管的横断面图、1—1 断面图和大样图
超前小导管大样图	ϕ50mm超前小导管大样图 ϕ8注浆孔，孔眼交错布置 120 15 15 15 10 410	超前小导管采用外径为 50 mm、长度为 4.1 m、壁厚为 4 mm 的热轧无缝钢管，钢管前端呈尖锥状，管壁四周钻有直径为 8 mm 压浆孔，尾部 1.2 m 不设压浆孔
超前小导管施工图	300 10° 25 45	超前小导管施工时，导管以 10° 的外倾角打入围岩，导管的环向间距为30 cm，导管分布在隧道顶部，每圈 45 根。施工时，尾部尽可能焊接于钢拱架上，每孔注浆量达到设计注浆量时方可结束注浆
	300 10° 103.8	两排导管之间的纵向间距为 300 cm，两排导管的纵向搭接长度为 103.8 cm
材料数量表	见下表	注浆材料为水泥水玻璃浆，注浆数量为 4.25 m^3，加设导管进行注浆处，应选用壁厚 4 mm 的导管

名称	规格	单位	数量	备注
注浆	水泥水玻璃浆	m^3	4.25	
注浆导管	ϕ50mm	kg	279.2	壁厚4mm

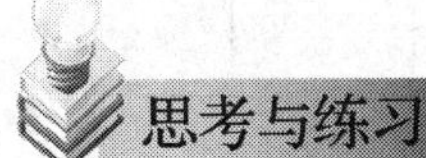

思考与练习

1. 根据图 9—2—3 所示的隧道洞口投影图中的立面图，分析边沟的横断面形状及路堑边坡的坡度。

2. 结合图 9—2—3 所示的隧道洞口投影图中的立面图和平面图，分析明洞回填情况。

3. 识读图 9—2—12 所示某公路隧道洞口投影图，主要识读出以下内容。

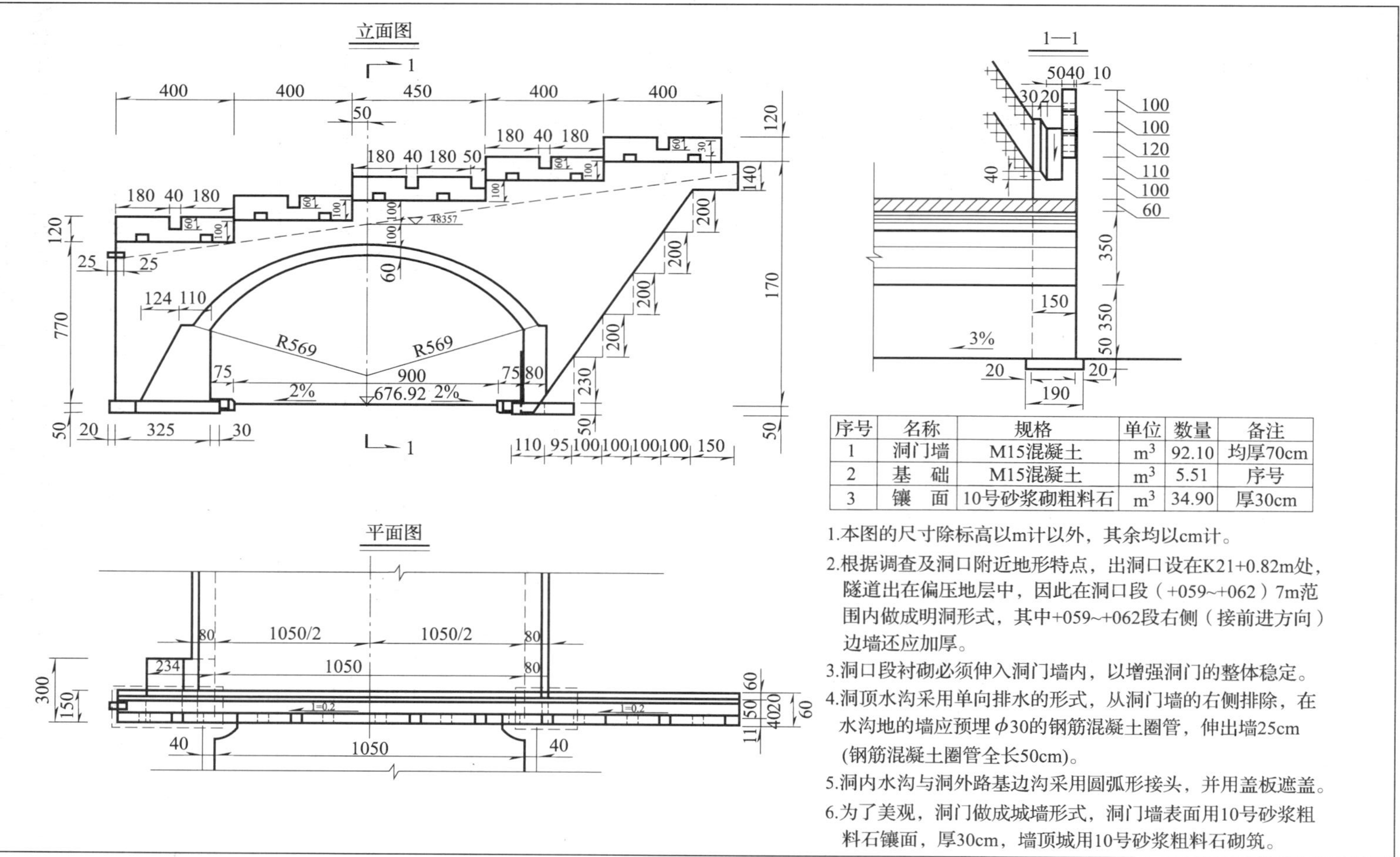

序号	名称	规格	单位	数量	备注
1	洞门墙	M15混凝土	m^3	92.10	均厚70cm
2	基　础	M15混凝土	m^3	5.51	序号
3	镶　面	10号砂浆砌粗料石	m^3	34.90	厚30cm

1.本图的尺寸除标高以m计以外，其余均以cm计。

2.根据调查及洞口附近地形特点，出洞口设在K21+0.82m处，隧道出在偏压地层中，因此在洞口段（+059~+062）7m范围内做成明洞形式，其中+059~+062段右侧（接前进方向）边墙还应加厚。

3.洞口段衬砌必须伸入洞门墙内，以增强洞门的整体稳定。

4.洞顶水沟采用单向排水的形式，从洞门墙的右侧排除，在水沟地的墙应预埋ϕ30的钢筋混凝土圈管，伸出墙25cm（钢筋混凝土圈管全长50cm）。

5.洞内水沟与洞外路基边沟采用圆弧形接头，并用盖板遮盖。

6.为了美观，洞门做成城墙形式，洞门墙表面用10号砂浆粗料石镶面，厚30cm，墙顶城用10号砂浆粗料石砌筑。

图 9—2—12　某公路隧道洞口投影

（1）洞门墙的形式、尺寸。

（2）洞口衬砌的类型、主要尺寸。

（3）洞门的厚度、倾斜度。

（4）洞门排水系统的路径。

附录

道路工程常用图例

项目名称	图　　例
涵洞	
通道	
分离式立交	主线上跨 主线下穿

续表

项目名称	图　例
桥梁	
互通式立交	
隧道	
养护机构	
管理机构	
防护网	
防护栏	
隔离墩	

续表

项目名称	图　例
箱涵	
管涵	
盖板涵	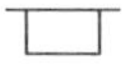
拱涵	
细粒式沥青混凝土	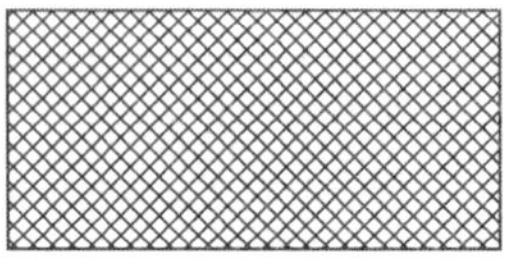
中粒式沥青混凝土	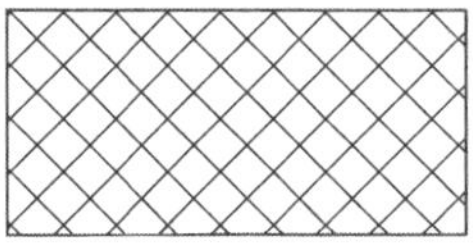
粗粒式沥青混凝土	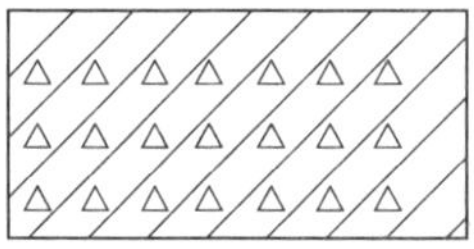
沥青碎石	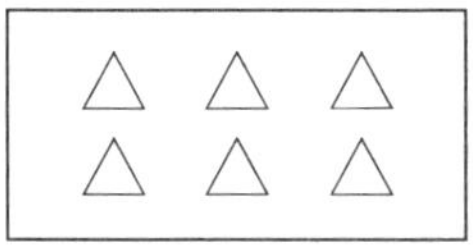
水泥混凝土	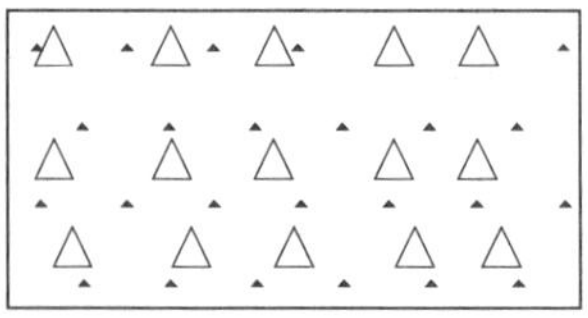
钢筋混凝土	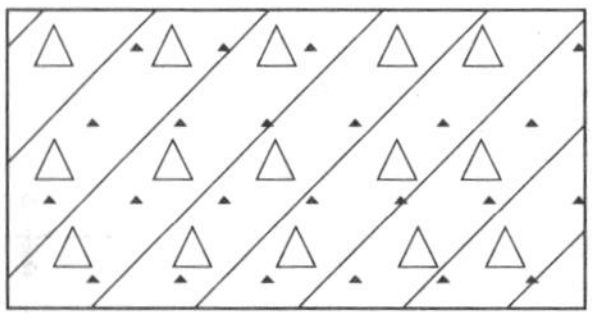